DIREITO, AÇÃO E TUTELA JURISDICIONAL

A162d   Abreu, Leonardo Santana de
        Direito, ação e tutela jurisdicional / Leonardo Santana de Abreu. – Porto Alegre Livraria do Advogado Editora, 2011.
          229 p.; 23 cm. – (Coleção Alvaro de Oliveira. Estudos de processo e Constituição; 4)
          ISBN 978-85-7348-745-9

          1. Processo civil. 2. Direito material. 3. Ação judicial. I. Título.

CDU – 347.9

Índices para catálogo sistemático:

Processo civil	347.9
Ação judicial	347.9

(Bibliotecária responsável: Marta Roberto, CRB-10/652)

Coleção ALVARO DE OLIVEIRA
Estudos de Processo e Constituição **4**

Leonardo Santana de Abreu

DIREITO, AÇÃO E TUTELA JURISDICIONAL

livraria
DO ADVOGADO
editora

Porto Alegre, 2011

Coleção ALVARO DE OLIVEIRA
Estudos de Processo e Constituição

Daniel Mitidiero
Coordenador

© Leonardo Santana de Abreu, 2011

Projeto gráfico e diagramação
Livraria do Advogado Editora

Revisão
Rosane Marques Borba

Direitos desta edição reservados por
Livraria do Advogado Editora Ltda.
Rua Riachuelo, 1338
90010-273 Porto Alegre RS
Fone/fax: 0800-51-7522
editora@livrariadoadvogado.com.br
www.doadvogado.com.br

Impresso no Brasil / Printed in Brazil

Agradecimentos

Este livro corresponde, com pequenas modificações, à dissertação de mestrado apresentada à Pontifícia Universidade Católica do Rio Grande do Sul – PUCRS –, em março de 2010, sob o título: "Direito, Processo, Ação e Classificação das Eficácias: Perspectiva da Efetividade". Com muita satisfação, gostaria de agradecer:

– ao Professor Doutor José Maria da Rosa Tesheiner, que participou da banca examinadora do trabalho e por quem tenho especial admiração e amizade;

– ao Professor Doutor Sérgio Cruz Arenhart, que aceitou generosamente o convite para compor a banca examinadora do trabalho, cuja participação em muito enriqueceu o debate e a reflexão sobre os temas propostos;

– ao meu orientador, Professor Doutor Daniel Mitidiero, especial agradecimento, pela dedicação, generosidade e inestimável contribuição;

– ao Professor Doutor Carlos Alberto Alvaro de Oliveira, cujo pensamento constitui um dos pilares da pesquisa que embasa o presente trabalho, pela oportunidade de publicá-lo nesta coleção realizada em sua homenagem, o que muito me honra;

– aos meus colegas de escritório e amigos, pelo incentivo e compreensão;

– aos meus pais, João Paulo e Ivone, e às minhas irmãs, Ana Paula e Letícia, pelo exemplo e pelo apoio fraterno e incondicionado;

– à Isabel, que sempre está ao meu lado.

Prefácio

"Nada fica de nada. Nada somos" – dizia Ricardo Reis, em uma de suas Odes que compõem as Ficções do Interlúdio. Ainda assim, quiçá a jogar luzes sobre o vezo desanimado do Poeta, teimamos em transcender: árvores, filhos... livros.

E é de um livro que aqui se trata – dessa especial forma de transcendência lembrada pela sabedoria popular. Leonardo Santana de Abreu pede-me prefácio para o seu *Direito, Ação e Tutela Jurisdicional*. Cuida-se de versão comercial de dissertação de mestrado por mim orientada no Programa de Pós-Graduação da Faculdade de Direito da Pontifícia Universidade Católica do Rio Grande do Sul, que mereceu nota máxima, louvor e indicação para publicação de exigente banca examinadora que presidi e composta pelos Professores Doutores José Tesheiner e Sérgio Cruz Arenhart.

O livro de Leonardo enfrenta assunto sabidamente espinhoso: as relações entre direito e processo – *una vecchia formula*, como observava Carnelutti, que combina *i due fondamenti* a partir dos quais se *può costruire una teoria del processo civile* (*Diritto e Processo*. Napoli: Morano Editore, 1958, p. 1/3). Tema de índole essencialmente teórica. Leonardo, contudo, não se compraz tão somente com as especulações abstratas. Com os pés firmes na realidade – contingência assegurada pela sua atuação como destacado advogado forense –, nosso Autor escreve sobre o tema na perspectiva da tutela jurisdicional, teorizando-o visando à promoção de uma efetiva tutela aos direitos.

Ao longo do trabalho, Leonardo discorre proficuamente sobre os planos do ordenamento jurídico, sobre a natureza do processo, sobre as relações entre direito e processo, sobre as clássicas questões envolvendo as teorias da ação (em especial, a já clássica polêmica envolvendo Carlos Alberto Alvaro de Oliveira e Ovídio Araújo Baptista da Silva) e o problema da eficácia do exercício judicializado da demanda (eficácia da ação, da sentença, da tutela, da demanda?). Em tudo toma nosso Autor partido, sem perder de vista que os problemas conceituais, dentro do processo civil do Estado Constitucional, devem ser resolvidos no quadro do direito fundamental ao processo justo e, em especial, do direito fundamental à tutela jurisdicional adequada, efetiva e tempestiva dos direitos.

Trata-se de contribuição de grande valia da Academia para o Foro e que certamente levará o nome de nosso Autor, em desmentido ao Poeta, à transcendência.

Prof. Dr. Daniel Mitidiero

Doutor em Direito (UFRGS). Professor dos Cursos de Graduação,
Especialização e Mestrado da Faculdade de Direito da PUCRS. Advogado.

Sumário

Introdução 11

1. Direito, processo e ciência 15
1.1. Concepções unitária e dualista do ordenamento jurídico 21
    1.1.1. Concepção unitária 22
    1.1.2. Concepção dualista 27
    1.1.3. Apreciação crítica das teorias do ordenamento jurídico 31
1.2. Autonomia do direito processual civil e as principais teorias sobre a natureza jurídica do processo 35
    1.2.1. Processo como relação jurídica 37
    1.2.2. Processo como situação jurídica 40
    1.2.3. Processo como instituição 43
    1.2.4. Processo como procedimento 44
    1.2.5. Apreciação crítica da natureza jurídica do processo 50
1.3. Relações entre processo e direito material 51
1.4. Finalidade do processo e justiça 55
1.5. Direito fundamental a efetividade do processo 65

2. Teorias da ação 71
2.1. Teoria civilista da ação 76
2.2. Polêmica de Windscheid e Muther 79
2.3. Teoria concreta da ação em Adolf Wach 85
2.4. Teoria da ação como direito potestativo de Chiovenda 89
2.5. Teoria do direito justicial material de James Goldschmidt 94
2.6. Teoria abstrata da ação: concepções de Heinrich Degenkolb e Alexander Plósz 96
2.7. Diversas outras concepções em favor da teoria abstrata da ação 98
2.8. Teoria eclética da ação 104
2.9. Teoria dualista da ação em Pontes de Miranda: perspectiva do direito subjetivo, pretensão e ação no plano material e processual 111
    2.9.1. Plano do direito material 111
        2.9.1.1. Direito subjetivo material 114
        2.9.1.2. Pretensão material 116
        2.9.1.3. Ação material 119
    2.9.2. Plano pré-processual e plano processual 121
        2.9.2.1. Direito à tutela jurídica do Estado 121
        2.9.2.2. Pretensão processual 123
        2.9.2.3. Ação processual 125

2.9.3. Polêmica em torno da tese dualista: utilidade ou não do conceito de pretensão e ação material? 125

2.9.4. A crítica de Carlos Alberto Alvaro de Oliveira à tese da coexistência das ações de direito material e de direito processual, especialmente aos conceitos de pretensão e ação material 127

2.9.5. A defesa de Ovídio A. Baptista da Silva em favor da utilidade dos conceitos de pretensão e ação material 130

2.9.6. Apreciação crítica da categoria da ação material 135

2.10. Apreciação crítica das principais teorias da ação 137

2.11. Importância da ação nas relações entre processo e direito material 142

2.12. Breves considerações sobre o conceito de tutela jurisdicional 146

2.13. A perspectiva constitucional do direito de ação ou da tutela jurisdicional do Estado ... 147

3. Classificação das eficácias das ações, sentenças, tutelas ou demandas 151

3.1. Considerações metodológicas 152

3.2. O objeto da classificação 154

3.2.1. A ação material como integrante do objeto da classificação 158

3.2.2. Apreciação crítica: definição do objeto da classificação: eficácias das ações, sentenças, tutelas ou demandas 165

3.3. Critério da classificação: processual, material ou misto? 166

3.3.1. Apreciação crítica: interpretação do critério: utilização de elementos processuais e materiais 174

3.4. Classificação binária, ternária e quinária 182

3.4.1. Algumas influências históricas na conformação das eficácias 184

3.4.2. Apreciação crítica: opção pela classificação quinária 188

3.4.2.1. Eficácia declaratória 192

3.4.2.2. Eficácia constitutiva 194

3.4.2.3. Eficácia condenatória 196

3.4.2.4. Eficácia mandamental 199

3.4.2.5. Eficácia executiva 202

3.5. As eficácias das ações, sentenças, tutelas ou demandas e a perspectiva do processo sincrético 205

3.6. As eficácias das ações, sentenças, tutelas ou demandas e a efetividade do processo 211

Conclusão 217

Referências 223

Introdução

O problema das relações entre processo e direito material constitui, sem dúvida, um grande desafio à Ciência Jurídica. O presente estudo objetiva tratar do tema na perspectiva da ação e da classificação das eficácias, considerando-se, ainda, a tendência de questionamento ao racionalismo científico.

Inicialmente, é imperioso constatar que diversos juristas têm entendido como superadas muitas das questões que ocuparam o centro dos debates à época em que a Ciência Processual ainda estava se emancipando. Questões que dizem respeito, *v. g.*, a concepção do ordenamento jurídico, natureza jurídica do processo ou mesmo as teorias da ação, não raro, atualmente são tratadas *en passant* pela doutrina ou nem são abordadas, considerando-se inclusive a diversidade de estudos que já foram realizados sobre os temas. Aliás, em relação à classificação das ações ou sentenças, não obstante também constituir um tema tradicional, talvez não haja tanta diversidade de estudos como nos demais temas citados,[1] quiçá em se tratando da classificação quinária.

Seja como for, procuramos situar o ponto de partida de nossa investigação em tais debates, cuja novidade, se assim pode-se dizer, não é o atrativo. Com efeito, o nosso intuito é justamente o de investigar em que medida tais debates se encontram realmente superados ou resolvidos, a ponto de ser possível adotar essa ou aquela premissa para o estudo das questões atuais, como é o caso da efetividade.

O nosso objetivo, portanto, consiste em estudar o processo civil e alguns de seus institutos, a partir da teoria geral, na perspectiva de sua evolução e conformação nos dias atuais, para, quem sabe, verificar que muitas das "velhas" questões permanecem em aberto e, por essa razão, o seu "não esquecimento" pode ser de suma importância à evolução dos institutos e à solução de problemas atuais. Não há dúvida de que os embates doutrinários reproduzidos nesse estudo são predominantemente teóricos, o que não lhes retira, todavia, a importante repercussão

---

[1] Nesse passo, todavia, observe-se às considerações de Ovídio: "se alguém se dispusesse a reunir num volume tudo o que os processualistas escreveram, nos últimos cento e cinqüenta anos, sobre a classificação de sentenças, em suas obras institucionais, ou mesmo em estudos monográficos, ficaria surpreso com a desproporção entre o extraordinário volume bibliográfico relativo aos demais temas de direito processual, e a extrema indigência de estudos sobre a classificação de sentenças de procedência, por suas respectivas cargas de eficácia" (BAPTISTA DA SILVA. Ovídio Araújo. *Jurisdição e execução na tradição romano-canônica*. 3. ed. Rio de Janeiro: Forense, 2007, p. 156).

prática, essa que, afinal, é o que justifica o trabalho teórico. Tenha-se presente que determinar os contornos do processo, sua finalidade, os contornos do direito de ação ou da tutela jurídica e a forma como a prestação jurisdicional é entregue aos seus destinatários (tema da classificação das sentenças), implica tratar do núcleo do processo.

Tais temas, no presente trabalho, restam analisados com olhos no gigantesco problema da efetividade do processo, que tem sido objeto de inúmeros estudos atuais e linhas de pesquisa, o que é sintomático da relevância do tema.

Por outro lado, não se olvida que hoje o estudo do processo não está unicamente enucleado no estudo da ação, a exemplo do estudo do objeto do processo, que constitui importante polo metodológico,[2] mas que desborda ao presente trabalho, bom advertir-se, desde já. Nesse sentido, ao mesmo tempo em que se reconhece que o processo vem sendo estudado a partir de perspectivas diversas, para além do ponto de vista da ação, o que é salutar, não há dúvida de que a aparente "superação" do problema da ação, certamente não decorreu de um consenso sobre o instituto.

Em razão disso, nossa proposta consiste, basicamente, em cotejar as tradicionais questões que envolvem o processo civil com as novas necessidades, em especial o tema da efetividade. À evidência, não se tem qualquer pretensão outra, senão trazer elementos e confrontar entendimentos, na tentativa de contribuir ao debate acadêmico.

Assim, na ótica das relações entre processo e direito material, no primeiro capítulo, faz-se uma breve abordagem do Direito e do Processo enquanto Ciência e a tendência de superação do modelo racionalista. Ato contínuo, faz-se uma análise da concepção do ordenamento jurídico, da natureza jurídica do processo, mencionam-se as várias formas com que o processo se relaciona com o direito material; a finalidade do processo; a questão da justiça e a efetividade do processo. Nesse sentido, algumas análises e questionamentos recebem enfrentamento, tais como: noticiar a relação, dentre as tantas possíveis, que se pode estabelecer entre a superação do racionalismo científico e a aproximação do processo ao direito material? A partir das concepções do ordenamento jurídico; saber em que consiste a proposta de relativização do binômio monismo-dualismo? À luz do modelo atual, em que consiste a natureza jurídica do processo? De que forma o processo se relaciona com o direito material? A partir da análise da finalidade do processo, o que significa justiça para o processo? O que significa efetividade?

---

[2] Dinamarco, a propósito, explica que o estudo do objeto do processo, entre os autores Alemães, "constitui um respeitável pólo metodológico, verdadeiro centro ao qual converge a disciplina de inúmeros institutos processuais" [...] Entre os italianos, o interesse pelo objeto do processo é menor. São ligados, por tradição longeva, ao método centrado na ação e, por isso, têm esta como centro de convergência" [...] Além disso, "nossos autores, como a maioria dos italianos, mantêm-se fiéis aos métodos tradicionais, da ação ou mesmo da lide como pólo metodológico fundamental na teoria do processo ". (DINAMARCO, Cândido Rangel. Conceito de Mérito em processo civil. *Revista de Processo*, São Paulo, v. .9, n. 34, p. 20-46, abr./jun. 1984, p. 39-41). Ver, ainda: KNIJNIK, Danilo. *A exceção de pré-executividade*. Rio de Janeiro: Forense, 2001, p. 86.

O segundo capítulo compreende o estudo das teorias da ação, seus desdobramentos e questionamentos. Não é o caso aqui de simplesmente reprisar todas as teorias analisadas, já dispostas no sumário. Todavia, insta salientar que o objetivo do estudo, além de apresentar modo sintético cada uma das principais teorias, consiste em apresentar a sua crítica e, ao final, verificar em que medida as teorias são incompletas e/ou se complementam. Especial ênfase é concedida à tese dualista em Pontes de Miranda e a cada um de seus elementos (direito subjetivo, pretensão e ação, no plano material e processual); bem como à polêmica em torno da pretensão e ação material, ocasião em que são apresentadas às posições de Carlos Alberto Alvaro de Oliveira e de Ovídio Baptista da Silva. A partir de então, questiona-se: qual é a utilidade da ação material? Qual é a importância do conceito de ação nas relações entre processo e direito material? E apresenta-se a perspectiva constitucional do tema, inclusive fazendo-se menção à proposta de utilização do conceito de tutela jurisdicional.

O terceiro capítulo, por fim, se refere à prestação jurisdicional, mais precisamente a partir da classificação das eficácias das ações, sentenças, tutelas ou demandas. Destarte, questiona-se qual é o objeto da classificação das eficácias? Quais são os critérios de classificação das eficácias? Aborda-se a questão da classificação binária, ternária e quinária. Também se noticia algumas das influências históricas que se refletem na conformação das eficácias. Encaminhando-se para o final do estudo, apresentam-se breves perspectivas para o âmbito de atuação de cada uma das cinco eficácias (declaratória, constitutiva, condenatória, mandamental e executiva), culminando com a abordagem do processo sincrético e com a relação entre a eficácia das ações, sentenças, tutelas ou demanda e a efetividade.

Para finalizar a presente exposição introdutória, de modo a não adentrar-se na análise das questões que serão oportunamente tratadas, não é demais chamar a atenção do leitor para o fato de que, em meio à notável diversidade das questões trazidas, o objetivo do trabalho que lhe confere unidade consiste em destacar as relações entre o processo e o direito material, na perspectiva da efetividade. De resto, se conseguirmos provocar alguns questionamentos acerca dos temas tratados, o nosso objetivo terá sido atingido.

1. Direito, processo e ciência

Jamais se pode deixar de ter-se presente a noção quase primitiva de que o direito é luta, porquanto serve para procurar a paz, e justamente a luta serve para procurar a paz. "Assim é a vida".[3] "Sem luta não há direito".[4] Em última análise, o conceito de direito liga-se estreitamente ao conceito de Estado;[5] ou quem sabe, "a chave da compreensão do direito se encontra na noção simples de uma ordem baseada em ameaças".[6] Ou, ainda, pode ser considerado como "il metodo per mettere ordine tra gli uomini mediante il comando".[7] Seja como for, "a expressão Direito refere-se a um tipo de ordenamento".[8] Também se afigura como um fenômeno Cultural.[9] O direito é, pois, uma combinação de força e de justiça; e daí que em seu símbolo se encontre a espada ao lado da balança.[10]

Por outro lado, o direito constitui ciência, na medida em que contém seus princípios fundamentais de alcance universal, os quais inclusive condicionam e tornam significantes as normas jurídicas. Dotado dos chamados "princípios monovalentes",[11] desenvolve-se a partir dos *tipos*, das *leis* e dos *princípios*, "de cuja

---

[3] CARNELUTTI, Francesco. *Arte do direito*. Tradução Ricaardo Rodrigues Gama. Campinas: Bookseller, 2003, p. 49. Na mesma obra, com efeito, dirá o autor que: O direito tem raiz na obediência e não a obediência no direito. Em suma, o medo pode ser um meio do direito, mas não a sua fonte. O direito, tal como a arte, é uma forma de amor que faz operar entre os homens (Ibid., p. 83-85).

[4] JHERING, Rudolf Von. *A luta pelo direito*. Rio de Janeiro: Forense, 1968, p. 147.

[5] CARNELUTTI, op. cit., 2003, p. 14.

[6] HART, Herbert. *O conceito de direito*. Tradução A. Ribeiro Mendes. Lisboa: Fundação Calqueste Gulbenkian, 1986, p. 21.

[7] CARNELUTTI, Francesco. *Diritto e processo*. Napoli: Morano, 1958, p. 2.

[8] BOBBIO, Norberto. *Teoria do ordenamento jurídico*. 10. ed. Brasília: UNB, 1999, p. 31. Para o autor: "não existem ordenamentos jurídicos porque há normas jurídicas, mas existem normas jurídicas porque há ordenamentos jurídicos distintos dos ordenamentos não-jurídicos". (p. 30-31).

[9] MITIDIERO, Daniel. *Colaboração no processo civil*: pressupostos sociais, lógicos e éticos. São Paulo: RT, 2009, p. 23-61; LACERDA, Galeno. *Teoria geral do processo*. Rio de Janeiro: Forense, 2008, p. 3. Sobre a ideologia no Direito: CAPPELLETTI, Mauro. *Proceso, ideologias, sociedad*. Tradução Santiago Sentis Melendo. Buenos Aires: Ejea, 1974, passim; CAPPELLETTI, Mauro. Tradução Athos Gusmão Carneiro. A ideologia no processo civil, *Revista de Jurisprudência do TJERS*, Porto Alegre, v. 3, n. 3, [199?].

[10] CARNELUTTI, Francesco. *Como nasce o direito*. Tradução Hiltomar Martins Oliveira. 4. ed. Belo Horizonte: Líder, 2005a, p. 21.

[11] Os princípios monovalentes são aqueles válidos "apenas para um sistema determinado de indagação", como, *v. g.*, o princípio no Direito segundo o qual "ninguém se escusa alegando ignorar a lei" (Cf. REALE, Miguel. *Filosofia do direito*. 20. ed. São Paulo: Saraiva, 2002, p. 62).

relação resulta a unidade do sistema"; a qual lhe assegura o *status* de ciência, pois "não existe ciência sem certa unidade sistemática, isto é, sem entrosamento lógico entre as suas partes componentes".[12]

Além disso, é forçoso reconhecer que o direito é uma ciência normativa,[13] ainda que não se esteja propondo uma *teoria pura do direito, v. g.*, que limita o objeto da ciência do direito apenas às normas jurídicas,[14] ou mesmo sustentando um normativismo exagerado. Também não se pode deixar de destacar a importância da noção de sistema para a ciência do direito, ao menos em tempos atuais, este que, conforme ensina Claus-Wilhelm Canaris, compreende um sistema aberto, dotado de ordem, unidade e adequação valorativa.[15] Norberto Bobbio, a propósito, realça a qualidade sistemático-normativa do direito, ao dizer que "o termo direito, na mais comum acepção do direito objetivo, indica um tipo de sistema normativo, não um tipo de norma".[16]

Na presente abordagem, interessa a lição de Boavantura de Sousa Santos, para quem: "o modelo de racionalidade que preside à ciência moderna constituiu-se a partir da revolução científica do século XVI e foi desenvolvido nos séculos seguintes basicamente nos domínios das ciências naturais [...]. É só no século XIX que este modelo se estende às ciências sociais emergentes".[17] A partir de então, passa a ser um modelo global que se defende basicamente de duas formas do conhecimento não científico: o senso comum e os estudos humanísticos. Por ser global a nova racionalidade científica é também um modelo totalitário, uma vez que não reconhece outras formas de conhecimento que não se pautarem pelos seus princípios epistemológicos e suas regras metodológicas.[18] "Esta nova visão de mundo e de vida conduz a duas distinções fundamentais, entre conhecimento

---

[12] REALE, 2002, p. 61-64. Nessa perspectiva, aduz Miguel Reale, que o Direito existiu como experiência humana ou fato social, *v. g.*, na Grécia, entre os povos orientais; mas foi no mundo romano que adquiriu unidade sistemática, ao menos de forma autônoma e rigorosa (Ibid., p. 63).

[13] Com isso não se quer retirar o caráter prescritivo do Direito, porém, é uma ciência normativa na medida em que tem como objeto, sobretudo, normas e regras entendidas como comunicações linguísticas prescritivas, sendo que os enunciados dos juristas são posições acerca das normas (GUASTINI, Riccardo. *Distinguiendo:* estudios de teoría y metateoría del derecho. Barcelona: Editorial Gedisa, 1999, p. 263). Sobre linguagem jurídica, linguagem normativa e linguagem prescritiva ver: GUASTINI, Riccardo. *Das fontes às normas.* Tradução Edson Bini. São Paulo: Quartier Latin, 2005, p. 45 *et seq.*

[14] KELSEN, Hans. *Teoria pura do direito.* Tradução João Baptista Machado. São Paulo: Martins Fontes, 1996, p. 79.

[15] CANARIS, Claus-Wilhelm. *Pensamento sistemático e conceito de sistema na ciência do direito.* Tradução Menezes Cordeiro. 3. ed. Lisboa: [s.n.], 2002, p. 9-23. Para o autor: "o sistema deixa-se, assim, definir como uma ordem axiológica ou teleológica de princípios gerais de Direito, na qual o elemento de adequação valorativa se dirige mais à característica da ordem teleológica e o de ordem interna à característica dos princípios gerais" (p. 77-78). Em sentido semelhante, o pensamento do Juarez Freitas, que defende com maestria o que denomina de "interpretação tópico-sistemática do direito" (FREITAS, Juarez. *A interpretação sistemática do direito.* 4. ed. São Paulo: Malheiros, 2004, p. 62 *et seq.*).

[16] BOBBIO, 1999, p. 31

[17] SANTOS, Boaventura de Sousa. *Um discurso sobre as ciências.* 4. ed. São Paulo: Cortez, 2006, p. 60.

[18] Ibid., p. 60-61.

científico e conhecimento do senso comum, por um lado, e entre natureza e pessoa humana, por outro.[19]

Assim, o rigor científico está relacionado ao rigor das medições, de modo que as qualidades intrínsecas dos objetos restam desqualificadas, pois dão lugar às quantidades que as representam. "O método científico se assenta na redução da complexidade. O mundo é complicado e a mente humana não o pode compreender completamente. Conhecer significa dividir e classificar para depois poder determinar as relações sistemáticas entre o que se separou".[20]

Conforme Descartes, uma das regras do método consiste, justamente, em "dividir cada uma das dificuldades que eu analisasse em tantas parcelas quantas fossem possíveis e necessárias, a fim de melhor resolvê-las".[21]

Desse modo, a simplificação do objeto da ciência opera-se por separação e redução. Assim: "É no mesmo movimento que o pensamento separatista isola as disciplinas umas das outras e insulariza a ciência na sociedade. A redução unifica aquilo que é diverso ou múltiplo, quer aquilo que é elementar, quer àquilo que é quantificável. Assim, o pensamento redutor atribui a 'verdadeira' realidade não às totalidades, mas aos elementos; não às qualidades, mas às medidas; não aos seres e aos entes, mas aos enunciados formalizáveis e matematizáveis".[22] Conforme assevera Edgar Morin, "pessoalmente não posso aceitar os estragos e devastações resultantes da compartimentação e da especialização do conhecimento".[23] A propósito, Edgar Morin trata justamente da "necessidade de um princípio de explicação mais rico do que o princípio da simplificação", o qual denomina de princípio da complexidade.[24]

Carnelutti, em sua fascinante obra *Metodologia do Direito*, lembra da unidade da ciência ou a interdependência das ciências, uma vez que as matérias das ciências diversas são um aspecto diverso do único mundo. Segundo o autor: "É

---

[19] SANTOS, B. S., 2006, p. 62.

[20] Ibid., p. 63.

[21] DESCARTES, René. *Discurso do método*. Tradução Ciro Mioranza. São Paulo: Escala, [19?], p. 27.

[22] MORIN, Edgar. *Ciência com consciência*. 8. ed. Rio de Janeiro: Bertrand Brasil, 2005, p. 27.

[23] MORIN, Edgar. *Introdução ao pensamento complexo*. Porto Alegre: Sulina, 2006, p. 101.

[24] MORIN, op. cit., p. 30. Advirta-se o leitor, desde já, que não constitui objeto do presente trabalho tratar o tema do pensamento complexo, tampouco tentar utilizá-lo como *método* de abordagem. A simples referência feita tem apenas o objetivo de ilustrar uma das tantas alternativas metodológicas vindouras em termos de ciência, precursora da robótica, diga-se de passagem, e que já está sendo aplicada nas ciências sociais. O pensamento complexo questiona "os efeitos conjugados da sobreespecialização, da redução e da simplificação, que trouxeram progressos científicos incontestáveis, hoje levam ao desmembramento do conhecimento científico em impérios isolados entre si (Física, Biologia, Antropologia), que só podem ser conectados de forma mutiladora, pela redução do mais complexo ao mais simples, e conduzem à incomunicabilidade uma disciplina com outra, que os poucos esforços interdisciplinares não conseguem superar" (Ibid., p. 103). Além disso, Edgar Morin, depois considerar o paradigma da simplificação (redução/separação) insuficiente e mutilante, aduz que: "É preciso um paradigma de complexidade, que, ao mesmo tempo, separe e associe, que conceba os níveis de emergência da realidade sem os reduzir às unidades elementares e às leis gerais" (Ibid., p. 138). Observe-se que tais colocações, quiçá exemplificativas, assemelham-se a algumas das preocupações vividas pelos estudiosos da Ciência Direito, no sentido de buscar uma maior relação entre suas disciplinas, em particular no tocante ao direito material e o processo, ou até mesmo relações com outras Ciências.

preciso falar não tanto da unidade do direito e, portanto, da ciência do direito, como da realidade única e da ciência única. A divisão entre a ciência do direito civil e a ciência do direito penal não é mais arbitrária do que a divisão entre a sociologia e a psicologia, ou entre esta e a biologia e assim sucessivamente. Todas essas fronteiras não são mais que jogos de sombras originados pela limitação do feixe luminoso projetado pela nossa mente. Não há outro remédio contra essa nossa incapacidade senão ter dela consciência".[25]

Nessa perspectiva, não há dúvida de que a Ciência do Direito integrou o movimento do racionalismo científico, de modo que a doutrina o identificou ao "conceito positivista de ciência, elaborado tendo como ideais a matemática e as ciências da natureza".[26] É preciso reconhecer que o racionalismo jurídico está na base do Estado moderno e suas manifestações intelectivas, como a construção dos conceitos e dos sistemas, que busca a igualdade na abstração e generalidade das normas jurídicas, atributos decorrentes do princípio da igualdade formal, próprio do liberalismo e do período das codificações.[27] O Racionalismo[28] marca, assim, a ciência jurídica moderna, cuja nota específica é a exatidão.[29]

Anote-se, a propósito, que a busca da certeza do direito, enquanto ideal do racionalismo, foi fomentada pela desconfiança na Magistratura, gerada a partir da revolução francesa, em face do compromisso daquela com o *Ancién Régime,* circunstância que conduziu ao período das grandes codificações. Também a partir da própria doutrina da separação dos poderes exalta-se a ideia de que o Juiz não cria direito, inclusive como mecanismo de impedir-se a arbítrio judicial, reduzindo-o a mero aplicador do texto legal. Nesse período, por conhecidas razões históricas, culturais e ideológicas, o valor *segurança* prepondera sobre o valor *justiça,* de modo que uma organização estatal ideologicamente neutra quanto a valores, acabou por abrigar tanto regimes democráticos quanto totalitários.[30]

O processo, assim como o Direito, sai em verdadeira fuga em direção ao mundo normativo, desligando-se do fato, engessando-se com regras pretensamen-

---

[25] CARNELUTTI, Francesco. *Metodologia do direito.* Tradução Ricardo Rodrigues Gama. Campinas: Russell, 2005b, p. 30-31.

[26] CANARIS, 2002, p. 29.

[27] Conforme anota René David "O movimento de codificação estendeu-se, nos séculos XIX e XX, a todos os países da família romano-germânica. O parentesco entre os direitos destes países manifestou-se não só através desta comum adesão à fórmula da codificação, mas também pelo modo como foram agrupadas as regras num certo número de códigos" (DAVID, René. *Os grandes sistemas de direito contemporâneo.* Tradução Hermínio A Carvalho. 3. ed. São Paulo: Martins Fontes, 1996, p. 97). Adverte Castanheira Neves, outrossim, que o período das codificações pressupunha uma "global unidade do pensamento jurídico e do seu método", que já não pertencem mais aos nossos tempos, cujo movimento é de "descodificação" (CASTANHEIRA NEVES, Antônio. *Metodologia jurídica:* problemas fundamentais. Coimbra: Coimbra, 1993, p. 20-21).

[28] A propósito: "A razão corresponde a uma vontade de ter uma visão coerente dos fenômenos, das coisas e do universo. A razão tem um aspecto incontestavelmente lógico. Mas aqui também, é possível distinguir entre racionalidade e racionalização [...] A racionalização consiste em querer prender a realidade num sistema coerente." (MORIN, 2006, p. 70).

[29] Ver, a propósito: AMARAL, Francisco. Racionalidade e sistema no direito civil brasileiro. *Revista de Informação Legislativa,* Brasília, v. 121, 1994, p. 236.

[30] BAPTISTA DA SILVA, 2007, p. 87-116, passim.

te universais e, portanto, inflexíveis e inclusive favorecendo a dicotomia direito-fato, cognição-execução, pressuposto do reinado da sentença condenatória. O processo de conhecimento, enquanto processo declaratório e ordinário, em que após amplo debate entre as partes se profere um juízo de "certeza", insere-se perfeitamente nesse contexto.[31]

Conforme Ovídio: "o critério para a determinação do justo e do injusto passa a ser tarefa do legislador, não do juiz. Sendo o direito uma ciência racional que prescinde da experiência, exata como as verdades matemáticas e como a geométrica *criação arbitrária do homem*, elimina-se do horizonte teórico do Direito todo o probabilismo inerente às concepções clássicas, à filosofia aristotélica e aos juízos retóricos".[32]

O isolamento dos juristas no "mundo jurídico" e a distinção entre moral e direito, a partir da filosofia Kantiana, "assegurou e fortaleceu a alienação dos juristas, com relação aos problemas sociais e políticos de seu tempo, e contribuiu para mantê-los na servil condição de executores da lei do Estado".[33]

Veja-se, todavia, que a fragilidade da noção de exatidão do direito acaba por se revelar entre os próprios positivistas, a exemplo de Kelsen, o qual, em sua *Teoria Pura do Direito*, ao tratar dos casos de indeterminação da aplicação do Direito, admite a possibilidade de mais de uma solução correta, reconhecendo assim as várias possibilidades de aplicação.[34]

Assim, não obstante reconhecer-se a imensa importância do pensamento racionalista, a imensa contribuição ao progresso das ciências, é preciso reconhecer-se claramente o pressuposto ideológico e cultural inerente ao direito, de modo que jamais o processo revelará verdades "claras e distintas", tampouco conseguirá o juiz atingir total neutralidade, de modo que o direito, para além do normativis-

---

[31] BAPTISTA DA SILVA, 2007, p. 87-181, passim.

[32] Ibid., p. 109-110.

[33] Ibid., p. 139.

[34] Nas palavras de Hans Kelsen: "Em todos estes casos de indeterminação, intencional ou não, do escalão inferior, oferecem-se várias possibilidades à aplicação jurídica. O ato jurídico que efetiva ou executa a norma pode ser conformado por maneira a corresponder a uma ou outra das várias significações verbais da mesma norma de maneira a corresponder a vontade do legislador – a determinar por qualquer forma que seja – ou, então, à expressão por ele escolhida, por forma a corresponder a uma ou a outra das duas normas que se contradizem ou por forma a decidir como se as duas normas em contradição se anulassem mutuamente. Direito a aplicar forma, em todas estas hipóteses, uma moldura dentro da qual existem várias possibilidades de aplicação, pelo que é conforme ao Direito todo o ato que se mantenha dentro desse quadro de moldura, que preencha esta moldura em qualquer sentido possível. Se por interpretação se entende a fixação por via cognoscitiva do sentido do objeto a interpretar, o resultado de uma interpretação jurídica somente pode ser a fixação da moldura que representa o Direito a interpretar e, conseqüentemente, o conhecimento das várias possibilidades que dentro desta moldura existem. Sendo assim, a interpretação de uma lei não deve necessariamente conduzir a uma única solução como sendo a única correta, mas possivelmente a várias soluções que – na medida em que apenas sejam aferidas pela lei a aplicar – têm igual valor, se bem que apenas uma delas se torne Direito positivo no ato do órgão aplicador do Direito – no ato do tribunal, especialmente. Dizer que uma sentença judicial é fundada em lei, não significa, na verdade, senão que ela se contém dentro da moldura ou quadro que a lei representa – não significa que ela é a norma individual, mas apenas que é uma das normas individuais que podem ser produzidas dentro da moldura da norma geral" (KELSEN, 1996, p. 390-391).

mo, deve assumir de vez sua dimensão social e sua interação com o mundo dos fatos.[35]

Nesse sentido, como bem aponta Ovídio: "Nossa ortodoxia esconde a dimensão problemática do direito; pensa-se pelos padrões epistemológicos do racionalismo do século XVIII. Esta é uma conseqüência do processo concebido como ciência, naturalmente como ciência de pensar, medir e contar, ciência rigorosa, ciência do certo e do errado, que nada tem a ver com processo".[36]

Seja como for, considerando que o presente estudo trata do tema direito material e processo, importante a advertência de Carnelutti sobre a unidade do conhecimento, pois mesmo em face da distinção e autonomia das disciplinas, que realmente têm elevado valor didático, é preciso evitar-se o seu isolamento para que as relações entre direito material e processo sejam devidamente reconhecidas. O entendimento acerca desse relacionamento que posicionará o processualista frente à sua própria ciência.

Isso porque o cientificismo processual, ou fase autonomista, a partir do estudo do processo como relação jurídica[37] e do reconhecimento do direito abstrato de ação, não obstante sua fundamental contribuição para a evolução da Teoria Geral do Processo, chegou ao extremo de desconsiderar o direito material, por conta da valorização demasiada da técnica.[38] Humberto Theodoro Júnior salienta este recente momento vivido pela ciência processual, o qual denomina de "cientificismo processual", centrado no caráter abstrato do direito de ação e no seu afastamento da função clássica de tutelar o direito, o que de certa forma transformou o processo num fim em si mesmo. Todavia, adverte o autor que "deve o moderno processualista cuidar de vincular o direito do litigante à prestação jurisdicional e à tutela efetiva do direito material. Essa conexão entre processo e direito material é muito mais importante, nos tempos atuais, do que o conceito de autonomia e abstração do direito de ação exercitado na abertura da relação processual".[39]

Nas palavras de Piero Castro:

la Ciencia del Derecho procesal ha ido demasiado lejos en su impulso de poner los pilares de su independencia como tal ciencia y de la del derecho positivo regulador. Ha querido crear un mundo nuevo y divorciado del derecho material, y como si fuese un grave pecado

---

[35] BAPTISTA DA SILVA, 2007, *passim*.

[36] BAPTISTA DA SILVA, Ovídio Araújo. *Jurisdição, direito material e processo*. Rio de Janeiro: Forense, 2008, p.118.

[37] O marco da nova ciência processual constitui a obra de BÜLOW, Oskar. *Teoria das exceções e dos pressupostos processuais*. 2. ed. Campinas: LZN, 2005.

[38] Segundo José Roberto dos Santos, "toda a construção científica se deu na denominada fase autonomista, em que, devido à necessidade de afirmação da independência do direito processual, se valorizou demasiadamente a técnica. Passou-se a conceber o instrumento pelo próprio instrumento, sem a necessária preocupação com seus objetivos; que, obviamente, lhe são externos" (SANTOS, José Roberto dos. *Direito e processo*: influência do direito material sobre o processo. 4. ed. São Paulo: Malheiros, 2006, p. 14).

[39] THEODORO JÚNIOR, Humberto. Novos rumos do direito processual civil: efetividade da jurisdição e classificação das ações – ação executiva *lato sensu* – tutela de urgência. *Revista Dialética de Direito Processual*, São Paulo, n.26, p. 20-63, maio 2005, p. 22.

el confesar paladinamente que esta rama jurídica es instrumental y sancionadora (y de ahí su decisiva importancia), cuando alude al derecho subjetivo, al que principalmente está encargado de prestar los medios para su eficacia, lo há venido haciendo últimamente llena de pudibundez, con infinitas salvedades, poniendo todo esfuerzo en dejar claro que nada tiene que ver el proceso con él.[40]

Piero Calamandrei, com efeito, descreve o movimento de isolamento do direito processual em um compartimento estanque, caracterizando-se como um ideal científico ou o "progresso" da ciência que estaria caracterizado pela libertação cada vez mais rigorosa do direito processual.[41]

Passada a fase crítica do cientificismo processual, renovou-se a importância do estabelecimento das relações entre o direito processual e o direito material, o que é admitido pacificamente pela doutrina como salutar,[42] sendo que o seu fortalecimento vai justamente ao encontro de um novo paradigma científico.

Portanto, enquanto fenômeno cultural[43] e disciplina científica, o Direito sofreu influência do racionalismo científico, a partir do qual se tentou construir uma ciência jurídica exata, dotada de regras abstratas e universais, que acabou separando o direito do fato. Essa fase também se relaciona ao período das codificações e à fase "autonomista" do direito processual. Com efeito, atualmente observa-se uma tendência de superação desse modelo. Uma das direções é o reconhecimento de que o Direito é um fenômeno complexo, que não pode ser reduzido, simplificado, tampouco seus ramos devem ser tratados isoladamente. Daí também a preocupação em fortalecer as relações entre o processo e o direito material, para que o próprio ordenamento jurídico atinja as suas finalidades. Essa nova perspectiva científica, como se vê, caminha justamente em direção ao fortalecimento de tais relações.

1.1. CONCEPÇÕES UNITÁRIA E DUALISTA DO ORDENAMENTO JURÍDICO

Conforme se adote a concepção unitária ou dualista do ordenamento jurídico, a visão sobre o tema das relações entre direito e processo assume contornos distintos, quanto ao ponto de inserção do processo no universo do direito.[44]

---

[40] CASTRO, Piero. *apud* SANTOS, Andres de la Oliva. *Sobre el derecho a la tutela jurisdiccional*. Barcelona: Bosch, 1980, p. 29.

[41] CALAMANDREI, Piero. *Estudos de direito processual civil na Itália*. São Paulo: Campinas, 2003, p. 111-112.

[42] Andrea Proto Pisani trata da *"Interdipendenza tra diritto sostanziale e diritto processuale"*, ocasião em que coloca, entre outros, que um direito que se limitasse a afirmar situação de vantagem (em termos de direito substancial) sem predispor (em termos de direito processual) de instrumentos idôneos a garantir a atuação do direito, seria incompleto. Da existência do direito processual depende a existência do direito substancial, em termos de efetividade. (PISANI, Andrea Proto. *Lezioni di diritto processuale civile*. 5. ed. Napoli: Jovene, 2006, p. 5-6).

[43] MITIDIERO, 2009, p. 23-61; LACERDA, 2008, p. 3. Sobre a ideologia no Direito: CAPPELLETTI, 1974, passim; CAPPELLETTI, [199?].

[44] Cf. DINAMARCO, Cândido Rangel. *A instrumentalidade do processo*. 11. ed. São Paulo: Malheiros, 2003, p. 230. Não obstante, Alvaro de Oliveira, ao tratar das relações entre processo e direito material, assevera que: "essa tarefa só tem sentido para quem vislumbra a existência de dois planos distintos e inconfundíveis, cada um com

Em breves palavras, pode-se dizer, de logo, que a concepção unitária compreende o ordenamento jurídico como uma unidade. Não há direito subjetivo antes da sentença. O direito nasce do processo, de modo que o direito concreto é produzido ao logo da atividade legislativa e jurisdicional, conjuntamente. Antes da norma concreta, fruto da sentença do juiz, não há direito subjetivo, senão mero interesse. Por outro lado, a concepção dualista distingue a atividade legislativa da jurisdicional, de modo que pela primeira são produzidas normas gerais e abstratas que incidem nas situações relevantes e concretas da vida, gerando direito subjetivo. A atividade jurisdicional, que se desenvolve por meio do processo, consiste em declarar e aplicar o direito, preexistente, portanto, em caso de controvérsia ou necessidade.[45]

1.1.1. Concepção unitária

A concepção unitária ou monista concebe o ordenamento jurídico como uma unidade. Inexiste direito subjetivo antes da sentença Em outras palavras, a sentença é constitutiva do direito subjetivo por ela afirmado. Nessa linha de pensamento, ação e direito subjetivo encontram-se num mesmo plano do Direito. A essência do Direito é colocada na força de sua aplicação pelo Estado.[46] Segundo anota Fairén Guilén, a doutrina monista, que predominou até meados do século XIX, identifica a ação com o direito subjetivo material.[47]

Constata-se íntima relação entre a concepção unitária do ordenamento jurídico e a ausência de autonomia conferida à ação. A teoria de Savigny, por exemplo, que negava à ação qualidade de direito autônomo, era essencialmente monista.[48]

Na verdade, expressivos juristas defenderam a teoria monista ou unitária do ordenamento jurídico, a despeito das variações de pensamento entre eles, que não desnaturam dita concepção, tais como: Bülow, Binder, Kelsen, Capograssi, Mortara, Pekelis, Allorio, Satta, Acarelli, Carnelutti, entre tantos outros.[49]

---

atribuições específicas e próprias (referindo-se ao plano do direito material e ao plano do processo. (OLIVEIRA, Carlos Alberto Alvaro de. *Teoria e prática da tutela jurisdicional*. Rio de Janeiro: Forense, 2008, p. 7).

[45] DINAMARCO, Cândido Rangel. *Fundamentos do processo civil moderno*. 2. ed. São Paulo: Revista dos Tribunais, 1987, p. 16.

[46] OLIVEIRA, 2008, p. 8.

[47] FAIRÉN GUILLÉN, Victor. *Estudios de derecho procesal*. Madrid: Editorial Revista de Derecho Privado, 1955, p. 65-66.

[48] PEKELIS, Alessandro. Azione. In: *Nuovo digesto italiano*. Torino: UTET, 1937, p. 98-99.

[49] Juristas mencionados por Dinamarco como adeptos da teoria monista do ordenamento. (DINAMARCO, 1987, p. 17-19. A propósito, Dinamarco também inclui Calamandrei na lista dos adeptos da concepção monista, aduzindo que "Calamandrei, escrevendo sobre as atividades do juiz em comparação com a de um historiador, dizia coisas parecidas. Para o processualista toscano, o momento essencial da jurisdição é aquele em que o juiz *transforma* a norma abstrata (a qual se dirige a todos e a nenhum) em comando concreto; a norma da lei é em si mesma uma hipótese abstrata e inerte, que não pode tornar-se preceito concreto a *poder de magia* e por isso é necessário que juiz, inserindo-se na realidade, desempenhe o seu papel de comandar e impor sanções" (p. 20). No mesmo sentido, Ovídio A. Baptista da Silva inclui Calamandrei entre os adeptos da concepção monista do ordenamento jurídico (cf. BAPTISTA DA SILVA, 2007, p. 35-36; BAPTISTA DA SILVA, 2008, p. 11, p. 44). Entretanto, permitimo-nos discordar e incluir Calamandrei como adepto da concepção dualista, ao menos a luz de nossa

Oskar Bülow, cuja obra constitui verdadeiro marco à autonomia ao direito processual,[50] sustentou de forma precursora, em tempos modernos, a concepção unitária do ordenamento jurídico. Afirma, em síntese, que o juiz é quem produz a norma concreta, uma vez que a sua atividade completa o direito substancial.[51]

A teoria pura do direito de Hans Kelsen constituiu outro marco fundamental na tese unitária.[52] No escólio de Kelsen, a imposição de sanção concreta tem caráter constitutivo. Consoante afirma:

> a norma individual, que estatui que deve ser dirigida contra um determinado indivíduo uma sanção perfeitamente determinada, só é criada através de decisão judicial. Antes dela, não tinha vigência. Somente a falta de compreensão da função normativa da decisão judicial, o preconceito de que o Direito apenas consta de normas gerais, a ignorância da norma jurídica individual, obscureceu o fato de que a decisão judicial é tão-só a continuação do processo de criação jurídica e conduziu ao erro de ver nela apenas a função declarativa.[53]

Explica o jurista, ainda, que: "não é o fato em si de alguém ter cometido um homicídio que constitui o pressuposto estatuído pela ordem jurídica, mas o fato de um órgão competente segundo a ordem jurídica, ter verificado, num processo determinado pela mesma ordem jurídica, que um individuo praticou um homicídio".[54]

Nesse sentido, a teoria de Kelsen, mesmo destacando o aspecto cognoscitivo do processo em relação aos fatos da causa, deixa claro que o processo judicial é de "produção jurídica", ao dizer que:

> embora o processo judicial, em que é verificado o fato condicionante da sanção, não seja um processo de conhecimento jurídico, mas um processo de produção jurídica, existe, no entanto, um certo paralelismo entre este processo e o processo em que se opera o conhecimento dos fatos naturais como objeto deste conhecimento. Neste paralelo, ao sujeito do processo cognoscitivo constitutivo corresponde o órgão do processo judicial constitutivo. Assim como o objeto deste conhecimento é produzido no processo de conhecimento, também o fato que condiciona a sanção é produzido no processo judicial.[55]

Na Itália, Lodovico Mortara foi precursor em defender a teoria monista. Para o jurista italiano, a norma jurídica é fórmula abstrata e não pode exercitar atividade específica sobre uma faculdade singular sem o concurso de um terceiro elemento que seja coadjuvante e integrante de sua eficácia, isto é, a vontade do

---

pesquisa em suas instituições, vez que Calamandrei reconhece que o sistema da legalidade, expressamente considerado por ele como sistema então vigente nos principais ordenamentos jurídicos, distingue o direito substancial do processo. (a posição dualista de Calamandrei será mencionada no item 1.1.2., infra).

[50] A respeito, ver item 1.2 infra.

[51] DINAMARCO, 1987, p. 17. Registre-se, todavia, que para Carlos Alberto Alvaro de Oliveira a posição de Bülow não era "claramente" monista (OLIVEIRA, 2008, p. 9).

[52] Cf. DINAMARCO, op. cit., p. 17.

[53] KELSEN, 1996, p. 265.

[54] Ibid., p. 266.

[55] KELSEN, 1996, p. 268-269.

DIREITO, AÇÃO E TUTELA JURISDICIONAL

sujeito passivo.[56] Colhe-se da sua obra que: "la volontà del soggeto attivo rivolta verso la legge è ancora soltanto una pretesa; si aggiunga con indirizzo e scopo convergenti, la volontà del soggetto passivo, e il diritto appare vivo ed operante nelle relazioni sociali, sostenuto e protetto dalla legge".[57]

Conforme constata Chiovenda, Mortara chega a uma unificação bem diversa dos antigos conceitos mistos de ação: "é o próprio direito subjetivo que deixa de existir enquanto tal perante a ação".[58] Isso porque Mortara entende que o direito subjetivo tem por condição de vida o acordo de duas vontades[59] e, na relação processual, não é licito falar-se em direito subjetivo como conteúdo originário, mas somente como finalidade que se realiza mediante ato de poder do órgão jurisdicional. Primeiramente, se tem apenas pretensão. É necessário o órgão jurisdicional entre as partes e a lei para que exista uma vontade idônea a dar força e suporte ao direito subjetivo.[60] Na relação processual o direito é criado a partir da vontade do magistrado expressa mediante a sentença.[61]

A função jurisdicional é instituída para que os direitos violados possam ser defendidos. Mas o direito subjetivo não é uma faculdade somente sancionada pela lei. Para ser reconhecido e proclamado, é necessária também outra sanção: aquela decorrente da vontade dos sujeitos que poderiam ter interesse em contestá-lo. Se for contestado, é somente pretensão.[62] A sentença converte e consolida em direito a pretensão que acolhe, eliminando a pretensão contrária. Mesmo a retroatividade nasce exclusivamente da sentença, por uma necessidade da convivência civil e da defesa do direito objetivo.[63]

Mortara refere o que denomina de círculo vicioso: "il diritto dichiarato dalla sentenza si presume che esistesse anche prima di essa; dunque il diritto accertato preesiste alla sentenza. La presinzione della preesistenza del diritto nasce con la sentenza e da essa; e non vi è altro elemento che renda certa la effettiva preesistenza del diritto se non la sentenza medesima".[64] Para o autor, o exemplo de uma situação cuja sentença reconhece determinado direito, porém anulada, e a nova sentença dispõe exatamente o contrário, comprova que a tese da preexistência do direito não corresponde a realidade material, mas a uma presunção imposta pela

---

[56] MORTARA, Lodovico. *Commentario del codice e delle leggi di procedura civile.* 2. ed. Milano: Vallardi, 1923, v. 1, p. 540.

[57] Ibid., p. 540.

[58] CHIOVENDA, Giuseppe. *A ação no sistema dos direitos.* Tradução Hiltomar Martins Oliveira. Belo Horizonte: Líder, 2003, p. 90 (nota de rodapé 40).

[59] MORTARA, op. cit. p. 540.

[60] Ibid., p. 542.

[61] Ibid., p. 542.

[62] Ibid., p. 543.

[63] Ibid., p. 543-545.

[64] Ibid., p. 545.

lei; não é verdade revelada pela sentença, mas sim efeito político-social da mesma.[65] Mais uma vez, recorre-se as próprias palavras do Jurista peninsular:

> la sentenza non crea dal nulla un diritto subbiettivo, ma conferisce forza ed effetto di diritto subiettivo ad una pretesa presentata al magistrato sotto forma di domanda o di eccezione; e fa presumere che questo diritto abbia preesistito all'iniziamento del rapporto processuale, per il tempo che convenie alla sua natura e alle circostanze particolari del fatto[66]

Ainda em defesa de sua tese, Mortara enfrenta o argumento de que o juiz, na análise do fato, estaria vinculado às regras de apreciação das provas e à vontade da lei. Para ele, essa concepção nega a própria tarefa interpretativa do juiz, uma vez que a sua função na relação processual não é puramente formalística, mas é elemento essencial para render eficácia ao direito subjetivo.[67]

Também se verifica uma concepção monista do ordenamento jurídico, por trás da ideia de Carnelutti de que o processo serve e ao direito e o direito serve ao processo, como num círculo vicioso. Assim, mesmo os efeitos puramente declarativos do processo criam direito, ainda que o fenômeno seja mais visível nas ações constitutivas.[68] Para Carnelutti, "diritto e processo non sono piú due cose diverse, ma una espressione diversa, statica o dinamica, della medesima cosa".[69] Esclarece o autor, contudo, que ainda assim o processo é uma formação derivada do direito, eis que supõe um ordenamento jurídico já constituído. De qualquer sorte, a ação é um meio de formar o direito subjetivo.[70]

A propósito do tema, não se poderia deixar de referir Salvatore Satta, para quem a doutrina tradicional, a partir de uma visão estática, configurou a lei como tendo existência absoluta em si mesma, em que o ordenamento teria uma vivência inteiramente cumprida, o que, segundo o doutrinador, em termos de abstrações se afigura lógico; de modo que a realidade surge como algo estranho e extrínseco, e a jurisdição vem adquirir um papel secundário e de certo modo passivo. Considera Satta essa visão o fruto de um erro (ainda que sob certos ângulos, reconhece ser inevitável no plano didático) que acaba por estabelecer um dualismo entre ordenamento e jurisdição, o que fatalmente se reflete na doutrina da ação. Com efeito, em crítica à teoria dualista, Satta argumenta que o ordenamento não vive em abstrato, mas em concreto. Daí a unidade da lei, mesmo porque se o ordenamento não vive sem ação, o contrário também é verdadeiro. Entende que somente através dessa unidade é que se deve compreender a jurisdição, cujo conceito é dinâmico.

---

[65] MORTARA, op. cit. , p. 547.

[66] Ibid., p. 547.

[67] Ibid., p. 549-550.

[68] CARNELUTTI, Francesco. Saggio de una teoria integrale dell'azione. *Rivista di Diritto Processuale Civile*, Padova, p. 5-18, jan./mar. 1946, p. 7.

[69] Ibid., p. 8.

[70] Ibid., p. 8-10. A propósito, Emilio Betti, mencionando o pensamento de Carnelutti, assinala que "rifugge dal concepire il diritto sostanziale come qualcosa di separato e di trascendente rispetto al processo" (BETTI, Emilio. Ragione e azione. *Rivista di Diritto Processuale Civile*, Pádua, v. 9, p. 205-237, 1932, p. 209).

Em concreto, o ordenamento está em constante mutação através da ação e da própria obra do Juiz.[71]

Interessante notar que Satta compatibiliza a teoria unitária do ordenamento jurídico com a autonomia da ação.[72] Inclusive afirma taxativamente a superação das teorias que confundem ação e direito.[73] Nessa esteira, também contesta o dualismo que parte da distinção entre direito e ação, por considerar o conceito de direito subjetivo arbitrário, argumentando que nas situações concretas da vida existem apenas interesses e não direitos. Desse modo, a ação é autônoma no sentido de que não existe nenhum direito anterior a ela. Além disso, registre-se que a unidade toma tamanha proporção em Satta, que ele chega a afirmar que ordenamento, ação, jurisdição, processo, na realidade se reduzem *ad unum*.[74]

Entre nós, Darci Guimarães Ribeiro, monista, distingue direitos subjetivos em imediatos e mediados: os primeiros, imediatos, tais como o direito à vida e à liberdade, não dependem de sentença, porque não limitam a esfera jurídica de outrem; já os segundos, os mediatos, só com a sentença passam a existir, antes dela não passando de expectativas, que podem ser concretizadas ou frustradas.[75]

A propósito, em Pekelis se encontra um exemplo de que, a rigor, não se poderia conceber a existência de um verdadeiro e próprio direito subjetivo de um credor frente a um devedor, mas sim um interesse protegido, o qual se denomina direito objetivo primário, sendo que a ação, que embora seja "a fonte, a condição e o pressuposto", é considerada direito subjetivo secundário. Isso, segundo Pekelis, implica verdadeira "inversão teórica", cujas razões decorrem do ambiente histórico e político em que a teoria da ação se desenvolveu e da própria concepção de Estado.[76]

Na concepção unitária, portanto, o Direito objetivo tem a função de hierarquizar os interesses da sociedade e não a de criação de direitos. Estes (os direitos subjetivos mediatos) derivam da sentença.[77]

---

[71] SATTA, Salvatore. *Diritto processuale civile*. 7. ed. Padova: Cedam, 1967, p. 6-10

[72] No ponto, afirma Satta: "Questa idea unitaria dell'azione postula essenzialmente non solo la concezione di essa come diritto, ma sopra tutto di un diritto completamente autonomo rispetto al diritto sostanziale la cui tutela giurisdizionalmente si persegue" (Ibid., p. 104).

[73] A saber: "Su questa autonomia dell'azione regna universale l'accordo, considerandosi ormai da tutti definitivamente superate quelle dottrine che nell'azione vedavano una manifestazione propria del diritto stesso, o il diritto stesso nella sua fase dinamica" (Ibid., p. 104).

[74] SATTA, 1967, p. 104-110. Em crítica a Satta, por exemplo, Gian Antonio Micheli observa que a unidade do ordenamento jurídico preconizada por Satta o fazia negar a autonomia da ação em relação ao direito substancial posto em causa, assim como a própria efetividade desse fora da ação. Com efeito, contrapõe Micheli, aduzindo que na consciência comum o conceito de tutela jurisdicional se distingue do direito tutelado, além do que a validade das situações subjetivas independe do manejo da ação (MICHELI, Gian Antonio. Giurisdizione e azioni :premesse critiche allo studio dell'azione nel processo civile. *Rivista di Diritto Processuale*, Padova, v. 11, abr./jun. 1956, p. 110-111).

[75] RIBEIRO, Darci Guimarães. *La pretensión procesal y la tutela judicial efectiva*: hacia una teoría procesal del derecho. Barcelona: Bosch, 2004, p. 49-50.

[76] PEKELIS, 1937, p. 98-99.

[77] RIBEIRO, op. cit., p. 207.

Oportuno recorrer-se também a Jaime Guasp, onde se colhe que para o monismo o processo não é instrumento do direito material. Ao contrário, o direito material é um dos instrumentos utilizados pelo processo. O direito processual é instrumento, não do direito material, mas das finalidades do ordenamento jurídico, tanto quanto o próprio direito material. O direito processual é substantivo também. Daí por que não resulta admissível a dualidade direito material e direito processual.[78] Na verdade, entre ambos não há relação de subordinação. Um e outro operam sobre realidades e dados fenomenologicamente diversos, e a noção instrumental de um em relação a outro depende do ponto de vista adotado.

Como se pode ver, a concepção monista do ordenamento jurídico, embora passível de simplificação com a assertiva de que os direitos decorrem da sentença, encontra tantas nuances quantos forem os seus defensores.

Importante consignar, na esteira de Orestano, que a tendência nos estudos processuais para uma visão unitária do direito se revela tanto na concepção de que a ação constitui uma posição de vantagem do indivíduo em face do Estado e tende à materialização da ação, como na concepção que afirma que o indivíduo tem uma situação passiva frente ao Estado, levando a uma abstração extrema da ação, com importantes reflexos sobre todo o sistema do direito material.[79] Nessa esteira, Víctor Fairen Guillén justamente identifica tanto a teoria monista que trava verdadeira luta com o direito subjetivo, deixando a ação isolada, como aquela que inverte a concepção anterior e identifica a ação com o direito material[80] Na verdade, a concepção monista, tanto pode estar focada na ação como constituição do direito, como pode privilegiar a ótica do direito material, conquanto não estabeleça distinção funcional clara entre o plano material e o processual.[81]

1.1.2. Concepção dualista

A concepção dualista do ordenamento jurídico, predominante na atualidade, distingue os planos do direito material e processual, afirmando a existência dos direitos subjetivos independentemente do processo, assim como o caráter instrumental deste.[82] Recebeu a acolhida de diversos autores. Mesmo James Goldschmidt, com suas idiossincrasias, a defendia de maneira peculiar.[83] Atualmente, a

---

[78] GUASP, Jaime. *Concepto y método de derecho procesal.* Madrid: Civitas, 1997, p. 55-65.

[79] ORESTANO, Riccardo. L'azione in generale. In: *Enciclopedia del diritto.* Milano: Giuffrè, 1959, v. 4; MESQUITA, José Ignacio Botelho de. *Da ação civil.* São Paulo: Revista dos Tribunais, 1975, p. 55.

[80] FAIRÉN GUILLÉN, 1955, p. 68.

[81] Ver, a propósito, OLIVEIRA, Carlos Alberto Alvaro de. Efetividade da tutela jurisdicional. In: AMARAL, Guilherme Rizzo; MACHADO, Fábio Cardoso (org.). *Polêmica sobre a ação:* a tutela jurisdicional na perspectiva das relações entre direito e processo. Porto Alegre: Livraria do Advogado, 2006b, p. 86.

[82] A respeito da concepção dualista da ação ver: MITIDIERO, Daniel. *Elementos para uma teoria contemporânea do processo civil brasileiro.* Porto Alegre: Livraria do Advogado, 2005, p. 110 *et seq.*

[83] Goldschmidt aponta o entendimento segundo o qual o direito material nasceria do resultado do processo e não antes da sentença, mas de pronto adverte que nessa hipótese todo o exercício de direitos e cumprimento de deveres antes da sentença ou fora do processo se faria "num espaço vazio". Segundo o autor, essa teoria "parece sub-

imensa maioria dos juristas se posiciona em prol da teoria dualista,[84] ou ao menos parte de seus pressupostos na concepção dos institutos jurídicos.

Adolf Wach revela sua posição dualista, por exemplo, quando afirma que:

el proceso es ordenamiento de la tutela jurídica. Su misión no es crear derecho objetivo, sino satisfacer las exigencias del derecho. La sentencia no es ley, sino aplicación de la ley. Lo que debe hacerse es tomar conocimiento de la situación jurídica concreta y hacerla respetar, con arreglo al derecho objetivo. A esto se opone la opinión según la cual la sentencia seria una *lex specialis*.[85]

Nesse sentido, Wach considera um erro confundir a analogia dos efeitos da sentença e da lei, com a igualdade de causas, mesmo porque se a sentença equivalesse a lei deveria ser reconhecida por todos. Além disso, ressalta que o direito público distingue o ato de aplicação da lei do ato legislativo, de modo que, não obstante a complexidade do labor interpretativo do Juiz ao fazer subsumir a lei ao caso concreto, sua atividade não se confunde com o ato de legislar. Em suma: "el proceso no tiene por finalidad crear derechos (derecho subjetivo), sino tutelar el derecho".[86]

Na Itália, uma importante adesão à teoria dualista foi a de Chiovenda, que apesar de não ter escrito monograficamente sobre a matéria, em várias ocasiões deixou explícito seu entendimento em prol da concepção dualista. Assim, disse o jurista tantas vezes que mediante a ocorrência dos fatos previstos na norma abstrata, forma-se a norma concreta, de modo que a função do juiz no processo cognitivo é declará-la, e a do juízo executivo é atuá-la no mundo prático.[87] Nesse sentido, lembra Chiovenda que a aparente unidade entre a tarefa do legislador e a do Juiz desaparece se considerada a separação dos Poderes. Também adverte a necessidade de distinguir-se a tarefa de interpretação da lei da posição Juiz no processo, embora reconheça a complexidade que envolve a tarefa interpretativa.[88]

---

ministrar a base científica do movimento em prol do livre arbítrio do juiz (*Freirechtsbewegung*)". Com efeito, refuta aduzindo parecer inaceitável que o Direito material não se produza senão pela sentença. Além disso, aduz que a sentença também não é a constituição de um direito subjetivo. Na verdade, Goldschmidt concorda com a ideia de que toda a sentença é constitutiva de efeitos processuais (Trata-se a "teoria processual da coisa julgada", cujos mais destacados são Stein e Hellwing), não do direito material. E conclui o autor: "a dualidade da ordem jurídica, que se manifesta na coisa julgada em juízo e que, por norma regular, acaba por fazer triunfar a "ordem judicial" sobre a "ordem legal", é de índole particular. Ao ser consubstancial ao Direito sua aplicação pelo juiz, a remissão a esta segunda ordem, a "ordem judicial", há de encontrar-se necessariamente nas normas legais mesmas. Com efeito, a dualidade caracterizada se encontra na essência do direito. Conduz a uma dupla possibilidade na consideração do direito, a qual subministra a clave da relação do processo com o direito material" (GOLDSHIMIDT, James. *Teoria geral do processo*. Tradução Leandro Farina. São Paulo: Fórum, 2006, p. 34-39).

[84] OLIVEIRA, 2008, p. 7.

[85] WACH, Adolf. *Manual de derecho procesal civil*. Buenos Aires: Ejea, 1977, v. 1, p. 24-25.

[86] Ibid., p. 25-27.

[87] DINAMARCO, 1987, p. 21-22. A propósito, Dinamarco também refere o argumento de Chiovenda, segundo o qual a teoria unitária conduziria à conclusão de que os juros moratórios correm a partir do trânsito em julgado da sentença e não a partir da citação (p. 22).

[88] CHIOVENDA, Giuseppe. *Instituições de direito processual civil*. Traduçãp Paolo Capitanio. 3. ed. Campinas: Bookseller, 2002, v. 1, p. 60-63; CHIOVENDA, Giuseppe. *Principios de derecho procesal civil*. Tradução José Casais. Madrid: Reus, 2000, v. 1, p. 99-106.

A posição de Bülow, no sentido de que "o processo não é tutela de direito, tampouco aplicação da lei, mas complemento, extensão, em outras palavras, tradução de um direito objetivo", é considerada "inaceitável" por Chiovenda, para quem as normas até podem confiar ao juiz poderes mistos ou quase legislativos, mas sua função precípua é aplicar a lei ao caso concreto.[89]

A propósito, Alfredo Rocco, adotando a posição dualista, também critica a posição de Bülow, segundo o qual o processo não teria por escopo tutelar o direito privado, mas completá-lo.[90] Também discorda do entendimento de Mortara, para quem não haveria direito subjetivo antes da decisão judicial, mas somente pretensão, de modo que somente com a sentença o direito subjetivo se afirma. E prossegue afirmando que enquanto a posição de Bülow refere-se à norma, a posição de Mortara refere-se aos direitos subjetivos. Por tais razões, entende que as críticas endereçadas, ora à Bülow, ora à Mortara, inclusive se somam e se completam.[91] Seja como for, para Alfredo Rocco

> l'essenza del diritto subiettivo non sta nell'effettivo soddisfacimento dell'interesse in esso tutelato, che anzi al momento del soddisfacimento il diritto cessa di esistere come tale, avendo terminato il suo ciclo di esistenza, ma nella tutela accordata dalla legge a questo interesse, vale a dire nel semplice riconoscimento dato dal diritto obiettivo allá volontà che lo prosegue.[92]

Da mesma forma, Ugo Rocco[93] defende a teoria dualista e distingue com nitidez a função jurisdicional da legislativa. Também critica expressamente a posição de Bülow e de Mortara. Como demonstra Ugo Rocco, mesmo a solução de dúvidas de interpretação não implica complemento da norma, "in quanto l'opera di chi applica la legge è identica a quella di colui che si propone di conoscere nella sua portata reale qualunque manifestazione del pensiero umano".[94] Nessa esteira de pensamento, as diversas questões interpretativas, tais como as soluções de lacunas ou interpretação por analogia, não importam, propriamente, em criação do Direito. A fonte do direito, por excelência, é a Lei.[95]

A propósito, Calamandrei reconhece a relatividade do conceito de jurisdição,[96] para a qual não se pode dar uma definição absoluta, válida para todos os povos e tempos, eis que depende de fatores contingentes. Entretanto, destaca que

---

[89] CHIOVENDA, 2003, p. 40-41. Ver, ainda: CHIOVENDA, 2002, p. 60-61; CHIOVENDA, 2000, p. 99-106.

[90] ROCCO, Alfredo. *La sentenza civile*: studi. Torino: Fratelli Bocca, 1906, p. 133.

[91] Ibid., p. 137.

[92] Ibid., p. 136-137.

[93] Veja-se, ainda, que a concepção dualista de Ugo Rocco está presente no seu próprio conceito de processo civil como: "o complesso delle attività degli organi giurisdizionali e delle parti necessarie all'accertamento o alla realizzazione coattiva degli interessi tutelati dalle norme giuridiche, in caso di incertezza o di inosservanza delle norme stesse"; ou de sua finalidade como: "attuazione del diritto obiettivo." (ROCCO, Ugo. *Trattato di diritto processuale civile*. Torino: UTET, 1957, v.1, p. 107-108 e p. 111, respectivamente).

[94] ROCCO, U., 1957, v.1, p. 64-67.

[95] Ibid., p. 68-71.

[96] Calamandrei também defende a relatividade do conceito de ação, conforme se pode ver no item 2.

nas principais legislações da Europa de seu tempo, vige o sistema da legalidade, no qual o Estado formula o direito objetivo, traduzido por normas gerais e abstratas, cujas regras devem ser seguidas e incidem automaticamente nas situações da vida, gerando direitos subjetivos. O Estado intervém somente em caso de conflito para dirimi-lo e ditar a norma aplicável ao caso concreto. Em contraposição ao sistema da formulação do direito para o caso concreto, no qual inexistem normas predeterminadas, e o Juiz julga, sobretudo, por equidade, dando azo a regimes autoritários; o sistema da formulação legal, ou legalidade, distingue perfeitamente a atividade legislativa da judicante. Daí por que, defende Calamandrei, constitui enorme conquista da civilização, uma vez que confere certeza ao direito, igualdade de tratamento em casos similares e liberdade aos indivíduos, nos limites da Lei.[97] Veja-se, portanto, que o entendimento do jurista, preconizando o sistema da legalidade, a existência de normas gerais e abstratas que incidem automaticamente ao caso concreto e geram direitos subjetivos, converge com a concepção dualista do ordenamento jurídico.[98]

Para Liebman, o direito substancial e o direito processual constituem dois sistemas distintos de normas, mutuamente complementares na sua função prática, mas logicamente distintos. Daí por que não se pode aceitar qualquer solução unitária, não apenas aquela que associava ação ao direito subjetivo, mas também a concepção que, invertendo a situação, sustenta o primado da ação e pretende que nela seja absorvido o direito substancial, o qual seria então uma consequência da ação. Segundo Liebman, tal solução é simples em detrimento de uma realidade complexa e sacrifica a insuprimível existência do direito substancial.[99] A propósito do tema, também não se poderia deixar de referir a aderência de Fazzalari à teoria dualista da ação, considerada pela jurista "l'unica risposta valida".[100]

Entre nós, quando se fala em teoria dualista da ação, impõe-se referir Pontes de Miranda, o qual distingue com maestria os planos do direito material e processual, ao desenvolver os conceitos de direito subjetivo, pretensão e ação, em sentido material e processual.[101] Tais conceitos serão tratados oportunamente de forma específica neste estudo.[102]

Em síntese, nos termos da teoria dualista, a ordem jurídica se realiza tanto por meio de comportamentos obedientes às normas jurídicas, como através da

---

[97] CALAMANDREI, Piero. *Instituciones de derecho procesal civil*. Tradução Santiago Sentis Melendo. Buenos Aires: Ejea, 1986, v. 1, p. 113-134.

[98] Nesse ponto, discordamos da posição de Dinamarco, o qual identifica Calamandrei à concepção unitária do ordenamento, conforme demonstramos no item 1.1.1, nota 49.

[99] LIEBMAN, Enrico Tullio. L'azione nella teoria del processo civile. *Revista Trimestrale di Diritto e Procedura Civile*, Milano, v. 4, p. 47-71, 1950, p. 50.

[100] Cf. DINAMARCO, 1987, p. 23-24. A obra na qual Elio Fazzalari tratou do tema, referida por Dinamarco e também objeto deste estudo, foi FAZZALARI, Elio. *Note in tema di diritto e processo*. Milano: Giuffrè, 1957, p. 46-53.

[101] PONTES DE MIRANDA. Francisco Cavalcanti. *Tratado das ações*. São Paulo: Revista dos Tribunais, 1970, v. 1.

[102] Ver item 2.9.

prestação jurisdicional.[103] Atualmente recebe a adesão da imensa maioria da doutrina.

1.1.3. Apreciação crítica das teorias do ordenamento jurídico

Colhe-se dos ensinamentos de Dinamarco que a adoção da concepção unitária ou dualista representa fundamental questão metodológica, situada na "cabeceira da teoria do processo", inclusive como uma importante questão de filosofia do direito, a influenciar a conformação de diversos institutos processuais.[104] Em outras palavras, pode-se dizer que a tomada de posição em relação a diversas questões práticas e teóricas do direito processual sofre influencia em razão de uma ou outra concepção;[105] sobretudo, as relações entre direito material e processo, ou precisamente o momento de inserção do sistema processual no universo jurídico.[106]

A própria determinação do escopo da jurisdição depende do entendimento adotado acerca da unidade ou não do ordenamento jurídico. Veja-se, por exemplo, que a teoria de Chiovenda consiste em verdadeira expressão da teoria dualista, uma vez que para ele a função jurisdicional visa à atuação da Lei, o que pressupõe sua preexistência à respectiva aplicação. De outro lado, se para Carnelutti a jurisdição tem a função de compor a lide, visão essa adequada ao monismo, para os adeptos da teoria dualista essa seria tarefa do direito substancial.[107]

Volvendo ao escólio de Dinamarco, pode-se dizer que a concepção unitária, de imediato, revela um sabor normativista, o qual, aliás, não seria de se estranhar, pois sua formulação básica está em Kelsen; que acaba por reduzir o direito à norma. Nessa linha de pensamento, os atos do devedor que paga voluntariamente, das partes que contratam ou do juiz que profere uma sentença, não passam de "meros elos na cadeia de atividades destinadas à concretização, ou mesmo à criação da norma".[108] Com efeito, o Direito não vive apenas na norma, mas também no fato e no valor que motivam a regra geral e abstrata, a qual inclusive deve preexistir à sua própria aplicação. Ou seja, não se deve incluir o interprete no processo de produção da norma, pois não obstante a riqueza da tarefa interpretativa, o interprete já encontra uma norma consumada. Portanto, como sustenta Dinamarco, a teoria unitária chega a autorizar a "afirmação de que não existe norma, não existe ordenamento jurídico, senão no processo e através do processo". A teoria dualista,

---

[103] MESQUITA, José Ignacio Botelho de. *Teses, estudos e pareceres de processo civil*. São Paulo: Revista dos Tribunais, 2005. v. 1: Direito de ação partes e terceiros processo e política, p. 96-100.

[104] DINAMARCO, 1987, p. 34.

[105] Ibid., p. 16-17. Exemplifica o autor: "pense-se no conceito de ação, na disputa entre a teoria material e a teoria processual da coisa julgada, na questão sobre se esta impede outro julgamento da matéria decidida ou impõe que o novo julgamento seja conforme com o primeiro, na determinação do escopo da jurisdição ou do processo, no conceito de sanção executiva, etc." (DINAMARCO, 1987, p. 16).

[106] DINAMARCO, 2003, p. 230.

[107] DINAMARCO, 1987, p. 35.

[108] Ibid., p. 27.

a seu turno, pauta-se pela simplicidade de suas demonstrações, justamente pela evidência do que se está demonstrando.[109] Na verdade, a teoria unitária não logra demonstrar suas premissas modo convincente, e nem poderia fazê-lo, pois "é da experiência comum a constituição e extinção de direitos, em numero indefinido de casos e correspondendo à normalidade da vida do direito, sem qualquer intercessão jurisdicional".[110]

Consoante lembra Carlos Alberto Alvaro de Oliveira, a concepção unitária não explica "como a lei tem força para obrigar pelo menos o juiz", determina força retroativa as decisões jurisdicionais, além do que a sentença, diante da sua força normativa, deveria ter eficácia *erga omnes*.[111]

Além disso, a adoção da teoria processual da coisa julgada,[112] a adoção dos efeitos *ex tunc* da sentença, são dois dos muitos exemplos no sentido de que a experiência prática milita em favor da teoria dualista.[113] Aliás, mesmo a sentença constitutiva, que numa primeira vista poderia favorecer a teoria unitária, afigura-se plenamente compatível com a tese dualista: basta verificar-se que, em regra, a sentença constitutiva também tem efeito *ex tunc*, ou o simples fato de que os seus efeitos constitutivo, modificativo ou extintivo, decorrem da própria previsão legal, preexistente.[114] Em outras palavras, a constituição decretada pelo juiz, implica o direito à constituição, expressa ou implicitamente declarado, anteriormente previsto no ordenamento jurídico, de modo que a regra do caso concreto já existe antes da sentença. Os mesmos motivos valem em relação ao questionamento sobre a jurisdição voluntária, cuja vontade da lei preexiste, razão pela qual também não corrobora a tese unitária.[115] Conforme Chiovenda: "no es que el cambio jurídico sea producido por la voluntad del juez; la voluntad del juez también en este caso sólo mira a formular la voluntad de la ley".[116] Dentre todos os exemplos, o júri é o que pressupõe a maior liberdade criativa por parte dos julgadores, porém não exime o liame à lei preexistente, tampouco poder-se-ia adotar a concepção unitária com base nessa pontual exceção.[117]

---

[109] DINAMARCO, 1987, p. 27-29. Note-se que Dinamarco argumenta em favor da prevalência da teoria dualista mesmo no Direito Romano, dada a pequena margem à criatividade pretoriana; bem como no sistema da *Common Law*, cuja utilização dos precedentes não significa produção judiciária do Direito (Ibid., p. 24-26).

[110] DINAMARCO, 2003, p. 234; no mesmo sentido: OLIVEIRA, 2008, p. 7-10.

[111] OLIVEIRA, 2008, p. 9. Ver, ainda: OLIVEIRA, Carlos Alberto Alvaro de. *Alienação da coisa litigiosa.* 2. ed. Rio de Janeiro: Forense, 1986, p. 55-59.

[112] A teoria processual da coisa julgada sustenta a prevalência da função negativa da coisa julgada, no sentido de impedir novos julgamentos a respeito do *thema decidendum;* em contraposição à teoria material da coisa julgada, segundo a qual a sentença passa a determinar a regra do caso concreto, a ser observada em futuros julgamentos (cf. DINAMARCO, 1987, p. 30).

[113] Outros vários exemplos práticos que corroboram a teoria dualista podem ser vistos em: DINAMARCO, 2003, p. 234-235.

[114] DINAMARCO, 1987, p. 30-34.

[115] DINAMARCO, 2003, p. 232 e p. 254.

[116] CHIOVENDA, 2000, p. 234.

[117] DINAMARCO, 2003, p. 233.

O que a sentença efetivamente acrescenta à situação jurídico-material existente entre as partes é a segurança jurídica, decorrência do *imperium* do Estado, na medida em que a autoridade da coisa julgada material impede futuros questionamentos sobre a mesma questão, diga-se de passagem, fruto de uma evidente exigência social.[118]

Ovídio, a propósito, também afirma que a teoria da "unidade do ordenamento jurídico" vincula-se ao pensamento *racionalista* e *normativista*, que; "com suas exigências de certezas demonstráveis", "transformou o direito numa ciência abstrata, fazendo-o conceitualmente idêntico ao conceito positivista de ciência"; "alimenta-se da distinção entre direito, enquanto norma, e fato como fenômeno social". Todavia, Ovídio considera "inaceitável confundir o direito, enquanto disciplina de relações sociais, exclusivamente com seu aspecto dinâmico, através do processo judicial". Essa concepção não consegue lidar com o estado de "provisoriedade, essencial ao estado de litispendência", ou mesmo com os "indeterminismos e inseguranças que presidem nossa existência".[119]

Seja como for, se de um lado a teoria unitária não explica satisfatoriamente o direito observado voluntariamente, é sedutora a ideia de que os direitos negados no processo, na prática, não são direitos. Daí por que antes da sentença não passariam de promessas.[120]

Além disso, mesmo levando-se em conta o esclarecimento de Dinamarco, no sentido de que: "negar que o juiz crie o direito do caso concreto vale simplesmente como afirmação de que as situações jurídico-substanciais declaradas em sentença preexistem a ela";[121] não se pode olvidar a plausibilidade da ideia de que a tarefa interpretativa afigura-se importante atividade criadora, em que pese a advertência de Pontes de Miranda de que não se pode confundir "interpretação criativa com a aplicação",[122] ou mesmo o fato de que, no Direito, a interpretação encontra-se vinculada aos limites axiológicos e principiológicos do sistema.[123] Nas palavras de Hans-Georg Gadamer: "a compreensão nunca é um comportamento meramente reprodutivo, mas também e sempre produtivo," ou, "quando se logra compreen-

---

[118] DINAMARCO, 2003, p. 235-236.

[119] BAPTISTA DA SILVA, 2008, p. 1-10.

[120] Para Dinamarco, todavia, essa ideia é ilusória e expressa, no fundo, a angústia decorrente do estado de incerteza que antecede a sentença (DINAMARCO, 2003, p. 236-237).

[121] Ibid., p. 47.

[122] PONTES DE MIRANDA, 1970, v. 1, p. 176. Nas palavras de Pontes: "De Oskar Bülow, em 1885, a Julius Binder (Prozess und Recht, principalmente 198 e 245), a tentativa de considerar o processo integração do direito, que seria incompleto, ou de reduzir o direito à ação, não logrou firmar-se. Ali, confundiu-se a interpretação criativa com a aplicação; aqui, deslocou-se para o momento da aplicação o fato da incidência". Também criticando a posição de Oskar Bülow: OLIVEIRA, 1986, p. 56.

[123] Cf. Juarez Freitas: "a interpretação sistemática deve ser entendida como uma operação que consiste em atribuir, topicamente, a melhor significação, dentre várias possíveis, aos princípios, às normas escritas (ou regras) e aos valores jurídicos, hierarquizando-os num todo aberto, fixando-lhes o alcance e superando antinomias em sentido amplo, tendo em vista bem solucionar os casos sob apreciação" (FREITAS, 2004, p. 80).

der, compreende-se de um modo diferente".[124] Em última análise, não há dúvida de que o intérprete constrói o direito.[125] Ademais, Castanheira Neves pondera que a realização concreta do direito transcende a mera aplicação das normas pressupostas, para constituir verdadeira criação (constituição) do direito, ainda que se tenha nas normas jurídicas os seus imediatos critérios. Aliás, o quadro jurisprudencial constitui importante prova. A propósito, Castanheira Neves afirma que: "esta conclusão não só põe em causa o esquema funcional do tradicional normativismo (a criação do direito compete ao legislador e a sua aplicação ao juiz ou ao jurista em geral), como permite um conceito alargado da realização do direito, que tentará abranger a própria prescrição legislativa".[126]

Por tais razões, mesmo diante da opção pela teoria dualista do ordenamento jurídico, que ora se faz expressamente no presente estudo, quiçá pela inegável distinção entre as funções legislativas e a judicante ou em razão da visível existência do direito no plano material, anterior e independente da voz dos Tribunais; é preciso compreender-se, sem simplificações, que alguns aspectos que justificam a teoria unitária, especialmente a sujeição da certeza do direito à função jurisdicional e a sua criação por meio da respectiva aplicação e interpretação, também se afiguram presentes na experiência prática.

José Maria Rosa Tesheiner, a propósito, refere que a construção do processo apenas como instrumento do direito material revela uma construção lógica, mas que nem sempre retrata a vida do Direito. Por vezes, *v. g.*, uma situação concreta, cuja norma teria incidido no passado, não é reconhecida no processo por falta de provas. Em outras situações, o juiz cria direito, como, eventualmente, nos casos da decisão inovadora, por equidade ou em face de conceitos jurídicos indeterminados. Assim, como observa Tesheiner, "não raro, é do processo que resulta o direito material". Portanto, tanto o direito material como o processo constituem instrumentos de regulação da vida social. Por vezes decorre do direito material e se realiza por meio do processo; em outras situações resulta diretamente do processo. Segundo a conclusão de Tesheiner: "tanto o direito processual quanto o material constituem o que chamados de Direito. Há uma relação de retroalimentação entre ambos. Cada um é instrumento do outro e servem ambos à regulação da vida social".[127]

---

[124] GADAMER, Hans-Georg. *Verdade e método*. Tradução Flávio Paulo Meurer. 8. ed. Petrópolis: Vozes, 2007, v. 1, p. 392. Na referida obra o leitor poderá verificar as justificativas de Gadamer para tal assertiva, eis que o fôlego do presente estudo não permite adentrar-se no tema da hermenêutica, o qual exigiria um esforço específico.

[125] Segundo Gadamer: "Conhecemos essa função do juízo sobretudo a partir da jurisprudência, onde a contribuição da hermenêutica em complementar o direito consiste em promover a concreção do direito" (Ibid., p. 79). Ainda: LARENZ, Karl. *Metodología de la ciencia del derecho*. Barcelona: Ariel, 2001, p. 200-271. A propósito, consulte-se o que falamos sobre aplicação da norma no item 2.9.1.

[126] CASTANHEIRA NEVES, Antônio. *Metodologia jurídica*: problemas fundamentais. Coimbra: Coimbra, 1993, p. 17.

[127] TESHEINER, José Maria Rosa. Reflexões politicamente incorretas sobre direito e processo. *Revista da Ajuris*, Porto Alegre, v. 35, n. 110, p. 187-193, jun. 2008.

Não por outra razão, é o próprio Dinamarco quem admite que "mantido embora o pensamento dualista (teoria dualista do ordenamento jurídico), a ele são opostas diversas ressalvas, na tentativa de chegar tão próximo quanto possível à realidade". E continua: "em certo sentido, proponho um grau de 'relativização' do contraste entre a teoria dualista e unitária",[128] com o que concordamos plenamente nesse estudo.

A teoria circular dos planos defendida por Hermes Zaneti Junior, ainda que mantenha a distinção entre o plano material e o processual, afigura-se justamente uma alternativa à opção unitária ou dualista, propondo um alto nível de entrelaçamento entre os planos do ordenamento, eis que considera o "nexo de finalidade" existente entre ambos. Hermes Zaneti Junior chega a dizer, inclusive, "que o processo cria direito, principalmente quando o direito não tem mais um conteúdo determinado estritamente pela norma (*v. g.*, princípios e cláusulas gerais)".[129] Caracteriza-se, é lícito concluir, como verdadeira relativização da dicotomia dualista-unitária, ainda que o processualista não o tenha dito expressamente.

O debate relacionado à concepção do ordenamento jurídico, em certa medida deixado de lado em razão do absoluto predomínio da concepção dualista, para nós, tal como referido por Dinamarco, representa fundamental opção metodológica, com repercussões práticas inclusive, quiçá quando se propõe uma relativização do binômio: monismo-dualismo, o que vai ao encontro da própria ideia de unidade da ciência e aproximação do direito material ao processo, com vistas à efetividade da prestação jurisdicional.

1.2. AUTONOMIA DO DIREITO PROCESSUAL CIVIL E AS PRINCIPAIS TEORIAS SOBRE A NATUREZA JURÍDICA DO PROCESSO

A autonomia do direito processual civil enquanto ramo autônomo do direito tem marco fundamental na concepção do processo como relação jurídica (pública) entre o Estado e as partes, especialmente desenvolvida na obra de Oskar Bülow: "Teoria das exceções dilatórias e os pressupostos processuais" (1868).[130] A partir da tese Bülow, as "exceções dilatórias" foram substituídas pelos "pressupostos

---

[128] DINAMARCO, 2003, p. 230-231, nota 52.

[129] ZANETI JUNIOR, Hermes. A Teoria circular dos planos (direito material e direito processual. In: AMARAL, Guilherme Rizzo; MACHADO, Fábio Cardoso (org.). *Polêmica sobre a ação:* a tutela jurisdicional na perspectiva das relações entre direito e processo. Porto Alegre: Livraria do Advogado, 2006, p. 191-196. A propósito, Gabriel Pintaúde, que o instrumetalismo substancial importa uma necessidade de atenuação (o que não significa eliminação) da "linha divisória" entre o direiro material e o processo (PINTAÚDE, Gabriel. Tutela jurisdicional: no confronto doutrinário entre Carlos Alberto de Oliveira e Ovídio Baptista da Silva e no pensamento do Flávio Luiz Yarshell. In: AMARAL, Guilherme Rizzo; MACHADO, Fábio Cardoso (org.). *Polêmica sobre a ação:* a tutela jurisdicional na perspectiva das relações entre direito e processo. Porto Alegre: Livraria do Advogado, 2006, p. 254).

[130] Veja-se recente tradução da obra: BÜLOW, 2005.

processuais",[131] com inestimável contribuição à formação da ciência processual.[132] Em outras palavras, a obra de Bülow está relacionada ao próprio nascimento da ciência o direito processual, uma vez que antes disso o processo era tratado por práticos ou estudado, em regra, segundo o método exegético. Não havia uma clara construção tampouco uma coordenação harmoniosa entre os institutos processuais. Estava-se em meio ao individualismo que permeou o século XIX, com exageradas aplicações dos principios da liberdade e igualdade, no dizer de Dinamarco: "mãe de tantas injustiças".[133] Era natural, por exemplo, a compreensão da finalidade do processo como a tutela de interesses privados.

Mediante a afirmação de uma relação processual distinta da contida no direito privado, abriu-se caminho para o progresso da ideia publicista do direito processual. Foi a partir dessa perspectiva, cuja relação jurídica passou a incluir entre os sujeitos do processo o Estado-Juiz, que floresceram as ideias sobre a ação como direito distinto do direito subjetivo material, o que culminou com o entendimento da plena independência entre "ação" e "direito substantivo material".[134] Conforme acentua Couture: "Para la ciencia del proceso, la separación del derecho y de la acción constituyó un fenómeno análogo a lo que representó para la física la división del átomo".[135] Nesse contexto, as partes ficam submetidas aos resultados do processo, não porque realizaram um contrato, mas em razão do *imperium* do Estado.[136]

A propósito, as teorias da ação serão examinadas no presente estudo em separado.[137] Por ora, interessa apenas destacar a consolidada autonomia que o processo assumiu em relação ao direito material, em que os estudos da ação tiveram fundamental importância.

Seja como for, partindo-se da premissa da sua autonomia, importante salientar que quando se faz referência ao termo direito processual se está fazendo referência ao direito do processo. O processo, por sua vez, consiste justamente o objeto da ciência do direito processual. Conforme aduz Francisco Ramos Mendez: "La investigación sobre la esencia del proceso está estrechamente vinculada al nacimiento de nuestra ciencia en los tiempos modernos, precisamente a través del

---

[131] Assim, a maior parte das nulidades processuais passou a ser pronunciada *ex officio* pelo juiz, o qual, além de ser tradicionalmente o juiz da ação, tornou-se juiz do processo (cf. MACHADO GUIMARÃES, Luiz. *Estudos de direito processual civil.* Rio de Janeiro: EJU, 1969, p. 67).

[132] Embora a Obra Oskar Bülow constitua um marco ao nascimento do processo como ramo autônomo do direito, não se pode deixar de referir, desde já, a enorme importância da célebre polêmica travada anos antes (a partir de 1856) entre os juristas alemães Bernhard Windscheid e Theodor Muther, sobre a natureza da *actio* romana e da moderna ação *(Klage)*, que muito contribuiu inclusive ao estudo de Bülow. A propósito: ver item 2.2 infra.

[133] DINAMARCO, 1987, p. 12.

[134] DINAMARCO, 2003, p. 50-51.

[135] COUTURE, Eduardo J. *Fundamentos del derecho procesal civil.* 3. ed. Buenos Aires: Depalma, 1993, p. 63. A metáfora também pode ser lida em: COUTURE, Eduardo J. *Introdução ao estudo do processo civil.* Tradução Mozart Victor Russomano. 3. ed. Rio de Janeiro: Forense, 2004, p. 8.

[136] DINAMARCO, 2003, p. 50-51.

[137] Item 2.

problema de su naturaleza jurídica".[138] As diversas doutrinas sobre a sua natureza jurídica contribuíram decididamente para a evolução da ciência do processo. A referência nesse estudo tem o objetivo de mostrar uma primeira perspectiva do problema envolvendo as relações entre direito e processo, cujas teorias não são nada mais do que uma perspectiva de solução do problema.[139]

Seguiram-se diversas concepções sobre o processo, dentre as quais se destacam as teorias do processo como *relação jurídica; situação jurídica; instituição* e como *procedimento,* cujos aspectos essenciais passam a ser analisados.

1.2.1. Processo como relação jurídica

Uma vez que a ciência processual nasceu extremamente vinculada ao direito privado não é de se estranhar que as primeiras teorias que buscaram explicar a sua natureza jurídica sejam de inspiração privatística. Enquadram-se nessa categoria as teorias do contrato,[140] do quase contrato,[141] assim como a teoria da relação jurídica.[142]

Com efeito, o conceito de relação jurídica deve-se, sobretudo, à pandectística alemã do século XIX,[143] valendo destacar Savigny, Windscheid, Ihering, entre outros; tendo sido concebida como uma relação entre várias pessoas, porquanto regulada pelo direito.[144] Todavia, consoante já mencionado, foi Oskar Bülow, a partir de sua obra *Teoria das exceções dilatórias e os pressupostos processuais* (1868),[145] quem concebeu processo como relação jurídica (pública) entre o Estado e as partes, a qual tem pressupostos próprios e não se confunde com o direito material subjacente.[146] Segundo o próprio Bülow: "nuca se duvidou que o direito processual civil determina as faculdades e os deveres que colocam em mútuo vínculo as partes e o tribunal. Mas, dessa maneira, afirmou-se, também, que o processo é uma relação de direitos e obrigações recíprocos, ou seja, uma relação jurídica".[147]

---

[138] RAMOS MÉNDEZ, Francisco. *Derecho y proceso.* Barcelona: Bosch, 1979, p. 23-24.

[139] Ibid., p. 24.

[140] A teoria do contrato foi construída pela doutrina francesa do século passado, por influência das tendências contratualistas de Hobbes, Locke y Rousseau (cf. RAMOS MÉNDEZ, 1979, p. 24, nota 10); ver também: COUTURE, 1993, p. 126-129; GUASP, 1998, v. 1, p. 33-34; VÉSCOVI, Enrique. *Teoria general del proceso.* Bogotá: Temis, 1984, p. 107-108; ARAZI, Roland. *Elementos de derecho procesal.* 2. ed. Buenos Aires: Astrea, 1991, p. 110-111.

[141] A teoria do quasecontrato tem seu germe nos práticos espanhóis mais antigos, tais como Salgado de Somoza, Carleval, Conde de la Cañada e Febrero (cf. RAMOS MÉNDEZ, op. cit., p. 25, nota 11); ver também: COUTURE, op. cit., p. 129-131; GUASP, op. cit., p. 34-35; VÉSCOVI, op. cit., p. 108; ARAZI, op. cit., p. 111.

[142] RAMOS MÉNDEZ, op. cit., p. 24-25; MACHADO GUIMARÃES, 1969, p. 67.

[143] Aspecto também lembrado por MITIDIERO, 2005, p. 140; MARINONI, Luiz Guilherme. *Teoria geral do processo.* São Paulo: Revista dos Tribunais, 2006b, v. 1, p. 391-395.

[144] RAMOS MÉNDEZ, op. cit., p. 25. E o próprio Méndez comenta a "teorização" do processo: "si por una parte contribuyeron al desarrollo de la ciencia procesal, por otra la alejaron un tanto de la realidad" (Ibid., p. 26).

[145] Veja-se recente tradução da obra: BÜLOW, 2005.

[146] Ibid., passim.

[147] Ibid., p. 5.

Ademais, Assevera Bülow que trata-se de "uma relação jurídica pública",[148] a qual "avança gradualmente e se desenvolve passo a passo".[149] Ou seja: "A relação jurídica processual está em constante movimento e transformação".[150] Em síntese: "uma relação de direito público que se desenvolve de modo progressivo, entre o tribunal e as partes".[151]

Portanto, com essa nova orientação, inicia-se um estudo mais aprofundado do processo. A partir de Bülow, passa-se da concepção de marcha e sucessão de atos à concepções mais teóricas do processo.[152] Diversos autores, a despeito de suas idiossincrasias, trataram o processo como relação jurídica, exemplificativamente:[153] Kohler; Hellwing; Wach; Chiovenda; Calamandrei; Liebman; Couture; Redenti; entre outros.

Essa concepção do processo coloca em relevo o fato de que a ideia de relação jurídica explica a unidade e continuidade do processo, diferenciando-o, ainda, do direito material. Constitui um esforço para o direito processual lograr sua independência e autonomia, servindo-se das construções do direito privado, porém elaborando seus próprios conceitos. Representa verdadeira fratura entre o direito material e o processo, a qual, se por um lado contribuiu para delinear ambos os ramos e, sobretudo, a autonomia do processo, rompeu com a tradição romana da unidade direito-processo. Insere-se, portanto, em uma perspectiva dualista do ordenamento jurídico.[154]

Segundo Wach, "onde há processo, há relação jurídica",[155] constituída pelos direitos e deveres processuais. Com efeito, o doutrinador alemão refere ser desnecessário acentuar a unicidade da relação processual,[156] pois ainda que admitidas relações plurais no processo, o importante é que tais relações se articulem e se subordinem a um amplo conjunto unitário.[157]

Na Itália, Chiovenda também compreende o processo como uma relação jurídica. Salienta que "o processo não é uma unidade apenas porque diversos atos, de que se compõe, se associam com um objetivo comum".[158] Assim, durante o

---

[148] BÜLOW, 2005, p. 6.

[149] Ibid., p. 6.

[150] Ibid., p. 6-7.

[151] Ibid., p. 7.

[152] RAMOS MÉNDEZ, 1979, p. 26. Importante considerar, conduto, que Bülow não ignora a importância da ideia de "procedimento", chegando a afirmar que "poder-se-ia, segundo o velho uso, predominar o procedimento na definição do processo, não se descuidando de mostrar a relação processual como a outra parte da concepção" (BÜLOW, 2005, p. 8).

[153] Exemplos e obras retirados de uma listagem apresentada por: RAMOS MÉNDEZ, op. cit., p. 26-27, notas 14 a 32.

[154] RAMOS MÉNDEZ, op. cit., p. 27-28.

[155] WACH, 1977, v. 1, p. 64.

[156] No ponto, Wach discorda da posição de Oskar Bülow, fato que não passou despercebido por MITIDIERO, 2005, p. 139, nota 642.

[157] WACH, op. cit., p. 64-65.

[158] CHIOVENDA, 2002, p. 77.

"estado de pendência", na tentativa de fazer valerem suas razões, as partes adquirem direitos e deveres. Daí falar-se em relação jurídica.[159] Ressalta Chiovenda que tal circunstância independe do direito de ação e da incerteza do pronunciamento favorável, eis que ambas as partes têm direito ao pronunciamento judicial. Trata-se de uma relação jurídica constituída pela demanda, entre as partes e o órgão jurisdicional, que envolve uma pendência de expectativas e aspirações. Relação autônoma e complexa, pertencente ao direito público, cujo conteúdo é o Juiz se pronunciar acerca do pedido das partes (atuação da lei), uma vez satisfeitos os pressupostos processuais.[160]

Com efeito, Piero Calamandrei assevera que o conceito criado pela doutrina de "relação processual" tem utilidade justamente no sentido de conferir unidade aos diversos atos processuais, ou, em outras palavras, conferir unidade e identidade ao próprio processo. Portanto, ainda que o processo se desenvolva por diversos atos, em fases, momentos e lugares distintos, segue sendo o mesmo até o final, constituindo-se um *único indivíduo jurídico,* tal como um organismo em seu ciclo vital.[161] Além disso, Calamandrei destaca que o conceito relação processual permite compreender-se a continuidade do processo, cujo desenvolvimento é dinâmico, passível de sofrer transformações, suspensões, interrupções, mas justamente por se tratar de uma relação com determinada finalidade, aquela permanece enquanto não satisfeita essa. Destaca, por fim, que a partir do conceito de relação processual, distingue-se o processo do direito material subjacente.[162]

Em Redenti também se verifica acolhida a ideia de que a partir da demanda desenvolve-se entre as partes e o Juiz uma relação jurídica. Não uma relação de "crédito-débito", nem de "poder-sujeição"; mas uma relação que tem por conteúdo, de um lado; aportar, oferecer, e de outro; tomar, receber a "matéria e a razão do exercício do cargo". Além disso, com Redenti se constata que o processo se desenvolve por meio de progressivas atividades coordenadas com vistas às providências finais, de modo que as partes, ao longo do percurso, podem trocar informações, contradizer, combater ou cooperar. Cabe ao juiz tomar conta e, na medida da necessidade, utilizar seus poderes instrumentais para, ao final, obter a verdade e a justiça. Dessa forma, cada um dos sujeitos processuais (juiz e as partes) tem as suas respectivas funções, das quais decorrem direitos e deveres, faculdades, poderes, cargas, sujeições, entre outros, que são regidos por um regime totalmente distinto do direito substancial. Na pratica, adverte o doutrinador; processo e relações processuais constituem o mesmo fenômeno, só que visto de ângulo diverso.[163]

---

[159] Registre-se que Chiovenda considera "a idéia singelíssima, e, não obstante, fundamental, vislumbrada por Hegel, positivada por Bethmann-Holweg, e explanada especialmente por Oskar Bölow, e depois por Kohler e muitos outros, inclusive na Itália: o processo civil contém uma relação jurídica" (Ibid., p. 78).

[160] CHIOVENDA, 2002, p. 77-88; CHIOVENDA, 2000, p. 122-128.

[161] CALAMANDREI, 1986, v. 1, p. 342-343.

[162] Ibid., p. 344-345.

[163] REDENTI, Enrico. *Derecho procesal civil.* Tradução Santiago Sentis Melendo. Buenos Aires: Ejea, 1957, p. 116-117. A propósito, na obra de Redenti já se verificam indícios da teoria do processo como procedimento

Marco Tullio Zanzucchi enfatiza que a palavra processo tem um significado genérico que corresponde aos atos necessários para o desenvolvimento de determinado fenômeno. Em sentido jurídico, todavia, o processo é composto por múltiplas e sucessivas relações, com a finalidade de obter-se justiça. A finalidade confere unidade ao processo, que, portanto, caracteriza-se como uma relação jurídica dinâmica.[164]

O esforço de ruptura entre direito e processo, empreendido pela teoria do processo como relação jurídica, é compreensível historicamente, na medida em que foi formulada em meio ao contexto do próprio nascimento do processo, enquanto ciência. Com efeito, desde o início, a teoria foi alvo de críticas embasadas na preocupação em estabelecer-se uma conexão entre direito e processo. Todavia, como for, como pondera Francisco Ramos Mendez, não seria necessária a visão do processo como relação jurídica para estabelecer-se a sua autonomia em relação ao direito material. Basta seja constatado o caráter instrumental do processo.[165]

De outro lado, Assevera Daniel Mitidiero que a teoria da relação jurídica corresponde a um ambiente que aspira "ciência pura" e neutralidade. Não obstante, afigura-se propício para veicular a ideologia burguesa consagrada na Revolução Francesa ou para qualquer intenção política. Em síntese, aduz Mitidiero: "Há, pois, pouca precisão ideológica no conceito de relação jurídica processual, o que sujeita o direito processual civil aos sabores dos detentores do poder, deixando-o pouco comprometido com o sentido participativo e paritário que hoje se reconhece às instituições democráticas".[166]

Atualmente, a teoria do processo como relação jurídica é ainda amplamente defendida pela doutrina e reconhecida por ter colocado acento sobre o vínculo, superando um conceito procedimentalista e prático, que compreende o processo apenas como sucessão de atos processuais.[167]

1.2.2. Processo como situação jurídica

James Goldschmidt constrói particular solução às questões atinentes à natureza do processo e a teoria da ação. Partindo do conceito de pretensão em Wach,[168] desenvolve o instituto do direito justicial material como categoria distinta do direito processual e do direito material, este que será analisado quando tratarmos

---

(Cf. RAMOS MÉNDEZ, 1979, p. 35, o qual se reporta à Fazzalari: E. Redenti nella cultura giuridica italiana, RDProc. 1963, p. 372).

[164] ZANZUCCHI, Marco Tullio. *Diritto processuale civile*. 6. ed. Milano: Giuffrè, 1964, v. 1, p. 68-70.

[165] RAMOS MÉNDEZ, op. cit., p. 29.

[166] MITIDIERO, 2005, 142-143. Ainda sobre a crise no conceito de relação jurídica processual: MARINONI, 2006b, p. 398-401.

[167] ARAZI, 1991, p. 113. Destacando a aceitação da teoria, por todos: CINTRA, Antônio Carlos de Araújo Lopes; GRINOVER, Ada Pelegrini; DINAMARCO, Cândido Rangel. *Teoria geral do processo*. 9. ed. São Paulo: Malheiros, 1993, p. 237-241.

[168] Esse é o ponto de partida de James Goldschmidt, conforme ressaltam, por exemplo: OLIVEIRA, 2008, p. 37-38; RAMOS MÉNDEZ, 1979, p. 29.

das teorias da ação.[169] Com efeito, paralelamente, ao tratar da finalidade do processo, assevera Goldschmidt, que:

> a eliminação de exigência de proteção jurídica do Direito processual e sua adjudicação a um Direito justicial material isso faz surgir de novo o problema de encontrar as categorias jurídicas que convém aos fenômenos processuais. A conexão com o objeto do processo, que falta a relação jurídica processual, não se faz colocando o processo em dependência com o Direito material, que há de comprovar-se nele, senão, ao contrário, partindo da independência do processo e averiguando o influxo particular que mediante ele se exerce sobre o Direito material, que é seu objeto.[170]

A partir do ponto de vista do direito justicial, entende que as normas jurídicas constituem "as cominações de que o juiz observará determinada conduta, e, em última análise, de que ditará uma sentença judicial de determinado alcance". Portanto, os vínculos jurídicos não constituem propriamente "relações jurídicas", as quais dizem respeito a uma consideração estática do direito. Passa-se, então, a uma consideração dinâmica do direito, para chegar-se então ao conceito de "situações jurídicas." Ou seja: "situações de expectativa, esperanças de conduta judicial que há de produzir-se e, em última análise, de decisão judicial futura; numa palavra: expectativas, possibilidades e ônus".[171] Nesse sentido, a situação jurídica diferencia-se da relação jurídica pelo seu conteúdo e ainda porque depende da "evidência" e da prova de seus pressupostos, ao passo que aquela depende da sua própria existência.[172]

Ainda, explica que o conceito de situação jurídica difere da relação processual, pois enquanto o primeiro conceito designa a situação em que a parte se encontra com relação ao seu direito material, "quando o faz valer processualmente (trata-se, portanto, de uma situação do direito material, objeto do processo); a relação processual não tem relação alguma com o direito material objeto do processo". Daí por que Goldschmidt adverte que é errôneo igualar ambos os institutos".[173]

Aduz Goldschmidt que as categorias processuais "não se submetem ao conceito da relação jurídica no sentido tradicional; não são nem submissões sobre imperativos nem poderes sobre tais. Sendo expectativas ou perspectivas de uma decisão judicial futura, baseadas nas normas legais, representam, melhor dizendo, situações jurídicas, o que quer dizer estado de uma pessoa do ponto de vista da sentença judicial que se espera com apoio nas normas jurídicas".[174]

É o próprio Goldschmidt quem sintetiza sua teoria. Para o autor: "o conceito de situação jurídica forma a síntese da consideração abstrata, pressuposto

---

[169] Ver item 2.5 infra.

[170] GOLDSCHIMIDT, 2006, p. 31.

[171] GOLDSCHIMIDT, James. *Direito processual civil*. Tradução Lisa Pary Scarpa. Campinas: Bookseller, 2003, v. 1, p. 21.

[172] Ibid., p. 21-22.

[173] Ibid., p. 22.

[174] GOLDSCHIMIDT, 2002, p. 47.

DIREITO, AÇÃO E TUTELA JURISDICIONAL

processual; e da concreta, pressuposto material do Direito justicial, ou seja, reduz a um denominador comum a exigência abstrata do cidadão, de que o estado administre justiça; e a concreta do titular, segundo o direito material, de que o Estado lhe outorgue proteção jurídica por meio de uma sentença favorável". Com efeito, assevera que: "depende do andamento ulterior do processo o fato de que uma expectativa de uma sentença favorável se aproxime e chegue a ser mais certa".[175]

Em suma, as partes não têm direitos e obrigações no processo, mas atuam estimuladas pelo conceito de cargas, em prol dos seus próprios interesses. Ao longo do processo verifica-se uma situação de "expectativa" de uma decisão favorável ou desfavorável. O juiz profere a sentença em decorrência do seu dever funcional e as partes estão ligadas mediante uma relação de sujeição ao ordenamento jurídico.[176]

Para Francisco Ramos Méndez, por apresentar uma visão dinâmica do processo, verso a visão estática da relação jurídica, e considerando que é no processo que o direito material se desenvolve, por meio das diversas situações processuais; a teoria de Goldschmidt tem o mérito de aproximar-se da realidade, pondo em relevo a incerteza do direito submetido ao processo.[177] Ao seu turno, Roland Arazi destaca que: "el principal mérito de esta teoría es que a partir de ella se elaboró el concepto de 'carga procesal', como institución diferente a los derechos y obligaciones".[178] Entre nós, Ovídio destaca a vantagem heurística da teoria em auxiliar na superação da utilização de conceitos estáticos do direito material, anotando que não há incompatibilidade com a ideia de relação jurídica.[179] Além disso, de um modo geral, os estudiosos destacam a riqueza em conceitos e observações da teoria de Goldschmidt, que muito contribuiu à ciência processual, tal como a ideia de ônus, sujeição, relação funcional do juiz com o estado, entre outras.[180]

Na verdade a despeito da ampla disseminação da teoria do processo como relação jurídica até os dias atuais, em Galeno Lacerda se observa que a teoria da situação jurídica "foi abraçada pela maioria dos processualistas Alemães, inclusive Rosemberg". Entretanto, Galeno refere estudo de Calamandrei o qual demonstra que "a teoria de Goldschmidt se reduz a relação jurídica, porque todas estas situações de pendência são específicas, inerentes à existência de uma relação processual distinta da eventual relação material".[181]

---

[175] GOLDSCHIMIDT, 2002, p. 48.

[176] Cf. ARAZI, 1991, p. 114.

[177] RAMOS MÉNDEZ, 1979, p. 31.

[178] ARAZI, 1991, p. 115.

[179] BAPTISTA DA SILVA, Ovídio Araújo. *Curso de processo civil:* processo de conhecimento. 3. ed. Porto Alegre: Fabris, 1996, v. 1, p. 13. Aduz o autor, ainda: "É possível, portanto, admitir-se que o processo configure efetivamente uma relação jurídica complexa diversa sem dúvida da relação jurídica própria do direito material, como reconhece Liebman e, não obstante, tratar as categorias processuais que compõem e informam esta relação como elementos componentes de uma situação jurídica, no sentido indicado por Kohler" (Ibid., p. 13).

[180] CINTRA; GRINOVER; DINAMARCO, 1993, p. 238-239.

[181] LACERDA, 2008, p. 102.

Em Jaime Guasp, observa-se a constatação de que, segundo a teoria da situação jurídica processual, nenhum dos vínculos fundamentais em questão tem caráter de verdadeiro dever ou direito jurídico, tampouco as partes têm deveres e direitos, senão submissão enquanto cidadãos. Daí por que não se fala em relação jurídica, e sim, situação jurídica, essa decorrência das meras expectativas; enfim, da concepção dinâmica do direito. Todavia, ao contrário do preconizado, para Guasp, defensor da teoria do processo como instituição; existem, sim, deveres e direitos processuais.[182]

1.2.3. Processo como instituição

Para a teoria do processo como instituição,[183] conforme mencionado, defendida por Jaime Guasp: "en el proceso existen verdaderamente deberes y derechos jurídicos".[184] Nesse sentido, rechaça a teoria da relação jurídica processual em razão da sua insuficiência e não da sua inexatidão. Desse modo, na medida em que o processo compreende uma correlação de direitos e deveres jurídicos, verificam--se várias relações jurídicas, e não apenas uma, de modo que sua multiplicidade deve dar lugar a uma unidade superior, a qual se explica por meio do conceito de instituição.[185]

Conforme defende Guasp:

institución es un conjunto de actividades relacionadas entre sí por el vínculo de una idea común y objetiva a la que figuran adheridas, sea esa o un su finalidad individual, las diversas voluntades particulares de los sujetos de quienes procede aquella actividad. Hay, pues, dos elementos fundamentales en toda institución: la idea objetiva o común y las voluntades particulares que se adhieren a la misma; el primero de estos elementos de halla esencialmente por encima del segundo; aquél, incluso suele corresponder muchas veces al derecho público, éste al derecho privado o, por lo menos, son de ámbito público y privado, respectivamente, los orígenes de uno y otro.[186]

Nessa perspectiva, o processo afigura-se verdadeira instituição. A ideia comum e objetiva corresponde à satisfação ou denegação de uma pretensão. Por outro lado, as vontades que atuam no processo aderem a essa ideia comum. Significa dizer que as partes e o juiz atuam com vistas à satisfação ou denegação da

---

[182] GUASP, 1998, p. 35-36.

[183] A propósito, conforme ensina Couture: "La idea de que el proceso es una institución, se encentra expresa o implícitamente expresada en los estudios que algunos escritores franceses destinaron a fundar la concepción institucional del derecho" (COUTURE, 1993, p. 141). Conforme anota Ronald Arazi, "el concepto de institución nasce en el derecho administrativo (Hauriou, Renard) y se la concibe como "organización jurídica al servicio de una idea" (ARAZI, 1991, p. 115).

[184] GUASP, 1998, p. 36.

[185] Idem; GUASP, Jaime. *Concepto y método de derecho procesal*. Madrid: Civitas, 1997, p. 35-36.

[186] GUASP, 1998, p. 36; o autor também conceitua instituição, com pequena variação de termos GUASP, 1997, p. 36.

DIREITO, AÇÃO E TUTELA JURISDICIONAL

pretensão, ainda que cada um entenda de forma diversa o que isso significa no caso concreto.[187]

Como consequência da concepção do processo como instituição, compreende-se que o processo é uma realidade jurídica permanente, pois podem nascer e extinguirem-se processos concretos, mas a ideia de atuação estatal permanece. Tem caráter objetivo, eis que sua realidade sobrepõe-se às vontades individuais. Situa-se em um plano de desigualdade e subordinação hierárquica; não é modificável em seu conteúdo pela vontade dos sujeitos processuais e é adaptável à realidade de cada momento.[188]

Couture aderiu à teoria, mas posteriormente retificou sua posição, considerando que a tese se assenta em pressupostos mais sociológicos do que jurídicos, além do que pode ser utilizada por diversas ideologias. Assim, apesar de considerar correta a proposição de que o processo é uma instituição, desde que utilizada em seu sentido comum e genérico, entende que a imprecisão do vocábulo é incompatível com o rigor do pensamento com o qual deve trabalhar o jurista. Além disso, a teoria também não afasta a noção de processo como relação jurídica.[189] A propósito, em ensaio sobre a obra de Couture, Enrico Allorio também discorda da noção de processo como instituição, entre outros porque considera que o processo não contém um sistema distinto e particular de fontes, senão aquelas inerentes ao ordenamento jurídico, este sim uma instituição em sentido técnico.[190]

Para Francisco Ramos Méndez, essa teoria, que não teria a pretensão de solucionar problemas processuais outros, senão a própria natureza jurídica do processo, tem a vantagem de evitar a aplicação de conceitos de direito privado ao processo, uma vez que o mesmo se afigura uma instituição de direito público.[191]

Com efeito, a crítica aduz que a teoria é de escassa utilidade prática, vez que a afirmação de que o processo compreende um conjunto de atividades ligadas à ideia de satisfazer pretensões não esclarece a essência do processo, a qual, portanto, permanece incógnita.[192] Em última análise, o conceito de instituição é muito vago e impreciso.[193]

1.2.4. Processo como procedimento

A ideia de procedimento é ínsita à própria noção de processo. Não por outra razão diz-se que a teoria da relação jurídica teve o mérito de romper com uma vi-

---

[187] GUASP, 1998, p. 36-37; GUASP, 1997, p. 36.

[188] GUASP, 1997, p. 36-37; GUASP, 1998, p. 37.

[189] COUTURE, 1993, p. 141-145.

[190] ALLORIO, Enrico. Las ideas directrices del proceso en la síntesis de un escritor sudamericano. In: *Problemas de derecho procesal*. Tradução Santiago Sentis Melendo. Buenos Aires: Ejea, 1963, v. 1, p. 146-147.

[191] RAMOS MÉNDEZ, 1979, p. 34.

[192] Cf. ASSIS, Araken de. *Cumulação de ações*. 4. ed. São Paulo: Revista dos Tribunais, 2002, p. 35.

[193] ARAZI, 1991, p. 115-116.

são eminentemente prática e procedimentalista do processo,[194] o que significa que essa visão já existia anteriormente.

Na verdade, independentemente da concepção de processo que se adote ou do modo como se compreende suas relações com o direito material, não há como desvincular o procedimento do processo. Salvatore Satta, por exemplo, compreende o processo como o método pelo qual a vontade da lei se concretiza. Assim, o processo se apresenta como uma série de atos praticados entre os sujeitos, coordenados a um determinado fim. No entanto, para além de uma visão meramente procedimental, para o autor o processo é "una serie di modificazioni, di passaggi, di situazioni, che trovano in quegli atti la loro causa o la loro condizione".[195] Essa visão, evidentemente, também se explica pela visão monista de Satta.

Já Carnelutti aduz que o processo indica um método para a formação ou aplicação do direito, com vistas a uma decisão "justa" (qualidade interior ou substancial do processo) e "certa" (qualidade exterior ou formal do processo). O processo serve ao direito, mas também é servido pelo direito.[196] No tocante ao procedimento, interessante notar que Carnelutti ressalta a perspectiva de processo como diálogo, o qual se concretiza pela palavra e pela escrita.[197] Também acentua o procedimento no seu aspecto de "duração" e desenvolvimento no tempo, destacando o eterno conflito entre rapidez e segurança, assim como a importância da pausa entre os atos processuais.[198]

O proceder referente ao processo se resume no próprio desenvolvimento da atividade jurisdicional. Em outras palavras: "il procedere giuridico in cui consiste il processo si realiza atraverso un successione alternata di poteri e di atti".[199] Além disso, fala-se também em "situações jurídicas processuais", relacionadas às faculdades, deveres e poderes compreendidos no processo, cuja realização dos respectivos atos formam a dinâmica do processo e sua essência enquanto proceder jurídico.[200] Crisanto Mandrioli Refere a importância do conceito de relação jurídica processual, mas concebe o processo como uma série de relações em continua transformação, destacando a insuficiência do conceito para exprimir a sua complexidade e o seu caráter dinâmico. Daí considerar o processo como "fenomeno giuridico in evoluzione".[201]

A noção do processo envolve o desenvolvimento da atividade necessária à formação do provimento jurisdicional, cujo modo é determinado pelo procedi-

---

[194] ARAZI, 1991, p. 113; RAMOS MÉNDEZ, 1979, p. 26.

[195] SATTA, 1967, p. 171.

[196] CARNELUTTI, Francesco. *Instituciones del proceso civil*. Tradução Santiago Sentis Melendo. Buenos Aires: Ejea, 1973, v. 1, p. 21-22.

[197] CARNELUTTI, Francesco. *Diritto e processo*. Napoli: Morano, 1958, p. 149-150.

[198] Ibid., p. 154-155.

[199] MANDRIOLI, Crisanto. *Diritto processuale civile*. Torino: Giappichelli, 2007, v. 1, p. 37-38.

[200] MANDRIOLI, 2007, p. 37-40.

[201] Ibid., p. 41-42.

mento.[202] É a via que o juiz e as partes percorrem para que seja prestada a tutela jurisdicional. Mauro Bove traduz o conceito de processo como "un procedimento caratterizzato dall'operatività al suo interno di alcuni principi essenziali". Destaca os princípios do terceiro imparcial; do contraditório e da demanda, bem como o fato de que o procedimento é uma atividade preordenada pela norma jurídica, composto por uma pluralidade de atos, um consequência do outro, os quais se desenvolvem em progressão com o objetivo final de surtir eficácia no mundo substancial.[203]

Assim, o processo é visto enquanto uma série de atos coordenados praticados pelas partes e pelo juiz, do primeiro ao último, cujas normas disciplinadoras constituem o Direito Processual. Além disso, o procedimento também diz respeito, não apenas ao modo, ao tempo e ao lugar dos atos processuais, mas também aos pressupostos, conteúdo e aos efeitos dos atos, os últimos que inclusive se manifestam para além do processo, muitas vezes no plano substancial. Em suma, Aldo Attardi salienta que o processo pode ser observado do ponto de vista estático, como relação jurídica, ou do ponto de vista dinâmico, como procedimento.[204]

Na verdade, a visão do processo como procedimento assinala como elementos do procedimento os atos e sua dimensão temporal. As divergências entre os seus seguidores dizem respeito à natureza dos atos e da ênfase atribuída a um ou outro elemento da teoria.[205] Além disso, alguns estudiosos compatibilizam a ideia de procedimento com outras categorias para formar a concepção de processo (associam-na ao conceito de relação jurídica, por exemplo); outros autores procuraram "customizar" a noção de procedimento enquanto natureza do processo, isolando-o das demais teorias.

Seja como for, é comum a constatação de que a existência de relações jurídicas entre os sujeitos processuais não esgota o fenômeno do processo, tal como, v. g., advertem Araken de Assis[206] e Enrique Véscovi.[207] Nesse sentido, Liebman, por exemplo, assevera a natureza instrumental do direito processual[208] e passa então a sustentar que, do ponto de vista extrínseco, o processo consiste em uma série de atos praticados pelo órgão jurisdicional e pelas partes. A lei regula não apenas a forma, o tempo e o modo de tais atos; mas a sua ordem no sentido de continuidade, tudo para obter-se o fim desejado, que consiste na prestação jurisdicional. O

---

[202] REDENTI, Enrico; VELLANI, Mario. *Lineamenti di diritto processuale civile.* Milano: Giuffrè, 2005, p. 119-120.

[203] BOVE, Mauro. *Lineamenti di diritto processuale civile.* 2. ed. Torino: Giappichelli, 2006, p. 5.

[204] ATTARDI, Aldo. *Diritto processuale civile.* 3. ed. Padova: Cedam, 1999, v. 1, p. 58-62.

[205] RAMOS MÉNDEZ, 1979, p. 35-36.

[206] ASSIS, Araken de. *Cumulação de ações.* 4. ed. São Paulo: Revista dos Tribunais, 2002, p. 35, nota 49.

[207] VÉSCOVI, 1984, p. 111. Ademais, destaca o autor, entre outros, o aspecto dinâmico do processo, que se desenvolve por meio de uma relação continuada e progressiva, com vistas a um objetivo, bem como a natureza dialética do processo, composto pelas diversas ações e reações dos sujeitos (Ibid., p. 111-112).

[208] LIEBMAN, Enrico Tullio. *Corso di diritto processuale civile.* Milano: Giuffrè, 1952, p. 20-21; LIEBMAN, Enrico Tullio. *Manuale di diritto processuale civile.* Milano: Giuffrè, 1955, v. 1, p. 14-16.

conjunto dos atos ou o elemento que lhes confere unidade denomina-se procedimento. Com efeito, adverte Liebman que o processo, além de estar compreendido pela noção de procedimento, implica a existência de relação jurídica processual entre os seus sujeitos, esta que também confere unidade e autonomia ao processo. Além disso, é complexa, perdura e progride do primeiro ao último ato do processo, juntamente ao procedimento.[209]

A propósito, Elio Fazzalari refere à necessidade de obter-se clareza nos conceitos de processo e procedimento, sendo que o conceito deste último emergiu dos estudos de direito administrativo para então servir à teoria geral. Desse modo, inicialmente, Fazzalari compreende o procedimento como "sequência de atos previstos e valorados pelas normas", composto por faculdades, poderes e deveres. Destarte, o processo é um procedimento com a participação dos respectivos sujeitos. Daí falar-se em procedimento em contraditório, na medida em que qualificado pela exigência de paridade entre os sujeitos envolvidos.[210] Assim, na perspectiva abstrata, o processo é composto por uma série de posições subjetivas (deveres, faculdades e poderes) e, em concreto, compõe-se de uma série de atos ligados pelo vínculo do procedimento.[211]

No entanto, Elio Fazzalari repudia a inserção do conceito de relação jurídica processual no conceito de processo. Trata do "modulo processual", a partir do conceito de procedimento em contraditório, pondo em destaque a participação constitucionalmente garantida.[212] O processo é, portanto, uma espécie do gênero procedimento, dele se diferenciando pela sua estrutura dialética, assegurada pela garantia do contraditório.[213]

Todavia, a ideia de processo como "procedimento em contraditório" não parece ser incompatível com o reconhecimento da relação jurídica. Conforme acentua Dinamarco, o modo de atuação do processo é tratado como sendo sua dinâmica e corresponde, justamente, ao "procedimento em contraditório". Na verdade, as doutrinas modernas reavivaram a importância do procedimento no conceito de processo, rejeitada pelos processualistas quando enfatizavam que o processo não se resumia a mera sequência de atos coordenados e, a partir de então, desenvolveram prestigiosas doutrinas, conforme demonstramos, dentre as quais se destaca a do processo como relação jurídica. O procedimento, em síntese, "tem o valor do penhor da legalidade no exercício de poder", uma vez que a sua observância legitima o próprio processo. Está, portanto, intimamente relacionado

---

[209] LIEBMAN, 1952, p. 28-30; LIEBMAN, 1955, p. 16-18.

[210] FAZZALARI, Elio. *Instituições de direito processual*. Tradução Elaine Nassif. Campinas: Bookseller, 2006, p. 109-121. Ver: FAZZALARI, Elio. Procedimento (Teoria Generale) In: *Enciclopedia del diritto*. Milano: Giuffrè, 1986, p. 820, v 35, p. 827.

[211] FAZZALARI, 1957, p. 110. Ver: FAZZALARI, 1986, p. 820, v. 35, p. 827.

[212] FAZZALARI, Elio. *apud* CINTRA; GRINOVER; DINAMARCO, 1993, p. 242.

[213] FAZZALARI, Elio. *apud* MITIDIERO, 2005, p. 144. A propósito, Tratando da teoria de Fazzalari e destacando que atualmente o direito-garantia do contraditório tem *status* constitucional: LEAL, Rosemiro Pereira. *Teoria geral do processo*. 8. ed. Rio de Janeiro: Forense, 2009, p. 83-84.

DIREITO, AÇÃO E TUTELA JURISDICIONAL

à garantia constitucional do devido processo legal,[214] com ênfase na garantia do contraditório, além do preconizado equilíbrio entre o formalismo[215] e as demais garantias constitucionais em jogo. Daí falar-se no princípio da *instrumentalidade das formas*. A luz dessas considerações, fala-se também em *legitimação pelo procedimento,* no sentido de que uma vez garantida a participação equilibrada das partes, contraditório efetivo, ou, em linhas gerais, estando observado o *due processo of law,* estará legitimada a decisão do Juiz.[216]

Pode-se afirmar, ainda com Dinamarco, que "a relação jurídica processual é a projeção jurídica da exigência do contraditório". O processo, aliás, é disciplina ou limitação ao exercício de poder ou ao exercício da jurisdição, daí por que o quão importante garantia representa às partes. Mas o processo, na visão de Dinamarco, não se exaure na relação jurídica processual. Diz respeito a "todo o procedimento animado pela relação jurídica processual". A amplitude do conceito abrange a perspectiva da relação jurídica e do procedimento.[217]

Do magistério de Marinoni se extrai que não é possível definir-se processo esquecendo-se do procedimento, na medida em que esse, tanto em abstrato (como lei ou módulo legal), quanto no plano dinâmico, tem compromisso com os fins da jurisdição, cuja consecução depende da própria observância do procedimento. Por tais razões, o processo requer um procedimento "adequado à tutela dos direitos" e "idôneo a expressar a observância dos direitos fundamentais processuais", conferindo "legitimidade democrática ao exercício do poder jurisdicional".[218] Em outras palavras, agora com Marinoni e Sérgio Cruz Arenhart, o procedimento deve observar as "garantias de justiça contidas na Constituição", o "princípio político da participação", traduzido pelo contraditório e pelo princípio da igualdade.[219]

Carlos Alberto Alvaro de Oliveira ensina que "no direito processual, o leito natural onde vão desaguar os valores e princípios dominantes em determinada sociedade é o procedimento". O procedimento, portanto, é a "espinha dorsal do formalismo", pois é por meio dele que se estabelece a ordem dos atos e a distribuição dos poderes entre os sujeitos.[220] Com efeito, o procedimento deve ser considerado não apenas como "diretiva para a ordem e a sucessão dos atos processuais", que corresponde ao seu aspecto exterior; mas também sob o ângulo da "atividade,

---

[214] Como assinala Flávio Luiz Yarshell o procedimento afigura-se o "penhor da legalidade" e o instrumento do contraditório (YARSHELL, Flávio Luiz. *Tutela jurisdicional.* 2. ed. São Paulo: DJP, 2006, p. 183).

[215] Ver, a propósito do formalismo: OLIVEIRA, Carlos Alberto Alvaro de. *Do formalismo no processo civil.* São Paulo: Saraiva, 1997; BEDAQUE, José Roberto dos Santos. *Efetividade do processo e técnica processual.* 2. ed. São Paulo: Malheiros, 2007, p. 43-46;

[216] DINAMARCO, 2003, p. 152-166. Ver, ainda: DINAMARCO, 1987, p. 64-72.

[217] DINAMARCO, 1987, p. 64-72.

[218] MARINONI, 2006b, p. 401-404.

[219] ARENHART, Sérgio Cruz; MARINONI, Luiz Guilherme. *Curso de processo civil:* processo de conhecimento. 8. ed. São Paulo: Revista dos Tribunais, 2010, v. 2, p. 53-54.

[220] OLIVEIRA, 1997, p. 108-109. A propósito, adverte o doutrinador: "sabidamente conduziu a autentica catástrofe o chamado juízo indeterminado, implantado segundo esse modelo no Império alemão e na Itália os séculos XVI e XVII, cujo procedimento era estabelecido arbitrariamente pelo juiz" (Ibid., p. 109).

poderes e faculdades do órgão judicial e das partes". Trata-se de "regulamentar a atividade das partes e do órgão judicial, conexa ao contraditório paritário e ainda ao fator temporal". Dessa forma, o fator temporal explica o caráter dinâmico do processo, cujo procedimento se assenta em critérios de disposição cronológica. De outro lado, o contraditório tem caráter essencial para o fenômeno processual, cuja "estrutura do procedimento é necessariamente dialética", com vistas a garantir a igualdade entre as partes e o "interesse público na descoberta da verdade e realização da justiça".[221] A finalidade do procedimento, em suma, é a tutela do direito.[222]

Todavia, Carlos Alberto Alvaro de Oliveira prescinde do conceito de relação jurídica para estabelecer a natureza do processo. Nas palavras do processualista:

> mesmo no âmbito dos defensores do conceito da relação jurídica processual, desde muito se reconhece constituir-se ela de diversas posições jurídicas subjetivas aí concentradas (poderes, faculdades, ônus, sujeições), representando o verdadeiro tecido interno do processo. Tal admissão torna, no fundo, apenas nominal a adesão dessa corrente ao conceito de relação jurídica processual, diante da manifesta insuficiência desta concepção em explicar o fator temporal, com a conseqüente ausência de justificativa para a dinamicidade ínsita ao processo.[223]

Também rechaçando a caracterização do processo como relação jurídica, para quem o conceito não tem compromisso com "o sentido participativo e paritário que hoje se reconhece às instituições democráticas", tampouco "resolve o problema da dinamicidade inerente ao processo"; Daniel Mitidiero entende que o fenômeno se explica melhor por meio do conceito de "procedimento em contraditório", na esteira dos aqui citados Elio Fazzalari, Dinamarco e Carlos Alberto Alvaro de Oliveira. Referida caracterização inclusive melhor se afeiçoa à perspectiva do formalismo-valorativo e a garantia constitucional do devido processo legal.[224]

Em sentido oposto, Araken de Assis entende que a qualidade de relação jurídica revela a "essência" do fenômeno processual. Assinala que "a dissolução do processo no gênero amplo do procedimento implica o grave risco de eliminá-lo ou de fazê-lo perder a notável dignidade que se lhe atribuiu nos Estados democráticos".[225] Para Araken de Assis, a utilização do contrapeso do contraditório não afasta o problema. Além disso, a consagração da relação processual está no

---

[221] OLIVEIRA, 1997, p. 111-115.

[222] OLIVEIRA, Carlos Alberto Alvaro de; MITIDIERO, Daniel. *Curso de processo civil*. São Paulo: Atlas, 2010, v. 1, p. 109.

[223] OLIVEIRA, 1997, p. 112.

[224] MITIDIERO, 2005, p. 143-145. No mesmo sentido o entendimento de Hermes Zaneti Júnior, expressa *in*: MITIDIERO, Daniel; ZANETI JÚNIOR, Hermes. *Introdução ao estudo do processo civil*: primeiras linhas de um paradigma emergente. Porto Alegre: Fabris, 2004, p. 48.

[225] ASSIS, 2002, p. 37. O autor refere advertências de Montero Aroca, Piero Calamdrei, Niceto Alcalá Zamora y Castilho, asseverando o risco da eliminação do processo e da Jurisdição, assim como o estabelecimento de regimes autoritários (p. 37-38, notas 60 a 62).

próprio fato de que seus críticos, modo geral, não propugnam o seu banimento. Em síntese, Araken dá razão a Piero Calamandrei "quando localiza exatamente no dinamismo da relação a melhor explicação ao devenir do conjunto de atos e faculdades do processo".[226]

1.2.5. Apreciação crítica da natureza jurídica do processo

A importância do conceito de relação jurídica processual é inegável e faz parte da própria emancipação do processo. Não é possível, portanto, ignorar-se o liame jurídico estabelecido entre as partes e o juiz por ocasião do processo. Aliás, na relação jurídica processual não faltou à reclamada progressividade e dinamicidade, insertas no conceito desde a concepção de Oskar Bülow,[227] o qual também não deixou de destacar a importância da ideia de "procedimento", chegando a afirmar que "poder-se-ia, segundo o velho uso, predominar o procedimento na definição do processo, não se descuidando de mostrar a relação processual como a outra parte da concepção".[228]

Não há dúvida de que o procedimento em contraditório, ou mais amplamente, o devido processo legal, legitimam a decisão do Juiz. Mas é possível compatibilizar a ideia de procedimento em contraditório com a de relação jurídica processual, mesmo porque são "duas facetas da mesma realidade".[229] Enfim, a participação das partes, assegurada pela garantia do contraditório, se desenvolve justamente em meio à criação de direitos, deveres, ônus, sujeições, ou seja; "diversas situações subjetivas, cujo surgimento é indissociável da noção de relação jurídica",[230] ou, como diz José Maria Rosa Tesheiner, "situações subjetivas são momentos de uma relação jurídica".[231] Por essa razão, justamente explicam o aspecto dinâmico da relação jurídica.[232]

Entendemos, assim, que o processo envolve um conceito complexo. Pode ser observado do ponto de vista das relações entre os seus sujeitos, mas também do ponto de vista da sucessão coordenada de atos, ou seja, do procedimento. Não se trata de confundir o processo com procedimento, tal como fazia a doutrina antiga, pois na perspectiva moderna esse é um dos aspectos do processo.[233]

---

[226] ASSIS, 2002, p. 38-39. Ver, a propósito: CALAMANDREI, 1986, p. 342-345.

[227] BÜLOW, 2005, p. 5-8. A propósito, mesmo a obrigação de direito material se desenvolve no tempo e importa "processo", como já acentuou Clóvis do Couto e Silva (COUTO E SILVA, Clovis do. *A obrigação como processo*. Porto Alegre: Emma, 1964, *passim*).

[228] BÜLOW, op. cit., p. 8.

[229] CINTRA; GRINOVER; DINAMARCO, 1993, p. 242-243.

[230] PINHO, Humberto Dalla Bernardina de. *Teoria geral do processo civil contemporâneo*. 2. ed. Rio de Janeiro: Lumen Juris, 2009, p. 151-152.

[231] TESHEINER, José Maria Rosa. Situações subjetivas e processo. *Revista Nacional de Direito e Jurisprudência,* Ribeirão Preto, n. 37, p. 54-58, jan. 2003. Em outras palavras de Tesheiner sobre situações subjetivas: "são frações temporais de uma relação interpessoal regulada pelo Direito" (Ibid., p. 54).

[232] Ibid.

[233] CINTRA; GRINOVER; DINAMARCO, 1993, p. 239-241.

Em vista disso, a nosso ver, a compreensão de processo que abrange tanto a noção de relação jurídica, como a de procedimento em contraditório é a que melhor atende à complexidade do fenômeno. Tal entendimento, além de perfeitamente compatível, inclusive reforça as garantias constitucionais hoje inerentes ao processo, bem como a ideia do formalismo-valorativo.[234]

1.3. RELAÇÕES ENTRE PROCESSO E DIREITO MATERIAL

Já dizia Carnelutti que o processo serve ao direito, mas também é servido pelo direito. Não por outra razão, a relação entre direito e processo é dupla e recíproca.[235] Nessa esteira, Carnelutti inclusive coloca o problema da ação como decorrente das relações entre direito e processo.[236] A pertinência de tais proposições se evidencia independentemente da concepção de ordenamento jurídico adotada, pois mesmo os adeptos da concepção dualista, que são a imensa maioria dos juristas da atualidade, com maior ou menor intensidade, preconizam uma maior aproximação dos planos, em verdadeiro movimento de retorno e contraposição à fase autonomista do processo.

A relação entre os planos do Direito, portanto, deve ser vista como uma *relação circular* e tratada "na perspectiva de sua interdependência e complementariedade".[237] A própria evolução das teorias da ação e suas divergências revelam a complexidade do problema que envolve as relações entre direito material e processo, a ponto de Goldschmidt, como lembra Emilio Betti, sustentar a existência de normas de natureza intermediária entre a lei material e a lei processual, em sua teoria da ação.[238]

Na esteira de Andres de la Oliva Santos, é preciso explicar como a ação, sendo distinta do direito subjetivo material, *no surge del vacío jurídico,* senão se origina dos direitos subjetivos privados ou do direito objetivo.[239] Assim, primeiramente, tem-se um direito subjetivo privado, que pode ter sido lesionado, insatisfeito, entre outros. Depois, tem-se um direito subjetivo público à obtenção de uma tutela jurisdicional concreta (posição defendida pelo jurista), chamado de ação. Para Andres, direito subjetivo e pretensão material podem ser pressupostos, mas não se confundem com a ação. Além disso, esclarece que pretensão é um ato

---

[234] A propósito: OLIVEIRA, Carlos Alberto Alvaro de. O formalismo-valorativo no confronto com o formalismo excessivo. *Revista de Processo*, São Paulo, n. 137, p. 7-31, jul. 2006.

[235] CARNELUTTI, 1973, p. 22.

[236] CARNELUTTI, 1946, p. 7.

[237] Ver ZANETI JUNIOR, Hermes. A teoria circular dos planos (direito material e direito processual). In: AMARAL, Guilherme Rizzo; MACHADO, Fábio Cardoso (org.). *Polêmica sobre a ação:* a tutela jurisdicional na perspectiva das relações entre direito e processo. Porto Alegre: Livraria do Advogado, 2006, p. 168. Ao tratar do tema autor se reporta, entre outros, à FAZZALARI, 1957, nota 13).

[238] BETTI, Emilio. Ragione e azione. *Rivista di Diritto Processuale Civile*, Pádua, v. 9, p. 205-237, 1932, p. 220-221.

[239] SANTOS, 1980, p. 62.

de petição de uma tutela concreta. Daí por que para o jurista pretensão é ato, e ação, um direito.[240]

Ainda segundo Andres, é preciso reconhecer a integração e a necessária conexão entre o direito ao processo e o exercício do direito à tutela jurisdicional, eis que ambos são exercidos em conjunto na demanda. Assim, da mesma forma que o direito à tutela pressupõe o exercício do direito ao processo, esse, quando exercido, deve vir inexoravelmente acompanhado de uma afirmação de tutela concreta, que se exerce por meio da ação, a qual desempenha um papel insubstituível ao processo. Essa afirmação é o que se designa de pretensão, ou seja, *"el acto de afirmar una acción"*. Em outras palavras, a ação afirmada corresponde ao objeto da pretensão.[241]

Importante observar, outrossim, que a afirmação da ação e o direito ao processo são independentes, de modo que poderá haver situação em que a ação afirmada seja infundada e o direito ao processo exercido validamente ou o contrário, ocasião em que o Tribunal declara que não pode se pronunciar sobre o mérito.[242]

Conforme Liebman, no processo há uma confluência entre o direito substancial e o direito processual, enquanto o primeiro fornece o objeto, o segundo a disciplina. Nele convive o espírito do direito privado, no sentido da proteção do direito das partes, com o direito público, por conta da prestação jurisdicional e preservação do ordenamento jurídico.[243] A propósito, ao tratar do tema da ação, Liebman considera arbitrário distinguir radicalmente a ação do direito subjetivo substancial, tendo em vista o estreitíssimo nexo que existe entre o sistema processual e o substancial, inclusive do ponto de vista prático, os quais estão em planos diversos, mas voltados para o mesmo fim. Com efeito, argumenta que somente uma clara distinção teórica permite ter presente sua conexão prática sem correr-se o risco de se confundir os sistemas e se perder de vista a sua linha divisória. Portanto, para Liebman, o direito processual e o substancial constituem sistemas de normas complementares e coordenados, porém distintos e autônomos.[244] De qualquer sorte, o campo do direito material e o do processo, "não estão, nem nunca estiveram, inteiramente separados".[245]

Na prestação da atividade jurisdicional, deve haver, como diz Botelho de Mesquita, "o mais completo entrosamento entre normas de direito processual e de direito material".[246] Não há dúvida de que o direito material interfere na confor-

---

[240] SANTOS, 1980, p. 95-97.

[241] Ibid., p. 72.

[242] Ibid., p. 73.

[243] LIEBMAN, 1950, p. 48.

[244] Ibid., p. 70-71.

[245] BAPTISTA DA SILVA, 2007, p. 158.

[246] MESQUITA, 2005, p. 101.

mação do processo, impondo "adequação subjetiva, objetiva e teleológica entre as duas esferas".[247]

A visão instrumentalista do processo levará inexoravelmente ao problema da coordenação entre o processo e o direito material. Diversos são os exemplos desse contato. Conforme aponta Kazuo Watanabe, *v. g.*, as condições da ação têm exatamente essa preocupação e através delas se estabelece o ponto de conexão entre direito e processo. Da mesma forma, aduz o processualista, para aqueles que trabalham na perspectiva inversa, ou seja, "da exigência que deflui do próprio direito material", a coordenação dos planos também se faz necessária. Trata-se de uma coordenação lógica.[248]

A propósito, José Roberto dos Santos Bedaque, em sua obra *Direito e Processo*,[249] trata de uma série de situações em que "a realidade jurídico-substancial influi e determina a vida do processo",[250] valorizando o estudo do processualista também sob a ótica material, em salutar movimento contrário à fase autonomista. Assim, à luz do direito material, Bedaque analisa os seguintes institutos processuais,[251] que por razões evidentes ora nos limitamos a fazer mera referência ilustrativa, a saber: jurisdição contenciosa e jurisdição voluntária; competência; garantia constitucional da ação; elementos da ação; pressupostos processuais e relação material; pluralidade de partes; nulidade processual e instrumentalidade de formas; coisa julgada; tutela executiva; tutela preventiva; tutela cautelar e o mandado de injunção e o controle de constitucionalidade. Em conclusão, Bedaque reafirma a necessidade de relativizar o binômio direito-processo, em razão do instrumentalismo substancial do processo, de modo a adequar e flexibilizar as técnicas processuais, em prol do escopo do processo, cujos institutos devem ser criados sempre com a preocupação de aderência à realidade jurídico-social.[252]

Cândido Rangel Dinamarco chama atenção inclusive para o que denomina de "pontos de estrangulamento" entre o plano material e o processual, cujos institutos têm, em sua opinião, aparência substancial, mas são processuais, quais sejam: as condições da ação, a disciplina da prova e a disciplina da responsabilidade patrimonial.[253]

Com efeito, mesmo para além dos pontos de confluência citados por Dinamarco, a distinção entre direito processual e direito material nem sempre é tão clara. Existe uma zona intermédia, formada por certos institutos bifrontes, que são

---

[247] OLIVEIRA, 2008, p. 99.

[248] WATANABE, Kazuo. *Da cognição no processo civil*. 2. ed. Campinas: Bookseller, 2000, p. 91-93.

[249] BEDAQUE, José Roberto dos Santos. *Direito e processo*: influência do direito material sobre o processo. 4. ed. São Paulo: Malheiros, 2006.

[250] Cf. DINAMARCO, Cândido Rangel. Prefácio. In: BEDAQUE, José Roberto dos Santos. *Direito e processo*. influência do direito material sobre o processo. 4. ed. São Paulo: Malheiros, 2006, p. 5-6.

[251] BEDAQUE, op. cit., cap. 4, p. 76-166.

[252] Ibid., p. 162-166.

[253] DINAMARCO, 2003, p. 222-230.

DIREITO, AÇÃO E TUTELA JURISDICIONAL

suscetíveis a diversas sistematizações,[254] como o próprio julgamento, que obedece às normas processuais quanto ao procedimento e materiais quanto ao conteúdo.[255] Nessa perspectiva, o próprio conceito de tutela de direitos, adotado por significativa parcela da doutrina, na locução de Flávio Luiz Yarshell, contém uma associação ao resultado favorável, a revelar a utilização de um conceito processual a partir de um dado do direito material.[256]

Essa, a propósito, é justamente a perspectiva de análise do presente trabalho, que trata de algumas das questões onde o processo encontra o direito material, tal como o problema da ação e a eficácia das ações, sentenças, tutelas ou demandas.

Assim, conforme preconiza Carlos Alberto Alvaro de Oliveira, a estreita relação entre as eficácias e os efeitos materiais e as eficácias e os efeitos processuais constituem importante ponto de contato entre o direito material e o processo. Aliás, a relação entre ambos se evidencia pela própria natureza instrumental do direito processual, cuja finalidade importa a realização efetiva do direito material, na busca da justiça, além da pacificação social.[257] Luiz Guilherme Marinoni, a propósito, acentua as relações entre direito material e processo, ao sustentar que o direito de ação garante a tutela jurisdicional efetiva, mas deve estar intimamente relacionado com formas de proteção jurisdicional do direito material.[258]

A propósito, segundo Elio Fazzalari: "os processos jurisdicionais são combinados de modo que no seu curso se possa constatar a existência ou não daquela situação substantiva e, quando ela aconteça, se possa dar lugar ao provimento (por exemplo, a sentença de condenação) ou do simples ato processual (por exemplo, a imissão na posse), que realiza a medida jurisdicional requerida".[259] Assim, em regra, a situação substancial é sempre pressuposto dos atos ou provimentos que constituem as medidas jurisdicionais. Entende Fazzalari, todavia, que dito pressuposto constitui a própria atividade do órgão que reconhece o direito. A circunstância de que o processo civil pressupõe o direito decorre da própria ligação institucional existente entre ambos.[260] Todavia, o pressuposto substancial aparece no *iter* processual com diversas vestes: como afirmação na peça inaugural, como objeto da prova, como situação declarada na sentença, etc.[261]

Em termos retrospectivos, tem-se que o estudo das relações entre direito e processo, inicialmente focado na essência do processo, logo passou a centrar-se nas

---

[254] CALAMANDREI, 1986, p. 369.

[255] Fazendo afirmação equivalente: Ibid., p. 369-370.

[256] YARSHELL, 2006, p. 26. Diga-se de passagem, a conceituação de um instituto processual feita a partir de um dado do direito material não fere a autonomia entre os planos, antes revela a sua conexão.

[257] OLIVEIRA, 2008, p. 92-93.

[258] MARINONI, Luiz Guilherme. Da ação abstrata e uniforme à ação adequada à tutela dos direitos. In: AMARAL, Guilherme Rizzo; MACHADO, Fábio Cardoso (org.). *Polêmica sobre a ação:* a tutela jurisdicional na perspectiva das relações entre direito e processo. Porto Alegre: Livraria do Advogado, 2006a, p. 197.

[259] FAZZALARI, 2006, p. 331.

[260] Ibid., p. 334.

[261] Ibid., p. 335-336.

teorias da ação.[262] Por outro lado, o estudo do objeto do processo,[263] que compõe a sua própria ontologia, de certa forma concorre com o estudo da ação,[264] enquanto polo metodológico do direito processual, fornecendo imprescindível contribuição ao exame das relações entre direito e processo. Ali também se discute em que medida os fatores que o compõem são materiais ou processuais.[265] Não se olvida, inclusive, que a categoria da ação, atualmente, é até mesmo considerada exaurida por muitos doutrinadores.[266]

Destarte, a par da questão envolvendo a categoria da ação,[267] cuja importância inclusive para o estabelecimento das relações entre processo e direito se reconhece nesse estudo; não há dúvida de que o processo encontra-se permeado pelo direito material e as suas relações se estabelecem de diversas formas, constantemente.[268] Basta lembrar-se das condições da ação referidas por Kazuo Watanabe; verificar-se os inúmeros exemplos de influência do direito material sobre o processo citados por Bedaque; os pontos de estrangulamento referidos por Dinamarco; a relação entre as eficácias dos planos, o conceito de tutela jurisdicional em Carlos Alberto Alvaro de Oliveira, e assim por diante.

Por outro lado, a própria finalidade do processo determina o seu relacionamento com o direito material. É o que se passa a analisar.

1.4. FINALIDADE DO PROCESSO E JUSTIÇA

O presente capítulo não tem a intenção de analisar modo sistemático às diversas teorias e entendimentos sobre a finalidade do processo, muito menos o

---

[262] RAMOS MÉNDEZ, 1979, p. 31; OLIVEIRA, 2008, p. 7.

[263] Já dizia Vincenzo Galante: "l'obbietto del processo è il diritto concreto di cui si chiede la tutela, o anche um interesse che abbia avuto l'implicito riconoscimento giuridico dalla concessione della garanzia giurisdizionale" (GALANTE, Vincenzo. *Diritto processuale civile*. Napoli: Lorenzo Alvano, 1907, p. 226).

[264] Cf. KNIJNIK, 2001, p. 83, nota 50. A propósito, tratando do objeto do processo, Dinamarco entende que "o conceito de pretensão pertence ao segmento histórico-metodológico que antecedeu a independência científica do direito processual (DINAMARCO, Cândido Rangel. *Capítulos de sentença*. 4. ed. São Paulo: Malheiros, 2009, p. 56). Em outro texto, Dinamarco explica que o estudo do objeto do processo, entre os autores alemães, "constitui um respeitável pólo metodológico, verdadeiro centro ao qual converge a disciplina de inúmeros institutos processuais" [...] Entre os italianos, o interesse pelo objeto do processo é menor. São ligados, por tradição longeva, ao método centrado na ação e, por isso, têm esta como centro de convergência" [...] Além disso, "nossos autores, como a maioria dos italianos, mantêm-se fiéis aos métodos tradicionais, da ação ou mesmo da lide como pólo metodológico fundamental na teoria do processo ". (DINAMARCO, 1984, p. 39-41).

[265] DINAMARCO, 1984, p. 43-44.

[266] TESHEINER, José Maria Rosa. Ação e direito subjetivo. *Revista de Direito Processual Civil*, Curitiba, v. 24, p. 297-311, jun. 2002, p. 308, referindo-se a Comoglio.

[267] A propósito, o termo *ação* é tratado no presente estudo em seus diversos sentidos jurídicos: como uma categoria do direito material (ação material); como uma categoria do direito processual (ação processual) ou como o próprio direito de invocar a tutela jurisdicional (direito de ação).

[268] Em razão da intensidade de tais relações, observa-se até mesmo a tendência de superação da classificação tradicional das eficácias como auferição de tutelas (a propósito: COMOGLIO, Luigi Paolo. Note riepilogative su azione e forme di tutela nell'otica della domanda giudiziale. *Rivista di Diritto Processuale*, Padova, parte III, 1993).

tema justiça, cuja menção limita-se ao fato de estar compreendida como uma das finalidades do processo.[269]

Sobre a finalidade do processo, em termos de evolução histórica, pode-se dizer que nos alvores da civilização, a função jurisdicional surge com propósitos de pacificação social. Posteriormente, então, o Estado passa a pretender não apenas a pacificação, mas a aplicação da Lei previamente editada, ocasião em que vai além da mera "composição da lide". Basta o exemplo da jurisdição voluntária ou de uma situação em que o Juiz recuse homologar um acordo entre os litigantes, por entender contrário à Lei. Em outras palavras, a jurisdição, além de pacificadora, passou a ser um importante instrumento de controle do Estado sobre o indivíduo.[270] Portanto, conforme expressa Couture, "la idea del proceso es una idea teleológica. Se halla necesariamente referida a un fin. El proceso es un procedimiento apuntado al fin de cumplir la función jurisdiccional".[271]

Assim, no século XVII, juristas já apresentavam a noção do direito processual civil, a exemplo de Mancini e Viti. Para Mancini; "il processo è il resultamento e l'applicazione della logica giudiziaria, cioè un sistema di norme necessarie o utili dedotte dalla logica generale ed accomodate allo speciale scopo di ricerca della verità nelle contestazioni giuridiche che insorgono tra membri della società civile".[272] Viti entende que o processo não poderia ser visto nem como ciência nem como prática, pois, segundo afirma: "La scienza puramente considerata è semplice speculazione e la pratica per sè non è che ripetizione di atti, abitudine di fare: e la procedura non è una contemplazione di principii, nè una ripetizione di atti: essa è un'arte, mercè cui il diritto diviene fatto e lo diviene con un metodo razionale perchè proporzionato allo scopo".[273] Dessa forma, Viti compreende o processo como "attuazione del diritto".[274] Veja-se, portanto, que mesmo antes do Direito Processual Civil se afirmar como ciência e ramo autônomo do direito, a finalidade do processo, enquanto atuação do direito, já era compreendida.

Com efeito, Vincenzo Galante, a respeito do entendimento de Viti, argumenta que se o processo serve à atuação do direito, que é ciência, não poderia ser compreendido como arte. Assim, na medida em que o processo está orientado para a atuação do direito e diz respeito a uma relação entre as partes e o Estado, o qual substitui a vontade das partes por meio da prestação de jurisdição, reconhece-se a figura da ciência mediante a adoção de princípios gerais. Nesse sentido, Galante compreende o processo civil como um "sistema dell'attuazione della legge nei

---

[269] Diga-se de passagem, a amplitude da ideia de Justiça, que transcende em muito o estudo do processo e do direito, sobre a qual pairam profundas e tormentosas questões filosóficas, não nos permitiria adentrar no debate do seu conceito.

[270] CALAMANDREI, 1986, p. 181-184.

[271] COUTURE, 1993, p. 8.

[272] MANCINI. *apud* GALANTE, 1907, p. 3.

[273] VITI *apud* Ibid., p. 4.

[274] Idem.

riguardi di singole persone, fisiche e giuridiche, che siano nello stato titulari di un diritto, e di altre contro delle quali può vantarsi un diritto, pubblico o privato che questo sia".[275] Explica Galante, que a sua concepção do processo civil diz respeito ao resguardo de interesses individuais, e não à atuação da lei em si. Além disso, interessante notar que o autor refere que a atuação da Lei compreende um duplo estágio: a cognição, em que se verifica o direito aplicável, e a execução, a qual corresponde a atuação concreta da Lei em direção ao que foi decidido.[276]

Conforme ressalta Alfredo Rocco, o processo é a "funzione giurisdizionale civile nel suo esercizio". O autor enfrenta fervoroso debate doutrinário, em que se questiona se o objetivo do processo é a "l'attuazione del diritto obiettivo" ou a "tutela dei diritti subiettivi".[277] Aduz Rocco que a concepção objetiva afigura-se essencialmente abstrata e formalística, além de não levar em conta a função essencial da Justiça e o conteúdo substancial da norma jurídica. Em outras palavras: o direito objetivo não é um fim em si mesmo, pois o processo visa a alcançar os interesses tutelados pela norma. Daí por que o uso da fórmula "attuazione del diritto obiettivo" para designar o objetivo da jurisdição ou do processo é substancialmente inexato.[278]

Por outro lado, Alfredo Rocco considera que não é completamente exata a compreensão de que o objetivo do processo seja a tutela dos direitos subjetivos. Parte do pressuposto de que se o direito subjetivo é um interesse juridicamente protegido, o conceito de tutela já é um elemento constitutivo do direito subjetivo. Assim, falar-se em tutela de um direito seria uma repetição de conceito. Além disso, perde-se a noção de interesse público da tutela estatal. Por essa razão, o autor prefere falar em objetivo dos sujeitos processuais.[279] Todavia, entende que a divergência de compreensão, objetiva ou subjetiva, depende do ponto de vista do observador, mas assevera que a atividade jurisdicional é essencialmente atividade do Estado, que por sua vez tem interesse na realização dos interesses privados tutelados pelo direito objetivo.[280]

Na verdade, a indagação acerca da finalidade do processo é palco de muitos debates na doutrina. O tema guarda íntima relação com as concepções do ordenamento jurídico, unitária ou dualista, anteriormente analisadas.[281] James Goldschimidt, por exemplo, refere várias teorias sobre o fim do processo: pode ser considerado como decisão da controvérsia; dirimir conflitos de vontade; a proteção jurídica ou atuação da Lei, que seria o seu fim ideal.[282]

---

[275] GALANTE, 1907, p. 4-5.

[276] Ibid., p. 5.

[277] ROCCO, A., 1906, p. 24.

[278] Ibid., p. 25-26.

[279] Concordando com a posição de Rocco, no ponto: GALANTE, op. cit., p. 225-226.

[280] ROCCO, A., op. cit., p. 26-28.

[281] Ver item 1.1 supra.

[282] GOLDSHIMIDT, 2006, p. 32.

Todavia, James Goldschimidt entende que para se buscar o fim do processo há que se partir de seu conceito empírico, investigar o fim que em cada processo alcança. Este fim, para o autor, é o término do conflito que se estabelece mediante a coisa julgada. Nesse passo, assevera inclusive que a qualidade executória, que diz respeito à certas espécies de sentença, é secundária em relação à declaratória, a qual corresponde a todas as decisões. Entende que a finalidade de "proteção" ou "atuação da lei" é um fim ideal, de índole "teleológica" ou "metafísica", mas encontra-se além do conceito empírico do processo e se rejeita quando a sentença não concordar com o direito material.[283] Veja-se, nesse passo, uma concepção "formal", em que a segurança jurídica se sobressai relativamente à efetividade do processo.

Conforme o escólio de Adolf Wach, o processo é um ordenamento coativo, por meio do qual a "potência" do direito atua. Ademais, a finalidade do processo compreende "dois interesses em colisão", tanto o do autor como o do réu, o que inclusive demonstra a sua natureza contraditória, ainda que apenas uma das partes, cuja finalidade perseguida corresponda realmente ao direito, venha a receber tutela jurídica. É o próprio Wach quem faz a síntese do que entende por finalidade do processo: "salvaguardar la justicia mediante el ejercicio de la jurisdicción, finalidad que se satisface tanto con el rechazamiento de la demanda como con la condena. Como vemos, la finalidad de la parte sólo es finalidad objetiva del proceso en cuanto coincida con ésta".[284] Acrescenta o jurista alemão, advertindo que a parte sempre reclama uma resolução favorável, de modo que é preciso distinguir-se a finalidade do processo da finalidade das partes. A primeira se esgota com a sentença ou, se for o caso, após a execução. A segunda finalidade somente se satisfaz mediante uma sentença favorável e sua eventual execução. Por tais razões: "la ciencia procesal deberá levantar su edificio sobre la determinación objetiva de la finalidad, y no sobre la subjetiva".[285] Além disso, o processo não tem como missão criar o direito objetivo, e sim, satisfazer as suas exigências.[286] Outrossim, ainda no tocante ao pensamento de Wach, insta ressaltar que em outra passagem de sua obra ele aduz que a finalidade geral do processo consiste em "administrar a justiça" e, portanto, independe da existência da relação jurídica de direito material, que constitui o seu objeto, "porque se trata de resolver sobre la pretensión de tutela jurídica que ha sido afirmada".[287] Vê-se que na concepção do jurista alemão prepondera uma visão objetiva da finalidade do processo, mesmo porque afirma que "el Tribunal es la boca de la ley".[288] Não esquece o jurista, contudo, o ideal de justiça.

---

[283] GOLDSHIMIDT, James. *Princípios gerais do processo civil.* Belo Horizonte: Líder, 2002, p. 33.

[284] WACH, 1977, p. 21-24.

[285] Ibid., p. 24.

[286] WACH, 1977, p. 24.

[287] Ibid., p. 67.

[288] Ibid., p. 29.

Segundo Chiovenda, o objetivo do processo também está situado na "atuação da vontade da lei," e não na defesa do direito subjetivo. O processo tem a função geral de fazer atuar a lei. Não tem como função definir controvérsias, porque estas podem ser definidas fora do processo. Confunde-se aí sua finalidade imediata com seus resultados remotos, possíveis ou até mesmo necessários. Chiovenda ainda questiona a doutrina de Carnelutti, para quem o objetivo do processo é a "justa composição da lide". Diz o autor que se por "justa" se entende "conforme a lei" a questão se revolve na "atuação da vontade da lei". Todavia, afasta a ideia do processo concebido somente para impor a paz aos litigantes, a todo o custo, eis que o processo é inspirado no ideal de justiça.[289]

Noutra perspectiva, para Carnelutti o processo consiste em um método para a formação ou para a aplicação do direito, que tende a bondade do resultado (justa composição da lide)[290]. Em outras palavras; uma regulação de conflito de interesses que consiga realizar a paz, que seja justa e certa. A justiça é uma qualidade interior ou substancial; a certeza é uma qualidade exterior do processo.[291]

Conforme observa Peiro Calamandrei, o que confere unidade à atividade jurisdicional, uma vez que a jurisdição se desenvolve por meio de distintas atividades (v. g., cognitiva e executiva) e a distingue de outras funções é justamente a sua finalidade de "garantir a observância prática do direito objetivo". Trata-se, portanto, de uma função "eminentemente pública". Além disso, por meio da Jurisdição o Estado defende sua autoridade de legislador. Já a satisfação dos interesses individuais constitui uma finalidade mediata ou indireta da jurisdição. Calamandrei também entende que se falar de atuação do direito objetivo ou de defesa dos direitos subjetivos depende do ângulo de visão, que sofre influência das concepções políticas ou históricas vigentes. Assim, quem vislumbra na jurisdição a defesa dos direitos subjetivos parte de uma concepção liberal e individual; por outro lado, quem destaca a defesa do direito objetivo coloca em primeiro plano o interesse público, posição essa considerada por Calamandrei mais harmônica com o Direito então vigente.[292]

Do mesmo modo, com Marco Tullio Zanzucchi, observa-se que a contraposição entre a teoria subjetiva ou objetiva representa, sobretudo, diversidade de ângulo visual, cujo olhar é inclusive influenciado por concepções políticas e momentos históricos. Com efeito, Zanzucchi discorda de ambas as teorias. Em apartada síntese, da teoria subjetiva porque incorre em petição de princípio, uma vez que mesmo quando o direito subjetivo alegado não é acolhido, não se pode olvidar a atividade jurisdicional então desenvolvida. Da teoria objetiva discorda, pois se a finalidade da jurisdição fosse à realização do direito objetivo esta deveria

---

[289] CHIOVENDA, 2002, p. 65-67.

[290] CARNELUTTI, Francesco. *Diritto e processo*. Napoli: Morano Editore, 1958, p. 65-67.

[291] CARNELUTTI, 1973, p. 22.

[292] CALAMANDREI, 1986, p. 173-178.

movimentar-se *ex officio*, em detrimento do princípio dispositivo, entre outros.[293] Com efeito, entende Zanzucchi que a Jurisdição possui um objetivo imediato, que consiste na realização dos interesses individuais e coletivos, e um objetivo mediato que corresponde à reintegração do direito objetivo e atuação da vontade da Lei. A Essência da Jurisdição, portanto, é uma atividade substitutiva em relação ao cumprimento voluntário da Lei pelas partes.[294]

Na esteira de Salvatore Satta, para quem o processo é o teor da vida comum que denota a coincidência de um fato, o processo em que se concretiza a vontade da lei é o método preciso com o qual esse determinante se transforma.[295] A propósito, a concepção de Satta ressalta o aspecto procedimental e dinâmico do processo, além do que guarda coerência com sua visão unitária do ordenamento jurídico, em que o processo "constrói" o direito.

Na doutrina de Jaime Guasp, a finalidade do processo é, em essência, a manutenção da paz social. A finalidade do processo é a mesma que inspira a supressão da justiça privada. Com efeito, busca-se uma paz justa. Aliás, a possibilidade de decisões contraditórias é explicada, na medida em que não é necessária ao processo uma absoluta coerência com as soluções conferidas pelo ordenamento jurídico positivo, mas, sobretudo, a busca de uma paz social com justiça. Daí também a importância da ideia de comunidade para o processo.[296]

Entre nós, Pontes de Miranda assevera que "o fim do processo é a entrega da prestação jurisdicional, que satisfaz a pretensão à tutela jurídica",[297] incluindo a realização do direito objetivo e subjetivo.[298] Ao seu turno, Araken de Assis pondera que quando se entende que o fim precípuo do processo avulta na aplicação do direito objetivo, perde-se de vista que o processo, em última análise, almeja regrar o conflito, mas com aspiração de justiça. Daí falar-se em "justa composição da lide". Ao resolver a lide, o juiz restabelece a paz social, através da aplicação do direito objetivo.[299]

Fazendo-se uma síntese das proposições, em Carlos Alberto Alvaro de Oliveira, observa-se que o processo tem como finalidade a realização do direito objetivo, a pacificação social e a efetiva realização do direito material, com vistas a alcançar a justiça do caso concreto. Entretanto, acrescenta o jurista que, além do caráter instrumental, o processo "revela um valor próprio", ao estabelecer diversas formas de tutela para a realização do direito material.[300]

---

[293] ZANZUCCHI, Marco Tullio. *Diritto processuale civile*. 6. ed. Milano: Giuffrè, 1964, v. 1, p. 6-7, nota 7.

[294] Ibid., p. 11-12.

[295] SATTA, 1967, p. 171.

[296] GUASP, 1997, 4243.

[297] PONTES DE MIRANDA, 1970, p. 168.

[298] Ibid., p. 233.

[299] ASSIS, 2002, p. 50-51.

[300] OLIVEIRA, 2008, p. 93-96.

Outrossim, não se pode olvidar que no controle de constitucionalidade abstrato também se verifica o caráter instrumental do processo. Nessa hipótese, a jurisdição, em vez de tutelar os direitos subjetivos concretos dos cidadãos, como normalmente ocorre, criou mecanismo para também tutelar a própria ordem constitucional abstrata, independentemente da incidência ou não das leis controversas. De qualquer sorte, o controle de constitucionalidade está vinculado ao direito material constitucional.[301]

Mas para não ficar-se apenas no essencial, Adolfo Gelsi Bidart traz interessante contribuição, ao tratar dos limites entre jurisdição e administração, ressaltando que constitui função precípua da jurisdição a de determinar a Justiça para o caso concreto, mas sem prejuízo dos valores restantes, que não foram esquecidos pelo autor, tais como: paz, segurança e fraternidade.[302]

Descendo um pouco mais aos detalhes, com Dinamarco, tem-se que o direito processual pode ser visto como um sistema de institutos, princípios e normas, estruturados para o exercício do poder segundo determinados objetivos.[303] Primeiramente, o processo é caracterizado pela celebração contraditória do procedimento, assegurada a participação dos interessados de acordo com o exercício das faculdades e poderes integrantes da relação jurídica processual.[304] A tutela constitucional do processo, por sua vez, tem o significado e objetivo de assegurar a conformação dos institutos do direito processual e o seu funcionamento aos princípios que descendem da própria ordem constitucional.[305] Fala-se, portanto, em jurisdição constitucional, com referência à instrumentalidade do sistema processual à ordem social econômica e política representada pela Constituição e leis ordinárias.[306] A publicização do direito processual também é forte tendência metodológica da atualidade, alimentada pela constitucionalização do processo.[307]

Portanto, o processo deve ser analisado não apenas como instrumento, mas por meio de seus objetivos e de sua utilidade, segundo a visão instrumentalista que é teleológica.[308] Nesse sentido, pode-se dizer que a jurisdição tem como objetivo a manutenção da paz social e segurança jurídica.[309] O processo, ademais, tem escopos sociais, políticos e jurídicos.

Ao tratar do escopo social do processo, a propósito, Dinamarco expressamente relativiza o binômio direito-processo, assim como a distinção funcional entre ambos, que marca a teoria dualista, para dizer que "há de aceitar que direito e

---

[301] OLIVEIRA, 2008, p. 94-96.

[302] BIDART, Adolfo Gelsi. Limites actuales entre jurisdicción y administración. *Revista de Processo*, São Paulo, n. 13, p. 109-115, 1979, p. 110.

[303] DINAMARCO, 2003, p. 69.

[304] Ibid., p. 79.

[305] Ibid., p. 27.

[306] Ibid., p. 29.

[307] Ibid., p. 67.

[308] Ibid., p. 181.

[309] Ibid., p. 187.

processo, compõem um só sistema voltado à pacificação de conflitos. É uma questão de perspectiva: enquanto a visão jurídica de um e de outro em suas relações revela que o processo serve para a atuação do direito, sem inovações ou criação, o enfoque social de ambos os mostra assim solidariamente voltados a mesma ordem de benefícios a serem prestados à sociedade".[310]

Ao tratar do conceito contemporâneo de jurisdição, Daniel Mitidiero acolhe o entendimento de que a "jurisdição é antes de tudo um poder". Isso justamente porque uma das formas pela qual o Estado manifesta o seu poder é por meio da função jurisdicional.[311] Com efeito, ressalta que a Jurisdição não deve aplicar somente a lei, pois, na esteira do formalismo-valorativo, o processo deve ser um instrumento de persecução de justiça.[312] A propósito, colhe-se das lições de Carlos Alberto Alvaro que a finalidade do processo diz respeito justamente "a realização de justiça material e a paz social".[313]

Feita essa incursão na doutrina acerca da finalidade do processo ou da jurisdição, pode-se dizer que o processo tem como finalidade a realização do direito objetivo,[314] a pacificação social[315] e a efetiva realização do direito material, com vistas a alcançar a justiça do caso concreto. Na verdade, em termos teóricos, tais proposições são aceitas pela doutrina, de um modo geral, com uma ou outra ênfase ou discrepância, sem maiores repercussões, principalmente em tempos atuais. O problema que se põe, todavia, diz respeito ao efetivo alcance das finalidades do processo, em prol do Direito, da pacificação social, dos sujeitos e da Justiça.

A grande questão, portanto, não está apenas em definir a finalidade do processo, mas em fazer com que tais finalidades sejam efetivamente alcançadas. Aqui, vale a advertência de que o processo, não obstante seu mais alto princípio ser o da justiça; ostenta caráter essencialmente finalístico, não como um fim em si mesmo, mas relacionado aos objetivos da jurisdição.[316]

Assim, na perspectiva do alcance das finalidades do processo, dentre as inúmeras questões, tem-se o problema da Justiça. A propósito, James Goldschmidt, para quem "a incerteza é consubstancial nas relações processuais" (uma vez que não se pode prever com segurança o resultado da sentença), destaca dois caminhos de enfrentamento para a questão da sentença injusta: podem-se simplesmente descartar as sentenças injustas a partir da ficção de que aquela vem concordar com

---

[310] DINAMARCO, 2003, p. 194.

[311] MITIDIERO, 2005, p. 80.

[312] Ibid., p. 80.

[313] OLIVEIRA, 2006b, p. 13.

[314] Na esteira de Emilio Betti, tem-se que a vontade da lei substancial aplicável ao caso concreto vem individualizada nas razões formuladas pelas partes no processo, assim como na decisão do juiz (BETTI, 1932, p. 212).

[315] A propósito, o objetivo de pacificação social não pode ser confundido com solução pacífica do conflito. Nesse sentido, José Ignacio Botelho Mesquita alerta que a prestação jurisdicional não é uma solução pacífica aos conflitos, uma vez que a intervenção do Estado desencadeia uma forma muitíssimo superior a que a parte teria se fosse resolver o conflito com suas próprias mãos (cf. MESQUITA, 2005, p. 78).

[316] OLIVEIRA, 2006b, p. 23.

o direito material, negando-se a incerteza das relações jurídicas. Este caminho, segundo aponta, foi eleito por Wach quando invoca a necessidade de proteção jurídica; ou pode-se supor que não existem verdadeiras relações jurídicas antes da sentença, caminho seguindo por Bülow, para quem antes da sentença a ordem jurídica é incompleta.[317] Veja-se que a primeira concepção revela uma compreensão dualista do ordenamento jurídico, enquanto a segunda uma compreensão monista.

Na verdade, ao Direito fatalmente está associada a ideia de justiça, valendo lembrar que "a verdade supõe justiça".[318] A noção de justiça também está ligada à noção de igualdade.[319] Além disso, a justiça é um conceito que interpretamos. A ideia de justiça é uma interpretação, e a interpretação do direito quase sempre recorre à ideia de justiça. Mas não é possível estabelecer teorias semânticas que estabeleçam regras para "justiça". Assim, é difícil encontrar uma formulação de conceito suficientemente abstrata para ser incontestável e suficientemente concreta para ser eficaz. Talvez não haja nenhuma formulação eficaz do conceito de justiça, como reconhece Dworkin.[320]

Para Jacques Derrida: "A justiça, como experiência da alteridade absoluta, é inapresentável, mas é a chance do acontecimento e a condição da história".[321] Ou seja, estaremos sempre buscando justiça sem nunca saber quando a mesma estará sendo realmente alcançada. Trata-se, portanto, de uma noção relativa e um tanto quanto utópica.

De qualquer sorte, a despeito de o problema residir no verdadeiro alcance da justiça, parece lícito afirmar, com Jonh Rawls, que "a justiça é a virtude primeira das instituições sociais, assim como a verdade o é dos sistemas de pensamento".[322] Na visão de Rawls, centrada na ideia de justiça como equidade, desponta também o caráter interpretativo do conceito de justiça.[323] Rawls, apesar de centrar sua obra na "justiça social", e não propriamente em julgamentos,[324] mostra o viés procedimental da justiça (ainda que não negue que a justiça deva ter um valor substantivo), de modo que os princípios de justiça constituem os critérios do procedimento

---

[317] GOLDSHIMIDT, 2006, p. 54-55.

[318] Frase extraída da obra DERRIDA, Jacques. *Força de lei*. São Paulo: Martins Fontes, 2007, em que o autor se reporta a Emmanuel Levinas (In: *Força de lei*. São Paulo: Martins Fontes, 2007, p. 54, nota 18).

[319] A construção de Herbert Hart sobre justiça está intimamente ligada ou conceito de igualdade e sua aplicação (HART, 1986, p. 171-182).

[320] DWORKIN, Ronald. *O império do direito*. São Paulo: Martins Fontes, 2007, p. 89-92. O autor trata do estabelecimento de alguns paradigmas: "Para nós, hoje, é paradigmático que punir inocentes seja injusto; que a escravidão seja injusta; que roubar dos pobres para favorecer os ricos seja injusto. A maioria de nós rejeitaria de imediato qualquer concepção que parecesse exigir ou permitir a punição de um inocente". (p. 93).

[321] DERRIDA, op. cit., p. 55.

[322] RAWLS, John. *Uma teoria da justiça*. Tradução Jussara Simões. 3. ed. São Paulo: Martins Fontes, 2008, p. 4.

[323] Diz o autor em determinada passagem: "acredito que o conceito de justiça é definido, então, pelo papel de seus princípios na atribuição de direitos e deveres e na definição da divisão apropriada das vantagens sociais. A concepção da justiça é uma interpretação desse papel" (Ibid., p. 12).

[324] Ibid., p. 8.

para chegar-se ao resultado justo. Trata-se da chamada "justiça procedimental imperfeita." Imperfeita porque se admite que mesmo um procedimento justo, excepcionalmente, pode levar a um resultado injusto.[325]

Tal concepção de justiça assemelha-se à justiça preconizada pelo *due process of Law*,[326] na medida em que o sistema processual como um todo, desde os Princípios Constitucionais até as regras procedimentais, é justamente concebido para permitir a obtenção da verdade[327] dentre as versões apresentadas e a realização efetiva do direito material reconhecido. Trata-se, em última análise, da *legitimação pelo procedimento* como critério de aferição de justiça da decisão.

Justamente nessa perspectiva não se pode deixar de frisar a importância do formalismo para o processo, este que diz respeito à "totalidade formal do processo", pois, para além da forma e formalidades inerentes ao mesmo, importa a "delimitação dos poderes, faculdades e deveres dos sujeitos processuais, coordenação de sua atividade, ordenação do procedimento e organização do processo", para que esse possa atingir suas finalidades.[328] Em última análise, o formalismo está absolutamente ligado à garantia de justiça, ainda que possa representar em situações concretas "o aniquilamento do próprio direito".[329] Aliás, a formalidade é garantia de liberdade e por meio dela são garantidos os meios de defesa.[330]

Particularmente, o Processo Civil, que acolhe o valor justiça pregado pelo ordenamento jurídico, tendo em vista o seu nexo funcional com o direito material, deve conter os mecanismos suficientes a zelar pelo princípio da igualdade formal e material, sendo vedado o autoritarismo por parte do juiz, tudo com vistas à plena realização do direito material e a concretização do valor justiça.[331] Nesse sentido,

---

[325] RAWLS, 2008, *passim*.

[326] A propósito, John Rawls exemplifica o que entende por "justiça procedimental imperfeita", todavia referindo-se ao processo penal, apesar de que o conceito vale para os processos judiciais em geral, inclusive o processo civil. Veja-se: "A justiça procedimental imperfeita é exemplificada pelo processo penal. O resultado desejado é que o réu seja declarado culpado se, e somente se, tiver cometido o crime de que é acusado. O julgamento é estruturado para procurar e estabelecer a verdade a esse respeito. Mas parece impossível elaborar as normas jurídicas de modo a que sempre levem ao resultado correto. A doutrina do processo examina quais procedimentos e normas de evidências, entre outros elementos, são mais indicados para alcançar esse fim de maneira compatível com as outras finalidades do direito. É razoável esperar que arranjos distintos, em circunstâncias diversas, para os julgamentos, possam levar aos resultados certos, não sempre, mas pelo menos na maioria dos casos. O julgamento, portanto, é um exemplo de justiça procedimental imperfeita. Embora se obedeça criteriosamente à lei e os processos sejam conduzidos de maneira justa e apropriada, um julgamento pode chegar ao resultado errado" [...] A marca característica da justiça procedimental imperfeita é que, embora exista um critério independente para definir o resultado correto, não há um procedimento exeqüível que leve a ele infalivelmente" (Ibid., p. 104).

[327] CAPOGRASSI, Giuseppe. Giudizio, processo, Scienza, Verità. *Rivista di Diritto Processuale*, Padova: Cedam, v. 5, parte I, p. 1-22, 1950.

[328] OLIVEIRA, 1997, p. 6-7.

[329] Ibid., p. 183. A propósito, o autor destaca o princípio dispositivo como importante limite à atividade jurisdicional, e o instituto da preclusão, no tocante à importante limitação à parte (Ibid, p. 207).

[330] Ibid., p. 184.

[331] Segundo Carlos Alberto Alvaro de Oliveira: "O valor justiça, espelhando a finalidade jurídica do processo, encontra-se intimamente relacionado com a atuação concreta do direito material, entendido este, em sentido amplo, como todas as situações subjetivas de vantagens conferidas pela ordem jurídica aos sujeitos de direito". (Ibid., p. 66).

a equidade está intimamente relacionada ao princípio da justiça e com a própria finalidade do processo e da jurisdição.[332]

Porém, não apenas o respeito ao devido processo legal e todas as garantias correlatas indicam que houve justiça no caso concreto, mas a constatação de que o processo conseguiu atingir suas outras finalidades (de realizar o direito objetivo, pacificação social e fazer valer o direito material no caso concreto) também levará ao entendimento de que houve justiça. As diversas finalidades do processo, em última análise, se retroalimentam.

Todavia, o processo somente será legitimo se for concebido em conformidade com sua estreita conexão ao direito material, de modo a possibilitar realmente a satisfação deste. Ou seja, quanto mais saudáveis estejam às relações entre o processo e o direito material, mais apto estará o processo para realizar justiça.

Mesmo assim, em que pese o esforço, talvez em perspectiva mais realista, observa José Maria Rosa Tesheiner, que a ideia do direito a uma decisão justa, embora louvável, afigura-se utópica, de modo que o processo se caracteriza por ser um instrumento de regulação da vida social e não de justiça.[333] Por outro lado, conforme se colhe dos ensinamentos de Sérgio Cruz Arenhart, não há como o processo garantir a plena obtenção da verdade material.[334]

Assim, pode-se dizer que o objetivo de Justiça inerente ao Direito, e, por conseguinte, ao processo, embora válido e presente, contém forte carga de utopia. Será sempre um parâmetro de procedimento e de interpretação, jamais uma realização palpável. Isso equivale a dizer que o processo jamais encontrará o direito material com perfeição.

1.5. Direito fundamental a efetividade do processo

O direito constitucional assegura o direito fundamental à tutela efetiva e outorga proteção aos direitos relacionados às situações processuais e substanciais.[335]

Assim, dentre os valores consagrados como objetivos a serem alcançados pelo processo, destaca-se o valor da efetividade, segundo o qual os instrumentos do processo, quando possível, devem ser adequados aos direitos, utilizáveis pelo maior número de pessoas, aptos a reconstruir a realidade e proporcionar o gozo do direito por aquele que o faz jus, tudo com o menor dispêndio de tempo e energia. Em outras palavras, o processo deve distribuir efetivamente justiça (ao menos "tentar"), num prazo razoável.[336] Fala-se, portanto, em instrumentalidade

---

[332] Ibid., p. 212.

[333] TESHEINER, 2008, p. 187-193.

[334] ARENHART, Sérgio Cruz. A verdade substancial. *Gênesis,* Curitiba, v. 3, p. 685-695, 1996, p. 688-689.

[335] WATANABE, 2000, p. 27. Ver, a propósito: MITIDIERO, Daniel. *Processo civil e estado constitucional.* Porto Alegre: Livraria do Advogado, 2007.

[336] BARBOSA MOREIRA, José Carlos. Notas sobre o problema da efetividade do processo. In: *Temas de direito processual civil.* São Paulo: Saraiva, 2000, p. 27 *et seq.*

do processo, chegando-se a relegar a segundo plano discussões eminentemente acadêmicas ou técnicas.[337]

Em outras palavras, a garantia do acesso à jurisdição e efetividade do processo não pode representar apenas uma garantia formal do exercício de ação. É preciso que o Estado ofereça meios aptos à satisfação efetiva do titular de um direito. Segundo Luiz Guilherme Marinoni: "o direito de ação, além de exigir o julgamento do mérito, requer uma espécie de sentença que, ao reconhecer o direito material, deve permitir, ao lado de modalidades executivas adequadas, a efetividade da tutela jurisdicional, ou seja, a realização concreta da proteção estatal por meio do juiz".[338]

A garantia constitucional do direito à tutela jurídica tem como objeto a possibilidade de sua ocorrência concreta e efetiva.[339] Entender-se que a garantia constitucional do direito à jurisdição, para ser efetiva, deve ser suscetível de violação também por normas substanciais, na esteira de Ada Pellegrini,[340] fortalece as relações entre processo e direito material, em prol da efetividade.

Os direitos e garantias fundamentais que envolvem, por exemplo, a inafastabilidade do controle judiciário e as garantias processuais estão intimamente vinculados ao princípio fundamental da dignidade da pessoa humana, que vem sendo considerado fundamento de todo o sistema de direitos fundamentais.[341]

A efetividade impõe uma razoável duração do processo, uma maior qualificação dos integrantes do Judiciário e dos demais operadores do direito, pois deve traduzir-se não apenas em ganho de tempo, mas em melhor conteúdo das decisões judiciais.[342]

Com efeito, sobre a importante influência que o tempo exerce na vida do processo, afirma Italo Andolina:

> Il processo civile, come ogni altra attività umana, è necessariamente immerso del tempo; esso, anzi, richiede un lungo periodo di tempo per evolversi dallépisodio iniziale della proposizione della domanda giudiziale sino all'evento conclusivo della formazione della cosa giudicata. Questa considerazione potrebbe sembrare addirittura banale se la situazione attuale di crisi della giustizia non avesse messo drammaticamente in evidenza l'importanza del rapporto tempo-processo, dimonstrando eloquentemente, ove vene fosse stato bisogno, che una eccessiva durata delle fasi processuali si risolve in un sostanziale diniego di giustizia.[343]

---

[337] DINAMARCO, 2003, p. 21-22.

[338] MARINONI, 2006b, p. 218.

[339] GRINOVER, Ada Pellegrini. *As garantias constitucionais do direito de ação*. São Paulo: Revista dos Tribunais, 1973, p. 99.

[340] Ibid., p. 74-78.

[341] SARLET, Ingo Wolfgang. *A eficácia dos direitos fundamentais*. 8. ed. Porto Alegre: Livraria do Advogado, 2007, p. 128-129.

[342] OLIVEIRA, 2008, p. 129.

[343] ANDOLINA, Italo. *Cognizione ed esecuzione forzata nel sistema della tutela giursidizionale*. Milano: Giuffrè, 1983, p. 13.

Aliás, sob a ótica da justiça, seja esta realizável ou não, nas palavras de Jacques Derridá: "uma decisão justa é sempre requerida imediatamente, de pronto, o mais rápido possível".[344] A propósito, o elemento temporal do processo foi oportunamente tratado por Danilo Knijnik, o qual lembra que o decurso do tempo no transcorrer do processo é capaz de gerar dano de duas ordens: o dano marginal fisiológico e o dano marginal patológico. O primeiro é "contigencial e inevitável" e não é causado diretamente pela longa duração do processo; o segundo, "negativo e disfuncional", é aquele que advém diretamente da própria duração do processo.[345]

A própria estrutura do processo de conhecimento, em que prepondera a atividade cognitiva, propicia o prolongamento do processo no tempo. Tal circunstância, por sua vez, impõe a regulação jurídica da lide, já no próprio transcorrer do processo, como medida de efetividade. Invoca-se, aqui, a noção de litisregulação, desenvolvida por José Maria Tesheiner, que a define como "regulação provisória de uma situação de fato que se encontra *sub judice*".[346]

A efetividade do processo também se traduz numa visão mais crítica e mais ampla da sua utilidade, de modo a dar-lhe a máxima aderência à realidade sociojurídica a que se destina.[347] Barbosa Moreira traz os pontos que, segundo afirma, dizem respeito à problemática essencial da efetividade:

a) o processo deve dispor de instrumentos de tutela adequados, na medida do possível, a todos os direitos (e outras posições jurídicas de vantagem) contemplados no ordenamento, quer resultem de expressa previsão normativa, quer se possam inferir do sistema;

b) esses instrumentos devem ser praticamente utilizáveis, ao menos em princípio, sejam quais forem os supostos titulares dos direitos (e das outras posições jurídicas de vantagem), de cuja preservação ou reintegração se cogita, inclusive quando indeterminado ou indeterminável o círculo dos eventuais sujeitos;

c) impede assegurar condições propícias à exata e completa reconstituição dos fatos relevantes, a fim de que o convencimento do julgador corresponda, tanto quanto puder, à realidade;

d) em toda a extensão da possibilidade prática, o resultado do processo há de ser tal que assegure à parte vitoriosa o gozo pleno da específica utilidade a que faz jus segundo o ordenamento;

e) cumpre que se possa atingir semelhante resultado com o mínimo de dispêndio de tempo e energias.[348]

---

[344] DERRIDÁ, 2007, p. 51.

[345] KNIJNIK, 2001, p. 47.

[346] TESHEINER, José Maria Rosa. *Elementos para uma teoria geral do processo.* Disponível em: <http://www.tex.pro.br/livroelementos>. Disponível em: 2009, p. 109-113.

[347] Cf. WATANABE, 2000, p. 19-21.

[348] BARBOSA MOREIRA, José Carlos. Notas sobre o problema da efetividade do processo. In: *Temas de direito processual.* São Paulo: Saraiva, 2000, p. 27.

Segundo Barbosa Moreira, tais pontos dizem respeito ao âmbito de atuação, à capacidade do processo em relação ao seu próprio objetivo de lidar com conflitos de interesses. Seu modo de atuação e duração.

Na verdade, conforme ensina João Batista Lopes, a efetividade do processo está intimamente ligada a sua própria função social, suas garantias procedimentais, igualdade e celeridade. Não é possível, todavia, imaginar-se um processo efetivo que não seja célere e eficiente.[349]

Como se vê, da efetividade e função social do processo decorre a necessidade de dosar suas próprias garantias na busca da sua eficiência. Nesta permanente busca, então, tem-se destacado, entre outros, "o valor essencial do diálogo judicial na formação do juízo, fruto da cooperação das partes com o órgão judicial e deste com as partes".[350]

A efetividade, ademais, envolve a simplificação da técnica, no sentido de simplificação, flexibilização e conformação do procedimento, tendo em vista seus objetivos.[351] O procedimento deve variar conforme a tutela a que se refere.[352] Este, aliás, é um posicionamento conhecido de Marinoni.[353] Adverte Daniel Mitidiero, no entanto, que "o resultado da demanda deve ser o mais aderente possível ao direito material, alcançado em tempo razoável às partes".[354]

Feita esta breve noção de efetividade, considerando a perspectiva abordada por este trabalho, impõe-se destacar que tal conceito está intimamente ligado ao aprofundamento das relações entre processo e direito material, o que certamente confere maior efetividade ao processo.[355] A propósito, Kazuo Watanabe refere expressamente que "são desenvolvidos estudos nessa busca, vale dizer, da maior aproximação, ou mesmo de um acoplamento mais perfeito entre o direito material e o direito processual".[356] Nesses estudos, uma perspectiva é a do direito material, em que são aprofundados estudos do direito subjetivo, pretensão de direito material e ação de direito material e sua correlação com o processo, de modo que "a parte teria pretensão (e também ação) à declaração, ou à condenação, ou à consti-

---

[349] Segundo o autor: "A íntima relação entre a função social e a efetividade do processo. Se um dos escopos do processo é, precisamente, resolver os conflitos, garantir a pacificação social – está claro, porém, que, em muitos casos, a solução judicial não logra alcançá-la – ressalta clara a função social de que ele se reveste. E, cumprida a função social, estará assegurada a efetividade do processo, preocupação maior dos processualistas e dos jurisdicionados" (LOPES, João Batista. Função social e efetividade do processo civil. *Revista Dialética de Direito Processual*, São Paulo, n. 13, p. 29-34, abril-2004, p. 33).

[350] OLIVEIRA, Carlos Alberto Alvaro de. Efetividade e processo de conhecimento. *Revista da Faculdade de Direito da Universidade Federal do Rio Grande do Sul*, Porto Alegre, v. 6, 1999, p. 14.

[351] BEDAQUE, 2007, p. 51-54.

[352] PISANI, 2006, p. 6.

[353] Ver, entre outros: MARINONI, Luiz Guilherme. *Técnica processual e tutela dos direitos*. São Paulo: Revista dos Tribunais, 2004.

[354] MITIDIERO, 2007, p. 93.

[355] Da mesma opinião, por exemplo, Bedaque, que considera a função de pacificação social do processo, sua autonomia, mas também o entende como instrumento do direito material (BEDAQUE, 2006, p. 45-46).

[356] WATANABE, 2000, p. 21.

tuição, ou à execução, ou ainda ao mandamento".[357] Assim, a processualização do direito material ocorre através da demanda, havendo plena aderência entre ambos (processo e direito material), uma vez que o processo encontra-se ajustado à peculiaridade e à exigência da ação material, sem perder sua autonomia.[358] A outra perspectiva referida é a do direito processual, que implica o aprofundamento dos estudos dos institutos e técnicas processuais, para obter-se melhor tutela por meio do processo. Buscam-se, assim, novos tipos de provimentos, procedimentos especiais, aceleração e simplificação dos procedimentos, efetiva realização do direito de ação e facilitação do acesso à justiça, facilitação da prova, tutela de interesses coletivos, entre outros.[359] Conclui Kazuo Watanabe, com o que concordamos; que ambas as perspectivas são "igualmente relevantes" e devem compreender um método de pensamento unitário na busca da tutela efetiva dos direitos. Ou seja, se de um lado o direito material reclama suas próprias exigências de tutela adequada, há técnicas e soluções específicas do direito processual, que não apenas a natureza do provimento, esta que se afigura "o ponto maior de aderência ao reclamo do direito material".[360]

Nesse sentido, por exemplo, Daniel Mitidiero destaca que "manter-se a aderência do processo, ao direito material através dos conceitos de pretensão e de ação é atitude absolutamente afinada com a idéia de efetividade do instrumento processual".[361] Em outra obra, Daniel Mitidiero analisa "o direito fundamental à tutela jurisdicional como um direito à organização de procedimentos adequados para as mais diversas situações carentes de proteção no plano do direito material".[362] Isso na medida em que a existência desse direito implica o reconhecimento de uma "proteção jurisdicional adequada e efetiva".[363] Vê-se, portanto, o problema da prestação jurisdicional sendo abordado a partir do direito material e também em seu aspecto processual.

Para concluir, importante destacar que o valor efetividade rege a tutela jurídica numa relação inversamente proporcional ao valor segurança.[364] Atualmente, o valor efetividade vem preponderando em relação ao valor segurança.[365]

---

[357] Ibid., p. 21.

[358] Ibid., p. 21-23.

[359] Ibid., p. 23-24.

[360] WATANABE, 2000, p. 25. Convém ressaltar, ainda, que o autor ressalta a relevância dos aspectos constitucionais do direito processual civil (p. 25-29).

[361] MITIDIERO, 2005, p. 137-138.

[362] MITIDIERO, 2007, p. 90.

[363] Ibid., p. 92.

[364] O valor segurança pode ser caracterizado pela "qualidade da lei e previsibilidade do direito". Segundo Bertrand Mathieu, citado por Carlos Alberto Alvaro de Oliveira, da qualidade da lei decorem os princípios da claridade, acessibilidade, eficácia e efetividade; da previsibilidade do direito: a não retroatividade da lei, a proteção dos direitos adquiridos, a confiança legítima e a estabilidade das relações contratuais (cf. OLIVEIRA, 2008, p. 129).

[365] Ibid., p. 135.

2. Teorias da ação

O clássico estudo da ação[1] situa-se "na confluência entre o direito material e o processual".[2] Dessa forma, busca-se explorar as relações entre ambas as disciplinas, ainda que ditas relações não estejam limitadas ao instituto da ação.[3] Destarte, não há dúvida de que o tema ação está entre os mais tormentosos[4] ou complexos[5] do processo civil. A importância do tema ressalta nas palavras de Pekelis, para quem o funcionamento do direito de ação reflete o funcionamento do próprio ordenamento jurídico.[6] Para Carnelutti, este é um dos capítulos mais interessantes da história do direito.[7] Trata-se, portanto, de um tema árduo, porém, ao mesmo tempo, apaixonante.[8]

Nos ordenamentos primitivos, em que a defesa dos direitos era exercida pela força privada do interessado e o lesado deveria exercitar sua força física, conforme ensina Calamandrei, isto significa: "llevar a cabo una acción material en tutela del propio interés (éste parece que sea el significado primitivo de las expresiones agere y actio en el más antiguo derecho romano)".[9] Posteriormente, a palavra *ação* assumiu contornos distintos.[10]

A ação atraiu o interesse dos processualistas principalmente a partir do século XIX, cujo conceito constitui "o pólo metodológico da então incipiente ciência

---

[1] No uso jurídico comum, o termo "ação" comporta vários significados, como ressalta Alessandro Pekelis, em estudo fundamental sobre o tema (PEKELIS, 1937, p. 92).

[2] ASSIS, 2002, p. 48; GALANTE, 1907, p. 117.

[3] MITIDIERO, 2005, p. 91.

[4] ASSIS, op. cit., p. 54-55; SATTA, 1967, p. 104.

[5] COUTO E SILVA, Clóvis do. A teoria das ações em Pontes de Miranda. *Revista Ajuris*, Porto Alegre, n. 43, p. 69-78, 1988.

[6] Nas palavras de Pekelis: "Il funzionamento, dunque, Del diritto d'azione, è nient'altro che Il funzionamento dell'ordinamento giuridico come tale, e consiste nella consistenza stessa del diritto (objettivo), considerato dall'angolo visuale dell'avente diritto (subiettivo)" (PEKELIS, op. cit., p. 97).

[7] CARNELUTTI, 1973, p. 316.

[8] Cf. destaca SANTOS, A. O., 1980, p. 5-9.

[9] CALAMANDREI, 1986, p. 229.

[10] A respeito da evolução do conceito de ação no Direito italiano, a despeito das inúmeras e conhecidas obras, recomenda-se o seguinte artigo que sintetiza o tema: FAZZALARI, Elio. La dottrina processualistica italiana: dall'azione al processo (1864-1994). *Revista di Diritto Processuale*, Padova, v. 49, parte II, p. 911-925, 1994.

processual",[11] ou o núcleo central da mudança operada pelos processualistas, "que procuravam estabelecer os conceitos fundamentais da teoria do processo".[12] Até então, a ação era estudada pelos civilistas e apenas alguns estudiosos do processo a colocavam na zona de fronteira com o processo.[13] Chiovenda aponta, dentre os diversos fatores que concorreram para a evolução das teorias da ação, de um lado, a renovação dos estudos do direito público determinada por causas de ordem histórica, cultural e política no princípio do século XIX;[14] e de outro lado, a renovação dos estudos do direito romano que ocorreu no mesmo período.[15] Na verdade, a própria história do processo civil, assim como as relações de poder entre as pessoas, sociedade e Estado, exerceram influência sobre a ação ao longo do tempo.[16] Para Fairén Guillén, "el concepto de acción está intimamente ligado con el derecho político, con conceptos que atañen al procesal, pero que jerárquicamente se encuentran más altos que nuestra disciplina; conceptos de Derecho constitucional".[17]

Para que o conceito de ação não seja apenas uma construção teórica, sem utilidade prática, como já advertira Fairén Guillén, "é preciso darlo tomando como base un momento determinado de la historia del derecho, en el tiempo y en el espacio".[18] A própria compreensão da evolução das teorias da ação requer sejam considerados "os pressupostos filosóficos e políticos que podem determinar a preferência por uma ou outra teoria".[19] Trata-se, em verdade, de reconhecer a relatividade histórica do conceito de ação.[20] Calamandrei foi o grande defensor da relatividade das teorias da ação, argumentando, em síntese, que as teorias devem ser avaliadas em contraste com o momento histórico e a concepção política do Estado em que se lhe pretende aplicar.[21] Nessa perspectiva, Calamandrei entende que a compreensão da ação como inseparável do direito subjetivo (teoria civilista) ou como direito a tutela jurídica (Wach), revelam uma concepção individualista, pois preconizam o interesse privado, onde prevalece a liberdade. Em extremo oposto, sinaliza Calamandrei, encontra-se a teoria abstrata da ação, rigidamente autoritária e coletivista, eis que a ação está totalmente desvinculada do direito

---

[11] MITIDIERO, 2005, p. 90.

[12] COUTO E SILVA, op. cit..

[13] GALANTE, 1907, p. 117.

[14] Para Chiovenda, o estudo do direito público "induziu os pesquisadores a considerar o processo como campo de uma função e de uma atividade estatal, no qual prevalece e domina a pessoa dos órgãos jurisdicionais e a finalidade de atuação, não tanto dos direitos dos indivíduos, quanto da vontade da lei" (CHIOVENDA, 2002, p. 39).

[15] Ibid., p. 39.

[16] MITIDIERO, 2005, p. 90-91. Anote-se, a propósito, a posição de Araken de Assis, para quem o problema da ação, além de situar-se na confluência entre o direito material e o processual, envolve o "significado do papel de três personagens (autor, estado e réu)" (ASSIS, 2002, p. 48).

[17] FAIRÉN GUILLÉN, 1955, 74.

[18] Ibid., 71.

[19] GRINOVER, Ada Pellegrini. *As garantias constitucionais do direito de ação*. São Paulo: Revista dos Tribunais, 1973, p. 69.

[20] FAIRÉN GUILLÉN, op. cit., p. 72. Também sobre a relatividade do conceito de ação: ZANZUCCHI, 1964, p. 58, nota 53.

[21] CALAMANDREI, 1986, p. 252-256; PEKELIS, 1937, p. 94.

subjetivo material e serve unicamente ao interesse público, chegando a desaparecer o conceito de ação como direito, entrando em jogo a ação como função pública. Partindo de tais premissas, Calamandrei vê a teoria da ação como direito potestativo, de Chiovenda, como uma posição intermediária e que melhor se adapta ao então momento Italiano. Segundo Calamandrei, tal concepção apresenta um melhor equilíbrio e coordenação entre o interesse individual e o coletivo.[22] Tais considerações, advirta-se, serão bem compreendidas após o exame (a seguir) das principais teorias da ação. Todavia, de logo, note-se que Calamandrei, apesar de sustentar a relatividade histórica do conceito de ação, não deixou de fazer a opção que entendeu mais satisfatória, ao seu tempo.

Esta concepção relativista é lembrada por Couture, ao dizer que "según afirma esta tendencia, el concepto de acción corresponde, más que a una consideración profunda de este fenómeno, a particulares reacciones sociales, culturales y aún políticas de quienes tratan de interpretarlo".[23] Em que pese o reconhecimento da relatividade do conceito de ação, como adverte Gian Antonio Micheli, não pode o jurista se eximir de construir o instituto.[24] Ou, nas palavras de Liebman: "Il problema dell'azione, cosí come comporta in sede politica una soluzione politica, comporta in sede di teoria del diritto una soluzione giuridica".[25]

Deve-se chamar a atenção para o fato de que não havia preocupação com o estudo da "ação" processual, nem na doutrina dos juristas romanos e nem na dos juristas modernos clássicos. Nesses estudos, a alusão a categoria da ação *(actio)*, diz respeito à ação de direito material. Em tal contexto, portanto, ter ação significa ter direito capaz de ser jurisdicionalmente tutelado.[26] Tal concepção pôde ser revista a partir de transformações históricas e políticas, inclusive a partir do avanço do direito público, pois anteriormente era inviável aos juristas da época abdicar da influência exercida pela escola histórica de Savigny.[27]

---

[22] CALAMANDREI, 1986, p. 252-256. A respeito do assunto, todavia, Gian Antonio Micheli pondera aduzindo que "Nom mi pare invece esatto, nédal punto di vista storico né da quello dommatico, il contrapporre l'azione concreta all'azione astratta, considerando quest'ultima come espressione di una concrezione dello Stato rigidamente autoritaria e collettivistica, mentre la prima sarebbe espressione della concezione liberale ed individualistica dello Stato stesso". Ainda para Micheli, a ideia liberal inerente à concepção moderna do Estado não pressupõe uma blindagem em relação à influência do interesse público e coletivo, estes que balizam a própria atividade estatal. Nessa perspectiva, considera, por exemplo, que a ação abstrata representa justamente a aspiração de uma formulação jurídica ao direito cívico que compete a todos os cidadãos de agir em juízo para a tutela de seus interesses e direitos. Assim, a ação pode ser vista de vários ângulos e, em última análise, visa prestação de tutela jurisdicional (MICHELI, 1956, p. 130-134).

[23] COUTURE, 1993, 65.

[24] MICHELI, op. cit., p. 108.

[25] LIEBMAN, 1950, p. 50-51. Liebman salienta que as teorias da ação se preocupam mais em criticar aquilo que discordam, do que com a parte construtiva da própria teoria (p. 63).

[26] BAPTISTA DA SILVA, Ovídio Araújo. *Processo e ideologia*: o paradigma racionalista. 2. ed. Rio de Janeiro: Forense, 2006c, p. 167.

[27] PEKELIS, 1937, p. 101-102. Observe-se a seguinte passagem: "L'integrità e l'autonomia del diritto privato è perciò, per i processualisti che operavano in simile ambiente, una imprescindibile, per quanto più o menos inconsciente, esigenza politica e sociale. Era politicamente e storicamente impossibile che dei giuristi appena usciti dalla potente influenza dello storicismo savignano potessero, senza abdicare alla propria funzione di giuristi [...]".

DIREITO, AÇÃO E TUTELA JURISDICIONAL

A preocupação com a ação processual, na verdade, nasceu com a própria formação do processo civil enquanto ciência autônoma, a partir da obra de Bülow, com o estudo da relação processual.[28]

Interessante observar, outrossim, que Ovídio, ao tratar da ação na história do processo civil moderno, aponta como falsa a compreensão de que enquanto o direito romano era estruturado segundo um sistema de ações, o direito moderno seria um sistema de direitos, não de ações. Para o autor, nem um nem outro. Tal compreensão decorreria do exame superficial segundo o qual os sistemas processuais do direito moderno são formados a partir de códigos e o direito romano se formou a partir de ações.[29] Todavia, adverte o autor, que a compreensão de ação no direito romano e no direito moderno é bastante distinta, na medida em que o direito romano se preocupava, não com ações processuais, mas com ações pensadas como precedentes. Não havia, como no direito moderno, o conceito de ação no sentido processual, concebida enquanto "direito de acesso aos tribunais".[30]

Calamandrei ressalta o ponto de partida das diversas teorias da ação até então existentes em sua época, que consiste em saber se a ação pode ser considerada como um direito por si mesmo, distinto do direito material; qual o conteúdo desse direito; a quem e contra quem corresponde.[31] Na verdade, muitos foram os estudos jurídicos[32] e teorias que contribuíram à evolução do tema, cada um impulsionado

---

[28] BAPTISTA DA SILVA, 2006c, p. 167. A propósito, Pekelis traça interessante comparativo entre os estudos da ação na Alemanha e na Itália, a saber: "La linea dello sviluppo della vita pubblica italiana può dunque spiegare, ci sembra, perche il gusto per il problema dell'azione, che è il problema dei rapporti tra Stato e diritto privato, si è sviluppato in Italia tanto in ritardo; perchè, nel mentre le mighori menti dei guiristi tedeschi si appassionavano nel dibattito sui problemi della società, dello Stato, del diritto e del processo, i processualisti italiani ripudiavano le "nebulose metafisicherie degli scrittori alemanni" e, sotto il pretesto, non sempre raggiunto, di voler insegnare "a fare delle cause" rimanevano sordi ad ogni problema appena più elevato di quello della pura esegesi e della ripetizione supina della definizione di CELSO o del SAVIGNY" (PEKELIS, op. cit., p. 103).

[29] Liebman, por exemplo, referindo-se ao período clássico do Romano, assevera: "Tutta l'evoluzione del diritto classico si è prodotta attraverso l'ampliamento e l'arricchimento delle categorie delle azioni. Il pretore, che fu l'organo di questa evoluzione, concedeva l'azione anche in casi, via sempre più numerosi, in cui non serebbe spettata secondo il ius civile. Il sistema giuridico dei romani era concepito e si sviluppò in funzione del processo e dei mezzi che esso offriva alle persone per tutelare i loro interessi" (LIEBMANN, 1955, v. 1., p. 33).

[30] BAPTISTA DA SILVA, op. cit, p. 165.

[31] CALAMANDREI, 1986, p. 241.

[32] Com relação aos estudos sobre as teorias da ação, destacamos, pela sua importância e a título de exemplo: (a) o ensaio de PEKELIS, 1937, o qual, realizado 80 anos após a célebre polêmica de Windscheid e Muther, tem o mérito de tentar isolar os pontos de convergência e divergência das diversas teorias; de tentar descobrir as razões das divergências e de propor uma forma de superação das mesmas. Segundo Pekelis, o ponto comum das diversas teorias consiste em compreender a ação como uma situação de vantagem a favor do indivíduo em relação à prestação jurisdicional do Estado; o ponto de desacordo diz respeito ao confronto da ação com outras situações de vantagens previstas no ordenamento jurídico, especialmente aquela denominada direito subjetivo. Razões de natureza histórica e política influenciaram o panorama da ciência do direito e levaram às diferentes teorias. Assim, Pekelis, não obstante reconhecendo as diferenças entre o direito processual de ação e o direito subjetivo material, tende à superação dessa dicotomia (ver síntese sobre o ensaio de Pekelis em: MESQUITA, 1975, p. 5-7); (b) o ensaio de ORESTANO, 1959, o qual faz uma análise histórica do tema e busca uma unidade que possa proporcionar a superação das divergências. Passado um século da polêmica de Windscheid e Muther e suficientemente afastado do nacional-socialismo alemão e do fascismo italiano, o estudo tem uma situação favorável para analisar o problema da ação de forma mais imparcial: para Orestano, o problema da ação "nasce da teorização dos direitos subjetivos e de sua elevação à categoria de sistema, nos séculos XVIII e XIX, na Ale-

e influenciado de acordo com as concepções políticas, sociais e filosóficas de seu tempo.

A propósito, conforme acentua Calmom de Passos, "as concepções dos juristas e as novas formas de filosofia política que o século XX experimentava e nas quais o Estado se punha como um fim em si mesmo", traduziram um momento critico para a teoria da ação. Com o homem sucumbindo a pretexto da humanização do direito e diante da tentativa de aniquilamento do direito subjetivo, o processo civil também "se tornaria um mero instrumento do interesse público na realização do direito objetivo,[33] diluindo-se o direito de ação até ser explicado como exercício, pelo particular, de uma função estatal". Assim, se antes se explicava a ação como um aspecto do direito subjetivo material, a situação se inverteu, e o próprio direito material é que passou a ser um modo do direito de ação. Com efeito, o caminho de volta veio, mediante a reafirmação da posição abstrata da ação, desligando o direito de ação do direito material, porém afirmando a sobrevência do direito substantivo material.[34]

O caminho percorrido pelas teorias da ação, que a seguir serão analisadas, pode ser sintetizado ressaltando-se primeiramente a concepção civilista, segundo a qual a ação se confunde com o direito subjetivo material. Posteriormente, a célebre polêmica de Windscheid e Muther, a partir da qual foi possível tratar da ação de forma autônoma em relação ao direito material. Surge, então, a concepção concreta de Wach e a teoria de Chiovenda, as quais, guardadas as suas diferenças, apesar de reconhecerem a autonomia da ação, vinculam a mesma a existência do direito material. De outro lado, surge a concepção abstrata da ação, que a compreende modo totalmente autônomo e desvinculado do direito material subjacente. Por sua vez, a teoria eclética de Liembam sustenta o caráter abstrato, porém condicionado, da ação.

No Brasil, conforme aponta José Ignacio Botelho de Mesquita, houve uma transição quase direta da teoria civilista de Savigny para a teoria de Liebman, "transpondo em aproximadamente 10 anos o que, na Europa, se estendeu por qua-

---

manha" (Ibid., p. 788); a partir da qual se acentua a distinção entre direito público e privado, nascendo à ciência processual autônoma e, então, acentuando-se cada vez mais o dualismo entre o direito substancial e o processual. A "objetivação" do processo, a partir da ideia de instrumento de defesa dos direitos subjetivos e tutela do direito objetivo ou atuação da lei, que teve reflexos na ação, conduziram à autonomia e unificação interna da ciência processual, com tendência, por exemplo, a alcançar uma definição unitária de ação, assim como na redução do número dos tipos de ações que vinham sendo classificadas. Acentuava-se cada vez mais o dualismo entre direito material e processo, vez que tudo se baseava na teoria geral do processo, desvinculada de uma visão unitária do direito. Orestano, assim, coloca a necessidade de optar-se entre autonomia do processo e unidade do direito (ver síntese sobre o ensaio de Orestano em: MESQUITA, op. cit., p. 15-20); (c) o ensaio de BRUGI, Biagio. Azione (Storia). In: *Nuovo digesto italiano*. Torino: UTET, 1937), que trata do conceito de ação desde o direito romano, incluindo a célebre polêmica de Windscheid e Muther.

[33] Calmon de Passos sustenta que a absorção da ação pelo direito objetivo levaria também ao entendimento de que a ação inclusive deixaria de ser um direito, mas um dever (MERCADER). A partir disso, a sua dissolução progressiva permitiria aos teóricos do nacional socialismo germânico, a exemplo de Baumbach, sustentar a própria eliminação do instituto (CALMON DE PASSOS, José Joaquim. *A ação no direito processual civil brasileiro*. Salvador: Progresso, [197?], p. 15-16).

[34] CALMON DE PASSOS, [197?]. p. 7-17.

DIREITO, AÇÃO E TUTELA JURISDICIONAL

se um século". Diversos fatores que contribuíram ao fato, mas foi decisivo o fato de que as ideias políticas ligadas à teoria de Liebman[35] tinham um poder de expansão muito maior do que conceitos puramente científicos, quiçá quando estes eram condenados de representar uma "concepção liberal do mundo", do direito e do processo.[36]

Na verdade, as controvérsias que envolvem as diversas teorias da ação, não obstante a influência exercida pelo momento histórico e pelas concepções políticas vigentes; sem dúvida têm origem também em problemas metodológicos.[37]

Por aí já se pode constatar que o tema ação constitui (ou constituiu) realmente ponto central e referencial da ciência processual, de seus debates e de sua evolução.[38] Como já dito, é preciso destacar "a extrema importância que a controvérsia sobre o conceito de ação teve não só para o progresso, mas até mesmo para o nascimento do direito processual civil, como disciplina autônoma e destacada do direito privado".[39]

Diversas teorias buscaram explicar o direito de ação, tema sobre o qual reina um invencível desacerto,[40] cuja análise passa-se a fazer a partir de agora.

2.1. TEORIA CIVILISTA DA AÇÃO

O conceito de ação indicado como civilista refere-se à "posição de quem, tendo o direito violado, procurava restaurá-lo através da jurisdição".[41] "A doutrina civilista, clássica ou imanentista, remonta ao direito romano, sendo a primeira tentativa de explicar o conceito de ação".[42] Foi a partir da teoria civilista da ação que derivaram os progressos responsáveis pelo surgimento do Direito Processual Civil

---

[35] Saliente-se que Botelho de Mesquita compreende a teoria de Liebman como abstrata, porém neste trabalho a mesma é classificada como eclética, ainda que não se negue a relevância do aspecto abstrato contido na teoria, o que, aliás, justamente a torna eclética.

[36] MESQUITA, 2005, p. 67.

[37] CALMON DE PASSOS, op. cit., p. 19. Nas palavras do autor: "Sempre nos pareceu que grande parte da desarmonia reinante, menos do que uma resultante histórica, é produto de um equívoco metodológico. Talvez aquele vício tradicional de se formularem teorias para nelas torturar os fatos, à semelhança de um leito de Prócusto. Cumpria experimentar o inverso: colocarem-se os fatos para exame crítico e deles se inferir a teoria que os explicasse".

[38] Araken de Assis sintetiza três hipóteses como ponto de partida para a investigação da problemática em torno das teorias da ação, quais sejam: "a) a ação se apresenta como uma certa situação de vantagem do indivíduo frente à atividade jurisdicional ou processual do Estado ou da sociedade juridicamente organizada, e compara-se esta situação de vantagem com outra existente no ordenamento jurídico, denominada direito subjetivo; b) sendo a atividade jurisdicional uma função substitutiva, toca-se em cheio nas relações entre o Estado e o indivíduo (interesse individual e interesse público), mais exatamente na esfera da liberdade individual contra a autoridade do Estado; c) uma vez que a atividade da parte é indispensável à instauração do processo, desencadeado por força da ação, pergunta-se por que aquele se caracteriza pelo muito de incerteza e de aleatório que leva consigo" (ASSIS, Araken de. *Doutrina e prática do processo civil contemporâneo*. São Paulo: RT, 2001, p. 26-27).

[39] BAPTISTA DA SILVA, 1996, p. 89.

[40] ASSIS, 2002, p. 55.

[41] BAPTISTA DA SILVA, 2006c, p. 168.

[42] MITIDIERO, 2005, p. 91.

como disciplina científica autônoma. Foram expoentes dessa teoria, por exemplo, Savigny, Garsonnet, Mattirolo. Entre nós: Paula Baptista, João Monteiro, Clóvis Beviláqua, Eduardo Espínola, Câmara Leal e muitos outros.[43]

Os adeptos da teoria civilista da ação utilizam-se do célebre conceito de ação atribuído pelo jurista romano Celso, segundo o qual *"Nihil aliud est actio quam ius quod sibi debeatur, indicium persequendi"* (A ação nada mais é do que perseguir em juízo o que nos é devido).[44] Além disso, entendem a ação como um poder inerente ao direito e, portanto, "elemento mesmo do direito subjetivo".[45] A esse respeito, Couture lembra os ensinamentos de Demolombe, segundo o qual "quando a lei fala em direitos e ações, incorre em pleonasmo".[46]

Para Paula Baptista, "acção (do verbo *agere, obrar*) é o direito de invocar a auctoridade publica (juiz) e de obrar regularmente perante Ella para obter justiça".[47] Segundo a concepção do autor, ainda: "Acção e exercício de acção exprimem noções distinctas. A acção pertence ao direito civil ou commercial, conforme for materia, de que se trate com relação á lei: o exercicio d'acção é demanda propriamente dita, a qual já então pertence ao regime judiciário".[48]

Conforme sustenta João Monteiro, na esteira da concepção civilista, todo o direito violado ou ameaçado manifesta uma força reativa própria, "que o põe virtualmente em estado de defesa". A ideia de ação, portanto, pressupõe "uma relação de direito preexistente e sua negação". Desse modo, "ação (*actio juris*) é a reação que a força do direito opõe à ação contrária (*violatio juris*) de terceiro; é um movimento de reequilíbrio; é um remédio".[49] Para o autor, ainda, "o fundamento jurídico da ação é o próprio direito violado, e o seu momento funcional a mesma violação por parte da pessoa determinada. Esta violação cria um vínculo

---

[43] BAPTISTA DA SILVA, 1996, p. 75.

[44] Ibid., p. 75. Aduz o autor: "Partindo do conceito de ação dada pelo jurista romano Celso, os partidários deste entendimento trataram da *ação de direito material*, ao invés de estabelecerem a verdadeira natureza e função da "ação" processual. Com efeito, a definição que Celso dava à *actio* romana nunca poderia servir aos juristas modernos para a definição da "ação" processual. Como mostrou Windscheid, a actio não correspondia, em direito romano, à "ação" processual, estando mais próxima do conceito de pretensão de direito material" (BAPTISTA DA SILVA, 1996, p. 75).

[45] PONTES DE MIRANDA, 1970, p. 34.

[46] COUTURE, 2004, p. 6.

[47] PAULA BAPTISTA, Francisco de. *Compedio de theoria e pratica do processo civil comparado com o comercial e de hermenêutica jurídica.* São Paulo: Saraiva, 1935, p. 9. Na passagem o autor refere interessante questão antiga: "Justiniano define acção: *Jus persequendi in judicio quod sibi debetur.* Sabios interpretes, censurando esta definição por não corresponder os direitos reaes, competaram-na, definindo acção: o direito de demandar perante os tribunais o que nos pertence, ou nos é devido" (Ibid., p. 9-10). Em nota, aduz: "Vinnicius e Heineccius combateram a definição de Justiniano por inexacta, dizendo que a acção é um meio e não um direito. A definição, porém, apresentada por Daniel, jurisconsulto profundo, antigo professor de direito romano, e acceita como incontestavel pela Côrte de Cassação" (Ibid., p. 10).

[48] Ibid., p. 11. Explica o autor, em nota: "A demanda é o que constitue a instancia *(stare in judicio).* Os nossos praxistas a definem: o espaço de tempo, dentro do qual se trata e se decide a causa em juizo. Muitas vezes tomam-se as palavras demanda e instancia como synonimas".

[49] MONTEIRO, João. *Teoria do processo civil.* 6. ed. Rio de Janeiro: Borsoi, 1956, v. 1, p. 67-68.

de direito idêntico a uma obrigação, da qual sujeito ativo o titular da relação de direito, e sujeito passivo, o seu violador".[50]

José Homem Correa Telles define ação como "o remédio de Direito para pedir ao Juiz, que obrigue outrem á dar, ou fazer, aquilo, de que tem *obrigação perfeita*".[51] Em que pese para o autor a ação esteja qualificada como remédio, este se enquadra entre os civilistas, pois na sua concepção a ação decorre do direito subjetivo.[52] Desse modo, para a teoria civilista a ação aparece "como simples aspecto ou momento do direito subjetivo material, não sendo compreensível nem admissível desligada ou independente dele".[53]

A ação imanentista representa justamente a ação material, de modo que as noções desenvolvidas pelos juristas clássicos em regra são adequadas. O grave equívoco desse entendimento, todavia, consiste em tentar explicar a ação processual por meio do prisma material, confundindo-se os dois planos.[54] Todavia, em alentado estudo, adverte Pedro Henrique Predrosa Nogueira: "quem 'materializara' o conceito de ação foram os autores contemporâneos, ao não se aperceberem do fato de que aquela ação 'civilista' nada tem com o moderno 'direito de ação', por dizer respeito, precisamente, à ação de direito material".[55] Ora, a despeito da correspondência existente entre a teoria civilista e o conceito de ação material, não há duvida de que "o embaralhamento dos conceitos fez com que nunca se explicasse, através da teoria imanentista, a improcedência da ação e a existência da ação declaratória negativa, com o que se abandonou a teorização em torno da noção civilista da ação".[56]

Nesse sentido, se possui ação quem detém o direito subjetivo material, é inconcebível que após o exercício da ação se conclua pela inexistência de direito subjetivo e, portanto, da própria ação. Além disso, a teoria não explica a ação declaratória negativa, em face da incongruência entre a existência de ação e inexistência de direito nessa hipótese.[57]

De qualquer sorte, a ação imanentista repercutiu na doutrina brasileira, "por tempo mais do que desejável",[58] e chegou a encontrar abrigo no art. 75 do Códi-

---

[50] MONTEIRO, 1956, p. 68-69.

[51] TELLES, José Homem Corrêa. *Doutrina das acções.* Rio de Janeiro: B. L. Garnier, 1880, p. 1.

[52] NOGUEIRA, Pedro Henrique Pedrosa. *Teoria da ação de direito material.* Salvador: Jus Podivm, 2008, p. 51.

[53] CALMON DE PASSOS, [197?], p. 9.

[54] MITIDIERO, 2005, p. 93.

[55] NOGUEIRA, op. cit., p. 53. Segundo o autor, ainda: "A nosso ver, a teoria civilística certamente hoje se acha superada, não pelo fato de seus partidários haverem 'materializado' o 'direito de ação' (até porque eles praticamente ainda não o conheciam), mas porque a ação de direito material, tal como por eles concebida, seria insuficiente para fornecer explicações para fenômenos como o direito à jurisdição e os remédios jurídicos processuais.".

[56] MITIDIERO, op. cit;, p. 93.

[57] ASSIS, 2002, p. 56.

[58] OLIVEIRA, 2008, p. 23.

go Civil de 1916, segundo o qual "a todo o direito corresponde uma ação que o assegura".

Seja como for, a teoria civilista, que nunca pretendeu ser processual, uma vez que enfatizou o conceito de ação, e dos seus diferentes estudos vieram importantes contribuições para o nascimento do direito processual, enquanto disciplina autônoma.[59]

2.2. POLÊMICA DE WINDSCHEID E MUTHER

Em meados do século XIX, os juristas alemães Bernhard Windscheid e Theodor Muther travaram a famosa polêmica sobre a natureza da *actio* romana e da moderna ação *(Klage),* que trouxe fundamental contribuição para a formação do Direito Processual como disciplina autônoma. Conforme registra Giovanni Pugliese, a formulação dos referidos autores constitui verdadeiro marco na história do pensamento jurídico, eis que antes de Windscheid a doutrina se dava praticamente por satisfeita com a definição de Celso.[60]

Não há dúvida de que a monografia de Windscheid "agitó las aguas estancadas",[61] ao discutir o paralelismo até então admitido pela doutrina entre a *actio* romana e a ação germânica *(Klagerecht)* e a coordenação da *actio* com o direito subjetivo substancial. A partir de então, infindáveis debates doutrinários foram travados sobre o tema, que perduram até os dias de hoje.[62]

Já no prefácio de sua obra que inaugurou a polêmica, datada de 1856 e intitulada: "A actio do direito civil romano do ponto de vista do direito atual",[63] Windscheid asseverou que "la actio del derecho civil romano no es lo que hoy día se entiende por acción o el derecho de accionar, o sea un medio de de tutela del derecho lesionado, sino una expresión autónoma del derecho o, mejor aún, de la

---

[59] ARAZI, 1991, p. 72-73.

[60] Nas palavras de Giovanni Pugliese: "las formulaciones de estos autores marcaron un cambio en la historia del pensamiento jurídico, creando para romanistas, civilistas y procesalistas el problema de la actio o de acción y proporcionando el punto de partida de doctrinas que todavía hoy se procesan en este campo. Esto permite comprender que no se puede apreciar acabadamente el significado de la polémica Windsheid-Muther si no se coloca en su lugar proprio en la historia de la ciencia jurídica alemana, que es casi como decir, refiriéndose al siglo pasado, en la historia de la ciencia jurídica europea. Antes de Windscheid la doctrina se daba por satisfecha prácticamente con la definición de Celso". (PUGLIESE, Giovanni. Introducción. In: *Polemica sobre la "actio".* Buenos Aires: Ejea, 1974a, p. XI).

[61] Ibid., p. XII-XIII.

[62] Conforme Fairén Guillén: "Desde la famosa polémica desarrollada entre Windscheid y Muther, los grandes maestros del Derecho, primero los germanos luego los italianos, merced en gran parte a aquel gran catalizador de la recepción de los estudios procesales alemanes en la latinidad que fue Chiovenda, se ocupan especialmente del problema, tratando de darle solución. La variedad de los resultados obtenidos fue grande; la calidad, también; El descontento por los mismos, igual. Ello puede observar-se claramente en los escritos de los más finos procesalistas actuales; de su lectura se saca la impresión de que más brilla la crítica que la construcción". (FAIRÉN GUILLÉN, 1955, p. 65).

[63] Título original: Die actio des römischen civilrechts vom standpunkte des heutigen rechts.

DIREITO, AÇÃO E TUTELA JURISDICIONAL

pretensión jurídica".[64] Assim, iniciava-se a insurgência do autor à concepção até então dominante.

Para Windscheid, a *actio* romana não pressupõe necessariamente a lesão de um direito. Segundo o autor: "la actio no es el derecho a la tutela de otro derecho, nacido de la lesión de éste, tampoco es la facultad de requerir tutela para el derecho en caso de lesión, La actio es la facultad de imponer la propia voluntad mediante la persecución judicial".[65] O autor salienta que o ordenamento jurídico romano não era um ordenamento de direitos propriamente: "El ordenamiento jurídico no es el ordenamiento de los derechos, sino el ordenamiento de las pretensiones judicialmente perseguibles. Confiere derechos al autorizar la persecución judicial. La actio no es algo derivado, sino algo originario y autónomo".[66]

Como se vê, diversamente da *Klage*, que era a própria manifestação do direito subjetivo, a *actio* romana era original e autônoma. Importante referir, ainda, que esta concepção se justifica em razão da peculiar posição que os magistrados ocupavam em Roma, pois: "lo decisivo no era lo que decía el derecho, sino lo que decía el tribunal".[67] Nesse sentido, em Roma não se concediam direitos, e sim, *actiones*. Windscheid ainda assevera que: "la actio está en lugar del derecho; no es una emanación de éste. Puede tenerse una actio sin tener un derecho, y a su vez, aun teniendo un derecho, puede carecerse de ella".[68]

Importante conclusão do jurista é a seguinte: "Actio es pues el término para designar lo que se puede exigir de otro; para caracterizar este en forma breve, podemos decir atinadamente que actio es el vocablo para designar la pretensión" [...] "La actio está, pues, en lugar de la pretensión".[69] Em seguida o autor ressalta a importância de ter-se presente também o aspecto processual do conceito de *actio*, uma vez que essa significa não apenas a existência da pretensão: "sino el hecho de hacer valer esa pretensión ante los tribunales".[70] O conceito de *actio*, ademais, "se refiere no solamente al primer acto de formular la pretensión actora, sino a la actividad total del actor".[71] É bom advertir, todavia, que a pretensão referida pelo autor equivale ao conceito de pretensão de direito material.[72]

Todavia, como adverte Alvaro de Oliveira, "o essencial para Windscheid não seria a *actio*, no sentido de direito de ação formal, mas o direito material. Este diz o que pode ser exigido e se é absorvido no direito de ação. A *actio* (processual) constituiria apenas uma 'envoltura' a revestir o que está vivo, exatamente o direito

---

[64] WINDSCHEID, Bernard. La "actio" del derecho civil romano, desde el punto de vista del derecho actual. In: *Polemica sobre la "actio"*. Tradução Tomás A. Banzhaf. Buenos Aires: Ejea, 1974b, p. 3.

[65] Ibid., p. 7.

[66] Ibid., p. 8.

[67] Ibid., p. 9.

[68] Ibid., p. 10.

[69] WINDSCHEID, 1974b, p. 11-12.

[70] Ibid., p. 13.

[71] Ibid., p. 14.

[72] Advertência feita por Carlos Alberto Alvaro de Oliveira ao tratar do tema (OLIVEIRA, 2008, p. 25).

material, encerrado na *actio*".[73] Segundo Pontes de Miranda, a propósito, a *actio* de Windscheid é pretensão, e não ação.[74]

Em 1857, Theodor Müther publica sua obra: "sobre a doutrina da *actio* romana, do direito de acionar atual, da litiscontestação e da sucessão singular nas obrigações – crítica ao livro de Windscheid "A *actio* do direito civil romano do ponto de vista do direito atual".[75] O autor teve o declarado objetivo de fulminar a teoria de Windscheid.[76]

Muther inicia seu trabalho apontando contradições, imprecisões e questionando uma série de premissas utilizadas por Windscheid, por considerá-las opiniões subjetivas deste, não comprovadas em sua tese, como a que diz que: "para la concepción moderna la acción es simplemente el acto de accionar".[77] Com efeito, segundo Muther, não raro o conceito do direito de acionar é distinguido do conceito do direito em questão.[78]

Para Muther, é incorreto afirmar-se que o ordenamento jurídico romano não reconhecesse direitos subjetivos.[79] Conforme afirma: "el presupuesto para la condemnatio es siempre en derecho del actor, que evidentemente ya existe antes de concederse la fórmula y que no confiere recién, al dar esa fórmula, el pretor".[80] O autor explica que o pretor confere a pretensão, mas esta preexiste à actio.[81] Nesse sentido, "en el derecho pretorial el derecho no existe por la acción, sino la acción por el derecho".[82] Em outra passagem, afirma Muther: "Somos en verdad de opinión que precisamente para la concepción romana la base de esas acciones son derechos. Pero los romanos reconocen un derecho que rebasa el concepto usual y cotidiano de derecho legal y consuetudinario".[83]

O autor reconhece, todavia, que os juristas romanos raramente questionavam se determinada pessoa era detentora de um direito, mas sim de uma *actio*.

---

[73] OLIVEIRA, 2008, p. 26.

[74] PONTES DE MIRANDA, 1970, p. 52.

[75] Título original: Zur lehre von der römischen actio, dem heutigen klagrecht, der litiscontestation und der singularsuccession in obrigationen – Eine kritik des Windscheid'schen buches, "Die actio des römischen civilrechts vom standpunkte des heutigen rechts".

[76] Segundo Theodor Muther: "El objetivo principal de mi trabajo es quitar de en medio la nueva teoría de Windscheid" (MUTHER, Theodor. Sobre la doctrina de la "actio" romana, del derecho de accionar actual, de la "litiscontestatio" y de la sucesión singular en las obligaciones. In: *Polemica sobre la "actio"*. Tradução Tomás A. Banzhaf. Buenos Aires: Ejea, 1974, p. 199).

[77] Ibid., p. 212.

[78] Ibid., p. 212.

[79] Veja-se a crítica nas palavras de Theodor Muther: "En verdad no es necesario pasar muchas páginas del Corpus Iuris para comprobar la falsedad del aserto de que el orden jurídico romano no dice: "tienes tal y tal derecho, sino: tienes tal y tal actio." (MUTHER, 1974, p. 218).

[80] Ibid., p. 221.

[81] Ibid., p. 223.

[82] Ibid., p. 226.

[83] Ibid., p. 231.

DIREITO, AÇÃO E TUTELA JURISDICIONAL

Daí por que entende importante questionar o que é *actio*.[84] Explica, então, que para os romanos o significado da palavra *agere* consiste em apresentar-se perante o pretor. Desse modo, *Actio* significava o ato bilateral com que se iniciava o processo. Mas logo passou a designar, ainda, todo o ritual a ser desenvolvido e, especialmente, a fórmula processual da ação.[85] Assim, onde o pretor tivesse prometido no édito uma fórmula, pode-se dizer que havia pretensão justamente à concessão da própria fórmula, desde que verificadas as condições gerais sob as quais fora prometida a *actio*.[86]

Prossegue Muther salientando que quem tinha direto à fórmula deveria ter também um direito subjetivo originário, que era inclusive o pressuposto e fundamento daquele.[87] Assim, distingue-se o direito a fórmula como um direito frente ao pretor na qualidade de representante do Estado, de natureza pública; do direito originário, de natureza privada, cujo sujeito passivo é o adversário. Diz o autor: "Tenemos pues dos derechos distintos, de los cuales el uno es el presupuesto del otro, pero que pertenecen a campos distintos, ya que el uno es un derecho privado, y el otro de naturaleza pública".[88] Outro aspecto importante está em que o direito público de acionar, ou *actio,* é vinculado desde o começo ao direito primitivo e condicionado ao mesmo, mesmo que este ainda esteja ileso, para o fim de tutelá-lo.[89]

Nessa perspectiva, superando a metamorfose preconizada por Savigny,[90] uma vez que entende que o direito lesionado permanece inalterado, Muther afirma que: "la lesión del derecho no es otra cosa que la colisión de la situación fática con la jurídica, que no alcanza a alterar el derecho mismo",[91] ainda que a violação possa dar origem a novos direitos.

Assim, assevera Muther:

> Hemos llegado a la conclusión de que el concepto romano de derecho de accionar debe entenderse de manera algo distinta de lo que sucede habitualmente. Pero al mismo tiempo resulta obvio que ese concepto, en su acepción romana, tiene aún realidad en el derecho actual. También en nuestro medio, quien ha sido lesionado en su derecho tiene derecho a la asistencia estatal (derecho de accionar), e, igual que para los romanos, los presupuestos de ese derecho son otro derecho y la lesión de este último.[92]

---

[84] MUTHER, 1974, p. 236.

[85] Ibid., p. 236-237.

[86] Ibid., p. 238.

[87] Chiovenda explica: "Essa posição contém dois elementos: o direito originário privado, que fica sem modificação, salvo as naturais metamorfoses que a lesão produz nos direitos absolutos e nas obrigações de não fazer, e o direito à tutela jurídica correspondente ao indivíduo contra o Estado. Mas, posto que esse segundo direito tem por pressuposto o primeiro, o direito processual de acionar tem, como se vê, uma base de direito privado". (CHIOVENDA, 2003, p. 14).

[88] MUTHER, 1974, p. 241.

[89] Ibid., p. 241.

[90] Aspecto lembrado, entre nós, por OLIVEIRA, 2008, p. 27.

[91] MUTHER, op. cit., p. 243.

[92] Ibid., p. 248.

Outra oposição ao pensamento de Windscheid diz que é incorreto sustentar-se a existência de uma norma geral de direito pela qual o Estado preste tutela jurisdicional indistintamente às pessoas. Tal concepção não corresponde ao ordenamento moderno, tampouco a Roma. Dessa forma, os direitos individuais têm sua teoria e a cada direito corresponde à pretensão. Tais pretensões também são igualmente distintas do direito à tutela estatal. Além disso, a prestação jurisdicional será distinta conforme tenha sido lesionado o direito. No caso do direito de propriedade, por exemplo, poder-se-á ter a *rei vindicatio* ou a *actio negatória*. A pretensão resultante do direito será a mesma em ambos os casos, mas a essa única pretensão servem dois direitos de acionar distintos.[93]

No mesmo ano, Windscheid publica a réplica[94] com o objetivo de responder às críticas de Muther. Reafirma a discrepância ente a concepção do direito de acionar moderno e o conceito de *actio* entre os romanos.[95] Argumenta, entre outros, que a *actio* indica o direito ao debate judicial, e não o direito à fórmula.[96] E em seguida Windscheid reafirma:

> los romanos hablan de actio en vez de derecho, porque la actio es para ellos la expresión del derecho, lo que tiene su razón de ser en la autonomía del tribunal. Esa autonomía es algo que nosotros no conocemos; para nosotros, el tribunal no es más que el servidor del derecho. Carece pues de sentido si decimos que alguien tiene una pretensión judicialmente perseguible, o sea una acción, en vez de decir que tiene un derecho. Lo que los romanos expresan en el lenguaje de las actiones, debemos traducirlo al lenguaje de los derechos. En tal sentido podemos decir: las actiones romanas son, para nosotros, derechos, pretensiones jurídicas.[97]

Com efeito, colocação de grande relevância na réplica de Windscheid, foi justamente reconhecer a importância de falar-se modernamente, tal como entre os romanos, do direito à tutela do Estado. Seja com for, entende o autor que tal questão já não diz respeito ao direito material, mas ao direito processual.[98]

Conforme relata Chiovenda, Windsheid substitui a ação pelo termo *anspruch* (pretensão) e "teve a indiscutível vantagem de esclarecer a insuficiência das deter-

---

[93] MUTHER, op. cit., p. 249-250.

[94] Título original: Die actio. Abwehr gegen Dr. Th. Muther.

[95] Aduz Windscheid ao iniciar a réplica: "La idea central de mi estudio es la siguiente. Hoy en día entendemos por derecho de accionar el derecho que se origina en un entuerto que sufrimos, o sea el resultado de la colisión entre el derecho y su lesión. Sería muy equivocado pensar que los romanos hayan dado ese significado a la actio" (WINDSCHEID, 1974b, p. 299).

[96] Ibid., p. 317.

[97] Ibid., p. 318.

[98] Explica Windscheid: "Es importante saber, claro está, de qué índole es la asistencia judicial que se concede al lesionado, si puede éste exigir del Estado ventajas especiales, tiene pretensión a un procedimiento sumario, etc.. Mas éstas son cuestiones procesales, no del derecho material. Para el derecho material se trata de saber cómo ha de caracterizarse las pretensiones inter privatos. ¿Diciendo que son reconocidas por el tribunal o que son reconocidas por el derecho? Quien no quiera decidirse por la primera alternativa, deberá renunciar al lenguaje romano de las actiones" (Ibid., p. 320).

minações anteriores da ação; conseguiu isolar os elementos dessas determinações, isto é, o próprio direito subjetivo".[99]

Segundo Alvaro de Oliveira: "Windsheid reconhece também a legitimidade de um conceito de ação material, junto com uma ação processual. E este último reconhecimento é o maior fruto da polêmica travada entre os dois juristas alemães, constituindo significativo passo na conquista da autonomia do direito processual".[100]

A enorme contribuição da polêmica é inegável. Pode-se dizer que enquanto Windsheid tratou das questões no plano do direito material, depurou o conceito de direito subjetivo[101] e inclusive fixou o conceito de pretensão,[102] Muther trouxe o plano processual para o debate. Para ambos e aos que se seguiram a ação passaria a ser tratada como categoria autônoma em relação ao próprio direito subjetivo.[103]

Conforme constata Chiovenda, Muther, ao criticar a teoria de Windsheid, "não fazia mais do que completá-la".[104] Entre nós, a posição de Cintra, Ada e Dinamarco é no mesmo sentido: "as doutrinas dos dois autores antes se completam do que propriamente se repelem, desvendando verdades até então ignoradas e dando uma nova roupagem ao conceito de ação".[105] Nas palavras de João Batista Lopes: "A contribuição dessa polêmica para a moderna formulação do conceito de ação é inquestionável".[106]

Dentre as importantíssimas contribuições da polêmica, tem-se que a mesma provocou a discussão de três questões ao direito moderno: ação, relação processual e estrutura do direito processual. Como anota Dinamarco, Windsheid, ao dissociar a ação do direito subjetivo e da pretensão *(Anspruch)*, "praticamente sugeria a idéia da ação como poder de provocar um provimento de mérito, poder que existe independentemente da existência ou inexistência do direito subjetivo substancial (teoria abstrata da ação)".[107] Ao seu turno, ao definir a *actio* romana e a ação moderna como um direito perante o Estado para se obter a tutela jurisdicional, Muther abre caminho à teoria concreta. Aliás, ao dizer que da lesão ao direito substancial nascem dois direitos de natureza pública: direito do ofendido à tutela Estatal (ação) e o direito do Estado à eliminação da lesão contra o seu autor, Muther está plantando todo o debate que envolve a distinção e relações entre direito material e processo, que está na ordem do dia e inclusive constitui ponto

---

[99] CHIOVENDA, 2003, p. 13.

[100] OLIVEIRA, 2008, p. 30.

[101] Segundo Adolf Wach: "Windscheid dio el primero y decisivo paso para depurar nuestra concepción del derecho privado subjetivo del elemento procesal referente al derecho de acción" (WACH, Alfred. *La pretensión de declaración.* Buenos Aires: Ejea, 1962, p. 47).

[102] PONTES DE MIRANDA, 1970, p. 53.

[103] Cf. MITIDIERO, 2005, p. 96; NOGUEIRA, 2008, p. 56.

[104] CHIOVENDA, 2003, p. 13.

[105] CINTRA; GRINOVER; DINAMARCO, 1993, p. 210.

[106] LOPES, João Batista. *Ação declaratória.* 3. ed. São Paulo: Revista dos Tribunais, 1991, p. 18.

[107] DINAMARCO, 1987, p. 225.

central do presente estudo. A polêmica também teve o mérito de ter despertado a importância do direito público, a partir do qual o processo se desenvolveu como ciência autônoma, valendo destacar que onze anos após (1868) sobreveio a já referida obra de Oskar Bülow: "Teoria das exceções dilatórias e os pressupostos processuais", que foi um marco à autonomia do processo, na qual foi desenvolvida a noção de relação jurídica, distinta do direito privado e foram estabelecidos os pressupostos específicos do processo. No contexto da distinção entre direito substancial e processo, a polêmica deu também ensejo ao questionamento se o processo participa na formação do direito, caso em que a ideia de direito subjetivo é afastada, dando azo às teorias unitárias do ordenamento jurídico; ou se o processo compreende apenas instrumento, caso em que resta vislumbrada a clara distinção entre o plano material e o processual, própria da tese dualista.[108]

2.3. TEORIA CONCRETA DA AÇÃO EM ADOLF WACH

A teoria concreta da ação tem em Adolf Wach[109] o seu principal expoente na Alemanha.[110] Semelhante concepção foi defendida na Itália por Giuseppe Chiovenda.[111] No Brasil, José Ignacio Botelho de Mesquita defendeu a teoria concreta, com traços de originalidade.[112] Esta corrente, em linhas gerais, compreende a ação a partir da obtenção de uma sentença favorável. Couture sintetiza a teoria concreta, aduzindo que nesta "la acción (pretensión) solo compete a los que tienen rezón. La acción no es el derecho; pero no hay acción sin derecho".[113]

Adolf Wach não acatou a teoria do direito de agir abstrato,[114] adotada por Plósz e Degenkolb, e, em 1888, publicou sua famosa obra intitulada "A pretensão de declaração",[115] na qual a ação é compreendida como um direito subjetivo pú-

---

[108] DINAMARCO, 1987, p. 225-227.

[109] A propósito, diz-se que a mais notável e importante doutrina de Adolf Wach é aquela relativa à ação, que gerou uma viyíssima polêmica. Pelo rigor e energia com que colocou o problema da autonomia da ação, foi a partir do seu confronto que os demais conceitos de ação se modelaram (LIEBMAN, Enrico Tullio. Storiografia giuridica manipolata. *Rivista di Diritto Processuale*, v. 29, p. 100-123, 1974, p. 117).

[110] Como observa Pedro Henrique P. Nogueira, muito embora Adolf Wach tenha inaugurado a concepção da teoria concreta, já é possível observar-se suas bases no pensamento de Muther (NOGUEIRA, 2008, p. 56).

[111] Ver item 2.4 infra.

[112] O autor define o direito de ação "como o direito à realização da ordem jurídica, por meio da atividade do Estado. É um direito subjetivo, dirigido contra o Estado, a quem incumbe o dever de, pela atividade de seus órgãos jurisdicionais, tornar efetiva a ordem prevista na lei". Ademais, entende que ao direito subjetivo de ação, deve corresponder a uma obrigação, daí porque coloca-se ao lado de Wach (criticando, por exemplo, a posição de Carnelutti e Liebman) e compreende o direito de ação somente nas hipóteses em que efetivamente existe o direito subjetivo material, com decisão favorável; pois é neste caso que a jurisdição se realiza. O direito ao mero julgamento, favorável ou não, constitui direito à administração da justiça, o qual, embora constituindo um pressuposto do direito de ação, com este não se confunde (MESQUITA, 2005, *passim*). Analisando e criticando a teoria da ação de Botelho de Mesquita, por considerá-la incoerente: (TESHEINER, 2009, p. 68-70).

[113] COUTURE, 1993, p. 64.

[114] Araken de Assis destaca que "Wach refuta uma teoria nova, que induzira em erro, qualificando-a de estéril do ponto de vista científico, segundo a qual há um direito público abstrato de demandar, beneficiando inclusive quem não tem um direito privado subjetivo" (ASSIS, 1977, p. 46-48).

[115] Título original: Der feststellunganspruch.

DIREITO, AÇÃO E TUTELA JURISDICIONAL

blico e autônomo, portanto distinto do direito subjetivo material, mas pertencente a quem tem razão. A ação caracteriza-se como uma pretensão à tutela jurídica do Estado, de natureza pública. Constitui a ponte entre o direito privado e o processo.[116]

O tema é enfrentado sob a ótica da pretensão declaratória (positiva e negativa),[117] a qual está compreendida na "*noción de la pretensión de protección del derecho*", região fronteiriça entre o direito civil e o processo.[118] A pretensão de proteção ao direito, ou direito de ação,[119] constitui ato de proteção judicial que forma o objetivo do processo e dirige-se ao Estado, que deve outorgar a proteção, e à parte contrária. Tem natureza de direito público e não constitui a emanação do direito privado subjetivo, tampouco a pretensão de direito civil (*Anspruch*).[120] Só o Estado pode satisfazer a pretensão de tutela. Ao adversário cabe somente cumprir o objeto da pretensão, tolerando a tutela jurídica concedida pelo Juiz.[121]

O autor sintetiza seu pensamento aduzindo que: "la pretensión de protección del derecho constituye un derecho relativamente independiente, que sirve al mantenimiento del orden concreto de los derechos privados, por lo cual es un derecho secundario, e independiente en cuanto a sus requisitos".[122] E adiante prossegue: "La pretensión de protección del derecho es de naturaleza publicística y se dirige por un lado contra el Estado *y,* por el otro, contra la parte contraria. Aquél debe otorgar la protección del derecho, el acto de administración de justicia, mientras que ésta deberá tolerarlo".[123]

A teoria concreta sustenta o caráter processual da ação, cujo conteúdo não diz respeito ao direito ao debate judicial ou sentença, mas ao ato de proteção do direito em favor do respectivo titular.[124] O entendimento de que na ação declaratória negativa inexiste direito material, favoreceu a distinção entre ação e o próprio direito material.[125]

A pretensão à tutela jurídica é um meio para se alcançar a finalidade do direito material. Não é o próprio direito, tampouco sua função. Também não é o

---

[116] WACH, 1962, p. 59.

[117] Conforme ressalta Chiovenda, a análise das ações de declaração de certeza, positivas ou negativas, "induziram Wach a afirmar a independência do direito à tutela jurídica do direito subjetivo privado" [...] "o direito à tutela jurídica pertence, segundo Wach, ao direito público, e ao direito processual lhe corresponde regular seu pressuposto, isto é, o interesse jurídico em acionar" (CHIOVENDA, 2003, p. 17).

[118] WACH, op. cit., p. 37.

[119] O autor trabalha com as duas expressões, com a seguinte observação: "La pretensión de protección del derecho, o, como suele dirce también, en forma demasiado limitada, el derecho de accionar judicialmente [...]" (Ibid., p 40).

[120] WACH, 1977, p. 39.

[121] Ibid., p. 45.

[122] WACH, 1962, p. 51.

[123] Ibid., p. 59.

[124] WACH, 1962, p. 67-68.

[125] Cf. OLIVEIRA, 2008, p. 32. Ver: WACH, op. cit., p. 37 e 52.

lado público do direito, sua coercibilidade ou acionabilidade.[126] Conforme ensina Wach:

> la pretensión de tutela jurídica no es una función del derecho subjetivo, pues no está condicionada por éste. El interés y la pretensión de tutela jurídica no existen únicamente donde existe derecho. La llamada acción de declaración negativa no tiene por finalidad la prueba de la eficacia y la conservación de un derecho subjetivo, sino de la integridad de la posición jurídica del demandado . Cuando se persigue a alguien con una acción de prestación o de declaración positiva carente de fundamento, su interés de tutela jurídica consistirá en que esa demanda infundada rechace.[127]

Não há necessariamente coincidência de conteúdo entre a pretensão de tutela jurídica e o direito material. A pretensão é satisfeita pela prestação jurisdicional, ou mais precisamente pela sentença favorável,[128] e ao ser satisfeita se extingue, ainda que o direito material não tenha sido plenamente satisfeito por esgotamento ou insuficiência dos meios tutelares. A pretensão tem sua raiz no interesse de assegurar, realizar, conservar ou impor o direito ou a "posição jurídica".[129]

Wach refere a diversidade dos vários meios de proteção ao direito, que diferem do direito substancial propriamente. São meios de satisfação: a sentença (declaratória, condenatória, constitutiva), a execução, assim como as medidas cautelares.[130] Demonstra, todavia, que o interesse legítimo é condição prévia à pretensão à tutela jurídica, o qual está vinculado à proteção positiva ou negativa.[131] Como diz o autor: "una pretensión de tutela jurídica solo compete a quien tiene en esa tutela un interés real, no imaginario, y lo expone en el proceso".[132]

O direito material se encarrega dos princípios relacionados à pretensão material, seus pressupostos, forma, conteúdo, alteração e extinção. Wach salienta que, nesse ponto, o direito material e o processual se cruzam com frequência, pois o direito material forma parte do pressuposto da pretensão de tutela jurídica. Com efeito, se a ação está dirigida a obter tutela jurídica do Estado, a respectiva norma é de natureza processual.[133]

A teoria de Wach foi amplamente aceita na Alemanha até o primeiro quartel do século passado[134] e contribuiu sobremaneira à autonomia e desenvolvimento da ciência processual. Conforme acentua Chiovenda, teve o grande mérito de "haver esclarecido vigorosamente a necessidade de separar nitidamente os pressupostos

---

[126] WACH, 1977, p. 42.

[127] Ibid., p. 43.

[128] Segundo Wach, a pretensão de tutela jurídica "tiene por contenido la sentencia favorable a la parte, o la ejecución querida" (Ibid., p. 49).

[129] Ibid., p. 45.

[130] Ibid., p. 45; WACH, 1962, p. 42-43.

[131] WACH, 1962, p. 51.

[132] WACH, 1977, p. 46.

[133] Ibid., p. 176.

[134] OLIVEIRA, 2008, p. 34.

substanciais e processuais de uma ação fundada".[135] Ainda segundo Chiovenda: "o haver determinado a autonomia do direito de acionar mais claramente do que se havia feito anteriormente, tratando de salvar a natureza essencial do direito em sentido próprio à faculdade de acionar, é mérito fundamental da teoria de Wach".[136]

Com efeito, a teoria concreta é alvo de críticas,[137] principalmente porque não explica o fenômeno da sentença improcedente. Apesar de distinguir o plano processual do material, relaciona a ação a uma decisão favorável. Conforme sustenta Liebman "L'azione non è concreta, perché il giudice, nel determinare il contunuto del suo provvedimento, si fa guidare unicamente dalla convinzione ch'gli viene formandose nel corso del processo intorno agli elementi obiettivi, di diritto e di fatto [...]".[138]

Nas palavras de Cintra, Ada e Dinamarco: "Como a exigência de tutela jurisdicional só pode ser satisfeita através de proteção concreta, o direito de ação só existiria quando a sentença fosse favorável. Consequentemente, a ação seria um direito público e concreto (ou seja, um direito existente nos casos concretos em que existisse direito subjetivo)".[139] Daí a sua considerada insuficiência da para explicar a inteireza do fenômeno, uma vez que em caso de improcedência da demanda, segundo o entendimento preconizado, não se teria ação.

Todavia, de um modo geral, os adeptos da teoria concreta, onde se inclui também a teoria da ação como direito potestativo infra analisada, dizem que não ignoram o direito de ingressar em juízo mesmo por quem não tem razão, mas sustentam que tal situação não exclui a ação concreta em si, pois justamente a sentença desfavorável é o reflexo de o autor não ter ação concreta.[140] Fernando Alberto Corrêa Henning, em estudo sobre o tema, entende "que o conceito de ação concreta não se destina a explicar a possibilidade que toca a todos e que a todos permite obter uma decisão sobre seu pedido. Sua função é explicar a razão pela qual alguns vencem e outros perdem em juízo. Vence aquele que convence o juiz

---

[135] CHIOVENDA, 2003, p. 18.

[136] Ibid., p. 18-19.

[137] Segundo Chiovenda: "Formularam-se muitas objeções a essa teoria. Alguns negaram a própria existência de um direito subjetivo do individuo à tutela jurídica do Estado. Para outros, como ultimamente Bülow, pareceu-lhes que na teoria de Wach o processo estivesse ainda demasiadamente subordinado ao direito privado e que o conceito de um direito à tutela jurídica (o qual, no mesmo processo, não pode, naturalmente, corresponder mais do que uma das partes) seja demasiadamente unilateral e de todo o modo simplesmente hipotético" (Ibid., p. 17-18; ver também nota 51).

[138] LIEBMAN, 1950, p. 65.

[139] CINTRA; GRINOVER; DINAMARCO, 1993, p. 210.

[140] Calamandrei, por exemplo, ressalta que: "este llamado derecho abstracto de obrar, entendido como derecho a que el juez provea sobre la demanda, existe indudablemente; pero no tiene nada que ver con aquel que los propugnadores de las teorías opuestas llaman acción en el sentido concreto. Los dos derechos coexisten, no se excluyen: el primero, como se verá (§46), es atinente a la relación procesal y está preordenado a la declaración de certeza del segundo; para poder dar la razón a quien la tiene, es forzoso aceptar que también quien no tiene razón sea admitido a hacer constar por el juez si tiene razón o si no la tiene. Es necesario, pues, no confundir el derecho de acción con la mera posibilidad de obrar: la acción, como actividad, con la acción como derecho" (CALAMANDREI, 1986, p. 250).

da existência de sua ação concreta; perde aquele que não possui ação concreta aos olhos do juiz".[141]

Nesse sentido, José Maria Rosa Tesheiner salienta que "é absurdo condenar--se as teorias concretas, com a observação de que não explicam a ação improcedente. Como se Wach e Chiovenda não soubessem que o autor pode ser vencido! Esses autores não buscaram explicar o direito ao processo, mas o dever do Estado de tutelar situação substancial do autor (direito a sentença de acolhimento do pedido)".[142] Não por outra razão, Andres de la Oliva Santos, referindo-se a Kohler, sustenta que o reconhecimento do direito abstrato ao processo, de cuja tramitação até a sentença pressupõe tão somente um direito afirmado, não é incompatível com o reconhecimento da tutela jurisdicional concreta.[143]

Todavia, Emilio Betti, por exemplo, afirma que o problema da ação deve ser analisado do ponto de vista processual, "único cientificamente correto", razão pela qual opta pela teoria abstrata da ação,[144] infra-analisada.[145]

2.4. TEORIA DA AÇÃO COMO DIREITO POTESTATIVO DE CHIOVENDA

Apesar do reconhecimento ao trabalho de Wach, Chiovenda não deixou de apontar-lhe severas críticas,[146] fato que, todavia, não foi suficiente para afastar a sua teoria da concepção concreta.[147] Inclusive é o próprio Chiovenda quem assevera que "recolhendo parte substancial da teoria de Wach, defini a ação como um direito potestativo".[148]

---

[141] E prossegue o autor: "se o juiz verifica que existe a ação concreta afirmada pelo autor, deve julgar a demanda procedente; se não, deve julgá-la improcedente. Pode parecer que o conceito de ação concreta é desnecessário; pode parecer mais simples dizer que o autor faz jus à sentença favorável se possuir o direito subjetivo afirmado, de sorte que a ação concreta seria inútil duplicata do direito subjetivo material. Mas Wach e Chiovenda estão preparados para essa objeção. Por um lado, ambos sustentam, que nunca basta ao autor demonstrar a existência do direito subjetivo; ninguém faz jus a uma sentença de procedência, se não reúne também outros requisitos, como o interesse. Por outro lado, há sentenças de procedência que não dependem da existência de direito subjetivo do autor, como a sentença de procedência proferida em ação declaratória negativa. Portanto, é possível perder com direito subjetivo e vencer sem direito subjetivo. E isso ocorre porque a existência do direito material não é condição suficiente para a existência da ação concreta e, por vezes, sequer é condição necessária para a existência dessa" (HENNING, Fernando Alberto Corrêa. *Ação concreta:* relendo Wach e Chiovenda. Porto Alegre: Fabris, 2000, p. 21-22).

[142] TESHEINER, 2003.

[143] SANTOS, A. O., 1980, p. 20-21.

[144] BETTI, 1932, p. 217-220.

[145] Item 2.6 e 2.7.

[146] Segundo Andres de la Oliva Santos, Chiovenda foi o primeiro autor italiano a incorporar-se seriamente na polêmica sobre ação, por muito tempo feudo exclusivo da ciência Alemã (SANTOS, A. O., op. cit., p. 18).

[147] Cf. ASSIS, 2002, p. 60. Aliás, Chiovenda esclarece que "a teoria de Wach é mais conforme à tradição germânica do que à latina [...] a tradição latina vislumbrava na ação especialmente essa direção contra o adversário; a tradição germânica se fixa, antes, na relação com o Estado" (CHIOVENDA, 2002, p. 40).

[148] Ibid., p. 41. Segundo Pekelis, a teoria de Chiovenda se diferencia da teoria de Wach, basicamente, nos pontos em que considera a ação um direito privado frente ao adversário (e não contra o Estado) e um direito meramente

DIREITO, AÇÃO E TUTELA JURISDICIONAL

Chiovenda argumenta que em parte falhou a teoria de Wach, porquanto "fracassou a tentativa de buscar a natureza do direito de ação em sua direção a respeito do Estado".[149] Entende o direito de acionar como o poder de constituir-se o direito à tutela jurídica. É mais o direito de provocar a atividade do órgão jurisdicional contra o adversário.[150] Trata-se, portanto, de "uma relação de poder entre cidadão e cidadão", de modo que a "relação do titular do direito com a lei e com os poderes do Estado atua como meio em suas mãos a respeito de sua relação com o adversário".[151]

Para uma melhor compreensão da sua teoria, importante consignar que Chiovenda divide os direitos em duas grandes categorias,[152] quais sejam: direitos de prestação e direitos potestativos. Direitos de prestação são aqueles "tendentes a um bem da vida a conseguir-se, antes de tudo, mediante a prestação positiva ou negativa de outros. Direitos potestativos são aqueles "tendentes a modificação do estado jurídico existente".[153]

Nessa perspectiva, entende o autor que a ação está entre os direitos potestativos.[154] Implica "um poder perante o adversário", e não "contra" este. Isso porque a ação não opõe obrigação alguma, e sim, sujeição aos efeitos jurídicos decorrentes da atuação da lei. Não tem relação com o direito subjetivo subjacente, assim como não é parte, função ou potência do direito.[155] "Com o seu próprio exercício exaure-se a ação, sem que o adversário nada possa fazer, quer para impedi-la, quer para satisfazê-la".[156] "A ação pode estar coordenada à satisfação de um direito subjetivo, mas não necessariamente", como em relação ao próprio demandado que se converte em parte diligente e diante de uma demanda infundada tem interesse na declaração negativa; ou nas hipóteses de ação declaratória positiva ou negativa em

---

potestativo (e não a uma prestação) (PEKELIS, 1937, p. 104). Todavia, conforme acentua Couture: "o pensamento de Chiovenda, no entanto, é, em essência, o pensamento de Wach" (COUTURE, 2004, p. 9).

[149] O autor considera o resultado previsível, uma vez que a questão, segundo afirma, foi tratada a partir da concepção de windsheid (CHIOVENDA, 2003, p. 19).

[150] No ponto, Chiovenda argumenta que tanto Wach como também antes Muther, concebiam o direito de acionar também contra o adversário, o qual deveria tolerar os efeitos da tutela jurídica. Todavia, para os seguidores de Wach, essa tolerância decorre da sujeição ao Estado. Porém, o próprio Chiovenda aduz que chega a conclusão oposta: "Nós concebemos a ação exatamente como um direito contra o adversário, consistindo no poder de produzir perante este o efeito jurídico da atuação da lei" (Ibid., p. 20).

[151] CHIOVENDA, 2003, p. 20. Observe-se, todavia, a seguinte advertência de Chiovenda, a saber: "Ao levar a ação, como coordenadora de uma utilidade privada, para o campo do direito privado, não queremos negar a importância do processo como instituto de direito público" (Ibid., p. 34).

[152] Adotamos, ao demonstrar a categoria dos direitos de prestação e dos direitos potestativos, a mesma premissa didática utilizada por Daniel Mitidiero quando cuidou da teoria de Chiovenda (MITIDIERO, 2005, p. 100-101).

[153] CHIOVENDA, 2002, p. 26.

[154] A inserção do conceito de ação no sistema dos direitos substanciais, classificando-a como direito potestativo não restou imune à critica de Michele Taruffo, o qual argumenta que esta construção teórica carece da devida fundamentação, uma vez que "simplesmente" se utiliza de uma categoria do direito substancial, sem a devida sistematização ou analogia (TARUFFO, Considerazioni sulla teoria chiovendiana dell'azione. *Rivista Trimestrale di Diritto e Procedura Civile*, Milano, n. 4, p. 1139-1147, 2003).

[155] CHIOVENDA, 2003, p. 21.

[156] CHIOVENDA 2002, p. 42. CHIOVENDA, Giuseppe. 2000, p. 70.

que não se alegue direito subjetivo perante o adversário, e sim, o próprio direito de ação coordenado a um interesse de declaração de certeza ou inexistência de relação jurídica.[157]

Dessa forma, sintetiza o autor que "o direito de acionar é uma figura jurídica autônoma, necessariamente coordenada como todo direito ao interesse, mas não necessariamente a outro direito, e que pode assumir caráter privado e público, segundo a natureza do interesse ao qual se vincula".[158]

Em seguida Chiovenda esclarece que o próprio Estado estabelece limitação ao seu direito de manter a ordem jurídica, subordinando-o à iniciativa do particular, a qual se realiza por meio da ação. Nessa perspectiva ação é também "o direito de realizar a condição para a atuação da vontade do Estado",[159] ou, em outras palavras; "o poder jurídico de dar vida à condição para a atuação da vontade da lei".[160]

Para o autor é possível dizer que a ação é "um direito potestativo por excelência".[161] Esclarece, assim, que entre os direitos potestativos estão compreendidos, além daqueles que tendem a produção de um estado jurídico novo, "aqueles que tendem a fazer corresponder um estado de fato em sentido mais ou menos amplo ao estado de direito, ou seja, as ações declaratórias de mera certeza e de condenação e a ação executiva. A essência de direitos de primeira classe está em poder de determinar o nascimento da condição para que uma vontade concreta da lei seja tal e se torne efetiva no campo dos fatos".[162]

Calamandrei adere à teoria de Chiovenda, por considerá-la a que melhor se adapta à então realidade histórica do Estado italiano, eis que se situa entre os extremos de uma concepção que denomina de liberal e individualista (teoria civilista) e uma concepção autoritária e socialista (teoria abstrata).[163] Para o autor, a ação entendida como direito potestativo

> pone en evidencia la colaboración que en el proceso civil se realiza entre el interés privado y el interés público. Entre la acción entendida como sometimiento de la justicia al interés privado y la acción entendida como sometimiento de la iniciativa privada al interés público, la acción como derecho potestativo significa convergencia de dos intereses, en cuanto el particular, que busca en el proceso la satisfacción de su interés privado, da sí ocasión al Estado de satisfacer, al administrar justicia, el interés colectivo.[164]

---

[157] CHIOVENDA, 2003, p. 22.

[158] Ibid., p. 23.

[159] Ibid., p. 25.

[160] CHIOVENDA, 2002, p. 42; CHIOVENDA, 2000, p. 69.

[161] CHIOVENDA, 2003, p. 31.

[162] Ibid., p. 31-32.

[163] CALAMANDREI, 1986, p. 253-255.

[164] Ibid., p. 256.

Segundo Pekelis, "un grande merito de Chiovenda è quello di aver basato la sua teoria dell'azione, come diritto soggettivo, sul concetto del potere giuridico e soprattutto di aver distinto questo potere dalla semplice liceità".[165]

Outro aspecto relevante da teoria de Chiovenda diz respeito à distinção entre as condições da ação e os pressupostos processuais. Para o autor, as "condições formais" para que nasça a obrigação de o juiz se pronunciar quanto à demanda judicial, são designadas como pressupostos processuais. Uma vez atendidos os pressupostos processuais, ter-se-á sentença de mérito, favorável ou desfavorável.[166]

As condições da ação correspondem às "condições necessárias a que o juiz declare a existência e atue a vontade de lei invocada pelo autor, vale dizer, as condições necessárias para obter um pronunciamento favorável [...] Normalmente são: 1º a existência de uma vontade de lei que assegure a alguém um bem obrigando o réu a uma prestação; 2º a qualidade, isto é, a identidade da pessoa do autor com a pessoa favorecida pela lei e da pessoa do réu com a pessoa obrigada; 3º o interesse em conseguir o bem por obra dos órgãos públicos".[167]

Por essas razões, vê-se que a teoria de Chiovenda atrela o conceito de ação ao direito material, na medida em que a própria subsistência da ação está condicionada à existência do direito material. Daí por que a sua crítica sustenta que não responde adequadamente ao fenômeno da improcedência, uma vez que nem mesmo é crível admitir-se, tal como sugere o autor,[168] que a ação tenha sido praticada pelo réu neste caso, uma vez que este tenha "por definição tolerado seus efeitos".[169]

Conforme observa Araken de Assis, a teoria da ação como direito potestativo teve a adesão de Calamandrei e alguns outros,[170] mas não se disseminou, em

---

[165] PEKELIS, 1937, p. 104.

[166] CHIOVENDA, 2003, p. 26. CHIOVENDA, 2002, p. 90. CHIOVENDA, 2000, p. 129.

[167] CHIOVENDA, 2002, p. 89. CHIOVENDA, 2000, p. 129.

[168] Cf. CHIOVENDA, 2003, p. 22.

[169] ASSIS, 2002, p. 62.

[170] O entendimento de Enrico Redenti sobre ação, pode-se dizer, guarda traços comuns com a concepção de Chiovenda sobre o direito de ação, conforme observam: PEKELIS, op. cit., p. 105; CALMON DE PASSOS, [197?], p. 17 e LIEBMAN, 1950, p. 52. Segundo Redenti, a ação civil corresponde à atividade empregada para que juiz possa aplicar a sanção civil. Tal atividade deve ser exercida pelos sujeitos ativamente legitimados, perante os sujeitos passivos, por meio do juiz. Interessante notar, outrossim, que Redenti, de certa forma, também se aproxima da concepção civilista da ação ao sustentar a atualidade da célebre concepção de Celso, segundo a qual: *"a ação nada mais é do que perseguir em juízo o que nos é devido"*, defendendo que o direito de perseguir em juízo constitui um direito subjetivo *sui generis*. Assim, em cada circunstância a lei estabelece a fórmula para o *ius persequendi*. Sustenta Redenti, outrossim, que diante de uma situação concreta, enquanto o processo pende de julgamento, não é possível afirmar-se a existência da "ação-direito", que somente se confirmará com a decisão final favorável (coisa julgada), de modo que antes disso tem-se "ação-pretensão". Ademais, o termo "ação" também pode ser empregado apenas com referência à atividade processual desenvolvida a partir da instauração da demanda. Sintetiza Redenti: "con la acción (actividad procesal) se propone al juez la acción (pretensión), y el dirá si existe la acción (derecho)" (REDENTI, 1957, p. 43-52). A propósito, Marco Tullio Zanzucchi critica a teoria de Redenti, sustentando que a mesma, ao simplesmente descrever as diversas acepções do termo, não resolve o problema, pois a questão consiste justamente em saber qual das compreensões acerca da ação deve servir de base para o estudo do Processo Civil (ZANZUCCHI, 1964, p. 58-59, nota 54). Ainda sobre a crítica da teoria de Enrico Redenti, ver: MICHELI, 1956, p. 115 *et seq.*

que pese a expressiva influência do pensamento de Chiovenda.[171] Tal concepção, assim como a ação concreta de Wach, não explica satisfatoriamente a ação improcedente,[172] muito embora Chiovenda defenda que nesta hipótese a ação "corresponde também ao demandado".[173] Todavia, como bem lembra Araken de Assis, "o réu, ainda que vença a demanda, não age, antes reage à do autor",[174] de modo que a solução encontrada não se afigura satisfatória.[175]

A propósito, Franceso Carnelutti aduz que a concepção concreta se explica do ponto de vista da história da doutrina, uma vez que faz parte de um difícil processo de superação para então diferenciar-se o direito de ação do direito material. No entanto, não se justifica, na medida em que "o que pertence à parte que tem razão é o direito material ou a liberdade, não o direito processual", que compete a todos indistintamente (teoria abstrata).[176]

Liebman também adverte que a teoria de Chiovenda é claramente o resultado de uma visão do processo do ponto de vista do autor que tem razão, sem considerá-lo do ponto de vista do Juiz.[177]

No entanto, conforme acentua Michele Taruffo, a teoria de Chiovenda, não obstante seus desacertos, foi fundamental ao processo histórico de distinção entre ação e direito material e teve influência decisiva na formulação da garantia fundamental do direito de ação e acesso à tutela jurisdicional, constante do art. 24 da Constituição da República Italiana.[178]

---

[171] ASSIS, 2002, p. 60 e p. 62.

[172] Vejam-se as indagações acerca da concepção concreta da ação, destacadas por Rodrigo da Cunha Lima Freire, a saber: Se a ação é um direito autônomo, como afirmar que o autor não possui este direito diante de uma sentença que conclui pela não existência do direito material afirmado pelo autor em juízo? E como explicar os atos praticados até a sentença que julgou improcedente o pedido do autor? (FREIRE, Rodrigo da Cunha Lima. *Condições da ação:* enfoque sobre o interesse em agir. 3. ed. São Paulo: Revista dos Tribunais, 2005, p. 54).

[173] CHIOVENDA, 2003, p. 22. A propósito, Couture destaca o rigor mantido por Chiovenda, no sentido de que à concepção concreta da ação, segue-se também uma concepção concreta da exceção (COUTURE, 2004, p. 27).

[174] ASSIS, op. cit., p. 61. No ponto, observe-se, todavia, a posição de Elio Fazzalari, para quem "la struttura dialettica del processo non consente più di ritenere che abbia azione soltanto la parte che promuove il processo" (FAZZALARI, 1994, p. 922).

[175] Araken de Assis, refutando Chiovenda, também destaca "a correlação entre ação e jurisdição. Na justa medida em que a lide funciona como causa da última, e a proibição da defesa privada implica o dever de solucionar o conflito, atribuindo ao poder jurisdicional do Estado – função, aliás, reservada por Chiovenda ao processo –, ao dever de prestar justiça corresponde o direito de o cidadão exercitá-lo" (ASSIS, op. cit., p. 61).

[176] CARNELUTTI, Francesco. *Sistema de direito processual civil.* Tradução Hiltomar Martins Oliveira. 2. ed. São Paulo: Lemos & Cruz, 2004, v. 2, p. 780.

[177] LIEBMAN 1950, p. 52.

[178] TARUFFO, 2003. Neste interessante texto, Michele Taruffo faz algumas considerações sobre a teoria de Chiovenda, principalmente de ordem metodológica, valendo destacar a seguinte assertiva: "Egli tratta o concetto di azione non come qualcosa che egli stesso sta costruendo attraverso le classificazioni e distinzioni che sviluppa nella sua analisi, ma come una cosa che esiste in sè, quasi che si trattasse di un oggetto empirico che si tratta di scoprire nella sua oggettiva e materiale realtà (Ibid., p. 1140)". Ademais, considera Taruffo que o conceito de ação em Chiovenda se desenvolveu sobre o plano da abstração pura, apesar de reconhecer sua grande importância.

2.5. TEORIA DO DIREITO JUSTICIAL MATERIAL DE JAMES GOLDSCHMIDT

James Goldschmidt desenvolve o conceito de direito justicial, o qual compreende a norma que "tem como objeto uma relação jurídica entre a Justiça estatal e a pessoa individual".[179] O autor parte da concepção dualista de que o direito se aplica fora do processo, mas todo o direito que se aplica por meio do processo tem em comum esse próprio denominador processual para que seja aplicável. Daí por que "o direito privado se transforma em um direito justicial".[180] O direito justicial formal compreende o direito processual civil e o penal, os quais "regulam o lado formal, ou de exercício, da relação jurídica entre o Estado e a pessoa individual".[181]

Ao lado, desenvolve o conceito de direito justicial material, que se refere ao direito privado orientado contra o Estado, o qual determina o conteúdo da sentença. "Constitui, portanto, uma função do direito privado (subjetivo) material, transformado pela orientação contra o Estado".[182] O instituto do direito justicial material, anota Carlos Alberto de Oliveira, "centra-se no conceito de pretensão à tutela jurídica, descoberto por Wach, relacionando os elementos materiais pré e extraprocessuais ao direito privado material".[183] Ainda: "A ação material atua contra o indivíduo e pertence ao campo do direito privado. Por sua vez, a ação processual, em sua direção contra o Estado, determina o conteúdo da sentença".[184]

Nessa perspectiva, a ação processual, enquanto objeto do processo (*meritum causae*), "é um direito justicial de caráter material, não de caráter processual".[185] Em outras palavras: "as normas que constituem uma ação são de índole justiça, mas não processual, senão material".[186] Aplicam-se os mesmos princípios que se aplicam ao Direito Civil.[187] Com efeito, a ação é um direito subjetivo público dirigido contra o Estado, com o objetivo de obter-se a tutela por meio de uma sentença favorável. O autor distingue a ação processual dirigida contra o Estado, "da ação ou pretensão de direito privado, que se atua diante do indivíduo obrigado".[188] Como bem observa Carlos Alberto de Oliveira, "ao classificar a pretensão a tutela

---

[179] GOLDSCHMIDT, James. *apud* OLIVEIRA, 2008, p. 37.

[180] GOLDSCHMIDT, 2002, p. 15-16; GOLDSHIMIDT, 2006, p. 9-11.

[181] GOLDSCHMIDT, James. *apud* OLIVEIRA, op. cit., p. 37; GOLDSHIMIDT, 2003, p. 19-20.

[182] Cf. OLIVEIRA, op. cit., p. 37.

[183] Ibid., p. 37-38; No mesmo sentido, para Francisco Ramos Mendez: "Su particular solución se le presenta, a mi entender, al enfrentarse com la teoria de la pretensión de tutela de Wach, es decir, desde la perspectiva de la acción y de la jurisdicción" (RAMOS MÉNDEZ, 1979, p. 29).

[184] OLIVEIRA, 2008, p. 38;

[185] GOLDSCHMIDT, 2003, p. 132.

[186] GOLDSCHMIDT, 2006, p. 26.

[187] Ibid., p. 26.

[188] GOLDSCHIMIDT, 2003, p. 131.

jurídica como um fenômeno exclusivamente material, Goldschmidt afasta-se nesse ponto flagrantemente de Wach".[189]

São classificadas como normas jurídicas materiais àquelas que tratam da pretensão à tutela jurídica, acionabilidade do direito material, bem como as que influenciam o conteúdo da sentença, tais como disposições sobre provas e coisa julgada.[190]

Na medida em que compreende a ação em direção ao Estado, Goldschmidt destaca que o dever do demandado de suportar os atos de tutela jurídica estatal não se põe diante do demandante, e sim, diante do próprio Estado. Tal circunstância revela, justamente, "a situação ordinária de submissão ao Estado, ainda que delimitada juridicamente". Sintetiza o autor: "o direito à ação, pela relação em que se encontra com o estado de submissão à soberania estatal, será um direito contra o Estado, cujo ônus recai sobre o demandado".[191]

As condições da ação ou requisitos da tutela jurídica, segundo Goldschmidt, consistem: (a) um determinado estado de fato ou uma relação jurídica; (b) a existência de proteção jurídica a respeito do respectivo estado de fato, a qual nem sempre existe; (c) a existência de necessidade ou interesse de tutela judicial.[192] Tais requisitos pertencem ao "direito material de justiça". Em outras palavras: "ao direito privado, modelado à maneira de um direito público". Constituem-se em requisitos distintos dos pressupostos processuais, quiçá os formulados por Hellwig,[193] pois recaem "sobre a própria questão litigiosa, quer dizer, sobre os próprios fundamentos da demanda".[194]

A ação se extingue desaparecendo seus pressupostos ou, especialmente, quando satisfeita a necessidade de proteção jurídica por sentença favorável.[195]

Carlos Alberto de Oliveira observa que "a classificação de fenômenos processuais no direito material, por força da teoria do direito justicial material, assemelha-se fortemente no conceito de *actio,* de Savigny, e do Direito dos Pandectas". De outro lado, assinala que: "a finalidade do processo seria a produção de coisa julgada; a tutela do direito subjetivo privado constituiria, porém, finalidade do direito justicial material".[196]

---

[189] OLIVEIRA, 2008, p. 38. Ver, ainda: SANTOS, A. O., 1980, p. 50.

[190] OLIVEIRA, op. cit., p. 38.

[191] GOLDSCHMIDT, 2003, p. 131.

[192] GOLDSCHMIDT, 2003, p. 132-133. A propósito, conforme anota o tradutor: "temos aqui a gênese das condições da ação de forma bastante rudimentar. Não se pode olvidar que a primeira edição do livro de Goldshimidt foi em 1929 e, nessa época, não havia uma sistematização do processo nos moldes atuais" (Ibid., p. 133).

[193] Goldshimdt exemplifica os pressupostos processuais formulados por Hellwing: "submetimento à jurisdição nacional, admissibilidade da via processual civil", e acrescenta: "porque estes pressupostos formam parte das condições de admissibilidade da demanda, quer dizer, dos pressupostos processuais ou da sentença de mérito, com respeito aos quais adquirem uma qualificação particular enquanto em determinados casos é inevitável sua falta, e isso acarreta a inadmissibilidade temporária ou permanente da demanda" (Ibid., p. 135).

[194] Ibid., p. 134.

[195] Ibid., p. 135.

[196] OLIVEIRA, 2008, p. 39. Sobre a finalidade do processo para Goldshimidt, ver: GOLDSHIMIDT, 2006, p. 31-39.

Acerca da teoria de Goldschmidt, conforme assinala Andres de la Oliva Santos: "de uma sentencia sobre um asunto de índole civil habría de resolverse aplicando el Derecho material, ciertamente, pero no el Derecho material privado, sino um Derecho público".[197] Em outras palavras, Andres ressalta que, uma vez estando as ações fundamentadas em normas de direito justicial material, elimina-se o direito privado do âmbito do processo, além do que se produz verdadeira mutação no ordenamento jurídico, porquanto a relação torna-se pública em sua totalidade. Além disso, tem-se a conversão do direito privado em público e verdadeira construção de um terceiro gênero.[198]

Para que uma norma fundamente uma ação civil não precisa ser de direito público, pois em muitos casos as normas de direito privado fundamentam as ações civis.[199] Com efeito, considera que o conceito de direito justicial material pode ser entendido como o conjunto de normas que fundamentam ou unicamente se referem à ação, entendida essa como o direito de obter uma tutela jurisdicional de conteúdo concreto.[200]

Também merece referência a crítica de Binder, para quem parece inviável a coexistência entre o Direito justicial civil e o direito privado, uma vez que podem não excluir-se e, ao mesmo tempo, rechaçar-se; ou por seus pressupostos ou por seu conteúdo ou por seus motivos de extinção.[201]

2.6. TEORIA ABSTRATA DA AÇÃO: CONCEPÇÕES DE HEINRICH DEGENKOLB E ALEXANDER PLÓSZ

A teoria abstrata da ação, que inclusive precedeu historicamente à teoria concreta, teve como precursores Heinrich Degenkolb e Alexander Plósz.

Para Degenkolb, o processo tem caráter publicístico e coercitivo, sendo que a sua coercibilidade está contida no direito de ação, o qual se caracteriza pela expectativa futura de um julgamento contra o adversário e pela expectativa futura de uma sentença contra o tribunal, e neste caso indiretamente também contra o adversário. A ação é tida como meio para se chegar à prestação jurisdicional, que não necessariamente deverá ser favorável ao autor, mas sim conforme a lei. Para o seu exercício é necessário apenas que o autor afirme um direito reconhecido e que tenha convicção desse direito, uma vez que a ação independe da efetiva existência do direito material no caso concreto.[202]

No tocante à ação declaratória, para o seu exercício não se exige a afirmação de um direito propriamente, mas da existência de um interesse jurídico, uma vez

---

[197] SANTOS, A. O., 1980, p. 50
[198] Ibid., p. 50-51.
[199] Ibid., p. 57.
[200] Ibid., p. 58.
[201] BINDER. apud Ibid., p. 55.
[202] Cf. OLIVEIRA, 2008, p. 62-64.

que na ação declaratória negativa inexiste direito material subjacente. Essa é justamente uma das razões para o desenvolvimento da teoria abstrata.[203]

O direito de ação tem natureza pública e é concebido como pretensão contra o Estado. Passa a ser dissociado do direito material, de modo que Degenkolb distingue o direito de ação da acionabilidade de um direito material, esta que constitui uma qualidade do direito material. Desse modo, o direito de ação encontra fundamento no processo, mas os fatos determinantes do direito cabem ao direito material, tal como a já mencionada acionabilidade.[204] Diante dessas circunstâncias que impedem a total separação dos planos do direito material e processual, Alvaro de Oliveira observa um eco, ainda que remoto, da ação de direito material de Savigny nesta teoria.[205]

A seu turno, Plósz entende que o direito de ação formal processual é o direito ao estabelecimento do processo, que é de natureza pública e dirige-se contra o demandado, o qual é incluído coercitivamente no processo, e contra o tribunal, que presta jurisdição. Este direito de ação processual prescinde da existência do direito subjetivo privado, tampouco da sua violação. "O seu exercício é vinculado exclusivamente à introdução de certas afirmações acionáveis, especialmente a afirmação da existência de um direito privado". Com efeito, Plósz rejeita a necessidade de boa-fé no aforamento da demanda, elemento integrante da ação segundo Degenkolb.[206]

Não obstante, Alvaro de Oliveira aduz que Plósz "ainda guarda alguns traços de uma mistura entre o direito processual e o material, pois identifica o direito de ação material (materielle Klagerecht) com a pretensão material".[207]

No entanto, conforme sustenta João Batista Lopes, Degenkolb e Plósz, em seus estudos, procuraram "demonstrar a total independência do direito de ação que, ao revés do que até então se sustentava, era inteiramente desvinculado do direito material".[208] Assim, "o direito de ação deve ser considerado como direito público subjetivo exercido contra o Estado, não se confundindo com o direito subjetivo material, que pode existir, ou não, dependendo de cada caso concreto. Desse modo, independentemente da existência do direito material, pode qualquer cidadão acionar a máquina judiciária, exercendo seu direito público subjetivo de ação e, com isso, obrigando o Estado a prestar-lhe a tutela jurídica (favorável ou desfavorável)".[209]

---

[203] Cf. OLIVEIRA, 2008, p. 63-64.

[204] Cf. Ibid., p. 64-65.

[205] Cf. Ibid., p. 65.

[206] Cf. Ibid., p. 65-66; ROCCO, A., 1906, p. 108-109; CHIOVENDA, 2003, p. 15, nota 38. Todavia, conforme atesta Couture, o critério da boa-fé foi inserido por Degenkolb muitos anos após a publicação da sua primeira obra sobre o assunto (COUTURE, 2004, p. 8-9).

[207] OLIVEIRA, op. cit., p. 65.

[208] LOPES, João Batista. *Ação declaratória*. 3. ed. São Paulo: Revista dos Tribunais, 1991, p. 21.

[209] Ibid., p. 21.

DIREITO, AÇÃO E TUTELA JURISDICIONAL **97**

2.7. DIVERSAS OUTRAS CONCEPÇÕES EM FAVOR DA TEORIA ABSTRATA DA AÇÃO

A partir do pensamento de Plósz e Degenkolb, a teoria abstrata da ação desenvolveu-se largamente e, com algumas variantes, passou a dominar o entendimento sobre o tema no âmbito da ciência processual. Conforme ensina Couture, para a teoria abstrata "tienen acción aun aquellos que promueven la demanda sin un derecho válido que tutelar. La acción, se dice con deliberada exageración, es el derecho de los que tienen razón y aun de los que no tienen razón".[210]

Nesse sentido, a referida teoria concebe a ação como um direito geral e abstrato, no sentido de que independe da efetiva existência do direito material que será discutido em juízo, bastando que o autor manifeste um interesse tutelado em abstrato pela lei. Portanto, o seu exercício depende da vontade individual e "se trata de um direito ao qual corresponde a obrigação jurisdicional do Estado".[211]

A ação subsiste, por exemplo, "quando uma sentença justa nega a pretensão do autor, ou quando uma sentença injusta a acolhe sem que exista na realidade o direito subjetivo material. A demanda ajuizada pode ser até mesmo temerária, sendo suficiente, para caracterizar o direito de ação, que o autor mencione um interesse seu, protegido em abstrato pelo direito".[212] Esse direito de ação é exercido contra o Estado, o qual está obrigado a prestar jurisdição, proferindo uma decisão favorável ou desfavorável ao autor.[213]

Ainda, conforme aduz Tesheiner, os defensores da teoria abstrata "vêem na ação (processual) um direito de crédito, distinto, porém, do eventual direito subjetivo que venha a resguardar. Dele se distingue sobretudo pela circunstância de que é um direito de crédito contra o Estado. É um direito público subjetivo: direito à jurisdição; direito à prestação jurisdicional do Estado, direito à sentença, isto é, direito a uma resposta do Estado, qualquer que seja o seu conteúdo".[214]

Vale lembrar que a doutrina concretista teve o grande mérito de reconhecer a autonomia do direito de ação, mas foi alvo de sérios questionamentos, dentre os quais a alegada incompatibilidade entre a autonomia do direito de ação e sua vinculação a uma sentença favorável, pressuposto da ação concreta.[215] Nessa perspectiva, a teoria abstrata tem justamente o mérito de explicar a demanda improcedente, assim como a criação e existência do processo a partir da ação, "desvinculada do direito material".[216] O autor, ao ingressar em juízo, consciente ou não de seu direito invocado, exerce o direito de ação mesmo diante de uma

---

[210] COUTURE, 1993, p. 64-65.

[211] REZENDE FILHO, Gabriel José Rodrigues de. *Curso de direito processual civil.* 4. ed. São Paulo: Saraiva, 1954, v. 1, p. 158.

[212] CINTRA; GRINOVER; DINAMARCO, 1993, p. 211.

[213] Ibid., p. 211.

[214] TESHEINER, 2009, p. 62.

[215] FREIRE, 2005, p. 54.

[216] ASSIS, 2002, p. 63.

decisão desfavorável, na medida em que o processo se desenvolveu até chegar-se ao resultado. Além disso, a ação é direito subjetivo público com a finalidade de obter prestação jurisdicional pelo Estado, independentemente do resultado da demanda.[217]

Conforme anota Araken de Assis, a teoria abstrata do direito de ação "despertou grande entusiasmo" na doutrina, "não obstante diferenças e atritos entre uns e outros".[218]

Uma das mais lapidares concepções da ação abstrata foi desenvolvida por Alfredo Rocco,[219] com clara influência de Degenkolb, Plósz e inclusive de Jellineck,[220] mas também com algumas concepções próprias.[221] A partir das relações entre ação e sentença, Alfredo Rocco estabelece que todos os cidadãos são sujeitos de direito em face do Estado. Assim, cada titular de direitos subjetivos possui um único interesse abstrato e secundário de obter a intervenção do Estado para a realização dos seus interesses tutelados pelo direito material. Esse interesse, *astratto e secondario,* constitui-se em verdadeiro direito subjetivo, denominado *diritto di azione.* O direito de ação caracteriza-se, portanto, pelo interesse em obter a intervenção do Estado para a eliminação dos obstáculos que a incerteza ou a inobservância da norma põe à realização dos interesses tutelados.[222]

Disso se depreende, ainda com Alfredo Rocco, que o direito de ação é um direito subjetivo secundário, distinto do direito material primário a que se refere. Trata-se de um direito abstrato e geral, o qual não depende de haver aparência da efetiva existência do direito material subjacente, estar o autor de boa-fé, tampouco de um direito concretamente reconhecido. O direito material alegado deverá apenas corresponder a uma categoria tutelada em tese pelo ordenamento jurídico.[223]

---

[217] ASSIS, 2002, p. 63.

[218] ASSIS, Araken de. *Doutrina e prática do processo civil contemporâneo.* São Paulo: Revista dos Tribunais, 2001, p. 32.

[219] ROCCO, A., 1906.

[220] Cf. OLIVEIRA, 2008, p. 68.

[221] Alfredo Rocco demonstra, por exemplo, que diverge da Degenkolb e Plósz, porquanto esses compreendem o direito de ação contra o Juiz e o adversário, em direção à sentença e a cooperação para a obtenção da sentença; enquanto A. Rocco o compreende apenas como um direito em face do Estado. Por isso, não admite a existência de relações processuais entre as partes, mas apenas entre as partes e o órgão jurisdicional, de modo que as obrigações são sempre perante o Estado e não perante a outra parte. Assim, defende A. Rocco, se as relações processuais são de direito público, como afirmam Degenkolb e Plósz, não é possível que seus termos se estabeleçam entre privados. É preciso que o Estado sempre faça parte da relação. De Degenkolb, particularmente ainda se distingue, pois não exige boa-fé para o reconhecimento do direito de ação. Alfredo Rocco ainda ressalta a distinção da sua teoria com o entendimento de Mortara, o qual apesar de acolher a teoria abstrata, compreende o processo como um meio com o qual o direito subjetivo vem constituído e garantido coercitivamente, no sentido de que o direito subjetivo não corresponda em si à uma relação jurídica, razão pela qual a ação não é meio para a constituição de uma relação jurídica, mas sim um meio de declaração uma relação jurídica incerta ou de realização de uma relação jurídica certa. Tampouco concorda com a posição de Mortara no sentido de que a ação identifica-se com a *"opinione di possedere um diritto materiale che sia stato violato"*, uma vez que o requisito da ação é apenas a vontade do autor na prestação jurisdicional (ROCCO, 1906, p. 107-110).

[222] Ibid., p. 80-82.

[223] Ibid., p. 83-84.

Assim, o direito de ação é um direito subjetivo público do cidadão apenas contra o Estado. O seu objeto, ou conteúdo substancial, é o interesse secundário, geral e abstrato, à prestação Jurisdicional. Isso explica as ações improcedentes e confere autonomia ao direito de ação, pois o mesmo não pressupõe uma decisão sempre favorável e sim uma manifestação do Estado. Em síntese, o direito de ação compreende um direito contra o Estado para que seja prestada a tutela jurisdicional, com a realização forçada daqueles cuja tutela seja concedida.[224]

Lodovico Mortara foi também um dos primeiros juristas italianos a defender a teoria abstrata do direito de ação,[225] ressaltando que "Chi esercita un'azione civile manifsta l'opinione di possedere un diritto (subbiettivo) e di averne sofferta in quache modo una violazione. Ciò è tuttavia lontano dal significare che chi esercita l'azione sia veramente titolare d'un diritto e vittima di una violazione".[226] Segundo Mortara, a ação é composta de dois tipos de relações: a primeira relação é estabelecida entre os sujeitos privados que travam sua disputa, em movimentos de ação e contra-ação, com tendência de coordenarem-se, pautados pela norma jurídica; a segunda relação é estabelecida entre os sujeitos e o órgão jurisdicional, em que aqueles têm a faculdade de exigir e este o poder-dever de prestar jurisdição, colocando na órbita da norma jurídica a pretensão e a atividade dos contundentes.[227] Na medida em que a ação compreende relacionamento, a mesma deve equilibrar poderes e deveres entre autor, réu e o órgão jurisdicional.[228] Em síntese: "L'azione giudiziaria civile è un rapporto di diritto pubblico che prendendo origine dal contrasto fra soggetti privati concernete materia di diritti subbiettivi vi svolge nel procsso mediante l'applicazione della norma giuridica per opera ed autoritá del magistrado".[229]

Couture, por exemplo, também se filia à corrente da ação como direito abstrato[230] e a compreende como um poder jurídico. Para o autor, "la acción, como

---

[224] ROCCO, 1906, p. 102-103.

[225] Cf. PEKELIS, 1937, p. 103. Interessante observar, contudo, que Chiovenda admite duas interpretações possíveis ao conceito de ação de Mortara, aduzindo: "[...] se, em tal definição, a independência da ação da pertinência de um direito seja entendida no sentido de que a faculdade de promover o juízo corresponda a todos os cidadãos e, conseqüentemente, tanto a quem vence quanto a quem perde; ou nesse caso, que o direito de acionar corresponde a quem vence a lide, mesmo quando não tivesse direito. Havendo de se entender no primeiro sentido, não tenho mais que me referir ao texto, repisando que tal possibilidade de acionar não se pode considerar propriamente direito, e que de todo o modo esta não é a ação no sentido e nos sentidos de que fala a lei italiana. Pelo contrário, devendo se entender no segundo sentido, eu, literalmente, faço adesão à definição, mas observo que a independência da ação a respeito do direito [...] não se deve entender assim, não se deve contemplar no fato possível de sentenças injustas. A sentença de condenação sempre tem por pressuposto o direito à prestação, porque também a sentença injusta afirma como existente o direito e o direito de acionar. Aceitando-se o equívoco de fato de que existisse o direito, também seria equivocado que existisse ação: mas o erro do juiz é um fato indiferente ao direito, exceto quando seja condição de um meio de recurso ordinário" (CHIOVENDA, 2003, p. 92-93 – nota de rodapé 40).

[226] MORTARA, 1923, v. 1, p. 535.

[227] Ibid., p. 535.

[228] Ibid., p. 537.

[229] Ibid., p. 538.

[230] COUTURE, 1993, p. 71. Anote-se que a doutrina de Couture, pela sua inovação, foi bastante vestejada e objeto de estudos e comentários (Cf.. recorda GRINOVER, 1973, p. 64).

poder jurídico de acudir a la jurisdicción, existe siempre: con derecho (material) o sin él; con pretensión o sin ella, pues todo individuo tiene ese poder jurídico, aun antes de que nazca su pretensión concreta".[231] Couture sublinha a distinção entre ação, direito e pretensão.[232] Aduz que

> quien quiera saber qué es la acción, no podrá desentenderse del fenómeno, que sería sorprendente de no sernos tan familiar, de que la acción funciona desde la demanda hasta la sentencia en la ignorancia de la razón o sinrazón del actor. Este resultado es connatural con el proceso mismo. La acción, pues, vive y actúa con prescidencia del derecho que el actor quiere ver protegido. No solo la pretensión infundada, sino también hasta la temeraria, la pretensión del *improbus litigator*, merece la consideración de la actividad jurisdiccional hasta su último instante".[233]

Conforme observado, a ação, enquanto poder jurídico de fazer valer a pretensão; existe ainda que a pretensão seja infundada. A pretensão, por sua vez, "es la afirmación de un sujeto de derecho de merecer la tutela jurídica y, por supuesto, la aspiración concreta de que ésta se haga efectiva".[234]

Couture critica a distinção feita por alguns autores entre ação e direito de demandar, sustentando sua equivalência, uma vez que "La acción civil se hace efectiva mediante una demanda en sentido formal, y ésta no es sino el ejercicio de aquélla".[235] Segundo o autor, ademais, o direito de ação é espécie do gênero direito constitucional de petição, o qual compreende um instrumento para a tutela dos direitos pelo Poder Público.[236] Não obstante, Enrico Allorio aponta, entre outros, "que el pronunciamiento de los poderes públicos acerca de la petición es algo sumamente diferente, y jurídicamente menos adherente, que el pronunciamiento del magistrado acerca de la demanda judicial: el primero es una respuesta, el segundo es una providencia".[237] Além disso, entende Allorio que "para designar el fenómeno de la necesidad en que se encuentra el juez de pronunciarse sobre toda la demanda judicial, aunque carezca de ciertos requisitos fisiológicos, con tal de que jurídicamente sea existente como demanda, no es necesario postular un derecho de acción. Basta enunciar la existencia de un deber por parte del juez: el deber de administrar justicia".[238] Entre nós, Araken de Assis destaca o ponto frágil da teoria, uma vez que "abstraindo o resultado da sentença, a outorga a qualquer cidadão de iniciativa perante a atividade jurisdicional do Estado torna indiferente compreendê-la como direito ou poder".[239]

---

[231] COUTURE, 1993, p. 68.

[232] Cf. SENTIS MELENDO, Santiago. *Estudios de derecho procesal*. Buenos Aires: Ejea, 1967, v. 2, p. 127-142.

[233] COUTURE, op. cit., p. 71.

[234] Ibid., p. 72.

[235] Ibid., p. 73-74.

[236] Ibid., p. 74-79.

[237] ALLORIO, 1963, p. 144.

[238] Ibid., p. 145.

[239] ASSIS, 2002, 64.

Conforme subscreve Ugo Rocco, a obrigação do Estado em prestar jurisdição é de direito público e a esta corresponde o direito subjetivo público individual dos cidadãos, a fim de obter as "prestazioni di diritto pubblico, che hanno per oggetto l'accertamento o la realizzazione coattiva degli interessi materiali, tutelati dal diritto obiettivo", o que caracteriza justamente o direito de ação.[240] Para o autor, "Il rapporto giuridico di azione esiste ed ha vita indipendentemente da qualsiasi rapporto giuridico sostanziale, pubblico o privato, di cui, mediante l'esercizio del diritto di azione, se chiede l'accertamento o la realizzazione coattiva".[241] Nessa perspectiva, sustenta que somente depois da atividade jurisdicional desenvolvida no processo é que se poderá reconhecer uma determinada relação jurídica substancial como existente ou não. Exemplifica, assim, que a possibilidade das chamadas "azioni infondate" comprova a independência do direito de ação em relação ao direito substancial posto em causa.[242]

Dessa forma, para Ugo Rocco, o direito de ação é um direito público subjetivo do cidadão frente ao Estado, o qual pertence à categoria dos direitos cívicos. Com tais características e, sobretudo, em razão da sua autonomia em relação ao direito substancial e do seu caráter geral, o direito de ação é também um direito abstrato.[243]

Emilio Betti também adere à teoria abstrata. Reportando-se a Degenkolb, afirma que:

> a noi sembra che um nesso di coordinazione interceda bensì fra l'azione e la ragione com essa fatta valere, ma che l'azione sai um diritto di natura specificamente processuale, conferito dalla legge processuale in ordine a uma ragione affermata soltanto, indipendentemente dalla circostanza che essa ragione sai poi riconosciuta dal giudice siccome in fatto fondata.[244]

Para o autor, a ação é um poder instrumental de provocar a atuação da lei ou um *diritto-mezzo,* que deriva do sistema processual, portanto diverso do sistema de direito material, de onde as partes retiram suas "razões".[245]

Merece referência o pensamento de Francesco Carnelutti, para quem "Il problema dell'azione è, al fondo, il problema dei rapporti tra il diritto e il processo".[246] De acordo com seu entendimento, a ação é um direito subjetivo público de caráter processual que se distingue do direito material perseguido em juízo. Esta separa-

---

[240] ROCCO, U., 1957, v.1, p. 241.

[241] Ibid., p. 249.

[242] Ibid., p. 249-251.

[243] Ibid., p. 251-252. A propósito, observe-se que Ugo Rocco considera mais exato do que falar-se em direito abstrato, falar-se no direito de ação como uma relação jurídica com elementos indeterminados, porém determináveis. Nessa perspectiva, o direito de ação tem caráter geral, mas por ocasião do seu exercício pela parte, por meio da petição inicial e segundo o direito objetivo vigente, os seus elementos passam a ser concretos e determinados; quais sejam: sujeito ativo, sujeito passivo e objeto (conteúdo da prestação) (Ibid., p. 251-259).

[244] BETTI, 1932, p. 219.

[245] Ibid., p. 231-235.

[246] CARNELUTTI, 1946, p. 7.

ção conceitual entre o direito subjetivo material e o direito subjetivo processual, ou direito de ação, é fruto de um longo caminho percorrido pela ciência jurídica. O direito de ação se distingue do direito material tanto pelo seu conteúdo como pelo sujeito passivo. Portanto, subsiste mesmo diante de uma demanda infundada e tem como sujeito passivo o juiz, uma vez que é o encarregado do processo e tem a obrigação legal de compor a lide. No ponto, aliás, o autor rechaça a ideia de que o sujeito passivo do direito de ação seja o Estado, por considerar, em síntese, que não se poderia admitir direito sem sujeição recíproca nem sem conflito de interesses. Circunstância que pode envolver o Juiz, cuja conduta então deverá ser pautada por suas obrigações legais e os direitos da parte; mas não pode envolver o Estado, o qual não tem interesse nem pode estar submetido a outrem.[247]

Francesco Carnelutti refere a dificuldade da ciência em separar o direito subjetivo processual, ou ação, do direito material, cuja razão remonta ao direito romano.[248] Com efeito, na sua concepção, a razão elementar da distinção está em que a ação protege o "interesse quanto a justa composição do litígio, não o interesse em litígio". Daí por que da ação pode derivar um provimento contrário a este interesse em litígio, de modo que "a ação corresponde também a quem não tem o direito subjetivo material".[249] A ação tem como pressuposto, em última análise, "não o direito subjetivo material, mas unicamente a pretensão".[250]

Não obstante, Carnelutti surpreende ao colocar como sujeito passivo do direito de ação o próprio juiz,[251] circunstância que causa perplexidade em Araken de Assis.[252]

Ainda, destaca-se o pensamento de Marco Tullio Zanzucchi, para quem "L'azione è una potestà, o un potere giuridico. Col che si vuole escludere che, in sè considerata, sia un diritto subiettivo".[253] Entende o processualista que o direito subjetivo de ação nasce somente quando a ação é exercitada no caso concreto, mediante a propositura da demanda judicial. Antes disso, a ação é um poder de agir para provocar a atividade jurisdicional. Este poder tem natureza secundária em relação ao direito subjetivo material subjacente, que é claramente distinto da

---

[247] CARNELUTTI, 1973, p. 315-318; CARNELUTTI, 2004, p. 770-783.

[248] Para o autor: "Quando com a gradual transformação da matéria jurídica e com a progressiva transformação das normas materiais junto às normas instrumentais também e sobretudo no campo do direito privado, a figura do direito subjetivo material se separou pouco a pouco do processo, a ciência não esteve, nem pôde estar, preparada para esclarecer as relações que vinham sendo estabelecidas entre ele e a ação, distinguindo assim entre direito subjetivo material e direito subjetivo processual. Por outro lado, para favorecer a involução deste naquele, juntamente com a razão histórica funcionou uma razão lógica consistindo em que sem dúvida os dois direitos estão sempre ligados por uma relação de meio e fim; a ação serve para a tutela do direito material, porque pode confundir-se com este direito próprio enquanto se faz valer" (Ibid., p. 772).

[249] CARNELUTTI, 2004, p. 773. Para o autor, referindo-se ao direito de ação e ao direito material; "o ponto de contato entre os dois direitos está em que a pretensão determina a atribuição do direito processual; exatamente a ação corresponde a quem 'quiser fazer valer um direito'" (Ibid., p. 773).

[250] Ibid., p. 775.

[251] Ibid., p. 781-783. CARNELUTTI, 1973, p. 315-318

[252] ASSIS, 2002, p. 65.

[253] ZANZUCCHI, 1964, p. 56, nota 52.

ação; esta que, assim como todo o direito processual, é um *dirito-mezzo*. Nesse sentido, a ação é um poder de natureza abstrata, ideal e genérica, justamente porque é distinta da pretensão de direito material a que serve e porque pode ser endereçada para fins diversos. A ação não apenas é autônoma em relação ao direito substantivo material, como inclusive prescinde da sua própria existência.[254] Para o autor, ainda, também na perspectiva da *valutazione política,* a teoria abstrata é a que melhor corresponde à concepção de Estado de sua época, bem como ao Código de Processo Civil italiano.[255]

Entre nós, Calmon de Passos assevera que: "o direito de ação é o direito de provocar a atividade jurisdicional do Estado, independentemente de qualquer relação com o direito substancial, tanto que esse direito se exercita, exaustivamente, inclusive quando se não obtém um pronunciamento favorável, ou quando se não obtém um pronunciamento sobre o mérito".[256]

Conforme lembra Araken de Assis, na concepção abstrata, as condições da ação têm "função assas restrita. Verificada a presença dos pressupostos processuais, o juiz proveria em sentido favorável ou contrário a quem o provocou".[257]

A concepção abstrata da ação se disseminou entre a doutrina, passando a ser largamente dominante. Atualmente, por exemplo, Elio Fazzalari compreende a ação para além da faculdade de colocar o processo em movimento, mas como uma sequência de faculdades, poderes e deveres, até o desfecho do processo. Ressalta a sua desvinculação do resultado da demanda, bem como do direito substancial subjacente e, portanto, o caráter abstrato do direito da ação.[258]

A crítica fundamental à teoria abstrata consiste na alegada incapacidade desta teoria em estabelecer uma relação entre o direito da parte e a sentença do juiz.[259] Segundo Liebman, apesar de não ser concreta, "l'azione non compete infatti a chiunque e non ha contenuto generico. Al contrario, essa si referisce ad una fattispecie determinata ed esattamente individuata".[260] A partir dessa concepção, Liebman defende a teoria eclética da ação.

2.8. TEORIA ECLÉTICA DA AÇÃO

A teoria eclética da ação, formulada por Enrico Tullio Liebman,[261] compreende uma tentativa de superação das posições extremas adotadas nas teorias con-

---

[254] ZANZUCCHI, 1964, p. 56-58, nota 52.

[255] Ibid., p. 62-64, nota 55.

[256] CALMON DE PASSOS, José Joaquim. Em torno das condições da ação: a possibilidade jurídica. *Revista de Direito Processual Civil*, São Paulo, v. 2, n. 4, 1961, p. 58.

[257] ASSIS, 2002, p. 65; ZANZUCCHI, 1964, p. 67-68.

[258] FAZZALARI, 1994, p. 911-925.

[259] MESQUITA, 2005, p. 67. Segundo o autor, a teoria abstrata, "por levar às últimas conseqüências a tão decantada autonomia da ação e do processo, não logra estabelecer o nexo que deve existir entre o processo e o direito material e acaba por aniquilar esse direito" (Ibid., p. 91).

[260] LIEBMAN, 1950, p. 65.

[261] Consulte-se, especificamente sobre o tema: LIEBMAN, 1950.

creta e abstrata.[262] O próprio Liebman afirma que a sua teoria assume um caráter intermediário entre a concepção concreta e a concepção abstrata da ação[263] ou "una nuova sintesi".[264]

Liebman sustenta que a iniciativa do processo cabe à parte interessada e configura, primeiramente, um ônus, uma vez que o juiz não presta jurisdição de ofício. Ademais, o autor não pode simplesmente invocar genericamente a tutela jurisdicional. Deve ingressar com uma ação requerendo determinado e específico provimento jurisdicional, que só em concreto será decidido pelo juiz, positiva ou negativamente.[265]

Não obstante, destaca que a iniciativa do processo também representa o exercício de um direito da parte de provocar a atividade jurisdicional segundo o seu interesse, com a finalidade de obter do juiz a proteção de um interesse ou a satisfação de um direito.[266]

O autor refere o art. 24 da Constituição da República italiana, segundo o qual "tutti possono agire in giudizio per la tutela dei propri diritti e interessi legittimi". Ou seja; trata-se de uma previsão abrangente que garante a todos os cidadãos a possibilidade de levar suas pretensões ao Poder Judiciário. Essa previsão diz respeito à categoria dos direitos cívicos e, mais do que um direito, é tecnicamente um poder jurídico, "Il potere d'agire in giudizio", geral e indeterminado. É o reflexo da prestação jurisdicional pelo Estado. Também é o pressuposto e a garantia constitucional que assegura o exercício do direito de ação, mas dela se diferencia.[267]

Em última análise, o autor compreende o direito de ação como o direito à jurisdição, para o qual independe se o resultado da demanda será favorável ou desfavorável ao postulante. Também distingue o direito subjetivo substancial do direito de ação.[268] Nesse ponto, aliás, a posição de Liebmen se identifica com a

---

[262] A doutrina nacional, de um modo geral, quando aborda a teoria de Liebman, refere este aspecto intermediário e conciliador em relação às teorias concreta e abstrata. Exemplificativamente: ASSIS, Araken de. Doutrina e prática do processo civil contemporâneo. São Paulo: RT, 2001, p. 34; BAPTISTA DA SILVA. 1996, p. 80; MITIDIERO, 2005, p. 104.

[263] LIEBMAN, 1947, p. 145.

[264] LIEBMAN1950, p. 63.

[265] LIEBMAN, 1955, p. 31-32.

[266] Ibid., p. 32.

[267] Ibid., p. 34-35.

[268] Ibid., p. 36. Vejam-se os múltiplos aspectos que, segundo Liebman, distinguem a ação do direito substancial: "la distinzione tra il diritto soggetivo sostanziale e l'azione appare evidente sotto molteplici aspetti: il primo ha infatti per oggetto una prestazione della controparte, l'azione mira invece a provocare un'attività degli organi giudiziari; appunto perciò il diritto si dirige verso la controparte ed ha, secondo i casi, natura privata o pubblica, l'azione si dirige sempre verso lo Stato e precisamente verso l'autorità giudiziaria ed ha perciò natura pubblica. Si può inoltre avere azione anche in casi in cui non si pretende di essere titulari di un vero e proprio diritto soggettivo, bensì di un semplice interesse, tutelato dal diritto solo indirettamente per mezzo del provedimento giurisdizionale [...] Infine e soprattutto l'azione è un diritto astratto, spettando indipendentemente dall'esistenza o inesistenza del diritto sostanziale che si vuol far riconoscere e soddisfare" (Ibid., p. 36-37).

DIREITO, AÇÃO E TUTELA JURISDICIONAL

teoria abstrata. Portanto, "do ponto de vista processual, a ação é direito ao julgamento do pedido, não a determinado resultado favorável do processo".[269]

Além disso, o jurista italiano aduz que, no sistema processual, cujas normas são instrumentais, se verificam direitos subjetivos processuais (direitos de iniciativa e de impulso), os quais consistem "nel potere di provocare il compimento di uno od altro atto da parte degli organi giurisdizionali".[270] Desses direitos, destaca-se o direito de ação, que consiste justamente o direito subjetivo de provocar a função jurisdicional.[271] Para Liebman, "L'essenza dell'azione si trova proprio nel rapporto che corre nell'ordinamento giuridico tra l'iniziativa del singolo e l'esercizio, in concreto, della giurisdizione".[272]

A ação se dirige ao Estado para o fim de obter-se a sentença. Porém, é proposta contra a parte adversa, que fica sujeita à atividade jurisdicional desenvolvida a partir da sua propositura. Diversamente da estrutura do direito substancial, no sistema processual o vínculo estabelecido entre as partes é indireto, eis que se realiza por meio da *potestà dell'organo*, que vincula as partes. No entanto, o exercício do direito de ação pressupõe uma determinada hipótese concreta em confronto com determinada contraparte. Além disso, do julgamento do caso concreto poderão advir efeitos favoráveis ou contrários aos interesses do autor, aos quais, de qualquer modo, fica vinculado. Daí o caráter abstrato do direito de ação.[273]

Com efeito, apesar da correlação estabelecida entre ação e jurisdição, entende o autor que para o exercício da ação (e da própria jurisdição), devem estar satisfeitas determinadas condições, sem as quais não há ação nem jurisdição. Esse é o ponto que distingue a teoria de Liebman da teoria abstrata, e a coloca em direção à concepção concreta. Nas palavras do autor: "L'azione dipende perciò nella sua esistenza da alcuni requisiti costitutivi, che si chiamano condizioni dell'azione e che è necessario individuare con precisione".[274] Os requisitos para a existência das condições da ação são estabelecidos pelo direito processual, mas estão relacionados ao direito substancial.[275]

---

[269] LIEBMAN, Enrico Tullio. *Estudos sobre o processo civil brasileiro.* São Paulo: Saraiva, 1947, p. 147.

[270] LIEBMAN, 1955, p. 37.

[271] Nas palavras de Liebman: "L'azione è dunque il diritto soggetivo che consiste nel potere di produrre l'evento a cui è consizionato l'effettivo esercizio della funzione giurisdizionale: per effetto della proposizione della domanda, l'organo giudiziario si pone in movimento in obbedienza alle regole interne che disciplinano la sua funzione. Essa può perciò definirsi il diritto alla giurisdizione" (Ibid., p. 38); Ou: "L'azione, come si è visto, è il diritto che spetta ad una persona di provocare l'esercizio della giurisdizione riguardo ad una situazione giuridica in cui la persona stessa è interessata. Più brevemente può dirsi che è il diritto di provocare il processo, il diritto al processo, riguardo ad un caso determinato e concreto" (LIEBMAN, 1952, p. 41).

[272] LIEBMAN, 1950, p. 53.

[273] LIEBMAN, 1955, p. 38-39.

[274] Ibid., p. 39.

[275] Nas palavras de Liebman: "I requisiti per l'esistenza dell'azione sono stabiliti dal diritto processuale; quelli per la sua fondatezza dipendono dal diritto sostanziale, o, più in generale, dal diritto che regola il rapporto o lo stato che forma l'oggetto della domanda" (Ibid., p. 46).

Inicialmente, foram três as condições estabelecidas à ação: interesse em agir, legitimação para agir e possibilidade jurídica.[276] Aliás, condições essas que foram acolhidas pelo ordenamento jurídico pátrio, a teor do art. 267, VI, do Código de Processo Civil vigente.[277]

Ao tratar do interesse em agir, Liebman afirma que o direito de ação, assim como os direitos substanciais, tem por seu conteúdo um específico interesse. Esse interesse em agir é um interesse processual, subsidiário e instrumental em relação ao interesse substancial primário. Tem por objeto a atividade dos órgãos jurisdicionais. Decorre da necessidade de obter-se por meio do processo a proteção do interesse substancial. Pressupõe, portanto, a lesão desse interesse e a idoneidade do provimento requerido para protegê-lo e satisfazê-lo. A existência do interesse em agir é condição para o exame de mérito, pois seria inútil examinar-se o pedido para concedê-lo ou negá-lo: se o provimento demandado fosse em si inadequado a tutelar o interesse lesado ou ameaçado; se na situação de fato apresentada não fosse afirmada uma lesão de direito ou interesse contra a parte contrária, ou se os efeitos jurídicos postulados com o provimento já tivessem sido realizados. Com efeito, o reconhecimento do interesse em agir não significa que o autor tenha razão no mérito da demanda, mas apenas que o seu pedido merece exame. Nesse sentido, toda questão de fato e de direito relacionada ao fundamento do pedido pertence ao exame do mérito, e não ao interesse em agir. Em síntese, o interesse em agir decorre da relação de utilidade entre a situação antijurídica denunciada e o provimento requerido para remediá-la.[278]

A legitimação para agir, segundo Liebman, é a titularidade ativa e passiva da ação. Trata-se de individualizar a pessoa que detém o interesse de agir e, por conseguinte, a ação, e a pessoa a quem esse interesse diz respeito. A ação, assim como os demais direitos, somente pode ser exercida validamente pelo seu titular. Tratando-se de um direito que é exercido em confronto com outra parte, essa deve ser precisamente a pessoa que, relativamente ao pedido, afigura-se como titular do interesse oposto, ou, em outras palavras, aquela cuja esfera jurídica operar-se-á o provimento demandado. Enquanto requisito da ação, a legitimação é condição ao exame do mérito do pedido. Indica, para cada processo, as justas partes ou as partes legítimas; ou seja, as pessoas que devem estar presentes para que o juiz possa decidir sobre determinado objeto. A legitimação tem precedência em relação ao interesse, pois só em presença das partes pode o juiz avaliar se efetivamente existem os requisitos necessários ao interesse. Em síntese, a legitimação para agir diz respeito à pertinência subjetiva da ação.[279]

---

[276] LIEBMAN, 1952, p. 48-52; LIEBMAN, 1955, p. 40-46.

[277] "Art. 267. Extingue-se o processo, sem resolução de mérito: VI – quando não concorrer qualquer das condições da ação, como a possibilidade jurídica, a legitimidade das partes e o interesse processual"; BUZAID, Alfredo. *A ação declaratória no direito brasileiro*. 2. ed. São Paulo: Saraiva, 1986, p. 125-129.

[278] LIEBMAN, 1952, p. 48-49; LIEBMAN, 1955, p. 40-42.

[279] LIEBMAN, 1952, p. 49-51; LIEBMAN, 1955, p. 42-45.

A possibilidade jurídica do pedido diz respeito à admissibilidade em abstrato do provimento demandado, no sentido de que não seja expressamente vedado. Isso porque não faz sentido o exame do mérito de uma demanda, cuja procedência o juiz não poderia pronunciar, independentemente dos fatos concretos. O principal exemplo da impossibilidade jurídica do pedido era a impossibilidade de divórcio entre cidadãos italianos.[280] Posteriormente, na 3ª edição do *Manuale di diritto processuale civile,* tendo em vista a instituição do divórcio na Itália, Liebman perdeu o seu principal exemplo[281] e preferiu abolir a impossibilidade jurídica do pedido como condição autônoma, inserindo-a no âmbito do interesse em agir.[282]

Conforme a teoria de Liebman, as condições da ação são elementos constitutivos da sua própria existência. A ausência de qualquer das condições impõe o juízo de carência de ação. De outro lado, o juiz somente pode examinar o mérito da demanda, julgando-a procedente ou não, se verificadas tais condições.[283]

Enfim, segundo Liebman: "a ação, como direito de provocar o exercício da jurisdição, significa o direito de provocar o julgamento do pedido, a decisão da lide. É abstrata porque tendo por conteúdo o julgamento do pedido inclui ambas as hipóteses em que este for julgado procedente ou improcedente, mas é subjetiva determinada, porque é condicionada à existência dos requisitos definidos como condições da ação".[284]

A teoria eclética do direito de ação também é defendida por Galeno Lacerda.[285] Em apartada síntese, para o autor, a partir do reconhecimento de um direito subjetivo público de ação, abstrato, "deve haver, por força da própria ordem jurídica, condições que legitimem o seu exercício, mesmo no plano formal em que se configura".[286] Assim, se o direito constitucional de petição é abstrato, o direito de ação, disciplinado pelas normas processuais, é permeado de condições que "constituem, em verdade, o título do direito de agir". A coexistência dos três elementos (possibilidade jurídica, legitimação e interesse) é que constitui o fato gerador ou a causa do direito de ação e da obrigação do Estado de resolver o conflito.[287]

As condições da ação compreendem o questionamento "se o direito objetivo, em tese, admite o pedido, concede titularidade às partes e reconhece o interesse do autor". Dessa forma, a verificação do pedido, explica Galeno Lacerda, impõe

---

[280] LIEBMAN, 1952, p. 51; LIEBMAN, 1955, v. 1, p. 45.

[281] Segundo Araken de Assis, Liebman eliminou a possibilidade jurídica "em virtude da circunstância pueril e fortuita de a Itália introduzir o divórcio a vínculo, exemplo preferido para demonstrar a impossibilidade geradora de "carência de ação" (ASSIS, 2002, p. 67).

[282] LIEBMAN, Enrico Tullio. *Manuale di diritto processuale civile.* 3. ed. Milano: Giuffrè, 1973, v. 1, p. 121-123 *apud* Ibid., p. 69.

[283] LIEBMAN, 1955, p. 46.

[284] LIEBMAN, 1947, p. 146.

[285] O autor discorda expressamente da posição de Pontes de Miranda em seus Comentários, segundo a qual a referência a condições da ação expressa resquício da concepção privatística do processo (LACERDA, Galeno. *Despacho saneador.* 3. ed. Porto Alegre: Fabris, 1990, p. 76).

[286] Ibid., p. 76

[287] Ibid., p. 77.

um raciocínio no condicional, com juízos hipotéticos, de modo que não se adentra no mérito do caso concreto, no sentido de saber se o autor tem ou não razão.[288] Para Galeno Lacerda, a teoria do direito abstrato equivoca-se na medida em que postula uma separação absoluta entre o direito processual e o direito material. Já o estabelecimento das condições da ação proporciona um laço entre ambos.[289]

Referindo-se a posição doutrinária de Couture, para Galeno Lacerda "a ação é uma espécie do direito de petição"; mas justamente por ser "espécie" de um "gênero", o conceito de ação é "menos extenso que o de direito de petição", este incondicionado e aquele condicionado. Segundo afirma, o erro da concepção da ação como direito abstrato surge justamente a partir da confusão entre os conceitos, atribuindo-se à ação as características do direito de petição e, com isso, não estabelecendo as devidas relações entre direito material e processo.[290] Além disso, Galeno Lacerda sustenta que a doutrina processual que afirmou a autonomia do direito processual se preocupou em diferenciar os sujeitos e o objeto da relação jurídica material e processual, porém não fez a devida análise da causa, esta que também compõe requisito essencial de toda e qualquer relação jurídica. Todavia, se na relação jurídica material a causa está no fato jurídico material, na relação jurídica processual, as condições da ação "constituem a verdadeira causa do direito subjetivo de ação".[291]

Conforme demonstra Marinoni, a teoria de Liebman "teve o mérito de demonstrar que o direito de ação não pode se desligar do plano do direito material e das situações concretas". Com efeito, a concepção eclética não está imune à críticas. Ovídio aponta, por exemplo, o inconveniente de imaginar-se "uma atividade prévia exercida pelo juiz que ainda não seria verdadeira jurisdição", tal como a atividade de verificação das condições da ação. Além disso, considerando a existência de duas relações jurídicas: uma de direito material (conteúdo do processo) e outra de direito público, esta relacionada ao dever de prestação jurisdicional pelo Estado; Ovídio entende que só poderia haver duas ações: a ação de direito material (concepção concreta) e a "ação" processual (concepção abstrata), motivo pelo qual não há como sustentar-se uma "terceira" categoria intermediária, consoante preconizado pelo entendimento eclético.[292]

Ademais, Ovídio aponta que a teoria eclética confunde o conceito de ação "e o conceito de direito subjetivo que lhe deve servir de suporte". Em outros termos, confunde o direito subjetivo à tutela jurisdicional "com o exercício desse direito através da ação processual", como se o direito de ação (empregado em três níveis

---

[288] Na esteira deste raciocínio, pergunta-se: "Se verídicos os fatos narrados, existe lei que ampare a pretensão? estaria o autor realmente interessado? Seria ele titular do direito que pretende, e o réu sujeito passivo de eventual relação?" (Ibid., p. 78).

[289] Ibid, p. 79; consulte-se, ainda: LACERDA, Galeno. Ensaio de uma teoria eclética da ação. *Revista Jurídica*, v. 5, n. 29, p. 11-15, set./out. 1957.

[290] LACERDA, 1957.

[291] Idem.

[292] BAPTISTA DA SILVA, 1996, p. 88-89.

pela teoria: direito material de ação, direito processual de ação condicionado e direito constitucional de ação abstrato) "pudesse ser nivelado ao seu exercício".[293]

Nesse sentido, a teoria eclética, argumenta a crítica, não resolve qual seria a natureza da atividade do juiz ao decretar a carência de ação, uma vez que neste caso inexistiria ação, tampouco atividade jurisdicional. Em tais casos, admitindo-se a existência de processo, impunha-se duplicar a teoria geral em duas: uma para processos com ação e outra para processos sem ação. A solução, aliás, somente seria possível *a posteriori*, com o trâmite do processo, razão pela qual não se pode negar tenha ocorrido atividade jurisdicional.[294]

A propósito, argumenta Calmon de Passos, cumpria a Liebman também "demonstrar não ser atividade jurisdicional a que o juiz desenvolve quando de seus pronunciamentos de conteúdo meramente processual",[295] para o fim de emprestar coerência à sua teoria.

Noutra perspectiva, mais uma vez Ovídio lembra, por exemplo, que se um determinado sujeito for considerado carecedor de ação, e o verdadeiro titular propuser a ação, não se estará tratando da mesma ação. Do mesmo modo que dizer que a sentença que declara ilegitimidade não aprecia o mérito é supor que essa demanda descrita na petição inicial pudesse contar com o mérito de outrem. Em síntese, para Ovídio a teoria eclética "menospreza o único conflito relevante para o processo, que é a controvérsia descrita na inicial, que deve ter um fundamento, um pedido e sujeitos individualmente determinados e concretamente existentes, como realidades da relação processual".[296]

Independentemente das questões trazidas por Ovídio sobre o mérito de cada ação, a crítica entende que a necessidade de tutela jurídica nem mesmo requer uma sentença de mérito ou favorável, mas qualquer espécie de provimento, mesmo aqueles de caráter puramente processual, de modo que a exigência das condições à ação afigura-se arbitrária e injustificada.[297]

---

[293] BAPTISTA DA SILVA. Ovídio Araújo. Direito subjetivo, pretensão de direito material e ação. *Revista Ajuris*, Porto Alegre, n. 29, p. 99-126, 1983, p. 117-118.

[294] FAIRÉN GUILLÉN, 1955, p. 79-80; CALMON DE PASSOS, [197?], p. 26-27. Para este: "tanto a relação que se estabelece na ação inadmissível, quanto a que existe na ação improcedente ou procedente, são relações processuais substancialmente idênticas, expressivas do exercício de direito de ação do sujeito e de atividade jurisdicional do órgão, em tudo semelhantes" (CALMON DE PASSOS, [197?], p. 56). ASSIS, 2002, p. 72. Noutra perspectiva, Botelho de Mesquita, o qual defende a concepção concreta da ação, sustenta que a mesma crítica que se poderia fazer à concepção concreta, no sentido de que não explica como pode haver movimentação da máquina judiciária sem ação, no caso da demanda improcedente; pode-se fazer à concepção de Liebman, nas hipóteses de carência de ação, em que também houve movimentação da mesma máquina judiciária. Daí por que, sustenta o autor, a crítica é descabida. O direito de ação pressupõe a existência do direito material e não se confunde com o direito ao julgamento estatal, este sim, independentemente do resultado da demanda, o qual denomina de direito a administração da justiça (MESQUITA, p. 64, p. 73 e p. 100).

[295] CALMON DE PASSOS, 1961, p. 60.

[296] BAPTISTA DA SILVA, 1983, p. 126.

[297] CALMON DE PASSOS, [197?], p. 38; CALMON DE PASSOS, 1961. A propósito, Calmon de Passos reputa que a teoria de Liebman configura um "concretismo dissimulado" (Ibid., p. 57).

2.9. TEORIA DUALISTA DA AÇÃO EM PONTES DE MIRANDA: PERSPECTIVA DO DIREITO SUBJETIVO, PRETENSÃO E AÇÃO NO PLANO MATERIAL E PROCESSUAL

A teoria dualista da ação,[298] formulada entre nós por Pontes de Miranda,[299] compreende o problema da ação na perspectiva do direito, pretensão e ação; no plano material e processual[300] do ordenamento jurídico.[301]

É nessa perspectiva que se abordará o tema. Primeiramente, no plano material, fazendo-se incursão nas categorias mencionadas.

2.9.1. Plano do direito material

Para uma melhor compreensão do tema, seguindo-se a advertência de Pontes de Miranda, também referida por Araken de Assis,[302] antes de se falar "dos direitos, das pretensões, das ações e das exceções", por questão de metodologia, é imperioso tratar da "regra jurídica, do suporte fático, da incidência da regra jurídica, da entrada do suporte fático no mundo jurídico (fato jurídico)".[303]

Em síntese, tem-se que o mundo fático engloba todos os fatos físicos e os próprios fatos do mundo jurídico, "quando tratados somente como fatos do mundo fático". Existem fatos estranhos ao direito, como, por exemplo, "a nuvem que está a passar, a estrela cadente, o eclipse do sol ou da lua". O mundo jurídico, todavia, diz respeito aos fatos que interessam ao direito, ou, em outras palavras: fato jurídico é aquele interessante ao mundo jurídico, cuja inserção ocorre por meio da regra jurídica. É como se parte do mundo fático fosse colorida pelas previsões

---

[298] Segundo Hermes Zaneti Junior: "A crítica à ação abstrata por parte da concepção dualista fundamenta-se em três aspectos: 1) o papel da ação que origina o processo não se confunde com o direito ao processo, direito de acesso à Justiça; 2) a ação abstrata estabelece em requisito metajurídico de que o autor esteja de boa-fé em seu pleito; 3) e, por fim, a ação abstrata, posta com exclusividade no ordenamento, resulta na inarredável supressão do plano do direito material" (ZANETI JUNIOR, 2006, p. 174).

[299] Para contextualizar-se a sistematização que Pontes de Miranda envolvendo categorias nos dois planos do ordenamento jurídico, importante referir considerações colhidas de Clóvis do Couto e Silva, o qual lembra que a busca incessante de conceitos amplos vai dar origem, por exemplo, a teoria geral do direito e a técnica de introduzir a parte geral em alguns Códigos Civis. Nesse ambiente, os autores que se dedicavam ao estudo do processo civil em geral eram "grandes romanistas e, em consequência, consumados civilistas", mesmo porque não havia a especialização que se conhece hoje. Oskar Bülow, por exemplo, além da inestimável contribuição que deu ao processo, foi um grande romanista e um grande civilista. Por essa razão, muitos conceitos utilizados no processo têm origem do direito civil. No início do século XX a situação se modificou em decorrência da especialização e são raros os autores que dominam com o mesmo rigor o direito material e o processual. Uma grande exceção; escreve Couto e Silva: "é Pontes de Miranda, porque foi, ao mesmo tempo, o maior de nossos civilistas e o maior de nossos processualistas". Isso explica a sua visão do fenômeno jurídico e a observância de um "mesmo conceito repercutindo em vários setores do direito" (COUTO E SILVA, 1988).

[300] Incluindo-se no plano processual o plano pré-processual, esse referente ao direito à tutela jurídica do Estado e à pretensão processual (cf. PONTES DE MIRANDA, 1970, p. 241; MITIDIERO, 2005, p. 117-118).

[301] Sobre direito subjetivo, pretensão e ação no plano material e no processual, ver, entre outros: ASSIS, 2002, p. 73-86; MITIDIERO, 2005, p. 110-121; NOGUEIRA, 2008, passim.

[302] ASSIS, op. cit., p. 73.

[303] PONTES DE MIRANDA. Francisco Cavalcanti. *Tratado de direito privado*. Campinas: Bookseller, 2000, v. 5, p. 264.

constates das normas jurídicas, formando este colorido o mundo jurídico.[304] O mundo jurídico, portanto, se vale dos fatos da vida e "somente este pode ter algum efeito vinculante da conduta humana".[305]

Desse modo, a norma jurídica contém o denominado suporte fático, *Tatbestand*, que compreende a descrição abstrata dos fatos aptos a ingressar no mundo jurídico, por ocasião da sua ocorrência. Em tal circunstância, verifica-se a incidência da norma ao fato, produzindo-se fatos jurídicos.[306] Com a incidência, passa-se de uma previsão legal abstrata, geral e hipotética, para uma situação concreta, específica e categórica, a partir da qual se verifica uma concreta relação ou estado jurídico.[307] Assim, "aplicar uma norma ou disposição jurídica consiste em atribuir ao facto, que realiza a hipótese, os efeitos de direito que a disposição enuncia: e então, quando o caso reproduz a hipótese, diz-se que a disposição lhe é aplicável".[308] A incidência, portanto, é o efeito da norma jurídica que transforma em fato jurídico o seu suporte fático considerado relevante para ingressar no mundo jurídico. O fato, enquanto apenas fato, e a norma, enquanto não realizados os seus pressupostos, não têm efeito vinculante sobre as pessoas. É somente a partir da incidência que se poderá falar nas situações jurídicas e demais categorias de eficácia jurídica.[309] Nesse sentido, a eficácia jurídica surge a partir da incidência, ainda que possa voltar-se ao passado, de acordo com a vontade do legislador.[310]

Interessante aqui referir lição de Carlos Alberto Alvaro de Oliveira, no sentido de que "o mundo jurídico lida com valores, e o efeito (jurídico) da norma não é o simples valor nem o simples fato, mas o valor atribuído ao fato, conforme o enquadramento realizado pela norma".[311]

---

[304] PONTES DE MIRANDA, 1970, p. 3-5; PONTES DE MIRANDA, 2000, v. 1, p. 123.

[305] MELLO, Marcos Bernardes de. *Teoria do fato jurídico:* plano da existência. 15. ed. São Paulo: Saraiva, 2008, p. 8-10.

[306] PONTES DE MIRANDA, 1970, p. 4. Segundo o autor, ademais, "No terreno jurídico, regra jurídica e suporte fático devem concorrer como causas do fato jurídico, ou das relações jurídicas" (PONTES DE MIRANDA, 2000, v. 1, p. 126).

[307] BETTI, 1932, p. 207.

[308] CASTANHEIRA NEVES, 1993, p. 167-168. O próprio autor, com efeito, reconhece que o critério tradicional de aplicação da norma, "que se oferece tão simples como claro, apenas oculta por inteiro o problema", tendo em vista a riqueza do mundo real, a insuficiência do direito positivo e as próprias questões hermenêuticas (a hermenêutica, como é sabido, constitui um universo a parte). Sobre "o problema da norma aplicável", ver p. 166 e seguintes da obra citada. Nesse passo, Alfredo Rocco tece interessantes considerações, aduzindo que o processo lógico de aplicação da norma oferece muitas dificuldades, objetivas e subjetivas, não podendo ser reduzido a um mero processo técnico. A própria formulação da norma é por vezes realizada de modo não muito claro e reclama interpretação sistemática. Além disso, tem-se a natural dificuldade de ordem subjetiva, no sentido da compreensão do caso concreto e de saber-se qual opinião das partes deve prevalecer (ROCCO, A., 1906, p. 5-6). Sugere-se, a respeito do tema, ainda: LARENZ, 2001, p. 200-271.

[309] MELLO, 2008, p. 77-78.

[310] PONTES DE MIRANDA. 2000, v. 5, p. 33. Adverte o autor que em matéria de eficácia o legislador tem liberdade, cujos limites e disciplina dependem de outras regras jurídicas, inclusive constitucionais (Ibid., p. 33).

[311] OLIVEIRA, 2008, p. 9.

Não há dúvida de que por detrás do tema envolvendo a norma jurídica abre-se uma janela para um verdadeiro universo em torno da sua natureza e da própria concepção de ordenamento jurídico; universo o qual, por razões óbvias, desborda o objeto do presente estudo. No entanto, parte-se aqui de um ponto de vista, na expressão de Norberto Bobbio, segundo o qual "a experiência jurídica é uma experiência normativa".[312] Não por outra razão que "a relação jurídica é aquela que se distingue de todos os outros tipos de relação por ser regulada por uma norma jurídica".[313]

Cumpre esclarecer, outrossim, que não se olvida que o direito, mesmo visto sob o ângulo de uma "unidade de totalização normativa," é composto por princípios, normas prescritas, jurisprudência e pela dogmática, que interagem entre si na realização do direito e na própria aplicação da sua indispensável prescrição positiva,[314] esta última correspondendo ao ângulo da presente abordagem.[315] Nessa perspectiva, aliás, Juarez Freitas aduz que "qualquer exegese comete, direta ou indiretamente, uma aplicação de princípios, de regras e de valores componentes da totalidade do direito".[316]

Feito o parêntese, volvendo-se ao tema sob a ótica dos fatos jurídicos, apenas à guisa de menção, saliente-se que os fatos jurídicos *lato sensu*, podem ser classificados,[317] entre outros, como: fato jurídico *stricto sensu*;[318] ato-fato jurídico,[319] ato jurídico *stricto sensu*[320] e negócio jurídico.[321] Com tais considerações,

---

[312] BOBBIO, Norberto. *Teoria da norma jurídica*. 4. ed. Bauru: EDIPRO, 2008, p. 23. Essa obra, conforme refere o próprio Norberto Bobbio, é complementada por outra conhecida obra de sua autoria: Teoria do ordenamento jurídico. 10ed. Brasília: UNB, 1999. A propósito, Hans Kelsen, como é sabido, ao formular sua Teoria Pura do Direito, leva ao extremo a concepção do direito enquanto ciência normativa, daí porque inclusive limitou o objeto da ciência jurídica às normas jurídicas, ou, como o autor mesmo explica, ao sistema de normas (KELSEN, 1996, p. 79-86).

[313] BOBBIO, op. cit., p. 23. A propósito, conforme observa Karl Larenz, a maioria das relações jurídicas não é formada apenas por um vínculo, mas por um complexo de vínculos coordenados entre si, que no todo representam uma estrutura que contem direitos subjetivos, faculdades, deveres e vinculações de diversas classes (LARENZ, Karl. *Derecho civil*: parte general. Tradução Miguel Izquierdo. Madrid: Editoriales de Derecho Reunidas, 1978, p. 253).

[314] CASTANHEIRA NEVES, 1993, p. 155-157.

[315] A palavra "Direito" é polissêmica e largamente utilizada na linguagem comum, daí porque sempre recomendável o esclarecimento do sentido que se lhe quer emprestar. Sobre a indeterminação do termo: TUHR, Andreas Von. Teoria general Del derecho civil aleman. Trad. Tito Ravà. Buenos Aires: Depalma, 1946, v. 1, p. 72; Sobre os seus múltiplos significados: PONTES DE MIRANDA. 2000, v. 5, p. 264.

[316] FREITAS, 2004, p. 70.

[317] Classificação "segundo o elemento cerne do suporte fático", é vista sob o ângulo da licitude ou ilicitude. É utilizada por PONTES DE MIRANDA, 1970, p. 7 *et seq.* e, de forma semelhante, por MELLO, 2008, p. 114 *et seq.*).

[318] O fato jurídico *stricto sensu* prescinde, para existir, do elemento humano, tal como o nascimento e a morte (MELLO, 2008, p. 133-135).

[319] O ato-fato jurídico é uma situação de fato prevista em lei que somente pode se materializar com a conduta humana, porém o elemento volitivo é abstraído, tal como a caça, a pesca e o achado do tesouro (Ibid., p. 136-144).

[320] O ato jurídico *stricto sensu* é aquele em que a vontade de praticar o ato é relevante e constitui o próprio cerne do fato jurídico. Há uma manifestação de vontade, porém a eficácia do ato está predeterminada pela lei, se realiza necessariamente, sem que a vontade da pessoa possa modificá-la, para ampliá-la, restringi-la ou evitá-la, tal como ocorre com o estabelecimento do domicílio a partir da residência com ânimo definitivo (Ibid., p. 164-167).

[321] No negócio jurídico manifesta-se a vontade para compor o suporte fático de certa categoria jurídica, à escolha, cujos efeitos podem ser predeterminados pelo sistema ou pela vontade de cada um, tal como ocorre nos contratos (Ibid., p. 168 *et seq.*).

volvendo-se aos elementos da teoria dualista propriamente, cumpre analisar, no plano substancial, direito subjetivo, pretensão e ação.[322]

2.9.1.1. Direito subjetivo material

Consoante observado, mediante a incidência da norma ao fato, o seu suporte fático torna-se jurídico. O direito subjetivo, nessa perspectiva, deriva do direito objetivo.[323] É o que Redenti denominou de "subjetivación de las normas jurídicas".[324] Segundo Pontes de Miranda: "o que, para alguém, determinantemente, dessa ocorrência emana, de vantajoso, é direito, já aqui subjetivo, porque se observa do lado desse alguém, que é o titular dele".[325] Vê-se, portanto, que o direito subjetivo, dotado de individualidade,[326] expressa uma posição de vantagem que a ordem jurídica confere a alguém.[327] É poder jurídico e produz "limitação à esfera jurídica de atividade de outro".[328] Segundo Andreas Von Tuhr: "cada derecho subjetivo se define y distingue de los demás por el sujeto, el objeto y el contenido del señorio".[329]

Constata-se o direito subjetivo quando se observa a relação jurídica sob o ângulo ativo. No lado passivo da relação tem-se o dever jurídico, correspondente ao direito. Para Andreas Von Tuhr, "el deber incumbe al sujeto a quien alcanzan los mandatos del orden jurídico".[330] Não obstante a correlação existente entre ambos, nem sempre o direito e o dever terão identidade. Conforme exemplifica Pontes de Miranda, se isto ocorre na compra e venda, "não é o que se passa na propriedade: o direito aparece mais que o dever, porque o seu correlato se dilata, minguando, pulverizando-se, em dever das outras pessoas". Há uma direção irradiante.[331]

Ainda segundo Pontes de Miranda, o dever nem sempre está relacionado à "aplicação da regra pela justiça", pois, por exemplo, existem deveres que não são

---

[322] Tais elementos (direito, pretensão e ação material), juntamente com os elementos correspondentes (dever, obrigação e situação de acionado), fazem parte da estrutura da relação jurídica, que se define como "toda a relação intersubjetiva sobre a qual a norma jurídica incidiu, juridicizando-a, bem como aquela que nasce, já dentro do mundo do direito, como decorrência de fato jurídico" (MELLO, Marcos Bernardes de. *Teoria do fato jurídico:* plano da eficácia. 5. ed. São Paulo: Saraiva, 2009, p. 170-173 e p. 184).

[323] PONTES DE MIRANDA, op. cit., p. 39.

[324] REDENTI, 1957, p. 15. Semelhante referencia foi feita em NOGUEIRA, Pedro Henrique Pedrosa. Teoria da ação de direito material. Salvador: Editora Jus Podivm, 2008, p. 115, nota 19.

[325] PONTES DE MIRANDA, 1970, p. 29; PONTES DE MIRANDA, 2000, v. 5, p. 263.

[326] É dotado de individualidade porque, concretamente, é único. PONTES DE MIRANDA, 1970, p. 37; PONTES DE MIRANDA, 2000, v. 5, p. 268.

[327] PONTES DE MIRANDA, 1970, p. 30; TUHR, Andreas Von. *Teoria general del derecho civil aleman.* Tradução Tito Ravà. Buenos Aires: Depalma, 1946, v. 1, p. 72.

[328] PONTES DE MIRANDA, 1970, p. 38; PONTES DE MIRANDA. 2000, v. 5, p. 270. Na concepção de Karl Olivecrona, o direito subjetivo é um poder ideal e fictício (OLIVECRONA, Karl. *El derecho como hecho.* Tradução Gerónimo Cortés Funes. Buenos Aires: Depalma, 1959, p. 66-78).

[329] TUHR, op. cit., p. 85.

[330] Ibid., p. 119.

[331] PONTES DE MIRANDA, 1970, p. 30-31; PONTES DE MIRANDA, 2000, v. 5, p. 471-472.

aptos a provocar a execução ou a condenação, assim como há deveres que "podem ser objeto de pretensão à declaração".[332]

Não se olvida, a propósito, que a categoria do direito subjetivo é fonte de numerosas controvérsias e divergências.[333] Pontes de Miranda faz referência, por exemplo, a teoria da vontade;[334] a teoria do interesse;[335] a teoria do gozo-interesse;[336] porém manifesta simpatia à concepção do direito subjetivo como poder. Assim, para Pontes de Miranda: "caber alguém um bem da vida é atribuição de poder", também chamado de faculdades.[337] Não fossem as divergências apontadas, ainda controverte-se acerta da própria existência do direito subjetivo[338] (é certo que hoje com menos vigor, pois a noção de direito subjetivo está amplamente sedimentada).

Por outro lado, conforme explica Karl Larenz, os direitos subjetivos são os elementos mais importantes de uma relação jurídica, aos quais correspondem necessariamente "deveres, limitações ou vinculações jurídicas de outra pessoa ou de todas as demais". A doutrina considera o direito subjetivo como um "poder de vontade", porém essa orientação está relacionada, sobretudo, aos "direitos de domínio, especialmente a propriedade." Com efeito, a compreensão do direito como poder de vontade o considera demasiadamente sob o ponto de vista da tutela jurídica, com a qual este não é equiparado. Quem invoca um direito, primeiramente,

---

[332] PONTES DE MIRANDA, 1970, p. 32.

[333] Tratando das divergências sobre o conceito de direito subjetivo, por exemplo: ROSS, Alf. *Sobre el derecho y la justicia.* Tradução Genaro R. Carrió. 3. ed. Buenos Aires: EUDEBA, 1974, p. 164-183; PEREIRA, Caio Mário da Silva. *Instituições de direito civil.* 3. ed. Rio de Janeiro: Forense, 1992, v. 1, p. 21-36.

[334] Para a teoria da vontade o fundamento do direito subjetivo está no "poder de querer". Com efeito, a crítica vai dizer que a vontade não tem a ver com as noções de incidência das regras jurídicas e de seus resultados (PONTES DE MIRANDA, 2000, v. 5, p. 272-273). Ver também: TUHR, 1946, v. 1, p. 75; TESHEINER, 2002.

[335] A teoria do interesse substitui a vontade como fundamento do direito subjetivo, pelo "interesse", o qual passa a ser o objeto da proteção. Objeta-se, no entanto, dizendo-se que o sentido de se "protegerem interesses" está no mundo político, antes da incidência e muito antes da eficácia (PONTES DE MIRANDA. op. cit., p. 273-274). Ver também: TUHR, op. cit., p. 77; TESHEINER, op. cit.

[336] A teoria do gozo-interesse, com algumas diferenças, apoia a do interesse. Centra-se no objeto e recebe censura o seu patrimonialismo, pois deixa de lado o sujeito de direito, essencial à própria configuração da relação jurídica e do direito subjetivo (PONTES DE MIRANDA. op. cit., p. 274).

[337] Ibid., p. 274. Segundo o autor, "o conteúdo do direito subjetivo é, portanto, poder; mas esse poder não há de ser dito "poder de vontade". Antes dele, estão interesses; o seu fim é proteção de interesses (o fim, não o conteúdo; e assim se evita a confusão em que R. Von Jhering incorreu)" (p. 275). De outro lado, Pontes de Miranda rechaça veementemente o suposto paralelismo entre direito objetivo e direito subjetivo, como duas facetas do mesmo conceito, explicando que a regra jurídica o antecede, pois somente após a incidência, já no plano da eficácia, nascerá o direito subjetivo (Ibid., p. 277).

[338] Basta referir que a categoria do direito subjetivo, no plano substancial, estudada segundo a concepção dualista no ordenamento jurídico, não se enquadra na concepção monista. Exemplificativamente, Kelsen, positivista, para quem o direito se confunde com o Estado no sentido de que é um sistema de normas impostas aos indivíduos, em consequência entende que não poderá haver prerrogativas individuais em relação ao Estado. Outrossim, o autor propõe: "a superação do dualismo de direito no sentido objetivo e no sentido subjetivo", sustentando que "a Teoria Pura do Direito afasta este dualismo ao analisar o conceito de pessoa como personificação de um complexo de normas jurídicas, ao reduzir o dever e o direito subjetivo (em sentido técnico) à norma jurídica que liga uma sanção a determinada conduta de um indivíduo e ao tornar a execução de sanção dependente de uma ação judicial a tal fim dirigida; quer dizer: reconduzindo o chamado direito em sentido subjetivo ao Direito objetivo" (KELSEN, 1996, p. 212-213).

"entende que está em seu direito" para que outrem o reconheça e o respeite.[339] O direito como interesse juridicamente protegido, segundo Karl Larenz, não incide na essência de seu conteúdo, eis que revela a participação de uma pessoa em algo. Na verdade, não importa a intensidade do interesse, tampouco o seu exercício, para que exista direito subjetivo. O direito subjetivo procura, portanto, um bem, que pode ser de índole ideal ou material.[340] Desse modo, o direito subjetivo é uma categoria fundamental do direito e expressa que um bem determinado corresponde ou pertence à determinada pessoa, o qual forma o seu conteúdo.[341]

No processo, como demonstra Fazzalari, a situação substancial se apresenta como a inobservância de um dever e como um direito subjetivo correspondente ao dever ou a lesão decorrente de sua inobservância. Na esfera substancial, contudo, o direito subjetivo se apresenta como: o direito realizado por uma faculdade do titular (*v. g.* faculdade de ocupar a *res nullius*); o direito realizado por um poder do titular (*v. g.* direito potestativo); o direito realizado por uma obrigação de outro (*v. g.* direito de crédito); o direito realizado pela faculdade do titular e por deveres de abstenção de todos os concidadãos (*v. g.* direito absoluto real) e o direito realizado somente pelos deveres de abstenção de todos os concidadãos, excluído o titular (*v. g.* direitos de personalidade).[342]

O direito subjetivo nasce a partir da incidência da norma, mas "se revela na sua condição de estado". Por caracterizar-se como uma posição estática, ou uma categoria jurídica estática,[343] pode ser representado pelo verbo "ter".[344]

2.9.1.2. Pretensão material

A pretensão material surge ao titular do direito subjetivo quando este se torna exigível. Afirma-se, então, "que ao direito corresponde uma pretensão",[345] o qual também se caracteriza pelo "poder de exigir de outrem alguma pretensão positiva ou negativa".[346] Nesse sentido, com a exigibilidade passa-se de uma posição estática (direito subjetivo) para uma posição dinâmica, esta que caracteriza

---

[339] LARENZ, 1978, p. 254-256.

[340] Ibid., p. 256.

[341] Ibid., p. 256-257 e 274. A propósito da concepção de direito subjetivo, Javier Hervada observa, a partir do realismo jurídico, que a "coisa justa" constitui o próprio direito. Discorda da visão normativista, em que a "coisa" constitui, não o direito em si, mas o seu objeto. Segundo o autor, esse direito "sobre" ou esse direito "a", é o que se chama direito subjetivo, o qual conceitua como "uma faculdade de fazer ou omitir algo"; porém não compartilha com a ideia. Assim, o denominado direito subjetivo não formaria uma categoria própria em relação à "coisa justa" ou "coisa devida em justiça", como direito. Além disso, entende que a concepção normativista de direito subjetivo faz com que os direitos possam existir formalmente, sem que na realidade efetivamente se concretizem (HERVADA, Javier. *O que é o direito? A moderna resposta do realismo jurídico:* uma introdução ao direito. Tradução Sandra Marta Dolinsky. São Paulo: Martins Fontes, 2006, p. 43-48).

[342] FAZZALARI, 2006, p. 334-341. Tal classificação foi citada por: OLIVEIRA, 2008, p. 10-11.

[343] BAPTISTA DA SILVA, 1983, p. 100.

[344] ASSIS, 2002, p. 75-76; PONTES DE MIRANDA, 1970, p. 33.

[345] ASSIS, 2002, p. 76.

[346] PONTES DE MIRANDA, 2000, v. 5, p. 503.

justamente a pretensão material. A pretensão contém, precisamente, exigibilidade.[347] Caracteriza-se por ser atual e concreta.[348] Em síntese, a partir do momento em que o direito subjetivo pode ser exigido do devedor, diz-se que está dotado de pretensão. A pretensão, portanto, é a "faculdade de se poder exigir a satisfação do direito".[349] Em outras palavras, no plano material, pretensão se caracteriza pelo "poder de exigir alguma prestação positiva ou negativa".[350]

A partir do art. 194 do Código Civil alemão, Von Tuhr define pretensão como "o direito de exigir de outro um fazer ou não fazer", razão pela qual a ação que conteria pretensão seria a ação de condenação e as ações declaratórias e constitutivas seriam desprovidas de pretensão.[351] Pontes de Miranda, com razão, censura o entendimento, que segundo afirma confunde direito e pretensão, "definindo o efeito pela causa". Nas palavras de Pontes: "A pretensão dirige-se à pessoa determinada, a sujeito único ou total, que é o sujeito passivo da relação jurídica; mas, se ela é a direção, a atividade do direito diante de si, não se identifica com ele".[352] Desse modo, a pretensão de direito material está presente na ação declaratória, uma vez que "a essencial pretensão de tôda a relação jurídica é a pretensão à afirmativa da própria existência da relação jurídica".[353] O mesmo argumento vale para a ação constitutiva. Aliás, mais uma vez com Pontes de Miranda, não se pode confundir o conceito de pretensão com o monopólio da Justiça pelo Estado.[354] Por tais razões, "a pretensão nasce, ainda que nasça sem exigibilidade de pessoa a pessoa. Mas, se há ação e o titular do direito é o mesmo da ação, a ação ai, é o que resta da pretensão".[355]

Conforme entende Karl Larenz, as pretensões "pueden basarse tanto en una relación obligacional como en una relación jurídico-real, jurídico-familiar o hereditaria".[356] Para o jurista, a função mais importante do conceito de pretensão é a seguinte: "señala tanto la legitimación material como la posibilitad de ejercicio

---

[347] PONTES DE MIRANDA, 1970, p. 45; TUHR, 1946, p. 326-327.

[348] PONTES DE MIRANDA, 1970, p. 81 e p. 89.

[349] BAPTISTA DA SILVA, 1983, p. 101.

[350] OLIVEIRA, 2008, p. 12.

[351] TUHR, op. cit., p. 300.

[352] PONTES DE MIRANDA, 2000, v. 5, p. 504.

[353] PONTES DE MIRANDA, 1970, p. 46-47.

[354] No ponto, Pontes de Miranda critica o entendimento de Andreas Von Tuhr, o qual, referindo-se às ações declaratórias e constitutivas, aduz que: "en esos casos, el demandante pide algo que el demandado no puede otorgarle (divórcio), o no podría otorgarle en la forma en que lo desea (podría procurar la declaración de una relación jurídica incierta, mediante reconocimiento, pero no con eficacia igual a la de la sentencia; a veces, el mismo resultado se podría alcanzar por la voluntad de la contraparte (p. ej., cesación de la comunicación de bienes, disolución de la sociedad colectiva), pero el demandante tiene el derecho de producir la modificación mediante un acto de Estado, en vez de exigir el concurso del demandado. A esta categoría de acciones sin pretensión sustantiva, pertenecen también los caos en que la sentencia constituye el supuesto para realizar, mediante los órganos del Estado, la responsabilidad real [...] (TUHR, 1946, p. 301).

[355] PONTES DE MIRANDA, 2000, v. 5, p. 510.

[356] LARENZ, 1978, p. 313.

e imposición, por vía de acción, de una exigencia especifica de una determinada persona frente a otra".[357]

Portanto, geram pretensões tanto os direitos absolutos quanto os direitos relativos.[358] Nestes, as pretensões referem-se à pessoas determinadas e distinguem-se, à evidência, do direito subjetivo; naqueles, são *erga omnes*.[359] Assim, nos direitos absolutos, normalmente a pretensão de abstenção[360] que lhes é própria já acompanha a estrutura do direito subjetivo, de modo que o direcionamento do direito em relação à pessoa certa (singularidade do direito) terá lugar na ação material.[361]

À pretensão, no lado passivo, corresponde a obrigação.[362] Justamente por essa razão, quando o direito está desprovido de pretensão não há obrigação ao sujeito passivo.

A pretensão material é orientada à satisfação e, portanto, "representa um meio tendente a um fim determinado".[363] "Não há exigibilidade sem pretensão", ou, em outras palavras: o direito sem pretensão é aquele que ainda não pode ser exigido.[364] Todavia, o direito pode ser inexigível, como, por exemplo, nos casos em que sujeito a termo ou condição. Nesse sentido, "deve-se mesmo quando a dívida não é exigível, seja porque a dívida ainda não é exigível, ou não é mais exigível".[365]

Assim, tem-se que "a pretensão constitui figura intercalar entre o direito subjetivo e ação".[366] Com efeito, diferencia-se do direito subjetivo, na medida em que este se caracteriza pela posição estática, inexigível, como no exemplo do crédito sujeito à termo ou condição. De outro lado, a pretensão, que já existe antes da ação, se distingue desta, porque, "na qualidade de potencia, não importa, ainda, um agir".[367] Ademais, mediante o exercício da pretensão, cumprindo o devedor sua obrigação, tal como ocorre na maioria dos casos na vida cotidiana,[368] não haverá necessidade de ação.

---

[357] LARENZ, 1978, p. 314-315. A propósito, registre-se que Karl Larenz analisa o conceito de pretensão em Windscheid e no Código Civil Alemão (Ibid., p. 315-316).

[358] PONTES DE MIRANDA, op. cit., p. 513-515; TUHR, op. cit., p. 302.

[359] PONTES DE MIRANDA, 1970, p. 48-51.

[360] A pretensão de abstenção também é admitida por Andreas Von Tuhr, para quem, expressamente: "La pretensión puede consistir aun en una abstención" (TUHR, op. cit., p. 301-302).

[361] Essa é a concepção de Pontes de Miranda, advertindo que a pretensão nos direitos absolutos consiste em proibição geral e o "exigir" já é "ação" (PONTES DE MIRANDA, 2000, v. 5, p. 513-514). Justamente, Andreas Von Tuhr entende que nos direitos absolutos a pretensão nascerá somente com a violação (TUHR, op. cit., p. 302-304 e 326).

[362] PONTES DE MIRANDA, 1970, p. 51; PONTES DE MIRANDA, 2000, v. 5, p. 478-479.

[363] ASSIS, 2002, p. 76; PONTES DE MIRANDA, 1970, p. 52-53.

[364] PONTES DE MIRANDA, 1970, p. 45.

[365] PONTES DE MIRANDA, 1970, p. 54; BAPTISTA DA SILVA, 1983, p. 101.

[366] ASSIS, 2002, p. 77-78.

[367] Ibid., p. 77.

[368] TUHR, 1946, p. 317-318.

Cumpre referir, ainda, a advertência de Ovídio, no sentido de que jamais se pode falar de "pretensão improcedente", pela simples razão de que inexiste "direito improcedente". Como explica o autor, "procedência e improcedência são categorias processuais que correspondem à averiguação sobre a existência ou não existência da pretensão suscitada pelo litigante".[369]

O verbo "querer" representa a pretensão. Tal "poder de exigir" pode ser exercido ou não; quando exercida a pretensão, esta se caracteriza pelo verbo "premir". Veja-se, por exemplo, que mesmo em face de um crédito exigível, talvez o credor não tome nenhuma atitude, ou talvez procure o devedor para a sua satisfação voluntária. Em ambos os casos, muito embora distintos, está-se diante da pretensão. Com efeito, das duas hipóteses a ação se distingue, pois esta importa "em agir perante o sujeito passivo independentemente do seu comportamento".[370]

2.9.1.3. Ação material

Conforme a expressão de Pontes de Miranda, que passou a ser corrente na doutrina, "a ação é a inflamação do direito ou da pretensão".[371] Ainda segundo Pontes de Miranda: "a ação ocorre na vida da pretensão, ou do direito mesmo, (a) quando a pretensão exercida não é satisfeita e o titular age (reminiscência do ato de realização ativa dos direitos e pretensões), ou (b) quando, tratando-se de pretensões que vêm sendo satisfeitas pelos atos positivos ou negativos, ocorre a interrupção dessa conduta duradoura".[372] Saliente-se, ainda, que um mesmo fato jurídico pode irradiar duas ou mais ações, ensejando concorrência de ações.[373]

A ação material,[374] diversamente da pretensão, em que há o "poder de exigir" ou o próprio ato de premir o sujeito passivo, importa um agir para satisfação, independentemente da vontade do acionado. Ou seja, enquanto a pretensão, para surtir os efeitos desejados, depende de um ato voluntário do obrigado, a ação material independe.[375] Desse modo, a ação material importa um agir para a satisfação, prescindindo-se de qualquer ato do sujeito passivo.[376]

A propósito, deve-se evitar a expressão "direito de ação", pois no plano material se há ação, há direito.[377] Conforme acentua Araken de Assis, "o agir do titular do direito não o constitui, antes expressa o modo dinâmico da obtenção de

---

[369] BAPTISTA DA SILVA, op. cit., p. 103.

[370] ASSIS, op; cit., p. 78.

[371] PONTES DE MIRANDA, 1970, p. 116.

[372] Ibid., p. 114-115.

[373] Ibid., p. 144.

[374] Observe-se, a propósito, que a ação privada civil de Redenti guarda similaridade com a ação material de Pontes de Miranda (Cf. REDENTI, 1957, p. 49-52).

[375] ASSIS, 2002, p. 79.

[376] BAPTISTA DA SILVA, 1983, p. 104.

[377] PONTES DE MIRANDA, op. cit., p. 116.

um efeito frente ao sujeito passivo".[378] No ponto, registre-se a opinião de Pedro Henrique Pedrosa Nogueira, no sentido de que a ação de direito material não é exatamente em "agir", mas expressa o "poder" conferido ao titular do direito para impor a respectiva satisfação. Tal imposição, cuja realização, em regra, é vedada por ato próprio, se realiza por meio do Estado-Juiz.[379]

Além disso, ao passo que o direito subjetivo e a pretensão tendem à prestação, a ação material supõe combatividade.[380] Não é por outra razão, como anota Araken de Assis, que os ordenamentos jurídicos modernos admitem o exercício privado da ação material, apenas excepcionalmente, justamente porque o Estado detém o monopólio da jurisdição. Quando vedada, a prática da conduta é inclusive criminalizada e tipificada como exercício arbitrário das próprias razões.[381]

Com efeito, um exemplo de permissão do exercício da ação material privada observa-se na disposição do art. 1.210, § 1º, primeira parte, do Código Civil de 2002, segundo a qual "o possuidor turbado, ou esbulhado, poderá manter-se ou restituir-se por sua própria força, contanto que o faça logo".[382] Esta regra, claramente, contempla a possibilidade do titular do direito e da pretensão material "agir", por sua conta, para evitar a consumação de um ato ilícito contra si, o que nada mais é do que o exercício privado da ação material.

A propósito, Ovídio lembra que a doutrina processual costuma negar relevância científica, ou a própria existência da ação material, sob o argumento de que esta foi substituída pela ação processual, a partir da vedação da justiça privada. Com efeito, Ovídio atribui esse entendimento à transformação do processo de conhecimento em instrumento declarativo do direito, de modo que sua efetivação foi transferida ao processo de execução, cuja natureza jurisdicional foi inclusive negada até a pouco. Todavia, no momento em que se considera toda a atividade destinada ao conhecimento e satisfação do direito como jurisdicional, se conclui que o monopólio da jurisdição pelo Estado não suprimiu a ação material. O agir para a satisfação, dirigido contra o obrigado, não foi suprimido, mas apenas passou a ser exercido pelo Estado, justamente em razão da proibição da justiça privada.[383] A propósito, advirta-se o leitor: questões envolvendo a utilidade ou não da ação material serão tratadas oportunamente,[384] dando-se voz a defesa do instituto e também a tese que questiona a sua utilidade hodiernamente. Por ora, cumpre apenas apresentar a categoria e sinalizar a controvérsia.

Destarte, ainda na esteira das lições de Ovídio, quando se diz, por exemplo, que o vendedor tem ação para obter o pagamento da coisa vendida, ou que o só-

---

[378] ASSIS, op. cit., p. 78.

[379] NOGUEIRA, 2008, p. 131 e p. 134.

[380] PONTES DE MIRANDA, 1970, p. 93.

[381] ASSIS, 2002, p. 79.

[382] Mesmo exemplo utilizado por Ibid., p. 79.

[383] BAPTISTA DA SILVA, 1983, p. 106-107.

[384] Itens 2.9.4 a 2.9.6

cio tem ação para obter a dissolução da sociedade, e assim poder-se-ia dar quase infinitos exemplos; se está no plano da ação de direito material, e não em sede da ação processual, esta que, diga-se de passagem, compete inclusive a quem não tem razão.[385]

Destarte, o monopólio Estatal da jurisdição, ocorrente na imensa maioria dos casos, determina que a ação material seja exercida por meio da "ação" processual.[386] Não obstante esta "vinculação" estabelecida entre a ação material e a "ação" processual, que se traduz na própria relação entre direito material e processo, é sempre bom lembrar que tais institutos, na perspectiva ora abordada, situam-se em planos diversos do ordenamento jurídico. Assim, justamente por meio da "ação" processual, será examinada e avaliada a ação material, que vem afirmada naquela e diz respeito ao efeito jurídico que o autor procura obter em face do réu.[387]

2.9.2. Plano pré-processual e plano processual

A partir da distinção acolhida pela teoria dualista entre o plano material e o processual, impõe-se analisar os institutos do direito, pretensão e ação, agora no plano pré-processual (direito à tutela jurídica do Estado e pretensão processual) e processual (ação processual), em que as distinções acontecem na mesma perspectiva.[388]

2.9.2.1. Direito à tutela jurídica do Estado

Ao tratar da tutela jurídica pelo Estado, Pontes de Miranda afirma que existe "direito público subjetivo a que o Estado, por seus órgãos, preste justiça".[389] O direito à tutela jurídica do Estado é consequência do próprio monopólio da jurisdição pelo Estado, ou, ainda, da sua própria existência. Isso porque não se pode conceber o Estado moderno sem o controle da jurisdição. Como consequência disso, a realização do direito substantivo deve ser operada por meio dos instrumentos postos a disposição pelo Estado.[390] Aliás, a verdadeira essência da jurisdição não é o pronunciamento da sentença que compõe o litígio, mas a própria "realização do direito material".[391] Está se falando, em outros termos, da imprescindível efetividade da prestação jurisdicional.

---

[385] BAPTISTA DA SILVA, 1983, p. 115-116.

[386] PONTES DE MIRANDA, 1970, p. 110.

[387] ASSIS, 2002, p. 80.

[388] BAPTISTA DA SILVA, op. cit., p. 107.

[389] PONTES DE MIRANDA, op. cit., p. 235.

[390] MICHELI, 1956, p. 116. A ideia do autor é a de que, em certo sentido, a tutela jurisdicional constitui uma limitação ao direito subjetivo. Assim, o Estado intervém para coibir uma indefinida "expansão" do conteúdo do direito subjetivo e estabelece inclusive sanções penais para reprimir o exercício arbitrário das próprias razões (Ibid., p. 116).

[391] BAPTISTA DA SILVA, 1983, p. 107-108.

Assim, uma das principais características do Estado de direito, em contraposição ao Estado absoluto, é justamente reconhecer aos indivíduos a titularidade de direitos subjetivos públicos, dentre os quais o direito à prestação jurisdicional.[392] Nesse passo, a partir da perspectiva das teorias da ação anteriormente mencionadas, viu-se que o direito à prestação jurisdicional percorreu um longo e árduo caminho até alcançar o *status* de um direito subjetivo público e autônomo.[393]

Calha, a propósito, a lição de Couture, ocasião em que defende a teoria abstrata da ação e afirma que qualquer pessoa tem direito a que o órgão jurisdicional competente considere sua pretensão exposta de acordo com as normas processuais. Trata-se, justamente, do "derecho a la prestación de la jurisdicción".[394]

Nessa esteira, tem-se o processo como instrumento para a atuação da tutela de uma situação preexistente e juridicamente relevante. Todavia, o reconhecimento de um direito processual não significa o reflexo da situação substancial, mas um mecanismo que fundamenta a atividade do Estado com vistas à realização da própria tutela.[395] Assim, O mecanismo de prestação jurisdicional, ou o processo, é externo ao direito subjetivo alegado e por isso assegura a prestação de tutela jurisdicional às partes.[396]

O direito ao remédio jurídico processual[397] ou o direito à prestação jurisdicional, constitui aspecto fundamental da estrutura do Estado moderno e, portanto, está elevado à categoria de direito fundamental constitucional, conforme art. 5º, XXXV, da CF/88,[398] circunstância que melhor analisaremos a seguir.[399]

Contudo, aqui é interessante fazer referência novamente a Couture, o qual desenvolveu o gênero *derecho de petición*, configurado como uma garantia individual constante da maioria das Constituições escritas. Refere-se ao direito de todos os cidadãos exporem qualquer petição no âmbito dos três Poderes. Todavia, o direito de pedir, sendo um direito de garantia, não requer exame do conteúdo

---

[392] GRINOVER, 1973, p. 46; 52. Em sua obra, a autora utiliza o termo "direito de ação" com sentido de "direito à prestação jurisdicional", conforme amplamente adotado pela doutrina.

[393] Conforme aduz Ada Pellegrini: "Cabe a Degenkolb o mérito de ter criado, desde 1877, a teoria da ação, não apenas como direito autônomo e abstrato, mas ainda subjetivo, porquanto pré-processual à movimentação da atividade jurisdicional" (Ibid., p. 54). Lembra Ada Pellegrini, ainda, que PLÓSZ, quase contemporaneamente, "qualificava expressamente a posição do autor com relação ao réu e ao juiz como um direito público subjetivo à constituição da relação processual" (Ibid., p. 54, nota 34).

[394] COUTURE, 1993, p. 71. Necessário lembrar, como já referido, que Couture compreende a ação como "poder jurídico" e inclusive estabelece uma equivalencia entre ação e direito de demandar, ao contrário da distinção feita neste trabalho. Considera, assim, que "la acción civil se hace efectiva mediante una demanda en sentido formal, y esta no es sino el ejercicio aquella" (Ibid., p. 73-74).

[395] MICHELI, op. cit., p. 123.

[396] Idem.

[397] Termo utilizado por PONTES DE MIRANDA, 1970, p. 92.

[398] Assim, por todos, MITIDIERO, 2005, p. 117.

[399] Item 2.12.

para fins de admissibilidade. Constitui um instrumento fundamental do sistema de tutela jurídica, onde a ação civil (ou direito de demandar) é espécie.[400]

O direito à jurisdição não é só do autor da ação, mas também do réu, que embora não aja, mas reaja; tem direito a uma sentença.[401]

No entanto, importante destacar, com Ovídio, que "é fundamental, portanto, que se conceba o direito de acesso aos Tribunais como um *prius* lógico e, conseqüentemente, distinto da categoria a que se dá o nome de 'ação' processual, na medida em que esta será sempre o exercício daquele".[402] Do mesmo modo que ocorre no plano do direito material anteriormente analisado, onde se distingue direito, pretensão e ação, o direito à tutela jurídica tem posição estática[403] e "caracteriza um estado, um ter direito subjetivo público".[404] Aliás, Pontes de Miranda adverte que a expressão "direito de ação", não raro equiparada ao direito subjetivo à tutela jurídica, deve ser evitada, pois denota confusão de conceitos.[405] Quando se instaura uma demanda judicial, há direito deduzido, há pretensão deduzida e há ação deduzida. Inexiste, nessa ótica, direito à pretensão ou direito à ação.[406] Nessa esteira, ensina Pontes de Miranda que: "O direito a tutela jurídica, com a sua pretensão e o exercício dessa pela 'ações', é direito no mais rigoroso e preciso sentido; o Estado não é livre de prestar, ou não, a prestação jurisdicional, que prometeu desde que chamou a si a tutela jurídica, a Justiça".[407]

2.9.2.2. Pretensão processual

A palavra *pretensão,* conquanto se possa restringir sua compreensão ao emprego utilizado no universo jurídico; ainda assim é polissêmica. Dinamarco, por exemplo, sustenta que toda a demanda deduzida em juízo traz em si a soma de suas pretensões, as quais dizem respeito às aspirações do autor. Uma constitui o objeto do processo ou o próprio *meritum causae*, a outra corresponde à "aspiração a um provimento jurisdicional".[408]

Com efeito, importante salientar que ditos empregos do vocábulo *pretensão* não têm o mesmo sentido utilizado no presente estudo. É certo, conforme aponta

---

[400] Sobre a ação como forma típica do direito de petição, ver: COUTURE, 1993, p. 74-79; COUTURE, 2004, p. 15-17.

[401] BAPTISTA DA SILVA, 1983, p. 111.

[402] Ibid., p. 108.

[403] MITIDIERO, op. cit., p. 118.

[404] ASSIS, 2002, p. 81. No mesmo sentido, por exemplo, BAPTISTA DA SILVA, op. cit., p. 107.

[405] Todavia, impõe-se reconhecer que o termo ação, entendido como direito, é amplamente utilizado pela doutrina, a exemplo de Emilio Betti, para quem "L'azione come diritto altro non è se non il potere giuridico di provocare l'attuazione giurisdizionale della lege (secondo la funzione del processo civile), in ordine a una determinata ragione che si fa valere" (BETTI, 1932, p. 217-218).

[406] Se bem que a expressão "direito de ação" se cristalizou de tal forma, que hoje é lícito dizer tem significado próprio.

[407] PONTES DE MIRANDA, 1970, p. 116; PONTES DE MIRANDA, 2000, v. 5, p. 536-537.

[408] DINAMARCO, 2009, p. 38-39.

Daniel Mitidiero, que o conceito de pretensão como sendo a "aspiração de um sujeito a determinado bem" é utilizado por parte da doutrina pátria,[409] porém difere da presente classificação em que ora se insere o termo, elaborada entre nós a partir da obra de Pontes de Miranda.[410] Essa distinção, a propósito, é salientada por em Emilio Betti, que trata da *pretesa* no sentido *assertório* ou no sentido de "richiedere proposto dal Windscheid".[411]

Segundo Pontes de Miranda, a pretensão é o meio cuja satisfação é o fim. Com efeito, a pretensão depende do direito de "ação".[412] Em outras palavras, "toda a pretensão tem por fito a satisfação".[413] A pretensão à tutela jurídica não depende da pretensão de direito material; aliás, distingue-se plenamente do plano material.[414] Segundo afirma, "não se podendo saber quem tem razão antes de se proceder ao exame *in casu*, a situação humana impôs que se cindisse o direito em direito material (civil) e direito processual (formal), a que correspondem a pretensão e a ação de direito material, de um lado, e, do outro, a pretensão de direito público, pré-processual, e a "ação".[415] Daí por que "a pretensão à tutela jurídica pertence a maior número do que o daqueles que têm pretensão de direito material", justamente porque não é pretensão à sentença "favorável", essa vinculada a pretensão de direito material.[416] A pretensão a tutela jurídica não pode ser renunciada.[417]

Ressalta-se que a pretensão (juntamente ao direito à tutela jurídica do Estado) situa-se, precisamente, no plano pré-processual.[418] Caracteriza-se pelo poder atribuído a qualquer pessoa de exigir a prestação jurisdicional do Estado, independentemente do resultado da demanda. Tem esse poder não apenas o autor da ação, mas também o réu, que mesmo sem agir, ao reagir à demanda, passa a ter o poder de exigir tutela, mesmo porque a sentença decide a controvérsia contida no processo para ambos os litigantes. Aliás, o art. 267, § 4°, do CPC impede que o autor desista da ação depois de decorrido o prazo para a resposta, sem o consenti-

---

[409] Não se olvida o entendimento de Cândido Rangel Dinamarco, integrante da doutrina que empresa um sentido diferente ao conceito de pretensão do aqui empregado, segundo o qual: "o conceito de pretensão pertence ao segmento histórico-metodológico que antecedeu a independência científica do direito processual", razão pela qual; "são retrógradas, porque valem por uma volta ao passado metodológico já superado, as tentativas de inserir no sistema moderno essa falsa categoria jurídica, que, por ser sincrética, é própria do pandectismo já superado". Ademais, entende Dinamarco que "assim entendido, o conceito de pretensão guarda alguma similitude com o direito à tutela jurisdicional em sua moderna perspectiva concreta", mas "casa muito bem com a superada concepção do processo civil do autor" e não explica a perspectiva da ação abstrata ou da ação declaratória negativa. (Ibid., p. 56).

[410] MITIDIERO, 2005, p. 112, nota 523.

[411] BETTI, 1932, p. 206.

[412] PONTES DE MIRANDA, 1970, p. 170.

[413] Ibid., p. 170.

[414] Ibid., p. 232.

[415] Ibid., p. 169.

[416] Ibid., 1970, p. 171-172. No ponto, Pontes de Miranda diverge da pretensão à tutela de Wach, como anota oportunamente Carlos Alberto Alvaro de Oliveira (OLIVEIRA, 2008, p. 42, nota 109).

[417] PONTES DE MIRANDA, op. cit., p. 113.

[418] Ibid., p. 241.

mento do réu, justamente porque o mesmo passa a ter o poder de exigir atividade jurisdicional.[419]

Com efeito, não basta que o interessado exerça sua pretensão, enquanto exigência de tutela. É necessário que o interessado exija do Estado a tutela jurídica pretendida, no sentido de agir para obter a tutela jurisdicional.[420] Tal fato só se realiza por meio da ação processual, a seguir analisada.

2.9.2.3. Ação processual

Uma vez exercendo-se o direito público à jurisdição, dotado de pretensão à tutela jurídica, tem-se o exercício da ação. Em outras palavras, "a pretensão se exerce através da 'ação' processual ou demanda". Nessa esteira, tem-se que o direito de acesso à jurisdição possui pretensão, que se exerce por meio da "ação". O agir do titular desafia o Estado a prestar tutela jurídica. De notar, outrossim, que a ação processual não garante o resultado favorável, esse que dependerá do desenvolvimento do processo e da convicção formada pelo Juiz, consideradas as balizas do devido processo legal. A partir da "ação" processual estabelece-se a relação processual que tem por sujeito ativo o autor, passivo o Estado. Após a citação do réu, a relação se estabelece em ângulo.[421]

A ideia de ação está sempre relacionada à atividade processual do Estado, pois surge somente onde surge o processo. O seu funcionamento reflete o próprio funcionamento do ordenamento jurídico do Estado, ou seja, do direito objetivo, só que visto sob o ângulo do titular do direito, ou, em outras palavras, do direito subjetivo.[422]

É comum confundir-se ação processual com o direito subjetivo público de invocar a tutela jurisdicional. Todavia, "a ação não é um direito subjetivo, pela singela razão de ser ela a expressão dinâmica de um direito subjetivo público que lhe é anterior e que a funda".[423] Em outras palavras, a ação processual é o exercício do direito à prestação jurisdicional.

O fato de o direito somente poder ser exigido pela ação significa que a sua pretensão e eles mesmos foram canalizados, como explica Pontes de Miranda.[424]

2.9.3. Polêmica em torno da tese dualista: utilidade ou não do conceito de pretensão e ação material?

Na teoria do processo, questiona-se acerca da utilidade ou não do conceito de pretensão e ação material. Nessa esteira, a doutrina nacional, em tempos recen-

---

[419] BAPTISTA DA SILVA, 1983, p. 111; ASSIS, 2002, p. 85.

[420] Ibid., p. 110-111.

[421] ASSIS, 2002, p. 85.

[422] CALMON DE PASSOS, [197?], p. 100-104.

[423] BAPTISTA DA SILVA, op. cit., p. 101.

[424] PONTES DE MIRANDA, 1970, p. 45.

tes, protagonizou profícuo debate sobre ação e tutela jurisdicional, na perspectiva das relações entre direito e processo, cujos textos deram origem à obra intitulada: "Polêmica sobre a ação: a tutela jurisdicional na perspectiva das relações entre direito e processo".[425] Nesse estudo, os problemas que envolvem a ação material, as eficácias das ações, sentenças ou tutelas, figuraram como pontos centrais dos debates travados entre os processualistas. Referida polêmica foi polarizada a partir do debate iniciado entre Carlos Alberto Alvaro de Oliveira e Ovídio A. Baptista da Silva. Desse modo, favoravelmente à utilidade da categoria da ação material, mesmo diante do exercício da "ação" processual, posicionaram-se Ovídio A. Baptista da Silva,[426] Daniel Mitidiero,[427] Fábio Cardoso Machado;[428] contra a utilidade da categoria da ação material, tem-se às posições de Carlos Alberto Alvaro de Oliveira,[429] Guilherme Rizzo Amaral,[430] Hermes Zaneti Junior[431] e Gabriel Pintaúde.[432] No meio do caminho, Luiz Guilherme Marinoni[433] não rechaçou a categoria, mas lhe opôs importantes temperamentos e alternativas. Advirta-se, outrossim, que

---

[425] AMARAL, Guilherme Rizzo; MACHADO, Fábio Cardoso (org.). *Polêmica sobre a ação*: a tutela jurisdicional na perspectiva das relações entre direito e processo. Porto Alegre: Livraria do Advogado, 2006.

[426] BAPTISTA DA SILVA, Ovídio Araújo. Direito subjetivo, pretensão de direito material e ação. In: *Polêmica sobre a ação*: a tutela jurisdicional na perspectiva das relações entre direito e processo. In: AMARAL, Guilherme Rizzo; MACHADO, Fábio Cardoso (org.). *Polêmica sobre a ação*: a tutela jurisdicional na perspectiva das relações entre direito e processo. Porto Alegre: Livraria do Advogado, 2006b, p. 15-39 (este ensaio foi originariamente publicado na Revista Ajuris, Porto Alegre, nº 29, p. 99-126, 1983, cuja referência se utiliza no presente estudo) e BAPTISTA DA SILVA, Ovídio Araújo. Direito material e processo. AMARAL, Guilherme Rizzo; MACHADO, Fábio Cardoso (org.). *Polêmica sobre a ação*: a tutela jurisdicional na perspectiva das relações entre direito e processo. Porto Alegre: Livraria do Advogado, 2006a, p. 55-81 (este ensaio corresponde ao capítulo III, p. 165-192, da obra Jurisdição, direito material e processo. Rio de Janeiro: Forense, 2008, cuja referência se utiliza no presente estudo).

[427] MITIDIERO, Daniel. A Polêmica sobre a teoria a teoria dualista da ação (ação de direito material – "ação" processual): uma resposta a Guilherme Rizzo Amaral. In: AMARAL, Guilherme Rizzo; MACHADO, Fábio Cardoso (org.). *Polêmica sobre a ação*: a tutela jurisdicional na perspectiva das relações entre direito e processo. Porto Alegre: Livraria do Advogado, 2006, p. 129-137. Quanto ao pensamento de Daniel Mitidiero, importante salientar que sua posição em favor da teoria dualista de Pontes de Miranda foi mitigada, de modo que o seu pensamento hoje se aproxima do pensamento de Carlos Alberto Alvaro de Oliveira e Luiz Guilherme Marinoni (Cf. OLIVEIRA; MITIDIERO, 2010, p. 136-144, especialmente nota 8).

[428] MACHADO, Fábio Cardoso. "Ação" e ações: sobre a renovada polêmica em torno da ação de direito material. In: MITIDIERO, Daniel. A Polêmica sobre a teoria a teoria dualista da ação (ação de direito material – "ação" processual): uma resposta a Guilherme Rizzo Amaral. In: AMARAL, Guilherme Rizzo; MACHADO, Fábio Cardoso (org.). *Polêmica sobre a ação*: a tutela jurisdicional na perspectiva das relações entre direito e processo. Porto Alegre: Livraria do Advogado, 2006, p. 139-164.

[429] OLIVEIRA, Carlos Alberto Alvaro de. O problema da eficácia da sentença. In: AMARAL, Guilherme Rizzo; MACHADO, Fábio Cardoso (org.). *Polêmica sobre a ação*: a tutela jurisdicional na perspectiva das relações entre direito e processo. Porto Alegre: Livraria do Advogado, 2006c, p. 41-54; OLIVEIRA, 2006c, p. 83-109 e OLIVEIRA, Carlos Alberto Alvaro de. Direito material, processo e tutela jurisdicional. In: AMARAL, Guilherme Rizzo; MACHADO, Fábio Cardoso (org.). *Polêmica sobre a ação*: a tutela jurisdicional na perspectiva das relações entre direito e processo. Porto Alegre: Livraria do Advogado, 2006a, p. 285-319.

[430] AMARAL, Guilherme Rizzo. A Polêmica em torno da "ação de direito material". In: AMARAL, Guilherme Rizzo; MACHADO, Fábio Cardoso (org.). *Polêmica sobre a ação*: a tutela jurisdicional na perspectiva das relações entre direito e processo. Porto Alegre: Livraria do Advogado, 2006, p. 111-127.

[431] ZANETI JUNIOR, 2006, p. 165-196.

[432] PINTAÚDE, 2006, p. 253-284.

[433] MARINONI, 2006a, p. 197-252.

não constitui objetivo do presente estudo analisar, em separado, a posição adotada por cada um dos autores, cujos textos estão publicados na referida polêmica.[434] Tais entendimentos, todavia, fazem parte da base teórica ora utilizada e estão referidos ao longo do presente estudo, na medida de sua relevância em relação ao seu objeto.

Entretanto, ainda em sede de análise da teoria de Pontes de Miranda, que propõe a coexistência, no plano material e processual, do direito, pretensão e ação, conforme explicitado nos itens anteriores; entende-se oportuno trazer, primeiramente, o contraponto à teoria, a partir do pensamento de Carlos Alberto Alvaro de Oliveira. Em segundo, a defesa da tese feita por Ovídio A. Baptista da Silva. A propósito, importante dizer, e nem seria preciso, que os referidos juristas, para além de uma análise crítica, promovem construções teóricas originais, com as quais também se está procurando dialogar ao longo deste trabalho.

2.9.4. A crítica de Carlos Alberto Alvaro de Oliveira à tese da coexistência das ações de direito material e de direito processual, especialmente aos conceitos de pretensão e ação material

Carlos Alberto Alvaro de Oliveira, na introdução de recente estudo sobre a tutela jurisdicional, defende que: "o assento fundamental do processo hodierno não se encontra na ação processual, e muito menos na ação material, nem na sentença (mero ato formal, que consubstancia a vontade do juiz), mas no resultado final do processo, exatamente na tutela jurisdicional. Desse modo, não se deve pensar mais em eficácia da ação (de direito material) ou da 'ação' (processual) ou em eficácia da sentença".[435] E prossegue o jurista aduzindo que "a nova perspectiva permite explicar de forma mais adequada a existência de cinco tipos de tutelas,[436] o que empresta ao processo a efetividade por ele exigida e de que sempre necessita, sem perder-se de vista a segurança, apanágio do Estado Democrático de Direito".[437]

Carlos Alberto Alvaro de Oliveira endossa a tese de que são supérfluas a pretensão e ação material, uma vez que em caso de crise no direito material, a outorga da correspondente tutela jurisdicional é buscada mediante o exercício da ação processual, na medida em que a autotutela somente é permitida em casos excepcionais.[438]

---

[434] Fazendo análise da polêmica e defendendo a categoria da ação material: NOGUEIRA, 2008, passim.

[435] OLIVEIRA, 2008, p. 1.

[436] Quais sejam: declaratória, condenatória, constitutiva, mandamental ou executiva.

[437] OLIVEIRA, 2008, p. 1.

[438] Ibid., p. 14-15. Segundo Alvaro, são alguns exemplos de autodefesa: embargo extrajudicial pelo prejudicado por obra nova (CPC, art. 935, e parágrafo único); manutenção ou restituição de posse pelo possuidor em caso de violência iminente e justo receio, desde que o faça logo e nos limites do necessário (CCB art. 1.210, § 1º) ou a deterioração ou destruição da coisa alheia, ou a lesão a pessoa, a fim de remover perigo iminente, nos limites do necessário (art. CCB, art. 188, II e parágrafo único).

Desse modo, o jurista analisa a tese da coexistência, no plano processual, das ações de direito material e de direito processual, capitaneada entre nós por Pontes de Miranda e tendo como um de seus principais seguidores Ovídio A. Baptista da Silva.

Considera Carlos Alberto Alvaro de Oliveira, entre outros, que o conceito de pretensão material de Pontes de Miranda "reduziu-se a um mero *flatus vocis* e nenhuma razão haveria para continuar insistindo na sua existência. Exigir pela 'ação', como se pretende, é confundir simplesmente a pretensão com a ação processual".[439] Anota que a teoria de Pontes de Miranda realça mais os fatores materiais do que processuais, de modo que o conceito de ação processual não é tratado com nitidez, apresentando-se mais como um elemento passivo do que ativo, em descompasso com a "dinamicidade do fenômeno processual".[440]

Nas palavras de Carlos Alberto:

> Pontes de Miranda retoma o conceito de pretensão de Windsheid, de certa forma semelhante ao de Savigny, e lhe empresta a denominação de ação de direito material. Adiciona ao esquema a ação abstrata, tal como esboçada por Muther, e como já fez o próprio Windscheid. Nesse quadro, totalmente concretista, proclamou, contudo, na linha de Plósz e Degenkolb, que o autor não teria direito a uma sentença favorável, mas apenas a uma sentença de qualquer conteúdo, que se presume justa. Por isso mesmo, não consegue se desvencilhar da expressão cunhada por Wach, embora empregue o conceito de pretensão à tutela jurídica, em sentido totalmente diverso, como antes ressaltado. Demais disso, embora não confesse, faz o conceito de ação de direito material desempenhar o mesmo papel do direito justicial material de Goldschmidt. Este, recorde-se, não só colocava a acionabilidade do direito na norma jurídica material, como também conceituava o direito justicial material como direito material privado orientado contra o Estado.[441]

Também a posição de Ovídio, seguidor da referida doutrina de Pontes de Miranda, os quais trabalham com conceitos de direito, pretensão e ação, tanto no plano material, como no processual, é posta em xeque por Carlos Alberto Alvaro de Oliveira, o qual coloca a seguinte questão: "a teoria continuaria consistente e intocável, em face do influxo das elaborações doutrinárias posteriores a respeito das relações de direito público, que regulam a função jurisdicional, e às exigências mais modernas de efetividade?"[442] Para Carlos Alberto, "a perspectiva de que o resultado final do processo equivale à ação material que seria desenvolvida pela parte fora do processo ignora, no fundo, a função exercida pelo juiz no proces-

---

[439] OLIVEIRA, 2008, p. 44. Acerca do conceito de pretensão, Carlos Alberto faz referência à observação de Giovanni Pugliese, no sentido de que o conceito de pretensão não se mostra relevante ao direito subjetivo, pois nada lhe acrescenta (Ibid., p. 44, nota 120). A propósito, ver: PUGLIESE, Giovanni. *Polemica sobre la "actio": introduccion*. Tradução Tomás A. Banzhaf. Buenos Aires: Ejea, 1974b.

[440] OLIVEIRA, 2008, p. 45.

[441] OLIVEIRA, 2008, p. 45-46.

[442] Ibid., p. 47.

so, fruto do monopólio estatal da prestação jurisdicional e dos desenvolvimentos grampeados pelo direito público, principalmente de natureza constitucional".[443]

Nesse sentido, a duplicação das ações, uma de direito material e outra processual, significa defender a tese de Windscheid, segundo a qual a *Anspruch* vem identificada com a *actio* substancial e se distingue da ação em sentido processual, ou seja; a mesma teoria rejeitada por Muther.[444]

Nessa perspectiva, "a ação só pode ser pensada como um poder dirigido contra o Estado, pois só esse pode garantir a tutela jurisdicional dos direitos e determinar os pressupostos pelos quais deve ela ser outorgada". A sua realização, diante do não cumprimento, dá-se no plano jurisdicional.[445]

De outro lado, entende o jurista que a ação de direito material não se compatibiliza com a "incerteza consubstancial do objeto litigioso", de modo que a ela podem ser endereçadas as mesmas críticas à concepção concreta de Wach, no sentido de que o não acolhimento do direito material afirmado implica também o desacolhimento da ação material, a qual, nessa hipótese, "teria sido exercida apesar de não existente!".[446] Assim, se não é possível admitir-se a existência do direito antes do contraditório e da sentença, da mesma forma, não se pode admitir a ação material.[447]

Em face disso, para Carlos Alberto, a ação material "não passa de um mero *slogan*, uma ideia que não chega a ter existência real", uma vez que o agir no processo é exercitado por meio da ação processual, de acordo com o procedimento. Não bastasse, em juízo o pedido é endereçado ao órgão judicial, não ao demandado, de modo que "a pretensão a tutela jurídica não é idêntica à pretensão de direito material",[448] tampouco está no plano material. A ação de direito material nem mesmo permanece na ação processual. O agir da parte é distinto do agir do juiz, eis que aquela não pode declarar, condenar, constituir, mandar ou executar, tampouco pode o juiz praticar os atos típicos da parte.[449] Para que a teoria de Pontes de Miranda estivesse correta, no entendimento de Carlos Alberto, deveria haver correspondência exata entre às eficácias no plano material e processual. No

---

[443] OLIVEIRA, 2008, p. 47. A propósito, Carlos Alberto se reporta à doutrina de Liebman, segundo a qual, embora o processo seja instrumento de realização do direito material, a ação é um direito ao meio, e não ao fim, e o seu efeito deriva da decisão do juiz, de modo que a ação processual tem como objeto imediato aquela decisão dirigida contra o juiz (cf. LIEBMAN, 1950).

[444] OLIVEIRA, 2008, p. 49.

[445] Ibid., p. 49-50.

[446] Ibid., p. 50.

[447] Ibid., p. 52.

[448] Ibid., p. 53-55. Assim, "a pretensão material, *v. g.*, é de exigir a reparação ou o pagamento da dívida, não de condenação e depois execução, se desatendido o comando condenatório" (Ibid., p. 55).

[449] Ibid., p. 57. Assim, por exemplo, a inibição, no plano processual, dá-se com o mandamento; a reparação leva a condenação de obrigação de pagar ou a restituição acarreta a execução para a entrega de coisa certa (Ibid., p. 57-58).

entanto, inexiste tal equiparação, eis que a eficácia da tutela jurisdicional implica fenômeno exclusivo do direito processual.[450]

Registre-se, ainda, a assertiva de Carlos Alberto, segundo a qual "igualar a atividade do juiz à do privado é empobrecer o direito processual e lhe retirar meios importantes para a necessária efetividade". Ademais, é preciso pensar nas demandas abstratas de constitucionalidade e inconstitucionalidade, nas demandas relacionadas aos direitos difusos e coletivos, nos juízos de equidade, enfim; o conceito de ação material não tem mais utilidade, considerando-se a maturidade dos direitos fundamentais e constitucionais, em que a ideia de tutela jurisdicional melhor coaduna-se com os valores atuais e com a "noção autônoma e de caráter público da ordem processual".[451]

Não há dúvida de que a crítica abalizada de Carlos Alberto de Oliveira, mediante consistentes argumentos,[452] põe verdadeiramente à prova a tese de Pontes de Miranda.

2.9.5. A defesa de Ovídio A. Baptista da Silva em favor da utilidade dos conceitos de pretensão e ação material

Segundo Ovídio A. Baptista da Silva, as discussões em torno do conceito de ação, em boa parte, decorrem do equívoco de ter-se transportado para o direito processual o conceito de ação de direito material por meio do conceito romano de *actio* e da célebre definição de Celso,[453] ainda que aquele conceito jamais tenha pretendido corresponder ao conceito de ação enquanto pedido de tutela jurisdicional, abstrato e indeterminado.[454] Além disso, aduz que as "intermináveis" controvérsias sobre pretensão e ação de direito material "ocultam compreensões diversas, e até antagônicas, a respeito do conceito de direito subjetivo".[455]

Argumentando sua tese, Ovídio procura esclarecer algumas questões relacionadas ao pensamento de Bernard Windscheid, salientando que o mesmo demonstrou o equívoco em transferir-se para o direito processual a categoria da *actio* romana.[456] Na verdade, algumas imprecisões constantes da obra de Windscheid repercutem na doutrina até os dias de hoje; conforme aduz Ovídio:

> a primeira, decorre de haver ele identificado a pretensão com a *actio* do direito privado romano, sugerindo que todas as pretensões teriam cunho obrigacional, já que a *actio*, para

---

[450] OLIVEIRA, 2008, p. 56-60.

[451] Ibid., p. 60-61.

[452] Em desacordo à teoria de Pontes de Miranda, por exemplo: COUTURE, 1993, p. 73-73 (citado por OLIVEIRA, 2008, p. 54, nota 145); VILANOVA, Lourival. *Casualidade e relação no direito*. São Paulo: Saraiva, 1989, p. 139 (citado na mesma obra, p. 56, nota 150).

[453] Diz a definição de Celso: *"Nihil aliud est actio quam ius quod sibi debeatur, indicium persequendi"* (A ação nada mais é do que perseguir em juízo o que nos é devido).

[454] BAPTISTA DA SILVA, 2007, p. 149.

[455] BAPTISTA DA SILVA, 2008, p. 25.

[456] BAPTISTA DA SILVA, 2007, p. 155.

o sistema processual do *ordo iudiciorum privatorum*, derivava sempre de uma *obligatio*; a segunda, deve-se ao fato de sugerir Windscheid que se "exerce *actio*" quando se pede tutela jurisdicional. Na verdade, este fora um dos tantos sentidos assumidos pela palavra *actio* ao longo da história do direito romano. A imprecisão, portanto, ou essa plurivocidade de sentido, decorre das próprias fontes, segundo os vários estágios percorridos pelo sistema romano e não do romanista alemão. Além disso, Windscheid mostrou que a *actio* não se restringia, mesmo em direito romano, apenas à *obligatio*, pois, como ele diz, "se alguém exige que outro o reconheça como proprietário, ou que reconheça a existência de alguma outra relação de direito ou de fato, está exigindo algo" (*La actio del derecho civil romano, desde el punto de vista del derecho atual*, original de 1856, tradução de 1974, Buenos Aires, EJEA, p. 11), conseqüentemente, estará exercendo *actio*, enquanto "exigência de satisfação do direito subjetivo material.[457]

Nessa perspectiva, Windscheid alude que a exigência é feita a alguém, não perante o juiz, de modo que se trata de uma categoria existente no direito material. Portanto, só será juridicamente reconhecida em caso de sentença de procedência; daí por que não diz respeito à "ação" processual. A *actio* compreendida por Windscheid diz respeito à faculdade de "impor a outrem a própria vontade", o que pressupõe a titularidade do direito material.[458] Em síntese, Windscheid compreendia a *actio* romana "como a expressão da "exigibilidade" própria do direito material".[459] Do mesmo modo, a exigibilidade do direito caracterizava a pretensão para Windscheid.[460]

A propósito, Ovídio analisa o instituto da pretensão em Carnelutti, não cabendo aqui reproduzir a análise,[461] mas apenas destacar que, em relação ao conceito de pretensão no Sistema,[462] Ovídio enxerga correspondência ao seu, a não ser pelo fato de que Carnelutti constrói o conceito de pretensão a partir do "interesse", o qual, portanto, ainda não é direito subjetivo.[463] Essa diferença, a nosso ver, decorre da concepção monista do ordenamento jurídico adotada por Carnelutti.

Em relação à análise da obra de Fazzalari sobre o tema direito e processo,[464] insta destacar que Ovídio discorda da crítica de Fazzalari a Windscheid, segundo a qual este teria transferido uma parte da *actio* romana para o direito material (na verdade, rompido arbitrariamente em dois o conceito), embora fosse uma categoria processual. Com efeito, para Ovídio, não obstante reconhecer algumas impre-

---

[457] BAPTISTA DA SILVA, 2008, p. 15.

[458] Ibid., p. 15-19.

[459] Ibid., p. 34.

[460] Ibid., p. 40; 42.

[461] Ver: Ibid., p. 19-28.

[462] Conforme Francesco Carnelutti: "o conflito pode dar lugar a uma atitude da vontade de um dos dois sujeitos, concretizada na exigência da subordinação do interesse alheio ao interesse próprio. Esta exigência é o que se chama de pretensão" (CARNELUTTI, 2004, p. 93).

[463] BAPTISTA DA SILVA, op. cit., p. 26.

[464] A obra referida é a seguinte: FAZZALARI, 1957.

cisões de Windscheid, mais consequência das fontes do que do próprio trabalho do romanista; a *actio* romana é, sobretudo, uma categoria de direito material.[465]

Aponta, ainda, que para Fazzalari[466] a *"facoltà di pretendere"* não passaria de uma *flatus vocis,* quando se queira construí-la sobre o plano do direito substancial". Nesse sentido, identifica Ovídio uma absorção do conceito de pretensão pelo conceito de direito subjetivo, este que, todavia, é inadmitido enquanto "estado de quem tem direito".[467] Com efeito, sustenta que "o direito subjetivo não fora identificado com a *actio* por Windscheid. O que este pretendera dizer é que o direito subjetivo, quando exigível, caracterizava-se como uma pretensão".[468]

Assim, Fazzalari não explica o direito subjetivo enquanto "estado", como no caso da cambial não vencida. A existência do direito subjetivo corresponde a sua própria violação. Para Ovídio, suas divergências com Fazzalari, em última análise, partem do conceito de direito subjetivo.[469]

No tocante às causas que levam ao entendimento pela supressão da ação material, Ovídio identifica dois fatores teóricos de alta relevância: em primeiro, a "singular" doutrina de August Thon sobre o conceito de direito subjetivo, confundindo-o com ação de direito material, "com a inevitável supressão do conceito intermediário de pretensão de direito material, posto que para ele a pretensão tem a ilicitude como pressuposto". Em segundo lugar, "a suposição de que o monopólio da jurisdição tenha despotencializado o direito subjetivo", razão pela qual o individuo tem agora apenas o poder frente ao Estado e "não mais o originário poder contra o destinatário do dever jurídico". Em última análise, aduz Ovídio, reportando-se à lição de Pekelis da qual discorda, "a ação de direito material teria sido substituída pela ação processual".[470]

Antes de prosseguir, interessante recapitular brevemente as categorias ora em debate, quais sejam: direito subjetivo, pretensão e ação material; para que os argumentos de Ovídio sejam melhores compreendidos. Nesse sentido, pode--se dizer que o direito subjetivo é um *status* correspondente ao dever do sujeito passivo. A pretensão corresponde à possibilidade de exigência de satisfação do direito subjetivo (*v. g.* crédito vencido). Desse modo, a pretensão é considerada exercida quando há efetiva "exigência" frente ao devedor, porém a satisfação ainda depende de um ato voluntário do devedor. Havendo resistência, todavia, tem-se

---

[465] BAPTISTA DA SILVA, 2008, p. 28-32. No ponto, Ovídio fundamenta-se, entre outros, em Vittorio Scialoja, o qual estabelece, no direito romano, uma correspondência entre ação e ter direito (SCIALOJA, Vittorio. *Procedimiento civil romano.* Tradução Santiago Sentis Melendo. Buenos Aires: Ejea, 1954, p. 97-101).

[466] Ver: FAZZALARI, 1957, p. 13.

[467] BAPTISTA DA SILVA, op. cit., p. 36.

[468] Ibid., p. 42.

[469] Ibid., p. 49. Adverte Ovídio, contudo, que "só poderemos teorizar sobre direito violado se aceitarmos a existência de um direito antes da violação" (Ibid., p. 125).

[470] BAPTISTA DA SILVA, 2007, p. 151-152. Observe-se, que em outra obra Ovídio esclarece que "para Thon, o direito subjetivo somente nasceria depois de a norma ser violada [...] O que conceituamos como ação (de direito material) seria, para ele, o direito subjetivo". Assim, August Thon é identificado como partidário da concepção unitária do ordenamento jurídico (BAPTISTA DA SILVA, 2008, p. 4-5).

justamente a ação material, que importa um agir para a satisfação, prescindindo-se de qualquer ato do sujeito passivo.[471]

Nessa perspectiva, sustenta que a equivocada identificação entre direito subjetivo e pretensão obscurece o fato de que "a cada direito subjetivo poderá corresponder dezenas de pretensões, cada uma delas exigindo a ação correspondente".[472] Além disso, aqueles que investem contra os conceitos de pretensão e ação material, assimilam o conceito de pretensão, porém como direito subjetivo.[473] Assim, o "exigir", que define o "exercício da pretensão", passa a ser uma conduta irrelevante ao plano material.[474]

Em relação à existência de direito subjetivo antes da violação e sua distinção com o conceito de pretensão, assevera Ovídio que "o direito somente poderá reagir porque antes existia, em estado de passividade. Daí, a distinção entre direito subjetivo, que poderá não ter ainda (ou já não mais ter) a virtude de reagir contra a agressão e o direito subjetivo dotado desse poder de reação".[475]

A pretensão assume importância no direito moderno, na medida em que este se caracteriza por ser uma ordem dotada de coação.[476] Ademais, a rigor, o direito não é violado; as pretensões é que são violadas.[477] Assim, *v. g.*, o direito de crédito subsiste à inadimplência, a propriedade, à expulsão do proprietário, e assim por diante.

Desse modo, enquanto a "ação" processual é exercida em juízo, a pretensão e ação de direito material (*actio*) são alegadas em juízo, não exercidas, pois podem ser reconhecidas ou não. Portanto, quando o autor pede tutela jurisdicional, exerce "ação" processual e "alega" ter pretensão e ação material.[478] Inexiste ação material embutida na ação processual antes da sentença. O que existe é uma "alegação" de ação material, assim como alegação de haver pretensão e direito material.[479]

Quando alguém diz que a ação foi julgada improcedente, a rigor está se referindo à pretensão e à ação material, declaradas inexistentes, não a ação processual que teve o seu curso normal.[480] Daí por que a "ação" processual nunca será improcedente, pois ela se processou.[481] Do mesmo modo, no plano do direito material,

---

[471] BAPTISTA DA SILVA, 1983, p. 104.

[472] BAPTISTA DA SILVA, 2008, p. 9.

[473] Ibid., p. 36.

[474] Ibid., p. 46. Aqui surge o problema da distinção entre a posição do credor de uma cambial não vencida daquele que, diante do vencimento, exige o pagamento e ameaça levar o título a protesto. Para Ovídio, seguindo a doutrina de Pontes de Miranda, no primeiro caso existe direito subjetivo e inexiste pretensão material, no segundo caso verificam-se ambos.

[475] Ibid., p. 30.

[476] Ibid., p. 55.

[477] Ibid., p. 84.

[478] BAPTISTA DA SILVA, 2008, p. 17-18; 41; 53; 115.

[479] Ibid., p. 63; 77.

[480] Ibid., p. 5.

[481] Ibid., p. 18.

a ação nunca será improcedente.[482] A ação material somente surge com a sentença de procedência, pois justamente até então ela é apenas afirmada.[483]

A distinção, no plano do direito material, entre direito subjetivo, pretensão e ação não olvida o fenômeno de uma ação coletiva ou ação popular. Nesses casos, o sistema confere aos legitimados pretensão e ação material, ainda que os mesmos possam não ser titulares do direito subjetivo. Há direito subjetivo público, mas não de titularidade do autor, tal como, *v. g.*, o Ministério Público, que exerce função semelhante a do substituto processual, ainda que o substituído possa ser indeterminado ou difuso. Nas palavras de Ovídio: "Dir-se-ia que o direito não se 'subjetivara', não se concretizara em um determinado sujeito". Seria uma espécie de jurisdição "objetiva".[484]

Aliás, uma das contribuições mais significativas de Pontes de Miranda diz respeito à "pretensão de segurança", que obviamente não se pretende aqui aprofundar, bastando dizer que a tese resolve a situação de alguém que não tem direito subjetivo, nem a respectiva pretensão e ação material, entretanto pode ser beneficiário de uma medida para assegurar um "direito provável". Nesse sentido, a demanda cautelar assume autonomia em relação a qualquer outra demanda, portanto distinta da ação principal, compreendendo um direito subjetivo, pretensão e ação material próprios. Com isso, é possível distinguir-se com clareza a tutela antecipada da medida cautelar, essa última que se baseia num "direito de exigir segurança", autônomo.[485]

Ovídio exclui, todavia, a ação condenatória do campo material, pois para ele, além da respectiva sentença não satisfazer a pretensão, "ainda fica na dependência do cumprimento voluntário do condenado". Pelo fato de a ação condenatória não bastar em si mesma, não se poderia objetar o fato de que ela é o bem da vida perseguido pelo autor. Nessa hipótese, aliás, se igualaria à ação declaratória.[486] Nesse sentido, a sentença condenatória é uma "sentença incidental integrante de uma pretensão mais ampla, que se completa com a execução. É uma sentença parcial de mérito".[487]

Além disso, a objeção de que a declaração e a constituição precisam do processo para se realizar, não resiste à conclusão lógica de que a necessidade do processo antes confirma estarem previstas no ordenamento jurídico. Seus efeitos estão no conteúdo das respectivas sentenças.[488] Ao contrário do que comumente se diz, referidas pretensões podem ser exercidas no plano do direito material, de modo que não constituem um "produto" do processo, tal como, *v. g.*, mediante a

---

[482] BAPTISTA DA SILVA, 2008, p. 85.

[483] Ibid., p. 223.

[484] Ibid., p. 94. Ver, ainda: PONTES DE MIRANDA, 1970, p. 94.

[485] BAPTISTA DA SILVA, 2008, p. 97-101.

[486] Ibid., p. 96-97; 167.

[487] Ibid., p. 107; 191.

[488] Ibid., p. 225-226.

exigência de que determinada pessoa "reconheça" uma pretensão (declaração) ou que "revise" determinado contrato (constituição).[489]

Entende que o afastamento das ações de direito material é fruto da concepção de um processo declaratório, que exclui do campo jurídico às consequências práticas das decisões e se preocupa apenas com conceitos universais e uniformes, o que também se reflete intimamente na classificação das ações e sentenças.[490] Tampouco a constitucionalização do processo tem o condão de determinar a indiferença do direito material sobre o processo e o procedimento. Nesse sentido, não cabe ao processo dispor sobre o conteúdo das demandas (ações de direito material), embora não negue que esse seja também um problema dos processualistas, pois diz respeito ao vínculo entre direito e processo, cujas melhores soluções proporcionam a desejada efetividade do processo.[491]

Por fim, para Ovídio, negar os conceitos de pretensão e ação material, enquanto categorias correlatas ao direito subjetivo material; implica o ônus de conceituar a fenomenologia que envolve o direito material. Na verdade, o direito subjetivo não pode ser pensado como atividade, e sim, como "estado" de quem tem o direito.[492] Em suma, sozinho o direito não gera ação.[493]

2.9.6. Apreciação crítica da categoria da ação material

Em que pese a enorme dificuldade, não poderíamos nos furtar de lançar nossa opção doutrinária relativamente à subsistência ou não à utilidade das categorias da pretensão e ação material, de modo que nossa opção é pela subsistência das categorias.

É de se ressaltar, por ora, que nossa adesão diz respeito à utilidade dos institutos do direito subjetivo, pretensão e ação material, segundo a conformação outorgada pela teoria dualista da ação em Pontes de Miranda, conquanto entende-se que tais categorias explicam o fenômeno do Direito *no plano material* e contribuem ao seu relacionamento com o processo. Em outras palavras e para sintetizar: trata-se de aceitar a ideia de que o direito subjetivo é um *status* correspondente ao dever do sujeito passivo; a pretensão corresponde à possibilidade de exigência de satisfação do direito subjetivo (*v. g.* crédito vencido), mas que depende de sua concordância; e a ação material importa um agir para a satisfação, prescindindo-se de qualquer ato do sujeito passivo.

Com efeito, é importante frisar que a teoria dualista não insere a "ação" (processual) no plano do direito material. Justamente trata da ação que pertence ao

---

[489] BAPTISTA DA SILVA, 2008, p. 253.

[490] Segundo Ovídio, a propósito, "a radical separação que envolve a doutrina entre fato e direito (concebido como norma), faz com que os processualistas, que recusam a existência das 'ações de direito material', adotem-na sem saber que prestam homenagem ao normativismo e às raízes racionalistas que o alimentam" (Ibid., p. 5).

[491] BAPTISTA DA SILVA, 2007, p. 143-163.

[492] BAPTISTA DA SILVA, 2008, p. 55; 75.

[493] Ibid., p. 112.

DIREITO, AÇÃO E TUTELA JURISDICIONAL

plano do direito material e da ação que pertence ao plano do direito processual.[494] Além disso, na medida em que ter direito pressupõe ter formas de tutela capazes de protegê-lo em caso de ameaça ou violação, no plano material, os institutos da pretensão e ação material justamente tratam da defesa dos direitos subjetivos. Por outro lado, a incerteza que é própria da pendência processual não significa que antes da sentença inexista o direito, a pretensão e a ação material. Apenas estão em estado de pendência, para serem reconhecidos ou não.[495] Aliás, diversas categorias de direito material tornam-se incertas quando "submetidas" ao processo, circunstância que não lhes retira a sua importância ou mesmo sua imprescindibilidade ao ordenamento jurídico.[496]

Também entendemos que o conceito de ação material não se afigura incompatível com os chamados direitos coletivos, difusos ou com os chamados processos objetivos inerentes à jurisdição constitucional. No caso dos direito difusos, a ação material justamente refere-se ao direito difuso da coletividade: se, *v. g.*, o Ministério Público ingressa com uma ação civil pública em favor do meio ambiente para impor determinando reflorestamento, o direito difuso da coletividade ao meio ambiente preservado e a respectiva pretensão e ação material foram afirmados por meio da "ação" processual, no caso, a ação civil pública.[497] Além disso, importante salientar que a defesa da tese da ação material não pressupõe nem mesmo a sua presença em todas as situações concretas, como também o direito subjetivo pode não estar presente. No caso da ação direita de inconstitucionalidade ou da ação declaratória de constitucionalidade, *v. g.*, tem-se o exercício de uma "ação" processual sem relação direta com algum direito subjetivo e, justamente por essa razão, também inexiste ação material.[498]

Em suma, entendemos que tais categorias justamente são as que melhor fornecem explicações para a situação, *v. g.*, de alguém que tem um crédito ainda não vencido (= direito subjetivo ainda sem pretensão) ou mesmo a distinção dassa situação com a de alguém que tem um crédito já vencido (= direito subjetivo + pretensão). A utilidade da distinção entre o conceito de pretensão e ação material é menos evidente, mas segundo nossa interpretação, pode-se dizer que serve justamente para distinguir a situação de quem tem o direito exigível em "potência" (= direito subjetivo + pretensão), daquele que efetivamente age (= direito subjetivo + pretensão + ação material), ainda que tal ação material, integrante do plano material, quando vista sob o ângulo processual, constitua uma afirmação ou uma

---

[494] MITIDIERO, 2006, p. 131. Conforme acentua Fábio Cardoso Machado: "Todas as posteriores tentativas de infirmar a teoria da ação de direito material pecam por confundir as ações pertencentes a cada um dos planos do ordenamento, como se uma só houvesse" (MACHADO, 2006, p. 155).

[495] A propósito, Pontes de Miranda atribui justamente ao fato de não ser possível saber quem tem razão antes de se proceder ao exame por meio do processo, à cisão entre o plano material e o processo (Cf. PONTES DE MIRANDA, 1970, p. 169). No mesmo sentido, *v. g.*, MACHADO, Fábio Cardoso. "Ação" e ações: sobre a renovada polêmica em torno da ação de direito material. In: op. cit., p. 149.

[496] Cf. NOGUEIRA, 2008, p. 129.

[497] Cf. Ibid., p. 137.

[498] Cf. Ibid., p. 135.

"ação afirmada", que vai se confirmar ou não, tal como o próprio direito subjetivo e a pretensão material, por ocasião da decisão final do processo.[499]

Importante que se diga, todavia, que tal concepção, a nosso ver, não se opõe ao aprimoramento do conceito de tutela, no plano processual, pois reconhecemos que o processo tem sua margem de atuação.[500]

A questão relacionada ao modo como a pretensão e a ação material se relacionam com o plano processual, ou, em outras palavras, como influenciam o processo e até que ponto se vislumbra sua utilidade quando já se está na seara do litígio,[501] será tratada juntamente com o problema da classificação das ações, sentenças ou tutelas.[502]

Seja como for, ao contrário de polarizar o debate, a nossa perspectiva ao longo desse estudo é a de procurar os pontos de aproximação das diversas posições adotadas, no sentido de salientar em que medida há compatibilidade entre as mesmas.

2.10. APRECIAÇÃO CRÍTICA DAS PRINCIPAIS TEORIAS DA AÇÃO

Ao longo da exposição das teorias da ação, já foram destacadas as críticas a cada uma delas, razão pela qual, em sede de apreciação final, impõem-se breves considerações.

Vincenzo Galante, em 1907, analisou o debate sobre as teorias da ação do ponto de vista dos civilistas *versus* os processualistas. Segundo afirma, os civilistas partem do direito em si e ao mesmo integram o conceito de ação, enquanto os processualistas partem do juízo ao qual a necessidade de atuação do direito dá lugar. Galante considera que ambos os entendimentos contêm verdade e exageram

---

[499] A propósito, ver: NOGUEIRA, 2008, p. 138-140. O autor ainda estabelece correlação entre ação material e prescrição, no sentido de que a prescrição refere-se à ação material e não a "ação" processual, preservando, no entanto, o direito subjetivo; ao contrário da decadência, que extingue o próprio direito subjetivo também (Ibid., p. 145-147).

[500] Para sermos mais explícitos, *v. g.*, consideramos que, em certa medida, é possível compatibilizar a tese em favor da tutela jurisdicional de Carlos Alberto Alvaro de Oliveira com a teoria dualista de Pontes de Miranda, desde que se abstraia a questão relacionada à ação material. Em outras palavras, concordamos com ambas as teorias, tirante algumas questões pontuais, e não concordamos com todas as criticas endereçadas a ambas as teses.

[501] No ponto, *v. g.*, importante referir, desde já, o entendimento de José Maria da Rosa Tesheiner, o qual reconhece a existência da ação de direito material, diante do fato de que, excepcionalmente, o ordenamento jurídico permite a autotutela, tal como homologação de penhor legal (art. 84, CPC) e embargo extrajudicial (art. 935, CPC), ainda que se homologue o ato em juízo posteriormente. Com efeito, questiona Tesheiner a utilidade da ação material, a qual, segundo afirma "é exercida através do processo", ressalvando inclusive que no caso das declaratórias, constitutivas e condenatórias, nem mesmo sequer se vislumbra a sua ocorrência (a ação material corresponde apenas às ações mandamentais e executivas). De qualquer sorte, no escólio de Tesheiner, uma vez proposta a ação processual, pode-se "ignorar qualquer ação de direito material que hipoteticamente pudesse existir". A ponte entre o direito material e o processo é feita pela causa de pedir e pedido (TESHEINER, José Maria Rosa. *Ação de direito material*. Disponível em <http://www.tex.pro.br/wwwroot/03de2004/acaodedireitomaterial.htm> [2009?] Acesso em: 2009).

[502] Item 3.

um pouco. Parte da premissa de que os múltiplos casos em que a legislação adota a palavra *ação* em sentido substancial provam que não é possível destacá-la do conceito de direito ao qual faz valer. De outro lado, o processualista vê o Juízo como relação jurídica (Bülow).[503] Como se vê, no fervor do debate (em 1907) já se entendia que muitas das controvérsias decorriam das premissas utilizadas no debate, e não propriamente das soluções encontradas. Em última análise, o discurso sobre a teoria das ações muitas vezes acaba sendo expressivo, porém com as partes referindo-se a realidades distintas.[504]

Por outro lado, é possível estabelecer-se uma relação entre a ideia de ação, obtida em cada uma das teorias, e a concepção sobre o ordenamento jurídico. Segundo a concepção dualista do ordenamento jurídico, a ação se distingue claramente do direito material. Por meio dela se desenvolve o processo em prol da prestação jurisdicional. Com efeito, tanto pode estar vinculada a uma decisão favorável (teoria concreta), como pode consistir simplesmente o agir em juízo, independentemente do resultado do processo (teoria abstrata). Para a teoria unitária do ordenamento, todavia, a ação se identifica com o interesse insatisfeito (Satta) ou inclusive pode ser considerada como o único direito realmente existente (Pekelis).[505]

Seja como for, não há dúvida da importância da teoria abstrata, cujo desenvolvimento está ligado à própria autonomia do processo civil. A propósito, Gian Antoio Micheli, preconizando a teoria abstrata, assevera que a teoria da ação não deve se limitar a considerar o momento inicial e final do processo, ou seja, a demanda e a sentença, na perspectiva de quem tem razão, e sim considerar a realidade do processo independentemente do seu resultado, pois este consiste, justamente, no instrumento para determinar quem tem razão.[506] Esse, em última análise, é o grande diferencial da teoria abstrata: não vincular a ação a quem tem razão.

A propósito, Araken de Assis, fazendo um balanço das teorias das ações, entende que a teoria abstrata, pela aptidão em explicar a hipótese de sentença desfavorável, "é a que maior fidelidade guarda à realidade forense", em que pese não explicar a natureza da ação (poder ou direito). Todavia, assevera que "a coordenação entre o direito material e ação exige algo mais explícito que a distinção radical entre ação e direito subjetivo".[507] Na Itália, *v. g.*, essa é a preocupação de Emilio

---

[503] GALANTE, 1907, p. 129-130. Com efeito, o autor entende que a ação segue a sorte do direito; que não pode estar sem o direito, mas o direito pode estar sem ação; que está condicionada à existência do direito no momento da propositura da ação; que segue a mesma natureza do direito, *v. g.* real, pessoal; que a ação em exercício dá lugar à relação jurídica processual, a qual adquire substância em si e não se confunde com o direito o direito substancial, tendo seus próprios pressupostos. (Ibid., p. 142-148).

[504] SANTOS, A. O., 1980, p. 15.

[505] DINAMARCO, 1987, p. 36.

[506] MICHELI, 1956, p. 115.

[507] ASSIS, 2002, p. 73.

Betti, eis que, não obstante adepto da teoria abstrata, não deixa de destacar que a ação está unida por um nexo de coordenação com o direito posto em causa.[508]

Portanto, como diz Carlos Alberto Alvaro de Oliveira, as teorias abstratas, não obstante o mérito de demonstrar a autonomia do direito processual em relação ao material, ao destacarem a ação como o direito ou poder de estimular a jurisdição ou de obter uma sentença de mérito, acentuam o momento inicial ou final da prestação jurisdicional e "só consideram a ação como situação inativa ou estática", desconsiderando o procedimento em contraditório, a dinâmica, os direitos, deveres, poderes e ônus que envolvem todos os sujeitos no percurso processual, incluindo autor, réu, juiz e demais participantes ou terceiros. Por outro lado, a ideia da ação abstrata não leva em conta que a ação e os respectivos desdobramentos do procedimento são moldados de acordo com o direito material posto em causa e das ocorrências ao longo do processo, em razão da própria instrumentalidade do processo. Daí por que não resolvem o problema das relações entre direito e processo. Em outras palavras, as teorias abstratas "em nada contribuem para a compreensão das formas e do conteúdo da tutela jurisdicional pedida e exercida com a própria ação".[509]

Em perspectiva diversa, Andres de la Oliva Santos entende que as diferentes posições doutrinárias a respeito da ação ou do direito à jurisdição poderiam ser classificadas segundo "un orden de menor a mayor contenido de tal o de tales derechos".[510] Destarte, entende o processualista espanhol que atribuir aos sujeitos jurídicos somente o livre acesso aos tribunais equivale a conceder-lhes um poder jurídico de âmbito menor de que aqueles que, sem negar o livre acesso, reconhecem o direito efetivo de impulsionar a atividade jurisdicional. Essa tese, ao seu turno, é menos do que estimar aos sujeitos o direito a uma sentença de mérito. Portanto, a classe mais abrangente da classificação proposta é aquela que defende aos sujeitos o direito a uma sentença de mérito de conteúdo concreto favorável.[511]

Assim, segundo Andres de la Oliva Santos, seria secundário perquirir em qual das situações melhor se enquadraria o termo "ação", de modo que o mais importante é indagar sobre a "realidade" das situações apresentadas. Sustenta o autor que o mais pode o menos, de modo que a teoria concreta seria a mais abrangente, pois não exclui necessariamente os demais direitos. Nessa perspectiva, indaga-se: Existe o direito subjetivo de obter-se uma tutela jurisdicional concreta? Para Andres, "raya en la evidencia que el derecho a la tutela jurisdiccional, no puede ser sino a una tutela concreta, al menos en el orden civil. La tutela jurisdiccional en

---

[508] BETTI, 1932, p. 222.

[509] Cf. OLIVEIRA, 2008, p. 70-72. Ainda com Carlos Alberto: "analisando mais detidamente o problema, fácil é constatar que a 'ação' processual una e abstrata não pode ter conteúdo declaratório, constitutivo ou condenatório, sem tornar-se *azioni della tradizione civilistica*, uma vez que contrasta com a abstratividade da ação processual, que pode ser exercida por quem tem ou não razão. Portanto, 'não é a ação (agir em juízo) que é, por exemplo, mandamental, mas a tutela dispensada pelo órgão judicial'" (OLIVEIRA, 2008, p. 73).

[510] SANTOS, A. O., 1980, p. 10.

[511] Ibid., p. 10.

DIREITO, AÇÃO E TUTELA JURISDICIONAL

abstracto sólo puede concebirse identificándola con la existencia de la jurisdicción en general".[512]

Essa é uma perspectiva, que embora se possa dizer superada, volta e meia reaparece. Constatou José Maria Rosa Tesheiner, *v. g.*, que o movimento moderno, ligado às garantias constitucionais que estão fazendo o processo voltar novamente seus olhos ao direito material, impondo-se não mais apenas uma garantia de prestação jurisdicional formal, mas também substancial, já provoca o questionamento se não estamos "num movimento de retorno" em direção à ação concreta ou até mesmo civilista, "sob novas vestes", essas sim providas de proteção efetiva das situações substanciais.[513]

Por outro lado, embora se reconheça notória crítica segundo a qual as teorias concretas não explicam a sentença improcedente, abalizadas vozes sustentam que tal teoria jamais se prontificou a explicá-la.[514] Nas palavras de Tesheiner: "como se Wach e Chiovenda não soubessem que o autor pode ser vencido!".[515] Em outras palavras, por mais autorizada e sedimentada que esteja a crítica dominante, é de se questionar se realmente as teorias concretas se propuseram a explicar a sentença improcedente. Ao que parece; não se pretendeu explicar o fenômeno da improcedência por meio da ação concreta, e sim, o dever do Estado em prestar tutela a quem tem razão. Nesse sentido, é válida a crítica ante a omissão da teoria, mas trata-se de uma situação bastante diferente da hipótese de *incoerência*. Daí por que, inclusive, há quem sustente não haver incompatibilidade entre a tese concreta e o direito abstrato à tutela jurisdicional.[516]

Todavia, para além do debate acerca das teorias da ação, é mister seja reconhecido o direito à prestação jurisdicional. É claro que o enquadramento desse direito no sistema sofre importantes variações conforme a concepção de ação adotada. Em apertada síntese, poder-se-ia dizer que a teoria civilista confunde o direito à prestação jurisdicional com o próprio direito material;[517] a teoria concreta desenvolve o conceito de ação a partir do direito de quem tem razão e, de certa forma, não trata do conceito de direito à prestação jurisdicional em toda a sua extensão, não explicando a sentença desfavorável; a teoria abstrata, ao contrário, traz o conceito do direito à prestação jurisdicional, enquanto direito pertencente a todos, para o centro de sua concepção, e a teoria eclética também reconhece o direito à prestação jurisdicional, não obstante seus temperamentos em relação à teoria abstrata. Nesse passo, Galeno Lacerda inclusive pondera que: "em razão do

---

[512] SANTOS, A. O., 1980, p. 10-12.

[513] TESHEINER, 2002, p. 308-309.

[514] HENNING, 2000. A propósito, ver item 2.3.

[515] TESHEINER, 2003. E complementa: "esses autores não buscaram explicar o direito ao processo, mas o dever do Estado de tutelar situação substancial do autor (direito a sentença de acolhimento do pedido)".

[516] SANTOS, A. O., 1980, p. 20-21.

[517] No ponto, insta mencionar os precisos ensinamentos de Ovídio, para quem "A ação de direito material é que era confundida pela denominada teoria civilista da ação (SAVIGNY, GARSONNET, MATTIROLO), com a ação processual" (BAPTISTA DA SILVA, 1983, p. 114).

interesse público na preservação das garantias fundamentais o juiz deve prestar jurisdição, ainda que seja para indeferir liminarmente a petição inicial".[518]

Segundo pensam Carlos Alberto Alvaro de Oliveira e Daniel Mitidiero, nenhuma das teorias da ação "explica satisfatoriamente todos os problemas que envolvem o assunto".[519] Em síntese, entendem os autores que as teoristas imanentista e concretista não explicam a existência de ação quando julgada improcedente. A teoria abstrata, partindo do pressuposto de que todos têm o direito de ação abstrato, não consegue relacioná-lo ao plano do direito material e, portanto, não explica a eficácia declaratória, constitutiva ou condenatória, "consoante a situação substancial a tutelar", além centrar-se apenas o momento inicial do processo. A teoria eclética afigura-se insuficiente para justificar a atividade jurisdicional exercida quando prolatada sentença de pronúncia de carência de ação por falta de uma de suas condições, além de também centrar-se apenas o momento inicial do processo. A teoria dualista deixa sem resposta satisfatória as ações envolvendo o controle concentrado de constitucionalidade, direitos difusos, coletivos e individuais e homogêneos, eis que, acaso reconhecida, ter-se-ia que reconhecer sempre eficácia declaratória, uma vez que a força dos provimentos estaria no plano material; além disso, é contraditória por trabalhar com categorias do direito material no ambiente dinâmico do direito processual: "não pode haver ação de direito material no plano processual, porque o agir ai é tarefa exclusiva da ação processual. Não se pode confundir afirmar com agir".[520]

Em vista de suas considerações, Carlos Alberto Alvaro de Oliveira e Daniel Mitidiero propõem uma desmistificação do conceito de ação e, na linha de pensamento de Fazzalari,[521] fazendo-se nova síntese de suas ideias, destacam que os sujeitos do processo agem por meio do procedimento, cuja perspectiva permite definir a ação levando-se em conta as múltiplas posições subjetivas e o vínculo que as une. Conceituam a ação da seguinte forma:

> A ação pode ser considerada como posição subjetiva complexa de evolução progressiva, vale dizer, como a síntese de uma série de poderes, faculdades, direitos, deveres e ônus que o ordenamento atribui ao autor no plano processual e ao longo de todo o desenvolvimento do processo, desde o início da demanda até a decisão final e sua realização fática. Esse conjunto é individualizado e reduzido à unidade (na mesma medida da função do juiz, isto é, do conjunto das posições jurídicas deste) pelo vínculo que coordena aqueles poderes e estas posições no procedimento, por ser cada um, direta ou indiretamente, conseqüência de um outro e pressuposto de um outro ainda.[522]

---

[518] Cf. LACERDA, 1957, p. 11-15.

[519] OLIVEIRA; MITIDIERO, 2010, p. 138.

[520] OLIVEIRA; MITIDIERO, 2010, p. 138-139.

[521] FAZZALARI, 1957, p. 110-112 (registre-se que a obra de Fazzalari, não obstante consultada por nós, foi citada pelos próprios autores: OLIVEIRA; MITIDIERO, op. cit., p. 140, nota 11).

[522] OLIVEIRA; MITIDIERO, op. cit., p. 140.

De acordo com a visão apresentada, ressalta-se, ainda, que a diversidade de sujeitos ou de conteúdo determinará o desenvolvimento do processo, caracterizada pela intercalação dos atos processuais das partes. Ademais, a visão da "ação complexa e progressiva" permite a ênfase a todos os sujeitos processuais (autor, réu, juiz, assistente, Ministério Público, etc.), não apenas ao autor da ação. Além disso, tem-se que a ação deve ser encarada como um "instrumento tecnicamente neutro", portanto mais preocupado com as formas de tutela jurisdicional do que com os poderes das partes.[523]

Em suma, significa resolver problemas no âmbito da tutela jurisdicional e tutela dos direitos, que antes eram tratados no âmbito da teoria das ações, de modo a contemplar as diversas formas de tutela hoje existentes, com maior incremento teórico e prático.[524]

Da nossa parte, concordamos com a posição adotada por Carlos Alberto Alvaro de Oliveira e Daniel Mitidiero, acrescentando-se que, separadamente, as teorias da ação são incompletas, mas observadas em seu conjunto, tendem a se completar, em termos gerais. Assim, a teoria concreta enfatiza a relação com o direito material; a teoria abstrata explica a ação processual pertencente a todos; a teoria eclética as aproxima, e a teoria dualista de Pontes de Miranda, em certa medida, aproveita a todos os conceitos e sistematiza-os (nesse ponto, a nosso ver, sem incoerência). Daí a constatação de que a compreensão do fenômeno da ação se faz pela análise do conjunto das teorias, tendo em vista a peculiar construção do instituto, e não pela adoção de uma ou de outra teoria, diversamente do que ocorre com outros institutos do universo jurídico ou mesmo da ciência processual.

De resto, não há dúvida de que a proposta atual, cuja ênfase está colocada na tutela jurisdicional, representa uma evolução em relação às concepções anteriores, no sentido de complementá-las, trazendo novos elementos, o que, todavia, não elimina a ação e a importância do respectivo estudo.

2.11. IMPORTÂNCIA DA AÇÃO NAS RELAÇÕES ENTRE PROCESSO E DIREITO MATERIAL

Após um árduo caminho, a civilização chegou ao Estado Constitucional moderno. Com efeito, a noção de ação começa a se perfilhar a partir da proibição de justiça de mão própria. Em linhas gerais, havendo o monopólio da jurisdição, o individuo se dirige ao Estado para obter a prestação jurisdicional, uma vez que esta garante a observância do Direito. Nas palavras de Calamandrei: "Esta facultad de invocar en beneficio propio frente al Estado la prometida garantía de la observancia del derecho es, en un cierto sentido, la acción".[525] Assim, o titular da

---

[523] OLIVEIRA; MITIDIERO, 2010, p. 140-141.

[524] Ibid., p. 142.

[525] CALAMANDREI, 1986, p. 231.

ação é quem pode pretender do Estado a formação de um processo judicial que culmina com a decisão da causa.[526]

Nesse sentido, a ação é o meio pelo qual se provoca a jurisdição. Mais do que isso: o exercício da ação, em regra, é condição para a atuação da Jurisdição.[527] Portanto, antes de ser uma construção teórica, a ação é uma realidade prática, presente em todos os sistemas jurídicos civilizados. Com efeito, a ação, além de pôr a Jurisdição em movimento, molda a própria prestação jurisdicional, ao longo do seu percurso e por ocasião da decisão final. Associada a ação está a ideia de constante colaboração, no sentido de que as partes forneçam os elementos para a solução da controvérsia.[528]

Por outro lado, considerando-se a perspectiva do presente estudo que trata das relações entre processo e direito material, já se pôde verificar a importância das teorias da ação no desenvolvimento dessas relações, eis que desde o nascimento do processo civil o estudo da ação figurou como importante polo metodológico. Na verdade, por longo período, a jurisdição, ação, defesa e processo compreenderam os institutos fundamentais da ciência processual.[529] Atualmente, muitos estudiosos inclusive entendem que a categoria da ação encontra-se exaurida.[530]

Seja como for, a palavra *ação*, mesmo no campo jurídico, refere-se a fenômenos diversos.[531] Utiliza-se o termo *ação* como uma categoria do direito material (ação material); como uma categoria do direito processual (ação processual) ou como o próprio direito de invocar a tutela jurisdicional (direito de ação).[532] Daí por que muitas das propostas (não todas) que objetivam a retirada da categoria da *ação* do cenário jurídico, representam, em última análise, apenas uma nova roupagem terminológica. Outras combatem algum ou alguns dos seus aspectos.

Não se pretende, aqui, discorrer novamente sobre a categoria da ação material, utilizada pela teoria de Pontes de Miranda, tendo em vista já ter sido suficien-

---

[526] ARAZI, 1991, p. 76.

[527] CALAMANDREI, 1986, p. 231-235.

[528] Ibid., p. 236-234. No ponto, Calamandrei discorda da posição de Carnelutti, na medida em que este centraliza a construção do processo no conceito de "litis", em lugar de fazê-lo em torno da ação (Ibid., p. 237). Sobre colaboração, ver: MITIDIERO, Daniel. *Colaboração no processo civil:* pressupostos sociais, lógicos e éticos. São Paulo: Revista dos Tribunais, 2009.

[529] Por todos: DINAMARCO, 1987, p. 72 *et seq.*

[530] TESHEINER, 2002, p. 308, referindo-se à Comoglio. Nessa perspectiva, aliás, destaca-se a relevância do estudo do objeto do processo, que não constitui objeto desse estudo, mas sua estreiteza com o vocábulo pretensão e com o próprio estudo da ação é inegável. A propósito, Danilo Knijik afirma que "o processo civil, em sua matriz Italiana, procura dar conta de sua missão enucleando-se no conceito de ação, que, sobre ser extremamente relativo, não tem dado conta de todas as necessidades práticas enquanto modelo explicativo". Por essa razão, já se afirmou a tendência entre os alemães de não colocar a ação no centro do sistema e, com isso, a possibilidade de adotar-se com mais liberdade "o método centrado no objeto do processo." Nesse sentido, a problemática em torno do conceito de ação impeliu, de certa forma, "um movimento pela adoção do objeto litigioso como alternativa teórica para a explicação de vários fenômenos" (cf. KNIJNIK, 2001, p. 86).

[531] TESHEINER, op. cit..

[532] Cf. NOGUEIRA, 2008, p. 149. Tratando ação como direito de provocar a jurisdição, *v. g.*, YARSHELL, 2006, p. 56 *et seq.*

temente abordada.[533] Quanto à ação processual,[534] embora já tenha sido referida, importante apenas salientar que na estrutura da tese dualista de Pontes de Miranda, essa categoria representa justamente o "agir" ou o "exercício" da pretensão pré-processual, que por sua vez encontra fundamento no direito à tutela jurídica do Estado.[535] Não por outra razão, Pontes de Miranda recomenda não seja utilizada a expressão "direito de ação",[536] para evitar-se confusão. Por outro lado, Pontes de Miranda dedica parte de sua obra para tratar da tutela jurídica pelo Estado,[537] afirmando que existe o "direito público subjetivo a que o Estado, por seus órgãos, preste justiça".[538]

Desse modo, entendemos que a ação, em suas diversas acepções, *desde que aceitas*, constitui importante vínculo (não o único) entre o processo e o direito material: seja porque, do ponto de vista material, representa o agir para satisfação independentemente da vontade do obrigado, repercutindo inclusive na eficácia da sentença para alguns (ação material); ou porque representa o exercício da pretensão pré-processual, a partir do qual a máquina judiciária é impulsionada, com vistas à prestação da tutela jurisdicional; ou, ainda, porque representa o próprio direito à tutela jurídica pelo Estado.

Todavia, deve-se salientar que o entendimento pela superação do conceito de ação vem crescendo na doutrina. Dinamarco, *v. g.*, prefere tratar da demanda, na qualidade de ato de iniciativa destinado a conduzir à emissão de sentença.[539] Carlos Alberto Alvaro de Oliveira propõe verdadeira superação do conceito de ação, como se observa na introdução de estudo sobre a tutela jurisdicional, a saber:

> O assento fundamental do processo hodierno não se encontra na ação processual, e muito menos na ação material, nem na sentença (mero ato formal, que consubstancia a vontade do juiz), mas no resultado final do processo, exatamente na tutela jurisdicional. Desse modo, não se deve pensar mais em eficácia da ação (de direito material) ou da "ação" (processual) ou em eficácia da sentença.[540]

E prossegue o jurista, aduzindo que

> a nova perspectiva permite explicar de forma mais adequada a existência de cinco tipos de tutelas,[541] o que empresta ao processo a efetividade por ele exigida e de que sempre necessita, sem perder-se de vista a segurança, apanágio do Estado Democrático de Direito.[542]

---

[533] Ver itens 2.9.1.3; 2.9.3 a 2.9.6.

[534] Ver item 2.9.2.3.

[535] Ver item 2.9.2.1.

[536] PONTES DE MIRANDA, 1970, p. 116.

[537] Ibid., p. 229-331.

[538] Ibid., p. 235.

[539] DINAMARCO, Cândido Rangel. *Instituições de direito processual civil*. 5. ed. São Paulo: Malheiros, 2005, v. 3, p. 203.

[540] OLIVEIRA, 2008, p. 1.

[541] Quais sejam: declaratória, condenatória, constitutiva, mandamental ou executiva.

[542] OLIVEIRA, op. cit., p. 1.

Para Carlos Alberto Alvaro de Oliveira, a tutela jurisdicional prestada decorre do resultado do processo, portanto não se confunde com o meio que é a ação, tampouco com a decisão material do juiz. A tutela envolve a noção de valor, e a sua forma de realização é tão importante quanto à finalidade. Entre ambas há uma relação dialética.[543] Nessa esteira, Carlos Alberto inclusive sustenta a insuficiência de falar-se de readequação da ação processual,[544] uma vez que os meios e procedimentos adequados, tutelas seguras e eficientes, escapam apenas aos atos das partes e compreendem também os atos do juiz. Daí falar-se em processo adequado, e não em ação adequada.

Por outro lado, com José Roberto dos Santos Bedaque, é possível compreender-se o *devido processo legal* como conteúdo do direito constitucional de ação. Nas palavras do processualista:

> O direito de ação, examinado pelo ângulo constitucional, como garantia de acesso à Justiça assegurada a todos (CF, art. 5º, XXXV), tem por conteúdo o *devido processo legal*. Proporcionar a qualquer pessoa o poder de deduzir pretensões perante o Poder Judiciário implica conferir-lhe a possibilidade de exigir mecanismo hábil ao exercício dessa garantia. Compromete-se o Estado a oferecer instrumento adequado à solução das controvérsias existentes no plano material. Por isso concebeu, em sede constitucional, o modelo que, em seu entender, atende a essas exigências. Desenvolveu, em linhas gerais, o método de trabalho destinado à verificação de supostos direitos carentes de proteção, porque não satisfeitos espontaneamente. Esse é o devido processo constitucional e que constitui o conteúdo da garantia constitucional da ação.[545]

Nesse caso, vislumbra-se uma adequação do termo às novas exigências do processo. Da nossa parte, reconhecendo as importantes contribuições, optamos por ampliar o espectro, tanto que ao tratar das eficácias, referimo-nos às ações, sentenças, tutelas ou demandas.[546]

Em última análise, na linha de Andrea Proto Pisani, parece insuficiente tratar das relações entre direito e processo apenas na perspectiva da teoria da ação (principalmente em se tratando de ação abstrata), enquanto poder de agir em juízo e colocar o processo em movimento, eis que não indica a modalidade e o conteúdo da tutela jurisdicional requerida através do exercício do direito de ação, cuja variedade é imprescindível para atenderem-se as exigências do direito material e assegurar uma tutela efetiva e adequada.[547] Com efeito, se por um lado essa insuficiência não significa que se tenha que deixar de lado o instituto, por outro, constata-se que o jurista italiano chama a atenção para a mesma lacuna que a construção de Pontes de Miranda visa suprir, justamente por meio da ação material,

---

[543] OLIVEIRA, op. cit., p. 72-73.

[544] Conforme preconizado por: MARINONI, 2006a, p. 197-252.

[545] BEDAQUE, 2007, p. 508.

[546] Item 3.

[547] PISANI, Andrea Proto. *Lezioni di diritto processuale civile*. 5. ed. Napoli: Jovene, 2006, p. 52.

na medida em que essa é determinante ao conteúdo e forma da decisão, pois diz respeito ao plano material se relacionando com o processo.

De resto, saliente-se que a moderna Doutrina italiana tem utilizado o conceito de tutela, mas permanece referindo-se ao "diritto di azione" para se referir ao direito de acesso aos Tribunais, tal como, *v. g.*, Giuseppe Tarzia,[548] Mauro Bove,[549] Crisanto Mandrioli,[550] entre outros.

2.12. BREVES CONSIDERAÇÕES SOBRE O CONCEITO DE TUTELA JURISDICIONAL

A tutela jurisdicional é conceituada como o amparo que o Estado confere a quem tem razão no processo e diz respeito aos efeitos que se projetam para fora do processo. Ou seja, tutela põe em relevo o resultado do processo e deve ser prestada àqueles que realmente estão amparados pelo direito material.[551] Marinoni, a seu turno, distingue os planos ao sustentar que a tutela do direito não é prestada em caso de improcedência do pedido, mas a tutela jurisdicional é sempre prestada.[552]

Assim, para Flávio Luiz Yarshell, "é inegável que a locução tutela jurisdicional designa o resultado final do exercício da jurisdição estabelecido em favor de quem tem razão".[553] No entanto, também inclui no conceito de tutela jurisdicional, não apenas o resultado do processo, mas também os meios predispostos à consecução do resultado.[554] Ato continuo, Yarshell, após analisar a perspectiva do vencido, ocasião em que ressalta a perspectiva social do processo e o seu escopo de pacificação social; acaba por incluir no conceito de tutela jurisdicional o resultado do processo tanto ao vencedor como ao vencido, além "dos meios predispostos ao atingimento daquele provimento ou resultado".[555]

Todavia, Carlos Alberto Alvaro de Oliveira defende a perspectiva da tutela enquanto "defesa ou proteção do patrimônio jurídico",[556] para então conceituá-la como o "resultado da atividade desenvolvida pelos órgãos do Estado que exercem

---

[548] TARZIA, Giuseppe. *Lineamenti del processo civile di cognizione*. 3. ed. Milano: Giuffrè, 2007, p. 7.

[549] BOVE, Mauro. *Lineamenti di diritto processuale civile*. 2. ed. Torino: Giappichelli, 2006, p. 21.

[550] MANDRIOLI, Crisanto. *Diritto processuale civile. I* Torino: Giappichelli, 2007, p. 62.

[551] BEDAQUE, 2006, p. 27-30.

[552] MARINONI, 2006a, p. 228-229.

[553] YARSHELL, 2006, p. 24. Observe-se que o jurista distingue a tutela jurisdicional, situada no plano processual, da tutela de direitos, situada no plano material e que pode se realizar dentro ou fora do processo (Ibid. p. 25).

[554] Para o autor, a distinção entre resultados e meios é importante, pois quando se cogita dos remédios predispostos pelo direito processual pode-se estar tratando dos próprios efeitos que o processo tende a proporcionar (resultado), como também se pode estar tratando dos meios hábeis a conduzir tal resultado (Ibid., p. 31). Anote-se, todavia, que para Carlos Alberto Alvaro de Oliveira a inclusão dos meios no conceito de tutela jurisdicional parece "elastecê-lo demasiadamente, o que não contribui para melhor compreensão do tema porque em face da generalização perde-se o que é essencial ao próprio conceito" (OLIVEIRA, 2008, p. 105, nota 5).

[555] YARSHELL, 2006, p. 23-34.

[556] OLIVEIRA, 2008, p. 107. Não fala apenas em "resolução da crise sofrida pelo direito material" para incluir na definição de tutela, a hipótese da ação declaratória negativa.

a jurisdição ou a tanto autorizados, visando à proteção do patrimônio jurídico". A prestação de tutela, com efeito, existe independentemente do resultado do processo.[557]

Em sede de tutela, ressalta-se a importância de considerar-se o "efeito" do ato jurisdicional, pois é por meio dele que culmina a efetiva tutela do direito (*v. g.* ressarcimento), em verdadeiro retorno à situação material que anteriormente era meramente afirmada. De igual modo, também deve integrar o conceito de tutela a "eficácia" da sentença, pois nela se exercita o valor segurança, fundamental à estabilidade das decisões judiciais.[558] Advirta-se, outrossim, que o termo eficácia é aqui empregado como elemento contido no conteúdo da sentença, o qual se torna imutável pela autoridade da coisa julgada.[559]

Colhe-se dos ensinamentos de Carlos Alberto Alvaro de Oliveira, ainda, que a tutela jurisdicional é regida pelo princípio dispositivo, o qual é regulado pelas normas principais de efetividade e segurança e pela adequação da tutela jurisdicional.[560]

2.13. A PERSPECTIVA CONSTITUCIONAL DO DIREITO DE AÇÃO OU DA TUTELA JURISDICIONAL DO ESTADO

Não se olvida que o processo traz consigo forte carga ideológica[561] e tende a acompanhar as transformações e necessidades da sociedade enquanto fenôme-

---

[557] OLIVEIRA, 2008, p. 108. Ao precisar seu conceito, adverte que "a tutela não se confunde com exercício da jurisdição, nem com qualquer resultado do processo: a extinção do processo sem julgamento de mérito não confere proteção nem tutela ao patrimônio jurídico". Explica, ainda, que prestam tutela tanto o Poder Judiciário quanto o Juízo Arbitral, por delegação; há tutela prestada ao patrimônio jurídico tanto mediante a declaração de existência, quanto de inexistência do direito; a tutela de improcedência do pedido decorre do fato de que se estará protegendo o patrimônio jurídico do demandado; a tutela pode ser autossatisfativa (declaratória, constitutiva) ou depender de providência ulterior (condenatória, mandamental ou executiva).

[558] Ibid., p. 108-111. Saliente-se, a propósito, que o efeito é condicionado pela eficácia que, ao mesmo tempo, condiciona o efeito (Ibid., p. 109).

[559] Quanto ao instituto da coisa julgada, na linha da exposição de Carlos Alberto Alvaro de Oliveira, referindo-se à indispensável lição de Barbosa Moreira sobre o tema; importante destacar que a coisa julgada não se identifica com a sentença transitada em julgado, tampouco com sua imutabilidade. Identifica-se, na verdade, com a situação jurídica que passa a existir após o trânsito em julgado, cuja autoridade adquirida impede modificações em seu conteúdo (BARBOSA MOREIRA, José Carlos. Ainda e sempre a coisa julgada. In: *Direito processual civil*: ensaios e pareceres. Rio de Janeiro: Borsoi, 1971, p. 133-146).

[560] A construção é de Carlos Alberto Avaro de Oliveira, sendo que no presente estudo apenas fazemos referência a alguns dos seus pontos fundamentais. Recomenda-se a leitura completa OLIVEIRA, 2008, p. 111-137. Além disso, observe-se que em outro texto Carlos Alberto assevera que: "na verdade, mais importante do que readequar a ação processual, atípica por definição, é estabelecer meios e procedimentos adequados, de conformidade com técnicas melhor predispostas à realização dos direitos, e principalmente tutelas jurisdicionais seguras e eficientes, além de adequadas. O agir, a ação (ou reação), será muito mais consequência disso tudo do que o seu pressuposto, como parece pretender tal proposta. Além de tudo, a sugestão esquece os atos próprios do ofício do juiz, aspecto que escapa ao simples agir das partes. Tudo somado, parece muito mais correto falar no direito a um processo adequado do que numa ação adequada" (OLIVEIRA, 2006b, p. 291).

[561] CAPPELLETTI, Mauro. *Proceso, ideologias, sociedad*. Tradução Santiago Sentis Melendo. Buenos Aires: Ejea, 1974, *passim*; CAPPELLETTI, [199?].

no cultural[562] e instrumento de efetivação do direito, o que é salutar. O processo civil se consolidou como um espaço em que as partes projetavam suas liberdades econômicas e sociais, mas na perspectiva atual, com os avanços da sociedade, é natural que esteja se adequando ao estado programático e promocional.[563] Nessa perspectiva, ressalte-se, como anota Carlos Alberto Alvaro de Oliveira: "a importância do movimento pela chamada constitucionalização do processo, a evidenciar a natureza e a importância política do acesso à jurisdição e do seu exercício".[564]

A perspectiva do direito de ação como garantia constitucional, em 1973, foi objeto de estudo de Ada Pellegrini Grinover,[565] a qual demonstrou que o direito à prestação jurisdicional, no Estado moderno, está compreendido como uma garantia constitucional e afigura-se como um direito subjetivo fundamental e inviolável.[566] Com efeito, concluiu a Jurista que dita garantia constitucional, entre nós, não passava de abstração, eis que era materialmente pouco aplicada pelos Tribunais pátrios.[567] Ressaltou que o problema é "metaprocessual, com profundas implicações constitucionais". Assim, não basta o reconhecimento da obrigação genérica e abstrata do Estado de prestar jurisdição. É necessário verificar-se, além da existência de previsão de tutela, a própria estrutura dessa tutela e o curso do *iter* processual, de modo que a garantia constitucional se traduza em tutela qualificada e possa realmente se efetivar. Para isso, não basta a mera constitucionalização do direito abstrato à tutela jurisdicional, mas de compreender-se, por exemplo, que essa garantia é suscetível de violação também por normas substanciais.[568]

Ainda segundo Ada Pellegrini: "o processo é instrumento de atuação da Constituição e o binômio processo-Constituição constitui não somente garantia de justiça, como também garantia de liberdade. O direito não deve ficar à mercê do processo, nem sucumbir diante da inexistência ou insuficiência deste".[569] Portanto, "o objeto da garantia constitucional deve ser a possibilidade concreta e efetiva de obter tutela, e não a simples reafirmação do direito à sentença".[570]

Assim, a Constitucionalização do direito ao acesso à jurisdição (art. 5º, inciso XXXV, da Constituição Federal) permeada pela garantia de um processo justo e efetivo (art. 5º, incisos XXXVII, LIII, LIV, LV, LVI, da Constituição Federal), impõe a realização do resultado do processo na vida "real" das pessoas. Portanto, a prestação de uma tutela eficaz é condição de realização do direito ao acesso à ju-

---

[562] MITIDIERO, 2009, p. 23-61; LACERDA, 2008, p. 3.

[563] MACHADO, 2004, p. 127-130.

[564] OLIVEIRA, 1997, p 61.

[565] Ao contrário da experiência, por exemplo, da *common Law*, Alemanha e Itália, cuja jurisprudência materializava a garantia. GRINOVER, 1973, p. 159 e seguintes.

[566] Ibid., p. 56-57.

[567] Ibid.

[568] GRINOVER, 1973, p. 74-78.

[569] Ibid., p. 99.

[570] Ibid., p. 99.

risdição e a um processo justo.[571] Por outro lado, fala-se em "tutela constitucional do processo", juntamente no sentido de "assegurar a conformação dos institutos processuais aos postulados que advêm da órbita constitucional".[572]

A outorga de jurisdição corresponde ao direito constitucional de "proteção" ou de "tutela", regulamentado pelas normas de direito processual. Além disso, todos os Poderes do Estado devem respeitar os limites impostos pelos direitos fundamentais (dimensão negativa), bem como promover os meios para a sua realização (dimensão positiva).[573]

Robert Alexy, no âmbito dos direitos procedimentais, trata do direito à "proteção jurídica efetiva" no sentido de que o procedimento adotado possa garantir o direito material. Portanto, relaciona o aspecto procedimental ao material, com vistas à satisfação do direito fundamental à proteção.[574] A propósito, Ingo Wolfgang Sarlet lembra que o Juiz tem dever de proteção dos direitos fundamentais, razão pela qual incumbe a ele o poder-dever de uma "adequada interpretação e formatação do processo e dos procedimentos, assim como das técnicas processuais de tutela dos direitos", incluindo o zelo pelo cunho cooperativo do processo.[575]

O direito de ação tem por conteúdo o devido processo legal, que assegurado constitucionalmente chama-se devido processo constitucional, que se traduz na possibilidade de qualquer pessoa pleitear perante o Poder Judiciário, esse que deve dispor de mecanismos hábeis a prestar tal garantia de modo adequado e efetivo.[576]

Interessante notar que a partir da segunda dimensão, os direitos fundamentais ganham uma dimensão positiva, essa que é inclusive uma de suas notas distintivas, incumbindo ao Estado uma série de prestações sociais,[577] dentre as quais o direito-garantia à inafastabilidade do controle judiciário, que assegura a todo o cidadão o acesso à prestação jurisdicional do Estado.[578]

Os direitos e garantias fundamentais que envolvem, por exemplo, a inafastabilidade do controle judiciário e as garantias processuais, estão intimamente vinculados ao princípio fundamental da dignidade da pessoa humana, que vem sendo considerado fundamento de todo o sistema de direitos fundamentais.[579]

Está-se diante, em última análise, da questão relativa ao acesso à jurisdição. Desse modo, não há dúvida de que numa perspectiva constitucional do direito de

---

[571] OLIVEIRA, 2008, p. 84-85.

[572] YARSHELL, 2006, p. 29.

[573] OLIVEIRA, op. cit., p. 83-84.

[574] ALEXY, Robert. *Teoria de los derechos fundamentales.* Tradução Ernesto Garzón Valdés. Madrid: Centro de Estudios Constitucionales, 1997, p. 472-474.

[575] SARLET, 2007, p. 229.

[576] BEDAQUE, 2007, p. 508.

[577] SARLET, op. cit., p. 56-57.

[578] Ibid., p. 212; 217-230.

[579] Ibid., p. 128-129.

ação (ação aqui em sentido processual, convém ressaltar), a maior preocupação é garantir que tal direito seja assegurado a todos, indistintamente, de forma efetiva, sendo que o acesso ao judiciário não deve sofrer condições, tampouco estar atrelado a real existência de um direito, senão a sua mera afirmação.[580]

Segundo Marinoni, a propósito, na época das teorias de Couture e de Liebman, *v. g.*, a estrutura do direito de ação visava garantir que o Estado não excluísse da apreciação do Poder Judiciário uma determinada afirmação de direito, o que era significativo considerando-se o pós-guerra. Atualmente, vencida essa etapa, o direito de ação está relacionado a uma série de prestações do Estado, no sentido de obter-se uma prestação jurisdicional efetiva,[581] conforme já mencionado.

A partir da ideia da "relatividade histórica" do direito de ação, Marinoni expressa a necessidade de que sejam considerados os valores do Estado Constitucional contemporâneo e até mesmo de "elaborar um conceito genuinamente brasileiro de direito de ação".[582]

---

[580] BEDAQUE, José Roberto dos Santos. *Tutela cautelar e tutela antecipada: tutelas sumárias e de urgência.* 3. ed. São Paulo: Malheiros, 2003, p. 64-72.

[581] MARINONI, 2006a, p. 235.

[582] Ibid., p. 237.

3. Classificação das eficácias das ações, sentenças, tutelas ou demandas

Questão sobre a qual não há consenso, diz respeito ao *método* que compreende a classificação das eficácias das ações, sentenças, tutelas ou demandas; problema que passaremos a abordar. Advirta-se, outrossim, que não se pretende analisar o tema em perspectiva histórica[1] ou comparada. O ponto de partida, aqui, é a classificação quinária, por ser a mais ampla e cujas eficácias são visíveis ao menos na legislação brasileira, numa tentativa de colher pontos convergentes na doutrina, para assim dar alguma contribuição à sistematização do instituto. Uma maior convergência nesse tema, que é central ao processo, na medida em que diz respeito ao modo como a prestação jurisdicional é entregue, poderá contribuir ao diagnóstico e prognóstico de diversas questões ligadas à efetividade do processo.

Nessa perspectiva, abordaremos a classificação das eficácias das ações, sentenças, tutelas ou demandas, no tocante à determinação do *objeto* e dos *critérios* de classificação, para, então, chegar-se ao *resultado* da classificação, correspondente às próprias *classes*, que nada mais são do que as cinco eficácias. Advirta-se, de logo, que grande parte das divergências a respeito do assunto decorre justamente do ponto de vista do observador[2] ou, mais precisamente, das opções metodológicas, conscientes ou inconscientes, que dizem respeito ao *objeto* da classificação e aos *critérios* adotados.

Além disso, cabe referir que as eficácias sofrem invariável influência das concepções que se tenha de jurisdição, ação, processo ou do próprio ordenamento jurídico, concepções essas que se modificam e se desenvolvem ao longo do tempo, tudo se influenciando reciprocamente.[3]

---

[1] Sobre a evolução da classificação das sentenças recomenda-se, entre nós: BARBOSA MOREIRA, José Carlos. Questões velhas e novas em matéria de classificação das sentenças. In: *Temas de direito processual civil*: oitava série. São Paulo: Saraiva, 2004.

[2] Liebman chama semelhante atenção, salientando que os "istituti del processo si presentino con un aspetto o un profilo che varia, secondo che siano osservati dall'uno o dall'altro di questi punti di vista" (LIEBMAN, 1950, p. 47).

[3] Ver item 3.4.1 sobre as influências históricas.

3.1. CONSIDERAÇÕES METODOLÓGICAS

Na esteira de Carnelutti, pode-se dizer que, quando se compara determinados objetos, verificam-se algumas qualidades idênticas e outras não. É dessa forma que se dividem os objetos em classes, de cuja comparação resulta a classificação. Assim, a classificação corresponde justamente ao agrupamento dos objetos em grupos homogêneos, determinado por um número maior ou menor de caracteres comuns. Os elementos comuns aos objetos a partir dos quais se determina a homogeneidade consistem justamente os critérios da classificação, de modo que o resultado da classificação é variável segundo os critérios escolhidos. Aduz Carnelutti que "a classificação resolve-se, pois, na descoberta dos caracteres comuns a objetos diversos, o que significa, afinal, descoberta da unidade na multiplicidade".[4]

Por outro lado, o conceito afigura-se como um "complexo de caracteres ou qualidades". O gênero de uma classificação, *v. g.*, compreende um conceito. Outrossim, o conceito é sempre mais pobre do que o fenômeno, mas contém os requisitos que justamente se prestam à comparação, à classificação e à construção. Em se tratando de fenômenos jurídicos, como ensina Carnelutti, os conceitos "são ao mesmo tempo os instrumentos do nosso trabalho e a matéria prima sobre a qual se trabalha", razão pela qual não raro se constrói um conceito sobre um conceito, deixando-se de lado o dado da realidade.[5] Além disso, Carnelutti ressalta a importância da simetria na formação dos conceitos, porquanto constituem instrumentos de ordenação e permitem uma correspondência entre os objetos da classificação. Por fim, pode-se dizer que o conceito se expressa em duas fases: "a definição e a denominação": a definição corresponde, em última análise, à "fórmula do conceito", e a denominação, à sua "etiqueta".[6]

Entre nós, Marinoni tratou do assunto, aduzindo que os conceitos dizem respeito à realidade jurídica de um instituto; a definição é a sua descrição. Não obstante, "as classificações não devem ser pensadas como verdadeiras ou falsas", pois não se confundem com a conceituação, tampouco com a definição dos institutos. Sua função é agrupá-los. Por essa razão, o valor de uma determinada classificação é proporcional a sua utilidade em agrupar fenômenos de acordo com certas peculiaridades, de modo a facilitar sua compreensão, respeitando a identidade de cada espécie agrupada. Destarte, uma determinada classificação deve levar em conta os conceitos que constituem o seu objeto, aos quais justamente se recorre para explicar a classificação.[7] Por essa razão, de suma importância sejam estabelecidas e clarificadas as premissas e os critérios[8] de uma determinada classificação, as

---

[4] CARNELUTTI, 2005b, p. 63-65.

[5] Ibid., p. 66-72.

[6] Ibid., p. 72-82.

[7] MARINONI, 2004, p. 113-117.

[8] Sustentando a dificuldade e importância da definição do critério de classificação das ações: MURITIBA, Sergio. *Ação executiva latu sensu e ação mandamental*. São Paulo: Revista dos Tribunais, 2005, p. 30.

quais devem ser levadas em conta, inexoravelmente, em qualquer debate que se estabeleça sobre determinado tema.

Ainda, José Roberto dos Santos Bedaque lembra que uma classificação, para ser homogênea, deve ser feita segundo um mesmo aspecto do objeto. Sua finalidade consiste em agrupar fenômenos com as mesmas características, segundo determinado ponto de vista, para facilitar a compreensão.[9]

Flavio Luiz Yarshell, a propósito, trata da noção de *tipo,* associando-o à ideia de *modelo,* onde o *tipo* pode exprimir "o que é uniforme e recorrente" ou "o que é característico e peculiar".[10] Distingue-se da ideia de conceito, pois enquanto esse contém maior abstração, os tipos representam realidades fluidas, objeto mais de descrição do que de definição. Nessa visão, o *tipo* se contrapõe à classe, essa que exige maior rigor e uniformidade. Daí a distinção entre tipo e *conceito* ou *conceito geral abstrato.*[11] Assim, o tipo apresenta diversas funções, tais como classificar ou ordenar; descrever para estabelecer segurança, no sentido de impor restrição (*v. g.,* os tipos penais, tipicidade dos direitos reais, contratos típicos, etc.); especializar ou singularizar, no sentido de fazer passar do abstrato para o concreto; ou, ainda, descrever para simplificar. Dentre as diversas finalidades do tipo, muitas vezes antagônicas, destaca-se sua aptidão para o concreto, em contraposição ao conceito.

No que se relaciona diretamente ao objeto do presente estudo, diz Flavio Luiz Yarshell: "falar em tipicidade da ação ou da tutela jurisdicional é projetar de que forma se especifica o direito ou o poder de ação, de que forma se regulamenta o (inafastável) controle jurisdicional e como ambos se relacionam com situações de direito material".[12]

Mudando agora um pouco de perspectiva, observe-se que Danilo Knijnik sustenta que a análise de uma determinada relação pode ser feita à luz de sua "estrutura", o que significa propor questão de natureza estrutural, que atende ao prisma ontológico ou fenomenológico daquele objeto. Mas também essa análise pode ser feita na perspectiva da "função", hipótese em que a natureza estudada é a funcional e atende ao seu prisma finalístico ou teleológico. Quando se alude à classificação das ações ou sentenças, se está tratando, precipuamente, de funções.[13] Com efeito, as características funcionais exercem influência também no

---

[9] BEDAQUE, 2007, 511. Também preconizando a homogeneidade da classificação: BARBOSA MOREIRA, 2004a, p. 141.

[10] YARSHELL, 2006, p. 36-37.

[11] Ibid., p. 41-44.

[12] Ibid., p. 44-51.

[13] Pondere-se, todavia, que ao tratar dos critérios de classificação das sentenças Alfredo Rocco aduz que a função da sentença não oferece nenhum critério de classificação, uma vez que diz respeito a um elemento comum a todas as sentenças, que devem tratar da existência ou inexistência das relações jurídicas. A distinção entre as sentenças está associada, outrossim, ao ato de vontade do juiz: *"donde la distinzione tra sentenze pure e semplici o sentenze di semplice accertamento e sentenze preparatorie della esecuzione o sentenze di condanna"* (ROCCO, A., 1906, p. 156-157).

plano estrutural. Daí falar-se no binômio: função-estrutura, decorrente da estreita relação entre ambos no tocante à pesquisa científica.[14]

Diante disso, convém estabelecer os pressupostos metodológicos que estão por detrás de nossa análise ao longo desse capítulo:

1 – Toda a classificação tem como finalidade agrupar objetos em grupos homogêneos, segundo um número maior ou menor de caracteres comuns;

2 – As classificações, em princípio, não são verdadeiras ou falsas, pois não se confundem com os conceitos (a menos que se modifiquem os conceitos na classificação);

3 – O valor de uma classificação é proporcional a sua utilidade em agrupar fenômenos, de acordo com certas peculiaridades;

4 – Os tipos distinguem-se da ideia de conceito, pois dizem respeito a realidades fluidas, com aptidão para o concreto;

5 – A classificação das eficácias deve atender (ou seria desejável que assim fosse) ao binômio: função-estrutura, que corresponde ao aspecto externo e interno do instituto.

Acrescente-se à premissa da análise, de resto, a perspectiva abordada no primeiro capítulo, a qual, de certa forma, diz respeito ao núcleo do presente estudo (relações entre direito material e processo), no sentido de que as ciências estão questionando o seu isolamento em face da realidade; o isolamento umas das outras (*v. g.*, direito e sociologia); assim como de seus ramos internos (*v. g.*, direito material e processo).[15] Note-se, a propósito, que uma maior aproximação entre o direito material e o processo, em última análise, decorre de um movimento científico que transcende o próprio universo jurídico.

Passa-se, então, a analisar o *objeto* e *critérios* da classificação das eficácias, partindo-se da perspectiva da classificação quinária como hipótese de trabalho (declaratória, constitutiva, condenatória, mandamental e executiva), justamente por ser a mais ampla,[16] além do que as cinco eficácias estão visivelmente compreendidas na legislação brasileira, quiçá à luz das últimas reformas processuais.

3.2. O OBJETO DA CLASSIFICAÇÃO

Tradicionalmente, a classificação em referência sempre teve como objeto as ações ou sentenças. Nas palavras de Araken de Assis: "indiferente se mostra classificar ações ou sentenças". Em face do princípio da congruência a sentença de procedência corresponderá ao conteúdo da demanda, de modo que troca-se apenas o ângulo da avaliação do ponto, sendo certo que em se tratando das espé-

---

[14] KNIJNIK, 2001, p. 71.

[15] Apontou-se a crítica ao pensamento racionalista e, como perspectiva, o exemplo do pensamento complexo.

[16] A propósito, mesmo os adeptos da classificação ternária em geral não deixam de reconhecer as eficácias mandamental e executiva, porém as colocam como subespécies das outras. (*v. g.*, YARSHELL, 2006, p. 192).

cies de ação, avalia-se o conteúdo da demanda em seu início. A classificação das sentenças considera as demandas procedentes, eis que o juízo de improcedência é sempre declaratório.[17]

Todavia, Carlos Alberto Alvaro de Oliveira sustenta que não se deve tratar mais de eficácia da ação de direito material, da ação processual, ou eficácia da sentença: "a tutela é que será declaratória, condenatória, constitutiva, mandamental ou executiva, conforme os casos, regida por elementos próprios do ambiente processual, embora influenciada fortemente pelo direito material, e dotada de imperatividade e soberania que decorrem do papel que a Constituição outorga ao órgão judicial".[18] Entende que essa é a ótica que melhor explica as cinco tutelas, com vistas a conferir maior efetividade ao processo, preservada a segurança jurídica, tudo de acordo com os princípios do formalismo-valorativo, de modo a compatibilizar-se a importância dos estudos teóricos com a experiência prática. Arremata com a importante ideia de que a perspectiva constitucional do tema envolvendo as tutelas torna indissociável o plano material do processual, embora preservada a sua dicotomia.[19]

Assim, Carlos Alberto Alvaro de Oliveira, após chamar a atenção para a necessidade de uma classificação uniforme, e depois de colocar em xeque os métodos tradicionais de classificação,[20] inclusive o fixado a partir das ações de direito material, propõe como objeto da classificação as *formas de tutela jurisdicional*.

Desse modo, a classificação das *formas de tutela jurisdicional* se difere da classificação das sentenças, pois "além de levar em conta a finalidade, considera também as normas principais[21] que as regem, no plano do direito processual, sem prejuízo, é claro, da aplicação de outros direitos fundamentais assegurados constitucionalmente".[22] Significa dizer que "as formas de tutela serão tantas quantas forem necessárias para resolver de modo mais efetivo e eficiente, com segurança, a crise sofrida pelo direito material".[23]

---

[17] ASSIS, 2002, p. 86-87.

[18] OLIVEIRA, 2008, p. 1.

[19] Ibid., p. 1-2. No mesmo sentido: OLIVEIRA, 2006b, p. 109.

[20] Sustenta estar-se diante de vício lógico, ao adotar-se, por exemplo, na sentença declaratória, critério processual (dar certeza, esclarecer, determinada relação jurídica); na condenatória, utiliza-se tanto o critério vinculado ao direito material (aplicar sanção, fixar responsabilidade ou o ilícito, emitir juízo de reprovação, etc.), como a partir de uma finalidade processual (constituir título executivo, circunstância externa e sucessiva ao conteúdo da sentença). Também questiona o critério que considera exclusivamente o conteúdo e/ou os efeitos da sentença, pelo fato de que assim não se estabeleceria os limites entre declaratórias e condenatórias, além de tal hipótese levar a rejeição das mandamentais e executivas, que integrariam a classe das condenatórias, pois a distinção estaria na forma e não na finalidade (OLIVEIRA, 2008, p. 137-138).

[21] Trata-se das normas principais de efetividade e segurança (cf. Ibid., p. 124-136).

[22] Ibid., p. 138.

[23] Ibid., p. 139.

DIREITO, AÇÃO E TUTELA JURISDICIONAL

Em matéria de classificação de eficácias, também merece referência o pensamento de Luiz Guilherme Marinoni,[24] para quem "a sentença e os meios de execução são apenas técnicas para a efetiva prestação de tutela jurisdicional dos direitos (exemplos de tutelas são: inibitória, ressarcitória na forma específica, etc.)".[25] A sentença é uma técnica que deve ser capaz de atender a tutela do direito material, o que se faz por meio de uma relação de adequação.[26] Por outro lado, a sentença é apenas um dos corolários da ação, uma vez que essa também garante o procedimento e a tutela efetiva dos direitos.[27]

Para um melhor entendimento do pensamento do processualista, importante salientar que o mesmo compreende as formas de tutela a partir do plano material, sendo que a ação processual abstrata deve ser adequada a essa satisfação. Destarte, assevera que: "as formas de tutela são garantidas pelo direito material, mas não equivalem aos direitos ou às suas necessidades". Dizem respeito "as formas capazes de atendê-las".[28] Tal questão refere-se ao plano do direito material, portanto, não pode ser confundida com o problema relacionado à efetividade das técnicas processuais. Todavia, "entre as tutelas dos direitos e as técnicas processuais, deve haver uma relação de adequação", sendo que essa adequação é perquirida já plano processual.[29] Ou seja, o processo deve conter técnicas capazes de "viabilizar a obtenção de tutela do direito prometida pelo direito material".[30]

Aduz que o direito a uma ação adequada é garantido pelo art. 5º, XXXV, da CF, ressaltando-se que "todos têm direito à ação adequada à tutela do direito, sejam ou não titulares do direito material reclamado".[31] Assim, para a ação ser adequada ela deve ser conformada de acordo com a tutela do direito prevista no plano material (*v. g.* tutela inibitória). Daí por que a causa de pedir, enquanto pressuposto do pedido, tem importância para a conformação da ação adequada. A exigência de adequação à tutela do direito no caso concreto, em síntese, é um *plus* em relação à ação abstrata e atípica.[32]

Assim, para Marinoni, a classificação das formas de tutela jurisdicional dos direitos em Carlos Alberto Alvaro de Oliveira corresponde à classificação das sentenças de procedência. Ou seja, o que para Carlos Alberto é tutela jurisdicional

---

[24] Saliente-se, a propósito, que Pedro Henrique Pedrosa Nogueira não vê vantagens teóricas na teoria de Marinoni em relação à utilização do conceito de ação material. Ao contrário, observa inclusive a desvantagem de acabar vinculando a tutela dos direitos a uma decisão favorável (Cf. NOGUEIRA, 2008, p. 136-137).

[25] MARINONI, 2006a, p. 203.

[26] Ibid., p. 249.

[27] Ibid., p. 238.

[28] Ibid., p. 213.

[29] Ibid., p. 214.

[30] Ibid., p. 216.

[31] Ibid., p. 226.

[32] Ibid., p. 227.

(*v. g.* tutela condenatória); para Marinoni é técnica processual.[33] Todavia, conforme Marinoni, em síntese, as tutelas dos direitos não são "formas processuais", eis que estão situadas no plano do direito material. Nessa esteira, para o processualista, a regência no plano material é de suma importância, em que pese a adequação que deverá ter a tutela jurisdicional.[34] Em outras palavras, o conceito de tutela do direito está nas formas de tutelas prometidas pelo direito material, sendo que a respectiva pretensão (*v. g.* pretensão inibitória), não obstante compreendida no plano material, deve conformar a construção da ação processual para que seja adequada no caso concreto.[35]

Feitas essas breves considerações sobre o pensamento de Marinoni,[36] em relação ao objeto da classificação, propriamente, pode-se dizer que para o jurista, a classificação correspondente às eficácias declaratória, constitutiva, condenatória, mandamental e executiva diz respeito às sentenças, as quais constituem técnicas ou modo "pelo qual o direito processual tutela os diversos casos conflitivos concretos".[37]

No entendimento de Cândido Rangel Dinamarco, a classificação das ações, inclusive quanto à natureza do pedido, corresponde a uma época em que a ação era colocada no centro dos estudos do processo. Atualmente, prefere classificar as demandas, porquanto "atos de iniciativa destinados a conduzir a emissão da sentença".[38]

Como se vê, tem-se posto o debate se o objeto da classificação das eficácias diz respeito às ações ou sentenças, tutelas ou demandas. Não obstante, outro in-

---

[33] Todavia, Carlos Alberto Alvaro de Oliveira questiona a visão de Marinoni acerca do conceito de tutela, uma vez que esse entende que as formas de tutela pertencem ao plano do direito material (*v. g.* tutela inibitória, ressarcitória, etc.), reservando-se ao plano processual e existência de técnicas (*v. g.* técnica antecipatória, mandamental, etc.). Para o Jurista, Marinoni equipara a declaração, condenação, etc. ao próprio ato sentencial. Além disso, incorre em confusão entre os planos, material e processual, porquanto trabalha no processo com institutos do direito material, inclusive retirando o elemento axiológico do processo, ao trabalhar com "técnicas". Ressalta Carlos Alberto que: "a tutela material (inibitória, ressarcitória, etc.) é prevista em abstrato no plano do direito material e só se concretiza depois de esgotada a função jurisdicional, num retorno qualificado ao plano do direito material, configurando-se então não mais como tutela jurisdicional e sim como tutela do direito. O que importa no plano do direito processual é a tutela jurisdicional, fenômeno próprio desse plano" (OLIVEIRA, 2008, p. 105-107).

[34] MARINONI, 2006a, p. 250-251.

[35] Ibid., p. 252.

[36] A propósito, o pensamento de Luiz Guilherme Marinoni, anteriormente citada a partir das passagens contidas no texto publicado (MARINONI, 2004, passim).

[37] Ibid., p. 146.

[38] DINAMARCO, 2005, p. 203. Veja-se, em mais detalhes, a justificativa do autor: "mais coerente com a moderna visão do processo civil é classificar as demandas, como concretas iniciativas de pedir a tutela jurisdicional [...]. Ação é o poder de exigir a realização do processo destinado a produzir um provimento jurisdicional – sentença de mérito, no processo de conhecimento. Ela é exercida mediante ato de iniciativa do processo, que é a demanda, e por toda uma complexa série de atos de participação ao longo do procedimento [...]. É mais adequado, por isso, classificar demandas, como atos de iniciativa destinados a conduzir à emissão de sentença, e não as ações, como diferenciados diretos a esse provimento. Existem demandas de declaração, de constituição, de condenação" (Ibid., p. 203).

DIREITO, AÇÃO E TUTELA JURISDICIONAL

grediente ainda pode ser adicionado à controvérsia: a ação material está compreendida no objeto da classificação? Passa-se à respectiva análise.

3.2.1. A ação material como integrante do objeto da classificação

Considerando-se a perspectiva do presente trabalho, importa também indagar se a classificação das ações ou sentenças, tutelas ou demandas, corresponde também à ação material. Não se trata, aqui, de questionar a existência ou utilidade da categoria "ação material", considerando-se inclusive que essa questão já foi tratada.[39] O propósito agora é justamente o de verificar se a classificação das eficácias diz respeito à ação material, partindo-se da hipótese do reconhecimento da categoria, inclusive na teoria de Pontes de Miranda.[40]

Ovídio A. Baptista da Silva, a propósito, salienta que a referida classificação diz respeito à classificação das "respectivas ações de direito material que constituem a substância dos respectivos processos onde elas se encontrem", razão pela qual a classificação não diz respeito à forma do processo, e sim, ao seu conteúdo. Em outras palavras, trata-se de classificar a ação afirmada pelo autor na petição inicial. Na perspectiva do processo em curso, tal ação corresponde a uma hipótese com a qual o Juiz trabalha. A sentença de rejeição é declaratória. Além disso, em face do princípio da congruência entre pedido e sentença, referida classificação poderá ter como objeto a sentença que justamente, em caso de procedência, espelha o pedido do autor da ação.[41] Em síntese, para Ovídio, classificar-se uma sentença levando-se em conta o seu conteúdo implica reconhecer que não se está apenas na seara do direito processual, uma vez que o processo recebe o conteúdo das ações de direito material.[42]

Também ressalta Araken de Assis que uma vez acolhido o pedido formulado, "produzirá eficácia ínsita ao direito material", o que significa dizer que "o ato estatal concederá a vantagem, prevista no direito subjetivo, que originariamente o titular alcançaria por intermédio do agir privado".[43] Desse modo, a classificação quinária (ou ternária) leva em conta o critério distintivo de cada ação ou sentença, que consiste justamente a sua eficácia preponderante.[44]

[39] Ver item 2.9.3 a 2.9.6.

[40] Nesse passo, é importante registrar que a maioria dos autores que tratam da classificação das ações, sentenças, tutelas ou demandas, não discute a escolha do objeto da classificação, apenas parte de uma premissa, muito menos problematiza a inserção da ação material no objeto da classificação (o que significa perguntar: se, porque e como as eficácias referem-se à ação material?). Nem mesmo Pontes de Miranda explicou com profundidade como a eficácia da ação material, que pertence ao plano material, se projeta nas cinco eficácias processuais e ao mesmo tempo pertence ao plano material. Em razão disso, não se poderia deixar de referir a percepção de Carlos Alberto Alvaro de Oliveira que chamou atenção ao problema em sua inteireza, oferecendo solução.

[41] BAPTISTA DA SILVA, 1996, p. 131-132.

[42] BAPTISTA DA SILVA, 2008, p. 231-232.

[43] ASSIS, 2002, p. 88-89.

[44] Ibid., p. 93.

Nesse sentido, Sérgio Muritiba, para quem o critério de classificação das sentenças é processual, mas consulta ao direito material, entende que no ato de constituir, condenar, executar, etc., "há representações das respectivas ações de direito material, mediante as quais o Estado haverá de proporcionar a efetiva realização do direito subjetivo".[45]

Acrescente-se o pensamento de Pedro Henrique Pedrosa Nogueira, segundo o qual em caso de reconhecimento da procedência do pedido, o órgão judiciário "vai 'realizar' a ação de direito material afirmada na petição inicial e reconhecida na sentença". Por essa razão, o Judiciário reflete a eficácia da ação material tida como procedente, em virtude do princípio da congruência entre pedido e sentença. Destarte, as ações de direito material são classificadas de acordo com o resultado que tendem a produzir no processo, eis que vedada a autotutela. Ou seja, cabe ao juiz declarar, constituir, condenar, mandar ou executar por ocasião da sentença, que é um ato processual; mas tal atividade é determinada de acordo com o direito material posto em causa e com o pedido formulado na demanda.[46]

Com efeito, para uma melhor análise do tema, impõe-se descer à casuística das eficácias, no sentido de enfrentar alguns dos problemas relacionados à correspondência delas com a categoria da ação material.

Primeiramente, é importante lembrar que mesmo Ovídio, autorizado seguidor de Pontes de Miranda, exclui a ação condenatória do campo material, porquanto entende que a respectiva sentença condenatória não satisfaz a pretensão, além de ficar na dependência do cumprimento voluntário do condenado. Se fosse considerado apenas o fato de que a ação é o bem da vida perseguido pelo autor, então a mesma igualaria à ação declaratória.[47] Por isso, entende que a sentença condenatória é uma "sentença incidental integrante de uma pretensão mais ampla, que se completa com a execução. É uma sentença parcial de mérito".[48]

De outro lado, aduz que o fato de as pretensões declaratórias e constitutivas dependerem do processo para se realizar não significa que não existam antes ou fora do processo. Tanto é assim que o processo foi concebido para realizá-las.[49] Quem cria a constitutividade de uma ação de separação judicial, *v. g.*, é o direito

---

[45] MURITIBA, 2005, p. 195.

[46] NOGUEIRA, 2008, p. 164.

[47] BAPTISTA DA SILVA, 2008, p. 96-97; p. 167.

[48] Ibid., p. 107; p. 191; BAPTISTA DA SILVA, Ovídio Araújo. Ação condenatória como categoria processual In: *Da sentença liminar à nulidade da sentença*. Rio de Janeiro: forense, 2002a, p. 233-251. Registre-se, todavia, a seguinte passagem: "a sentença condenatória existe porque, no plano do direito material, existe uma relação obrigacional de que ela se origina, e a que o processo haverá de ficar estruturalmente vinculado. Quem dirá se a pretensão à condenação produzirá uma sentença condenatória em relação processual de pura cognição; ou, ao contrário, será a sentença condenatória uma sentença parcial, de uma ação unitária de execução, será o direito processual. Mas isso não significa que a ele caiba o poder de transformar uma pretensão real em obrigacional" (BAPTISTA DA SILVA, 2002a, p. 234).

[49] BAPTISTA DA SILVA, 2008, p. 179.

material. Ou seja, os pressupostos da classificação estão atrelados à situação substancial.[50]

Conforme posição de Daniel Mitidiero, em relação às eficácias declaratórias, constitutivas e condenatórias (pois a mandamental e a executiva são mais facilmente encontráveis),[51] pode-se dizer que eventual dificuldade de encontrá-las no direito material decorre do fato de não levar-se em consideração que tais ações são "essencialmente normativas". Nesse sentido, Daniel Mitidiero salienta que "o agir para a satisfação, nesses casos, pressupõe uma ação normativa". De resto, o fato de estar vedada a autotutela não interfere na equação do problema posto no plano material, o qual, justamente por força da vedação, será resolvido por meio do processo.[52]

Pegando-se o exemplo do art. 461-A do CPC, tem-se que a sentença que determina a invasão no patrimônio do devedor para pegar coisa pertencente ao credor é em essência executiva. O fato de a ordem jurídica instrumentalizar o juiz com mais de um meio para prestar tutela, abrindo a possibilidade, *v. g.*, do mandamento, não interfere nas disposições no plano material. Essa possibilidade antes confirma o entendimento preconizado por Pontes de Miranda de que nenhuma ação é pura e, em determinadas situações, pode o legislador ou o Juiz prestigiar uma carga que abstratamente não era a preponderante em determinada situação, desde que a providência se alinhe aos anseios do direito material. Essa situação antes comprova a relevância do direito material (e da ação material) na solução do problema. Como diz Daniel Mitidiero: "trata-se uma atualização concreta da carga eficacial da ação e da sentença, autorizada expressamente pelo legislador em face desse ou daquele sucesso histórico eventualmente atendível no cotidiano da vida forense. Aliás, não fosse por força do direito material, em função do que se estaria a ordenar ou executar? Lembramos que o direito à tutela jurídica e a 'ação' são entes abstratos, com o que, evidentemente, não podem carregar um conteúdo diferente nessa ou naquela situação".[53]

Nesse entendimento preconizado por Daniel Mitidiero, portanto, se constata a presença das cinco eficácias nas ações de direito material.

Fabio Cardoso Machado, defensor da teoria dualista de Pontes de Miranda, todavia, concorda que a ação condenatória não expressa ação material, pois "não expressa ação capaz de satisfazer direito algum".[54] Assim, defende o abandono do sistema da condenação, com vistas justamente a aprimorar o mecanismo de tutela de direitos, substituindo a sentença condenatória por uma "sentença que ostente

---

[50] BAPTISTA DA SILVA, 2008, p. 184.

[51] A propósito: TESHEINER, [2009?]

[52] Cf. MITIDIERO, 2006, p.133-134. Entendendo pela existência de ação material declaratória e constitutiva (e também executiva, mas excluindo a existência de ação material condenatória e mandamental): MACHADO, 2006, p. 162-163.

[53] MITIDIERO, op. cit., p. 135.

[54] MACHADO, 2006, p. 158; MACHADO, Fábio Cardoso. *Jurisdição, condenação, e tutela jurisdicional*. Rio de Janeiro: Lumen Juris, 2004, p. 100.

forte conteúdo executivo", ou seja, uma "sentença executiva". Segundo afirma, o fato da medida que espelha uma ação material revelar-se mais eficaz (sentença executiva), justamente comprova a utilidade da categoria.[55]

Além disso, Fabio Cardoso Machado entende que a sentença mandamental também não corresponde a nenhuma "ação mandamental material", eis que "o mandamento não expressa um agir capaz de satisfazer por si, independentemente de algum comportamento voluntário, o direito do autor".[56] Todavia, nesse caso, propõe a utilização e mesmo a generalização da tutela mandamental, pois "apesar de sua incapacidade para realizar qualquer ação de direito material", revela-se um instrumento eficaz na tutela dos direitos, eis que, quando dissuasiva, provoca efeito equivalente à realização da ação material. Importante frisar que é a perspectiva da satisfação do direito material que recomenda a utilização ou não da eficácia mandamental, assim como as demais.[57]

Conforme entende Marinoni, a categoria da ação de direito material, cuja existência não nega, tem o mérito de evidenciar "a necessidade da ação processual se moldar a partir do direito material". Todavia, conforme já referido, o processualista prefere trabalhar com a noção de formas de tutela do direito material, eis que as considera mais adequadas ao direito contemporâneo, além de comprometidas com o Estado constitucional e com os direitos fundamentais. Em síntese, entende que o conceito que propõe é o que melhor atende às relações entre direito material e ação, eis que evidencia que a ação processual, embora abstrata, deve ser adequada às formas de tutelas prometidas pelo direito material.[58] Ademais, a ação de direito material não explica a tutela dos interesses difusos, pois, *v. g.*, todos são titulares do direito ao meio ambiente, mas ninguém possui ação de direito material contra o poluidor, na medida em que o direito tem que ser exercido pelo ente legitimado.[59]

Afirma, ainda, que a sentença condenatória, *v. g.*, não presta tutela do direito material. Em outras palavras, no plano material, ninguém possui pretensão à tutela condenatória (pode-se possuir pretensão a tutela ressarcitória). A propósito disso, salienta inclusive que o direito de ação não pode se contentar com a condenação, uma vez que essa depende da prática de atos executivos.[60] Em síntese, entende que as sentenças condenatória, mandamental e executiva não existem no plano material, razão pela qual as tutelas dos direitos são inclusive facilmente separadas das sentenças. Por outro lado, as sentenças declaratória e constitutiva correspondem

---

[55] MACHADO, 2006, p. 159; MACHADO, 2004, p. 187-189.

[56] MACHADO, 2006, p. 160.

[57] Ibid., p. 161.

[58] MARINONI, 2006a, p. 243-245.

[59] Ibid., p. 248.

[60] Ibid., p. 230-231.

exatamente às tutelas declaratória e constitutiva, essas sim existentes também no plano material.[61]

Na concepção de Marinoni, Pontes "utilizou categorias processuais para aludir às eficácias das ações de direito material", tentando conjugar as eficácias da ação de direito material com o processo. Por essa razão, entende que não se pode admitir que uma ação material possa vir a ser, *v. g.*, condenatória ou mandamental. Além disso, considera que o critério de classificação não é uniforme.[62] Aliás, a condenatória seria a confissão de que a forma processual está participando da ação material.[63] Para o processualista, a classificação da tutela dos direitos, no plano material, se preocupa apenas com os resultados nesse plano, como, *v. g.*, tutela ressarcitória ou inibitória.[64]

Cumpre, ainda, destacar novamente o pensamento de José Maria Rosa Tesheiner, o qual reconhece a existência da ação de direito material, diante do fato de que, excepcionalmente, o ordenamento jurídico permite a autotutela, tal como homologação de penhor legal (art. 84, CPC) e embargo extrajudicial (art. 935, CPC), ainda que se homologue o ato em juízo posteriormente. Com efeito, questiona Tesheiner a utilidade da ação material, a qual, segundo afirma "é exercida através do processo", ressalvando inclusive que no caso das declaratórias, constitutivas e condenatórias, nem mesmo se vislumbra a sua ocorrência (a ação material corresponde apenas às ações mandamentais e executivas). De qualquer sorte, no escólio de Tesheiner, uma vez proposta a ação processual, pode-se "ignorar qualquer ação de direito material que hipoteticamente pudesse existir". A ponte entre o direito material e o processo é feita pela causa de pedir e pedido.[65]

Recorremos, então, a Pontes de Miranda, que entre nós foi quem desenvolveu o conceito de ação material e a classificação quinária. Em sua obra, pela própria referência que faz quando trata da classificação quinária, verifica-se que o objeto de sua classificação diz respeito à ação material, de acordo com a sua eficácia preponderante,[66] ou a sentença,[67] também segundo a eficácia preponderante, tendo em vista que nenhuma ação ou sentença é pura. Pontes de Miranda ilustra seu pensamento quando refere a "espectração de efeitos" das ações ou sentenças, salientando que as vê "por fora, com as suas características exteriores, mas também por dentro".[68]

---

[61] MARINONI, 2006a, p. 224-225.

[62] Ibid., p. 246.

[63] Ibid., p. 247.

[64] Ibid., p. 247. Registre, todavia, que segundo Ovídio a inibitória insere-se na classe das mandamentais "e serve para uma imensa quantidade de pretensões e ações materiais" (BAPTISTA DA SILVA, 2008, p. 218).

[65] TESHEINER, [2009].

[66] A propósito, de suma importância ao entendimento da classificação de Pontes de Miranda registrar que todas as ações e sentenças apresentam as cinco eficácias e o critério de classificação dá-se pela eficácia preponderante.

[67] PONTES DE MIRANDA, 1970, p. 197 *et seq.*

[68] Ibid., p. 117 *et seq.*

A propósito, em certa passagem, aduz: "os efeitos próximos, de direito privado, ou publico, e os efeitos reflexos", são os utilizados para classificar as ações e as sentenças.[69] Por outro lado, para Pontes de Miranda: "Em todo o direito, pretensão, ação ou exceção, tem-se como incluído o elemento poder de revelar-se, se alguém obsta ou dificulta ou nega revelabilidade. Esse poder de revelar-se é *actio* e corresponde ao conteúdo favorável da sentença quando se exerce a pretensão à tutela jurídica".[70] Desse modo, a ação material não se pede, pois se tem,[71] "pede-se que se declare, se constitua, se condene, se mande ou se execute".[72] Assim, "a sentença há de corresponder à petição, pois é a petição que lhe determina a classe e a medida".[73]

Além disso, consideramos muito importante a constatação segundo a qual Pontes de Miranda não restringe à classificação ao plano material, embora a ação material, segundo a eficácia preponderante, faça parte da construção de sua classificação quinária. Basta verificar a seguinte passagem: "o conceito de ação, a classificação das ações por sua eficácia, tudo isso consulta o direito material, porque o fim precípuo do processo é a realização do direito objetivo. Na própria classificação das ações e das sentenças, o direito processual tem de atender à eficácia das ações segundo o direito material. A margem de liberdade que se lhe deixa é pequena, mas existe".[74] Ou seja, se o direito processual deve consultar o direito material, com margem de liberdade pequena, significa dizer que a classificação está no plano processual.

Aliás, Pontes de Miranda afirma expressamente que a classificação é função do direito processual.[75] Além disso, considera que "a força da sentença é estatal, não há dúvida; mas estatal processual, e não material".[76] Por essa razão, parece-nos lícito interpretar que a classificação está no plano processual, de modo que esse plano pode exercer alguma influência em relação à ação material, ainda que essa influência seja limitada. Nesse ponto, importante salientar que a classificação de Pontes de Miranda também é atribuída às sentenças, ato processual por excelência. Portanto, tem caráter processual e, mais precisamente, situa-se em verdadeiro ponto de "confluência" do direito processual com o direito material, de modo que a ação material integra a função e a estrutura da classificação, ou mesmo o seu objeto, mas o resultado da classificação da própria ação material também sofre influência do processo.

---

[69] PONTES DE MIRANDA, 1970, p. 172.

[70] Ibid., p. 67.

[71] Aqui teria sido mais claro se tivesse utilizado a locução: "pois se afirma ter", ao invés de "pois se tem".

[72] PONTES DE MIRANDA, op. cit., p. 289.

[73] Ibid., p. 292.

[74] Ibid., p. 126.

[75] Ibid., p. 126.

[76] Ibid., p. 251.

Clareando o entendimento sobre a classificação, Clóvis do Couto e Silva chama a atenção para o fato de que a classificação de Pontes de Miranda desborda o critério "gênero" e "espécie", onde as diferenças nem sempre aparecem com nitidez, passando a tratar das distinções entre as eficácias preponderantes, cujo critério "não é comum nas ciências do espírito, especialmente no direito", o que se revelou uma grande contribuição.[77] Além disso, Couto e Silva destaca o importante papel da "análise espectral" feita por Pontes de Miranda, que corresponde à análise interna das ações, e não a análise externa, que distinguia apenas três espécies, conferindo o mesmo tratamento a efeitos absolutamente diversos.[78]

Com efeito, para que a classificação da *eficácia da ação material* seja aceita, é preciso que se admita a presença da ação material em todas as classes, inclusive nas ações condenatórias, conforme solução coerente a que chegou Daniel Mitidiero,[79] ao considerar que o agir para a satisfação pressupõe uma ação normativa, de modo que a ação material corresponde às cinco eficácias. Caso contrário, poder--se-ia incorrer em contradição, ao se classificar cinco eficácias das ações de direito material e, ao mesmo tempo, considerar que determinada ação, *v. g.*, a ação condenatória, tem caráter unicamente processual e, por conta disso, não representa uma ação material. Ou seja, nesse caso a contradição estaria em que umas das classes, produto da classificação, não comporia o objeto classificado.

De resto, talvez se possa explicar a classificação de Pontes de Miranda pelo argumento de que as ações contêm todas as cargas de eficácia, e o critério de classificação considera apenas a eficácia preponderante. Em outras palavras, existe

---

[77] COUTO E SILVA, 1988. Pede-se vênia para transcrever as palavras de Clóvis do Couto e Silva, de forma exaustiva, pela singular importância ao presente estudo, a saber: "a particularidade da teoria de Pontes de Miranda está em classificar, segundo a sua eficácia, as ações ou sentenças, tomando em consideração, sobretudo, o efeito principal [...] como elemento explicativo, especialmente para aferir diferenças entre eficácias, pode ser da mais alta relevância. A percepção fica muito mais clara e as diferenças, que nem sempre aparecem na simples classificação por gênero e espécie, tornam-se mais evidentes. Poucos autores tiveram uma noção da existência de efeitos preponderantes em matéria de teoria das ações. No geral, essa visão se relaciona, apenas, com os efeitos das ações condenatórias. Nesse sentido, Paul Langheineken foi, talvez, o primeiro a ter essa intuição, ao afirmar que nas ações condenatórias a ordem contida na sentença constitui a parte principal de seu conteúdo e a declaração do direito somente um seu elemento secundário [...] A contribuição de Pontes de Miranda consistiu em inter-relacionar as diversas eficácias das ações segundo um critério de preponderância ou de hierarquia de efeitos que não é comum nas ciências do espírito, especialmente no direito. Para isso, impunha-se uma tarefa preliminar. A análise de todos os tipos possíveis de efeitos das ações ou das sentenças, segundo um critério de preponderância. Nesse ponto reside a sua grande contribuição à teoria das ações, desenvolvida no seu magistral Tratado das Ações [...] Pontes de Miranda utiliza-se do que ele denomina de análise espectral, ou seja, da análise internas das ações e não da análise externa, que via apenas três espécies. A classificação das ações e sentenças em apenas três espécies não levava, como não levou, ao exame rigoroso dos efeitos executivos e mandamentais contidos nas ações e nas sentenças. E o que é pior: deu o mesmo tratamento a efeitos absolutamente diversos [...] É que muitos autores não percebem que é necessário analisar a hierarquia dos efeitos, sem o que a classificação perde em certeza e se reduz a uma simples opinião. Esse critério de hierarquia, de prevalência, foi adotado por Pontes de Miranda no exame das ações declaratórias, condenatórias, constitutivas e mandamentais, estabelecendo com clareza exemplar conceitos que permanecem confusos ainda entre os melhores autores".

[78] Ver também: PONTES DE MIRANDA, 1970, p. 117 *et seq.*

[79] Nesse sentido: MITIDIERO, 2006, p.133-134. Todavia, importante salientar que em estudo anterior, também em posição de coerência, porém com solução diversa, Daniel Mitidiero sustentou classificação quaternária das ações, pois justamente não reconheceu a ação material condenatória, então entendida unicamente de cunho processual (Cf. MITIDIERO; ZANETI JÚNIOR, 2004, p. 106-108).

eficácia da ação material nas cinco classes, tanto que estão sendo classificadas, mesmo que a ação material, por vezes, não corresponda à eficácia preponderante – o que, em termos lógicos, é possível, pois, quando se diz, *v. g.*, que uma ação é condenatória, se está dizendo, em verdade, que a eficácia preponderante de uma determinada ação material é condenatória, e não que aquela ação é somente condenatória (pois, ao final e ao cabo, a condenação é uma etapa à obtenção da satisfação que ocorre mediante a ulterior execução, essa sem dúvida uma ação material). Advirta-se que as eficácias não são puras e cada uma delas contém todas as outras (as cinco eficácias sempre estão presentes).

Por outro lado, conforme demonstrado, a classificação de Pontes de Miranda é processual, como o próprio jurista admite, e complexa, como revela Clóvis do Couto e Silva; de modo que a inclusão das cinco eficácias considera também o resultado da atividade jurisdicional a partir do pedido da parte, caso em que a classificação leva em consideração elementos materiais e processuais, em verdadeira *assimetria*. A propósito, interessante notar que a circunstância de desbordar o critério "gênero" e "espécie", que para Clóvis do Couto e Silva é o grande mérito de Pontes de Miranda, é justamente o que lhe gera tantas críticas na doutrina, como as mencionadas nesse estudo, diga-se de passagem, não sem fundamento a julgar-se pelos métodos de classificação usualmente aceitos pela ciência, conforme se referiu. Na verdade, Pontes de Miranda partiu do dado da realidade e da experiência normativa de onde se extrai as cinco eficácias. Destarte, em defesa da sua tese, poder-se-ia dizer que se a classificação de Pontes de Miranda é complexa, é porque o fenômeno é complexo.[80] Aliás, esse é o seu grande mérito em relação à classificação ternária, que pode ser homogênea, mas deixa escapar parte da realidade.

Feitas tais considerações, cumpre fazer breve apreciação final acerca do objeto da classificação, para que se possa prosseguir a análise.

3.2.2. Apreciação crítica: definição do objeto da classificação: eficácias das ações, sentenças, tutelas ou demandas

Nesse passo, recorde-se que o problema consiste em saber se o objeto da classificação quinária diz respeito às eficácias das ações e sentenças, das tutelas ou das demandas.

Em que pesem as divergências, algumas delas referidas nesse trabalho, acerca da utilidade da ação material ou da própria aceitação da tese dualista da coexistência dos planos de Pontes de Miranda, nossa opção consiste em ampliar o espectro da classificação, não em restringi-lo. Assim, ressalvadas as diferenças dos pontos de vista apresentados, no que são inconciliáveis, ou mesmo as críticas

---

[80] Como diz Pontes de Miranda: "na vida de estudos diários, intensivos, de mais de meio século, nunca encontramos, nem conhecemos qualquer ação ou sentença que não caiba numa das cinco classes. Ciência é livre disponibilidade de espírito: o cientista há de ter grande alegria em descobrir o erro em que estava, ou em acrescentar algo novo à sua ciência" (PONTES DE MIRANDA, 1970, p. 126).

em relação à ausência de uniformidade de critérios da classificação tradicional, como será tratado a seguir; quanto ao objeto, afigura-se possível compreender todas as categorias referidas, no sentido de classificar ações, sentenças, tutelas ou demandas, segundo os mesmos critérios,[81] sem que haja descaracterização ou comprometimento da classificação, cuja finalidade, sobretudo, consiste em distinguir as eficácias, as quais acabam sendo a tônica da classificação.

De resto, nem seria preciso dizer que não se está desconsiderando as diferenças existentes entre ação, sentença, tutela e demanda. Entretanto, apenas para fins da classificação da eficácia, entendemos que tais categorias possuem identidade ou homogeneidade suficiente para constarem agrupadas na classificação, de modo a ser utilizada uma ou outra categoria, conforme o contexto.

A propósito, *v. g.*, Eduardo Talamini classifica, indistintamente, as categorias da tutela, ação ou sentença, a partir do seu conteúdo e eficácia.[82] Na Itália, *v. g.*, Mauro Bove classifica as tutelas, mas trata do direito de ação inclusive como o meio de obter-se a tutela jurisdicional.[83] A bem da verdade, as alternativas de objeto propostas, em razão da estrutura e função que representam ao processo e da proximidade umas das outras, são altamente relacionáveis ou mesmo empregadas como sinônimos, nesse último caso deixando-se de lado algumas precisões conceituais.[84] De resto, importante ressalvar a impossibilidade de classificar-se a ação abstrata, pois sendo abstrata e uniforme, não há distinção a ser feita.[85]

Em suma, entendemos possível utilizar a classificação das eficácias, tanto em referência às ações, sentenças, tutelas[86] ou demandas.

Em vista disso, atentos à nossa proposta, entendemos que cumprimos o objetivo de apresentar alguns dos pontos de vista mais restritivos acerca do objeto da classificação das eficácias, de modo que caberá ao leitor fazer a opção por algum deles, se assim entender.

3.3. CRITÉRIO DA CLASSIFICAÇÃO: PROCESSUAL, MATERIAL OU MISTO?

Importante questão a ser investigada em matéria de classificação das eficácias, seja ternária ou quinária, consiste em saber em que plano do direito se situa

---

[81] A propósito, já em Pontes de Miranda os efeitos das ações classificam-se ao lado dos efeitos da sentença, sem que tal fato tenha comprometido a classificação.

[82] TALAMINI, Eduardo. *Tutela relativa aos deveres de fazer e de não fazer:* CPC, art. 461; CDC, art. 84. São Paulo: Revista dos Tribunais, 2001, p. 186-211, passim.

[83] BOVE, 2006, p. 8-26.

[84] Veja-se, *v. g.*, que segundo José Roberto dos Santos Bedaque "a classificação da ação e do processo é feita em função da tutela preiteada pelo autor" (BEDAQUE, 2007, p. 510).

[85] Ver CINTRA; GRINOVER; DINAMARCO, 1993, p. 223. Consta a seguinte passagem: "É verdade que uma classificação das ações, mesmo por esse critério estritamente processual, não se compadeceria com a teoria abstrata da ação, considerada em sua pureza."

[86] A propósito, veja-se que mesmo Pontes de Miranda também utiliza o termo quando trata do direito à tutela jurídica pelo Estado (Cf. PONTES DE MIRANDA, 1970, p. 229 *et seq.*).

o critério ou os critérios utilizados para distinguir as eficácias. Também é possível indagar em que plano do direito se situa a própria classificação das eficácias.

Isso porque, utilizar uma determinada classificação implica acatar os respectivos critérios que não foram expressamente ressalvados, o que não é diferente em relação, *v. g.*, à classificação quinária, cuja utilização implica aceitação do seu critério pela eficácia preponderante, que consulta ao direito material; a menos que se proponha um novo critério, a exemplo de Carlos Alberto de Oliveira.

Portanto, a questão que se coloca consiste em saber em qual dos planos do ordenamento jurídico (material ou processual) estão os elementos que determinarão se a eficácia será preponderante mente declaratória, constitutiva, condenatória, mandamental ou executiva? Trata-se de um critério exclusivamente processual ou material? Ou trata-se de um critério processual que leva em conta a relação de direito material subjacente?[87]

Celso Agrícola Barbi, *v. g.*, não esclarece a questão, quando afirma que a classificação tem como critério a "garantia jurisdicional prestada", qualificando as sentenças como um ato de vontade do Juiz.[88]

Todavia, para Cândido Rangel Dinamarco, adepto da classificação ternária, a classificação das ações em declaratória, constitutiva e condenatória "tem o mérito de ser puramente processual, evitando os critérios herdados da tradição romana e impregnados de elementos inerentes ao direito subjetivo afirmado pelo autor".[89] No mesmo sentido, Teresa Arruda Alvim Wambier afirma que "hoje em dia, as sentenças classificam-se, de uma maneira mais geral, a partir de critérios de natureza eminentemente processual". Esse critério processual, segundo entende a processualista, corresponde à classificação da espécie de tutela jurisdicional que é prestada pelo Poder Judiciário no tocante aos pleitos que lhe são endereçados, de modo que cada sentença tem seus pressupostos predeterminados.[90]

Destaca-se, ainda, que Humberto Theodoro Júnior classifica as ações, na pura ótica processual, em ações de cognição, de execução e cautelares. Com efeito, partidário da classificação ternária das ações (uma vez que entende que as mandamentais e executivas *latu sensu* são subespécies da condenatória), observa que

---

[87] A propósito, tratamos do assunto in ABREU, Leonardo Santana de. Recentes reformas do código de processo civil: A classificação da eficácia das ações e sentenças na perspectiva reformista. *Revista Jurídica,* v. 56, n. 363, p. 87-109, jan. 2008.

[88] BARBI, Celso Agrícola. *A ação declaratória no processo civil brasileiro.* Belo Horizonte: José Bushatsky, 1955, p. 139-140.

[89] DINAMARCO, 2005, p. 202. Com efeito, que o autor, mesmo atribuindo critérios unicamente processuais à classificação das ações ou sentenças, entende que "não é tão grande como se pensou a distância entre o processo e o direito e que o primeiro, tocado pelos ventos da instrumentalidade bem compreendida, acaba por afeiçoar-se às exigências deste" [...] É indispensável, agora, relativizar o binômio direito-processo, para a libertação de velhos preconceitos formalistas e para que do processo se possam extrair melhores proveitos" [...] "O ideal do processo é a plena aderência de suas formas e soluções ao direito material" (DINAMARCO, 2003, p. 332-333; p. 227).

[90] WAMBIER, Teresa Arruda Alvim. *Nulidades do processo e da sentença.* 6. ed. São Paulo: Revista dos Tribunais, 2007, p. 91.

as ações cognitivas costumam ser desdobradas em condenatórias, constitutivas e declaratórias. Porém, no tocante a classificação das eficácias, admite a influência da solução de direito material encontrada pelo provimento jurisdicional.[91]

Conforme já mencionado, Carlos Alberto Alvaro de Oliveira desacolhe o próprio conceito de ação material e, portanto, também não reconhece vínculo entre a ação material e a eficácia da tutela jurisdicional. De outro lado, tampouco concebe o critério que determina a eficácia da tutela como sendo puramente processual. Para o processualista, "a eficácia material das decisões jurisdicionais não se assenta na normatividade do direito privado, mas é o resultado do que a jurisdição desenvolve na esfera material das partes [...] por força própria, isto é, em razão da imperatividade das suas decisões, com base na normatividade que governa a jurisdição".[92] Argumenta, ainda, que "a atividade do juiz, embora apoiada no direito material, apresenta eficácia e efeitos diversos aos do plano do direito material, porque o comando sentencial é munido de atributos próprios da soberania".[93]

Destarte, sustenta Carlos Alberto Alvaro de Oliveira que o pedido imediato, enquanto ponto de confluência entre o direito material e processual, contém a tutela jurisdicional almejada (declaração, condenação, constituição, mandamento, execução), estreitamente vinculada à lesão ou ameaça afirmada pelo autor. Nas suas palavras:

> A tutela é dispensada sempre levando em conta o pedido imediato (processual) e o pedido mediato (o bem da vida, na linguagem de Chiovenda). E é por isso que, embora sob diversas visualizações, fala-se que na sentença de mérito unem-se o direito processual e o material, ou que a mais estreita vinculação entre o direito processual e o material está na sentença, que possibilita a transição do processo no domínio da vida, do direito material. Passa-se, assim, da tutela jurisdicional para a tutela do direito, mas em outro nível qualitativo, porque coberto o comando judicial pelo manto da coisa julgada, gozando da imperatividade própria da soberania que impregna a jurisdição.[94]

E ressalta o processualista: "O ponto é importante porque afasta a confusão entre os dois planos. A tutela condenatória ou executiva, por exemplo, é tutela jurisdicional (plano processual); a tutela reparatória já consiste na tutela do direito (plano material)".[95]

Veja-se que Carlos Alberto entende que "a situação jurídica material alegada pelas partes servirá ainda de parâmetro para a investigação probatória, quando esta se fizer necessária, e constituirá a matéria prima com que trabalhará o juiz na sentença".[96] Além disso, considera que a classificação não está vinculada apenas a fatores processuais, eis que a ação abstrata não pode ter diversos conteúdos, além

---

[91] THEODORO JÚNIOR, 2005, p. 27.

[92] OLIVEIRA, 2008, p. 85-86.

[93] Ibid., p. 89.

[94] Ibid., p. 95-96.

[95] Ibid., p. 96.

[96] Ibid., p. 98.

do que não leva em conta que o procedimento reage ao direito material assumindo dimensões diversas.[97] Nesse sentido, o pedido imediato (declarar, condenar, constituir, mandar, executar) é um ponto de confluência entre os planos, assim como a lesão afirmada pertence ao direito material, de modo que a eficácia da sentença não tem caráter puramente processual.[98]

Todavia, ainda que considere que "o direito material constitui a matéria-prima com que irá trabalhar o juiz", Carlos Alberto Alvaro de Oliveira entende que o agir do juiz não se equipara ao agir do particular, em razão da "natureza diferenciada da tutela jurisdicional" e ao fato de que se destina a reconstruir a realidade e não apenas reproduzi-la, de modo que o provimento jurisdicional apresenta eficácia distinta do direito material, com o selo da autoridade estatal. "Tanto é assim que declarar, condenar, constituir, executar ou mandar são verbos que não constam do repertório do direito material. Este fala em indenizar, resolver contrato, em renúncia de direito, etc.".[99] De resto, a tutela jurisdicional prestada dependerá do pedido feito pelo autor, das exceções opostas pelo réu, sem contar que uma determinada relação de direito material pode gerar demandas diversas. Ademais, ao prestar a tutela jurisdicional, o juiz deve atender os princípios da efetividade e segurança.[100]

Assim, Carlos Alberto Alvaro de Oliveira, lembrando o fato de o autor escolher o tipo de tutela pretendida a partir de determinada situação, *v. g.*, declaratória ou condenatória, conclui que o direito material e a ação material não se afiguram decisivos na definição da tutela; senão os elementos vinculados a própria tutela, em que se incluem, entre outros, o principio dispositivo (liberdade de dispor sobre o direito); da demanda (estabelece vinculação entre o pedido e a sentença); da adequação (conformação do processo à realização do direito material); além da segurança e efetividade.[101]

Interessante ressaltar, outrossim, que as diferentes formas de tutelas previstas no ordenamento pátrio e objeto da classificação apresentada, em razão da própria instrumentalidade do processo, como diz Carlos Alberto, estão vinculadas às "exigências de satisfação do direito material".[102] Vaja-se que o processualista,

---

[97] OLIVEIRA, 2006c, p. 45-46.

[98] Ibid., p. 46.

[99] OLIVEIRA, 2006c, p. 50-51. O argumento é também defendido por Guilherme Rizzo Amaral, quando afirma que "a lição é clara: não houvesse o monopólio da jurisdição pelo Estado, não haveria, nas relações privadas, uma ação do particular equivalente à declaração que hoje se tem pela via jurisdicional estatal" (AMARAL, 2006, p. 122-124).

[100] OLIVEIRA, 2006c, p. 50-51. No mesmo sentido: OLIVEIRA, 2006b, p. 104-105.

[101] Com essas ponderações, Carlos Alberto Alvaro de Oliveira empresa relevância aos fatores relacionados à própria tutela: OLIVEIRA, 2006b, p. 106-107.

[102] A colocação completa do processualista é a seguinte: "De qualquer modo, não se pode esquecer que às diferentes exigências de satisfação do direito material correspondem, no sistema jurídico brasileiro, diferentes formas de tutelas jurisdicional expressamente previstas no CPC, arts. 4º (declaratória), 461 (mandamental), 461-A (executiva lato sensu), 475-J (condenatória). Essa constatação mostra quão perigoso pode ser importar doutrinas estrangeiras, inspiradas em outros sistemas jurídicos" (OLIVEIRA, 2008, p. 141).

DIREITO, AÇÃO E TUTELA JURISDICIONAL

apesar de fixar sua classificação no processo, não deixa de prestar a devida homenagem ao direito material.[103]

A propósito, no ponto, Guilherme Rizzo Amaral sustenta que a teor do art. 461-A do Código de Processo Civil, pode o juiz ordenar a entrega (mandar) ou determinar a busca e apreensão (executar), o que tornaria impossível a definição *a priori* se a demanda é mandamental ou executiva. Com efeito, argumenta que o fato de a eficácia não estar nem na ação material, nem na ação abstrata, não significa que não esteja no direito material nem no processo: "a eficácia se apresenta apenas como uma forma de tutela jurisdicional, outorgada a quem tenha razão, seja o autor, seja o réu (sentença declaratória negativa). Está, portanto, no plano processual, mas não atrelada diretamente à ação processual, senão aos provimentos jurisdicionais".[104]

Noutra perspectiva, tem-se, por exemplo, a classificação de Ovídio, que expressamente repudia o critério unicamente procedimental ou formal das sentenças, mas leva em consideração justamente o conteúdo.[105] Nesse sentido, aduz que "a indagação que procura determinar em que 'consiste' uma sentença, diz respeito à busca de seu *ser*, não de sua morfologia", o que não é possível fazê-lo a partir de um aspecto formal e sim a partir das eficácias, próprias de cada classe.[106] Com isso, revela-se o seu núcleo sem excessiva preocupação com o aspecto exterior e procedimental.[107]

Em vista disso, Ovídio argumenta que as eficácias diferem entre si em razão da natureza do direito material posto em causa e nada tem a ver com a relação processual, enquanto tal. Sustenta que uma ação será declaratória, ou constitutiva, ou

---

[103] Para melhor ilustrar a classificação do jurista Carlos Alberto Alvaro de Oliveira, vale a pena transcrever-se sua própria síntese, que é autoexplicativa: "Em suma: a) a tutela declaratória tem por finalidade certificar a existência de determinada relação jurídica, emprestando-lhe certeza. Nela predomina a norma de segurança; b) a tutela condenatória tem por finalidade satisfazer a obrigação de pagar. Nela predomina a norma de segurança; c) a tutela constitutiva tem por finalidade satisfazer os direitos potestativos. Nela predomina o valor segurança; d) a tutela mandamental tem por finalidade satisfazer as obrigações de fazer e não fazer e os deveres de abstenção. Nela predomina a norma de efetividade; e) a tutela executiva *lato sensu* tem por finalidade satisfazer as obrigações de dar e os deveres de restituir. Nela predomina a norma da efetividade. Advirta-se, ainda, que os verbos (declarar, condenar, constituir, mandar e executar) são simbólicos, compreendem uma série de consequências; em termos jurídicos, abrangem a eficácia preponderante e resumem os efeitos internos ou externos daí decorrentes" (cf. OLIVEIRA, 2008, p. 140).

[104] AMARAL, 2006, p. 125-126.

[105] BAPTISTA DA SILVA, 2008, p. 250. A propósito, é imperioso referir largo entendimento doutrinário que restringe o conteúdo da sentença, a saber: "Muitos escritores supõem que o "conteúdo" das sentenças se resuma apenas em seu efeito declaratório, ou no efeito declaratório mais o constitutivo, excluindo de seu núcleo, por exemplo, os efeitos executivo e mandamental, que passaria a ser "efeitos secundários" da sentença – e pois, para essa concepção, externos à demanda – de modo que a executividade enquanto eficácia do julgado e o subsequente efeito por ela produzido, seriam resultado da sentença como fato e não mais como ato jurisdicional" (cf. BAPTISTA DA SILVA. Ovídio Araújo. Conteúdo da sentença e coisa julgada. In: *Sentença e coisa julgada: ensaios e pareceres*. 4. ed. Rio de Janeiro: Forense, 2006, p. 165).

[106] BAPTISTA DA SILVA, 2008, p. 254. Nesse aspecto, lembra que Pontes de Miranda foi além, chegando a identificar cada sentença dentro de determinada classe, a partir de suas particularidades e eficácias (Ibid., p. 255).

[107] Ibid., p. 259-260.

condenatória, ainda que ela seja ordinária, sumária ou especial, não porque a relação processual imprima nela tais características, e sim porque a lide no processo tende para um resultado declaratório, constitutivo ou condenatório. Exemplifica o autor que duas demandas, declaratória e constitutiva, processadas pelo rito ordinário, apresentar-se-ão, sob o ponto de vista formal, de forma idêntica. A distinção entre elas somente aparecerá depois de proferida à sentença correspondente às suas respectivas eficácias.[108]

Sustentando o predomínio do direito material, Luiz Machado Guimarães entende que "o critério de classificação das ações em condenatórias, constitutivas e declaratórias não é de caráter processual, por isso que assenta na natureza do direito (material) deduzido em juízo, tal como acontece nas classificações das ações em reais e pessoais, ou em mobiliárias e imobiliárias".[109]

Ressalta Araken de Assis que uma vez que a classificação pauta-se pelo conteúdo ou "objeto litigioso" e, portanto, considera a demanda o seu fundamento, não há dúvida de que repousa no direito material, em que pese uma "taxionomia processual".[110] Destarte, lembra que um dos erros mais comuns em matéria de eficácia é atribuir os efeitos exclusivamente ao processo, quando, na verdade, basta observa-se a hipótese de não haver litígio e os efeitos aparecerão no seu âmbito natural, da mesma forma[111] (isto é, de forma declaratória, constitutiva, condenatória, mandamental ou executiva). A eficácia das ações (ou sentenças) se distingue "em decorrência da estrutura e da função do direito material posto em causa".[112]

Segundo José Roberto dos Santos Bedaque, todo o provimento definitivo produz efeitos "diversos segundo a natureza do direito declarado", de modo que a classificação das eficácias assenta-se "na natureza do direito material" e não é "puramente processual".[113]

Não por outra razão, a natureza da tutela jurisdicional do direito preconizada por Marinoni, compreendida no plano material, constitui um dos fatores determinantes da dimensão da controvérsia do processo, da produção probatória, dos limites da cognição do Juiz, da definição da sentença e do meio executivo idôneo, com vistas à obtenção de uma tutela jurisdicional adequada.[114]

Assim, a extensão dos modelos de provimento jurisdicionais destinados a prestar tutela "é ditada pelo direito material, a quem incumbe determinar quais são os efeitos substanciais que podem e que não podem ser produzidos".[115] Observe-se

---

[108] BAPTISTA DA SILVA, 1996, p. 131.

[109] MACHADO GUIMARÃES, 1969, p. 175.

[110] ASSIS, 2002, p. 88-89.

[111] ASSIS, Araken de. *Cumprimento de sentença*. Rio de Janeiro: Forense, 2006, p. 8.

[112] Ibid., p. 12.

[113] BEDAQUE, 2006, p. 31; BEDAQUE, 2007, p. 522.

[114] MARINONI, 2006a, p. 228.

[115] YARSHELL, 2006, p. 149.

as palavras de Flavio Luiz Yarshell, referindo-se a classificação das tutelas declaratória, constitutiva e condenatória, a saber:

> a referida sistematização procura levar em conta um dado essencialmente processual, ou seja, a natureza do provimento ou a natureza dos efeitos processuais daí decorrentes. Embora isso seja cientificamente correto, essa pureza não se sustenta – ou ao menos não se satisfaz plenamente – porque assim como não se completa o pedido imediato sem o mediato, não há como pensar no resultado do processo – exatamente por ser ele instrumental – sem a conjugação das eficácias processual e material do provimento final.[116]

Veja-se que para Flávio Luiz Yarshell as tutelas declaratórias e constitutivas são atípicas do ponto de vista processual, o que significa dizer que sua tipicidade é remetida ao direito substancial.[117] No mesmo sentido, a tutela condenatória é tipificada pelo direito material, pois é esse que "ditará quais as prestações devidas ao credor e, portanto, imponíveis ao devedor pelo provimento judicial", ou seja; os efeitos do ato jurisdicional são determinados pelo direito material.[118]

Como observa Sérgio Muritiba, não fosse a utilização de elementos do direito material e a eficácia que a sentença produz, não seria possível diferenciar uma sentença declaratória de uma sentença condenatória, pois em seu núcleo, ambas contêm declaração e um direito à prestação.[119] No entanto, considera que o critério para a classificação das ações e das sentenças é processual, a partir da observação de que dizem respeito a modelos criados para produzir determinados efeitos, cuja técnica destinada à obtenção dos resultados provém do direito processual. Não obstante, admite que a técnica "pressupõe os tipos mais ou menos uniformes de pretensões materiais e cria categorias que as viabilizem". Além disso, porquanto constituem a viabilização dos direitos, "são estes que lhe fornecem a sua adequação".[120]

De resto, em que pese utilizar um critério "processual", Sérgio Muritiba questiona o critério, também processual, que tende à universalização dos padrões pretensamente aplicáveis a todas as situações materiais. Para o processualista, essa visão incorre em duas abstrações: a primeira em imaginar que todas as situações materiais se enquadrariam em seus critérios cada vez mais abrangentes; a segunda, sob a ótica processual, em desconsiderar que as categorias processuais são concebidas justamente em função da pretensão material, a qual necessita de determinada tutela jurisdicional.[121] Para completar, admite de forma cristalina a influência do direito material: "Na verdade, apesar de iniciarmos nossos estudos pelo ângulo do conteúdo e eficácia processual, acreditamos que somente após observar a pretensão material é que se torna possível ao magistrado praticar o ato

---

[116] YARSHELL, 2006, p. 150.

[117] Ibid., p. 152-159.

[118] Ibid., p. 169-171.

[119] MURITIBA, 2005, p. 198.

[120] Ibid., p. 35-36.

[121] Ibid., p. 188.

processual que se tornará o conteúdo capaz de dar ao provimento a eficácia processual previamente imputada e adequada".[122]

Outro ponto importante é que a tutela processual é prestada a partir de modelos preconcebidos, os quais levam em conta todas as pretensões possíveis que o direito material possa conferir a alguém. Perfeitamente possível, outrossim, que o ordenamento jurídico coloque a disposição duas ou mais técnicas cabíveis em tese para uma mesma situação. De qualquer sorte, a forma como o direito subjetivo, a pretensão e a ação material são afirmados em juízo, assim como o pedido, constituem baliza definidora da tutela jurisdicional a ser prestada.[123]

Em síntese, para Sérgio Muritiba, as eficácias compreendem classificação própria do plano processual, as quais inclusive dizem respeito à estrutura e função do processo, entretanto, para a sua definição, é imperioso observar-se o direito material em questão.[124]

Segundo o entendimento de Pedro Henrique Pedrosa Nogueira, o direito processual regula o modo e a forma como as eficácias das ações são exercidas em juízo, porém é o direito material que prescreve a eficácia preponderante das ações. Em outras palavras, só é possível afirmar se uma sentença é declaratória, *v. g.*, depois de verificada a pretensão deduzida em juízo. Desse modo, o pedido deduzido em juízo (que corresponde justamente ao direito subjetivo, pretensão e ação material afirmados pelo autor) é que revela a natureza da sentença de procedência.[125] Observe-se, a propósito, as palavras do autor em passagem de sua obra:

> Primeiramente, deve-se reafirmar que a eficácia preponderante das ações de direito material não está estabelecida pelas normas processuais. O direito processual, dado o seu caráter instrumental, regula o modo e a forma de se realizar as ações "afirmadas" em juízo.

Com isso não se quer dizer que a sentença, como ato jurídico processual, não produza qualquer efeito de tal natureza. Em verdade, com o julgamento de mérito da demanda, os efeitos (declaratório, constitutivo, condenatório, mandamental e executivo) serão consequência e irradiação da sentença, que declara, constitui, condena, manda e executa. Isso, contudo, não pode significar, ao menos no direito positivo brasileiro, que o direito processual seja capaz de determinar, em cada situação, qual a intensidade dos efeitos que se irradiarão da sentença.[126]

Para fechar as exposições, conforme se colhe do tratado de Pontes de Miranda, as cinco espécies de eficácia seguem a mesma lógica da satisfação no plano do direito material.[127] Com efeito, não há nenhuma ação ou sentença que seja pura.[128]

---

[122] MURITIBA, 2005, p. 200.

[123] Ibid., p. 200-201.

[124] Ibid., p. 203.

[125] NOGUEIRA, 2008, 162-165.

[126] Ibid., p. 163.

[127] PONTES DE MIRANDA, 1970, p. 123.

[128] Ibid., p. 124.

Esclarece o jurista, todavia, que "eficácia é a propriedade de ter força ou efeitos". "A força sentencial corresponde à eficácia preponderante".[129] Por outro lado, a eficácia é a energia que emerge da decisão judicial, a qual pode ou não necessitar de execução para completar-se.[130] Enfim, a eficácia jurídica se refere a toda a mudança que ocorre no mundo jurídico.[131]

Quanto à natureza processual ou material do critério de classificação, as palavras de Pontes de Miranda são esclarecedores:

> Dizer-se que a ação é declarativa, ou constitutiva, ou condenatória, ou mandamental, ou executiva, é função do direito processual, mas é preciso atender-se ao fim do direito processual. O direito processual trata de qualquer delas, ou de classe dela, para lhes apontar o remédio jurídico processual, que pode ser usado pelos autores. As vezes, provê a possíveis cumulações subjetivas ou objetivas, simultâneas ou sucessivas, ou de cognição incompleta para adiantamento de executividade, ou de mandamentalidade, ou de constitutividade. O conceito de ação, a classificação das ações por sua eficácia, tudo isso consulta o direito material, porque o fim precípuo do processo é a realização do direito objetivo. Na própria classificação das ações e das sentenças, o direito processual tem de atender à eficácia das ações segundo o direito material. A margem de liberdade que se lhe deixa é pequena, mas existe.[132]

Observa-se em Pontes de Miranda, portanto, que o critério de classificação das eficácias está situado no ambiente processual, com forte influência do direito material.

3.3.1. Apreciação crítica: interpretação do critério: utilização de elementos processuais e materiais

Feitas tais considerações, o corolário lógico, a nosso ver, consiste em situar a classificação das eficácias das ações, sentenças, tutelas ou demandas no plano processual, porém a definição de cada classe ou eficácia deve respeitar as exigências de tutela direito material subjacente, indiferente esteja-se colhendo os dados na pretensão, na ação material, no pedido ou simplesmente no objeto do processo. Poder-se-ia dizer, em síntese, que se trata de mais um ponto de confluência entre o direito material e o processo. Aliás, por razões semelhantes, diz-se que a sentença é o momento em que o Juiz presta homenagem ao direito material.[133] Em última

---

[129] PONTES DE MIRANDA, 1970, p. 159. Assim, pode-se dizer exemplificando os conceitos de força e efeitos: "a eficácia consistente na força de coisa julgada material da sentença declarativa" ou "a eficácia consistente no efeito de execução da sentença condenatória, efeito que as sentenças declarativas de ordinário não tem" (Ibid., p. 161).

[130] Ibid., p. 160-161.

[131] Ibid., p. 172.

[132] Ibid., p. 126.

[133] Repita-se, novamente, transcrição de lição de Carlos Alberto de Oliveira, já feita nesse trabalho, pela importância também nesse contexto: "Embora sob diversas visualizações, fala-se que na sentença de mérito unem-se o direito processual e o material, ou que a mais estreita vinculação entre o direito processual e o material está na sentença, que possibilita a transição do processo no domínio da vida, do direito material. Passa-se, assim, da tutela jurisdicional para a tutela do direito, mas em outro nível qualitativo, porque coberto o comando judi-

análise, se a prestação jurisdicional é instrumental ao direito material, então o modo como ela vai atuar, decorrência do pedido, encontra suas balizas no próprio direito material, ainda que, como admite inclusive Pontes de Miranda, exista margem nessa conformação.[134]

Em termos de classificação quinária e, sobretudo, em relação à tese de Pontes de Miranda, entende-se desnecessário acrescentar outras justificativas, além das exposições anteriores, para concluir-se que a classificação situa-se no plano do processo e consulta ao direito material. Todavia, o enfrentamento da questão também pode ser construído por outro ângulo.

Primeiramente, é sabido que as decisões do Juiz representam o "produto" do processo e tendem a implantar providências fora do processo que operam *"en el mundo de las relaciones jurídicas sustanciales"*, o que significa exatamente a tutela jurisdicional dos direitos. O processo se extingue, mas o seu produto assume vigência fora do processo, de modo que a declaração, constituição ou condenação (ou as demais eficácias, se for o caso) produzirão seus efeitos no mundo real.[135] Essa aptidão do processo para tutelar o direito material somente se confirma se houver uma convergência entre a tutela pretendida e a tutela prestada, donde se conclui que a eficácia está absolutamente comprometida com o direito material.

O italiano Ugo Rocco, a propósito, ensina que é possível fazer uma distinção da prestação jurisdicional pela

> natura della prestazione richiesta. Sicchè le azioni possono, da un primo punto di vista, distinguersi in relazione alla prestazione, cioè, al provvedimento, che viene richiesto agli organi giurisdizionali.
>
> Ma, poichè ogni prestazione individualizzata, cioè ogni provvedimento richiesto agli organi giurisdizionali, ha per oggetto concreti rapporti giuridici sostanziali, costituenti la materia sulla quale verrà ad operare il provvedimento giurisdizionale richiesto, così il secondo criterio di distinzione sarà determinato dalla natura dei rapporti giuridici, costituenti oggetto del provvedimento richiesto.[136]

Também se pode constatar em Chiovenda essa íntima relação entre direito material e processo, em termos de eficácia. Veja-se a seguinte passagem das instituições:

> de resto, embora a norma processual se comunique por seu próprio objeto com institutos e princípios do direito privado (assim a norma que confere a ação de condenação se refere ao Direito Civil no que respeita ao conceito de crédito e ao estado de inadimplemento...) [...] É mister, portanto, fugir à suposição de que as leis processuais sejam equivalentes as leis formais. A norma que faculta a ação não é, por certo, formal, porquanto garante um bem da vida, que, todavia, não se poderia conseguir fora do processo; mas é processual, visto

---

cial pelo manto da coisa julgada, gozando da imperatividade própria da soberania que impregna a jurisdição" (cf. OLIVEIRA, 2008, p. 95-96).

[134] PONTES DE MIRANDA, 1970, p. 126.

[135] REDENTI, 1957, p. 117-118.

[136] ROCCO, U., 1957, v.1, p. 280.

fundar-se na existência do processo e dela originar-se. Na base de todo complexo de normas reguladoras de uma figura processual (sentença de condenação, sentença declaratória, processo documental monitório, seqüestro, execução de títulos contratuais), encontra-se, expressa ou implícita uma norma (processual), que confere as ações correspondentes, dispondo, por exemplo: o portador de um crédito em estado de inadimplemento tem o poder de pleitear uma sentença condenatória; o credor de uma cambial vencida tem o poder de requerer a execução imediata, e assim por diante. Há, pois, um direito processual substancial e formal.[137]

A propósito, quando Chiovenda se refere à classificação das ações em condenatórias, constitutivas e declaratórias, refere que a ocorrência de um ou outro critério depende justamente do pedido acolhido pela sentença. Ou seja, tem-se aí a causa de pedir e o pedido influenciando na definição da eficácia.[138]

Na mesma esteira, observa-se em Calamandrei:

si el derecho procesal regula la forma y el orden exterior de las actividades que deben cumplirse para poner al órgano judicial en grado de proveer sobre el mérito, el contenido de la providencia de mérito debe ajustarse al derecho sustancial: lo que significa que el derecho sustancial, si en un primer momento se dirige a los individuos que antes y fuera del proceso deberían observarlo, en un segundo momento se dirige al juez que, en su providencia, debe aplicarlo.[139]

Resulta, pues, de cuanto hasta ahora se ha dicho, que toda norma de derecho sustancial puede penetrar en el proceso como fuente del deber del órgano judicial de dar su providencia un cierto contenido: y es precisamente este aspecto procesal que toda norma de derecho sustancial puede tomar cuando se trata de aplicarla en juicio, el puente de paso a través del cual el derecho subjetivo y el proceso se comunican entre sí, y se reafirma la fundamental unidad del ordenamiento jurídico.[140]

Ao lado das normas processuais, Calamendrei refere às chamadas normas de "derecho procesal-sustancial",[141] que dizem respeito a um aspecto processual do direito material, o qual se caracteriza como uma consequência necessária da coercibilidade do direito, no sentido de que toda a norma jurídica que prescreve determinado comportamento contém, implícita ou explicitamente, "una norma subsidiaria que manda a los órganos judiciales proveer en un cierto modo para garantizar su observancia".[142] O mesmo ocorre com as normas que regulam a confluência entre o direito substancial e o direito material, regulam a ação e o mérito da causa. Nas palavras de Calamandrei: "pertenecen al derecho sustancial en cuanto

---

[137] CHIOVENDA, 2002, p. 98.

[138] Ibid., p. 54.

[139] CALAMANDREI, 1986, p. 370.

[140] Ibid., p. 371.

[141] Embora referindo também as normas de "derecho judicial-sustancial" preconizadas por James Goldschmidt, Calamandrei deixa claro que as normas de "derecho procesal-sustancial" por ele defendidas não significam um terceiro gênero situado entre o direito substancial e o processo, e sim, como referido, de um aspecto "processual" do próprio direito substancial (Ibid., p. 371).

[142] Ibid., p. 371-372.

se hace valer el proceso, no ya como derecho a la prestación del obligado, sino como derecho a la garantía jurisdiccional prometida por el Estado".[143]

Não se objetiva, é claro, simplesmente transpor as considerações de Chiovenda e Calamandrei, consubstanciadas em premissas outras, à realidade da classificação quinária. Mas são válidas para reforçar o entendimento de que reconhecer as relações entre direito material e processo, implica reconhecer a forte influência do direito material na definição da eficácia, seja da ação, da sentença, da tutela ou da demanda.

Portanto, é imperioso reconhecer a importância dos direitos substanciais no tocante a sua própria tutela, de modo que as proposições destinadas à proteção são formuladas de acordo com o objeto da decisão, a qual encontra baliza na demanda. A relevância dos fatos postos em causa ou o próprio objeto do juízo, qual seja, a hipotética situação subjetiva, se transforma na eficácia da decisão.[144] Emilio Betti refere expressamente que "il contenuto della ragione fatta valere determini la specie dell'interesse ad agire e quindi il tipo del provvedimento richiesto, e cosi anche dell'azione", ainda que não o faça de modo unívoco.[145]

No mesmo sentido, Crisanto Mandrioli reconhece a influência do direito material na determinação da eficácia, ao sustentar, *v. g.*, que a ação é de "accertamento" quando a afirmação na demanda refere-se apenas a um direito contestado, mas afigura-se de "condanna", quando a demanda afirma um direito violado e a consequente necessidade de restauração no plano material.[146]

Nesse sentido, o próprio princípio da demanda[147] ou, em outras palavras, o fato de o juiz estar adstrito ao pedido do autor, comprova que a eficácia da ação, sentença ou tutela, antes consulta ao direito material do que simplesmente nasce com a sentença ou tem regência preponderante no processo. Assim, *v. g.*, se o autor postula a rescisão de um contrato, o Juiz irá concedê-la justamente porque o pedido, fundamentado no direito material, está direcionado à constituição. As exceções à regra, como o caso de uma ação preponderantemente executiva ser atendida por mandamento; justamente por serem exceções, comprovam a própria regra.[148]

Outra questão importante diz respeito à relativização do princípio da congruência entre pedido e sentença, consagrado no art. 128 c/c 460 do CPC, cuja finalidade é facultar ao Juiz a adoção de medida diversa da postulada, com vistas

---

[143] CALAMANDREI, 1986, p. 372-373.

[144] TAVORMINA, Valerio. In tema di condanna, accertamento ed efficacia esecutiva. *Rivista di Diritto Civile*, Padova, n.35, 1979.

[145] BETTI, 1932, p. 235.

[146] MANDRIOLI, 2007, p. 68.

[147] O princípio da demanda, justamente ao balizar a atividade do juiz constitui elemento importante do formalismo processual, como garantia de justiça contra arbitrariedades (Cf. OLIVEIRA, 1997, p. 141-145).

[148] Em sentido semelhante: MITIDIERO, 2006, p. 136.

à efetividade da prestação jurisdicional.[149] É utilizada normalmente como argumento para mitigar a importância do direito material na definição da eficácia da decisão. Todavia, entendemos que essa circunstância excepcional, além de estar balizada pelo próprio princípio da demanda, revela justamente a margem que o juiz tem para trabalhar, mas que justamente não esta desvinculada do objetivo final, que consiste na satisfação do jurisdicionado e do seu direito material. Daí a aplicação do princípio da adequação.

A propósito, pela sua importância, merece referência, agora no âmbito conclusivo desse tópico, a classificação das *formas de tutela jurisdicional,* preconizada por Carlos Alberto Alvaro de Oliveira, que introduz critério que leva em conta a finalidade e as normas principais que regem as tutelas, quais sejam; segurança e efetividade. Não há dúvida de que essa teoria contém os critérios suficientes para a aferição das eficácias. Porém, com nós também concordamos com os critérios tradicionais de classificação das eficácias, entendemos que é possível conceber as teorias como complementares. Em outras palavras, concordamos com a teoria de Carlos Alberto (e não com todas as suas críticas às demais teorias) sem discordar da teoria quinária de Pontes de Miranda, mesmo porque é perfeitamente possível haver mais de uma classificação para um mesmo tema. Conforme já relatado, o jurista Carlos Alberto presta a devida homenagem ao direito material em sua construção teórica (no que discordamos das criticas feitas por Ovídio Baptista da Silva), além do que reconhece expressamente que os verbos (declarar, condenar, constituir, mandar e executar), ainda que simbólicos, "compreendem uma série de conseqüências; em termos jurídicos, abrangem a eficácia preponderante e resumem os efeitos internos ou externos daí decorrentes".[150]

Nesse sentido, a teoria preconizada por Carlos Alberto compreende a eficácia a partir do *conteúdo* e *efeitos* da sentença, não incorrendo no que seria uma visão normativista. A questão que poderia barrar a tentativa de compatibilizar as diversas posições adotadas, diz respeito à superioridade do critério material ou do processual na definição da eficácia. Todavia, ao interpretar as teorias com o objetivo de compatibilizá-las, ousamos sustentar que se possa conviver com essa diferença, pois o importante é que na definição da eficácia seja consultado o direito material, o que na teoria de Carlos Alberto ocorrerá quando for perquirida a finalidade da tutela.

Quanto à teoria quinária, em sede de conclusão, tendo-se em conta as premissas metodológicas analisadas inicialmente, pode-se dizer, primeiramente, que é possível aproveitar a classificação das eficácias em Pontes de Miranda,[151] independentemente da questão particular relacionada à adoção ou não do conceito de ação material. Significa dizer que o conceito de ação material e a classificação

---

[149] MURITIBA, 2005, p. 259-273.

[150] Ibid., p. 140.

[151] Sobre a classificação de Pontes de Miranda ver, entre outros: COUTO E SILVA, 1988; NOGUEIRA, 2008, p. 163-189.

quinária das eficácias, necessariamente, não precisam seguir a mesma sorte. Aliás, é o que se vê atualmente quando boa parte da doutrina utiliza a classificação quinária sem problematizar o tema da ação material.[152]

A classificação quinária em Pontes de Miranda, ainda que se possa questionar a rigidez da teoria no que tange a constante 15 (quinze)[153] ou mesmo a presença de todas as eficácias em cada espécie de ação,[154] contribui em muito à compreensão do fenômeno.[155] Diga-se de passagem, foi a partir dela que se pôde enxergar o fenômeno por inteiro.

Além disso, o fato de a classificação pela eficácia preponderante situar-se no processo e consultar o direito material, ou mesmo mesclar o elemento material e processual, a nosso ver, não viola a exigência segundo a qual uma classificação deva conter caracteres comuns. Veja-se que a classificação quinária contém (a) um objeto bem definido: *classificação da eficácia da ação ou sentença (ou ainda tutela ou demanda, se quisermos fazer a devida adaptação)* e (b) um *elemento homogêneo* ou *elemento constante*, que é justamente a *preponderância da eficácia*. Ou seja, a ação será declaratória, constitutiva, etc., de acordo com a força de eficácia preponderante. Essa distinção, aliás, deve ser levada em consideração, pois se observa na obra[156] (de forma não muito clara, é verdade) que *força* da ação ou sentença se define pela eficácia preponderante (peso 5); sendo que a eficácia imediata (peso 4) vem logo depois e, ato contínuo, a eficácia mediata (peso 3). As demais vêm a seguir (peso 2 e 1), sem tanta relevância.

O que parece tautológico na teoria de Pontes de Miranda é que a eficácia da ação (*v. g.*, *declaratória*) é definida pela eficácia preponderante, que corresponde de certa forma ao próprio objeto da classificação (força *declaratória* preponderante), ou seja; *define-se, v. g., a eficácia declaratória pela força declaratória*. Portanto, o *elemento constante* ou *homogêneo* da classificação não é externo e conhecido (*v. g.*, posso classificar o gênero automóvel pela marca, cor, etc.; mas nesse caso o objeto e os critérios de classificação se distinguem perfeitamente, são previamente conhecidos e preestabelecidos: basta cruzá-los).

Pontes de Miranda soluciona o problema, ao estabelecer a *eficácia preponderante* como *elemento constante* ou *elemento homogêneo* que toda a classifica-

---

[152] Essa independência entre o conceito de ação material e a classificação quinária foi observada por Fabrizio Camerini, que adota a classificação quinária, porém defende a insubsistência da ação material quando exercida a ação processual (cf. CAMERINI, Fabrizio. *Teoria geral da tutela mandamental:* conceituação e aplicação. São Paulo: Quartier Latin, 2007, p. 33-43.

[153] Importante ressaltar que segundo a teoria de Pontes de Miranda, cada ação ou sentença recebe um peso por eficácia, de 1 a 5, sendo que o peso 5 é atribuído à eficácia principal. Somados os pesos de eficácia em cada classe, tem-se a constante 15 (Cf. PONTES DE MIRANDA, 1970, p. 130). Todavia, questiona-se o rigor dessa matemática, dada a sua rigidez, circunstância que, de resto, não invalida a teoria, *v. g.*: ASSIS, Araken de. Cumulação de ações. 4. ed. São Paulo: RT, 2002, p. 90; TALAMINI, Eduardo. 2001, p. 201-202.

[154] Nesse sentido, *v. g.*, questiona-se a subsistência da eficácia condenatória nas ações declaratórias junto ao Juizado Especial, quando não há condenação em honorários (cf. BARBOSA MOREIRA, 2004a, p. 129 *et seq.*).

[155] ZANETI JUNIOR, 2006, p. 58.

[156] PONTES DE MIRANDA, op. cit., p. 128 *et seq.*

ção deve apresentar. Todavia, como a grande questão consiste em saber qual é a *eficácia preponderante* em cada caso, utiliza-se de um critério de hierarquia, baseado em dados da realidade (que a nosso ver conjugam o direito material e o processo, pois não existe eficácia pura, *v. g.*, a declaratória é composta também de todas as outras eficácias). Só que nesse ponto, o problema classificatório já se encontra resolvido e a questão passa a ser uma questão de *definição* ou de *conceito*[157] do que seja *eficácia preponderante*, e não mais de classificação, ficando o jurista livre para dispor conforme a observação da realidade, sem estar preso aos requisitos formais de uma classificação.

Ao final, entendidos e identificados os casos em que a preponderância da eficácia será declaratória, constitutiva, condenatória, mandamental e executiva, as quais passam a figurar como *tipos,* é uma questão de cruzar as informações e definir diante de qual ação ou sentença se está. Ousamos interpretar que Pontes de Miranda, com seu mecanismo; consegue se livrar de um problema classificatório e fica livre para simplesmente definir as eficácias. Por essa razão, sua tese pode ser difícil de explicar, mas se afeiçoa à realidade, na medida em que defende as cinco classes. No fórum, os operadores do direito percebem de forma empírica as cinco eficácias e, por conseguinte, a validez de sua teoria.[158]

Não é demais salientar novamente, que talvez por essa razão, Clovis do Couto e Silva tenha chamado a atenção para o fato de que a classificação de Pontes de Miranda desborda o critério "gênero" e "espécie", onde as diferenças nem sempre aparecem com nitidez, passando a tratar das distinções entre as eficácias preponderantes, cujo critério "não é comum nas ciências do espírito, especialmente no direito", o que se revelou uma grande contribuição.[159] Além disso, Couto e Silva

---

[157] Como diz Carnelutti, a definição é a "formula do conceito" (cf. CARNELUTTI, 2005b, p. 76).

[158] Nesse passo a crítica comumente feita à classificação quinária pelos adeptos da ternária pode ser invertida com a seguinte pergunta: o que é melhor, uma classificação formalmente perfeita que não explique o fenômeno na sua inteireza ou uma classificação complexa que explique o fenômeno? O operador do direito quer trabalhar com o maior número de possibilidades! A propósito, não é por outra razão, senão o reconhecimento das cinco classes, que as recentes reformas processuais inseriram dispositivos no CPC com força mandamental e executiva. Essa concepção, diga-se de passagem, vai ao encontro de uma tendência em não reduzir-se a realidade, em que uma das alternativas é o pensamento complexo, que admite inclusive a contradição, pois a vida é contraditória (ver item 1).

[159] COUTO E SILVA, 1988. Pede-se vênia para transcrever *novamente* as palavras de Clóvis do Couto e Silva, de forma exaustiva, pela importância também nesse tópico do estudo, a saber: "a particularidade da teoria de Pontes de Miranda está em classificar, segundo a sua eficácia, as ações ou sentenças, tomando em consideração, sobretudo, o efeito principal [...] como elemento explicativo, especialmente para aferir diferenças entre eficácias, pode ser da mais alta relevância. A percepção fica muito mais clara e as diferenças, que nem sempre aparecem na simples classificação por gênero e espécie, tornam-se mais evidentes. Poucos autores tiveram uma noção da existência de efeitos preponderantes em matéria de teoria das ações. No geral, essa visão se relaciona, apenas, com os efeitos das ações condenatórias. Nesse sentido, Paul Langheineken foi, talvez, o primeiro a ter essa intuição, ao afirmar que nas ações condenatórias a ordem contida na sentença constitui a parte principal de seu conteúdo e a declaração do direito somente um seu elemento secundário [...] A contribuição de Pontes de Miranda consistiu em inter-relacionar as diversas eficácias das ações segundo um critério de preponderância ou de hierarquia de efeitos que não é comum nas ciências do espírito, especialmente no direito. Para isso, impunha-se uma tarefa preliminar. A análise de todos os tipos possíveis de efeitos das ações ou das sentenças, segundo um critério de preponderância. Nesse ponto reside a sua grande contribuição à teoria das ações, desenvolvida no seu magistral Tratado das Ações [...] Pontes de Miranda utiliza-se do que

destaca o importante papel da "análise espectral" feita por Pontes de Miranda, que corresponde à análise interna das ações, e não à análise externa, que distinguia apenas três espécies, conferindo o mesmo tratamento a efeitos absolutamente diversos.[160]

Assim, o fato de a classificação quinária ser processual e utilizar elementos processuais e materiais, a nosso ver, converge com a maioria da doutrina, ainda que os juristas expressem a influência do direito material de forma diversa, dando ênfase ora ao elemento material, ora ao processual, mas praticamente todos admitindo ao menos a "consulta" ao direito material.

Ao se mesclarem critérios processuais e matérias na classificação, incluindo-se conteúdo e efeitos da decisão no critério, atende-se o próprio objeto da classificação que diz respeito ao momento em que o processo presta homenagem ao direito material, ou mesmo ao binômio: função-estrutura, que compreende o aspecto externo e interno do objeto. Aliás, essa perspectiva também vai ao encontro do desafio de aproximar o processo do direito material, evitando-se o isolamento das disciplinas, tal como tratado no primeiro capítulo desse estudo.

Por outro lado, não há como fugir do caráter concreto da classificação, próprio dos tipos, de modo que definir se a eficácia será declaratória, constitutiva, condenatória, mandamental ou executiva, dependerá não apenas do pedido, mas das ocorrências ao longo do processo, do seu resultado e da forma como esse resultado possa ser efetivado no caso concreto, ou seja, trata-se de classificar o produto da atividade jurisdicional sempre com olho no direito material (veja-se que quando se fala da ação – e não da sentença – como objeto da classificação, parte-se da hipótese de procedência e, portanto, projeta-se a atividade jurisdicional).

Enfim, não havendo classificação verdadeira ou falsa, o fato é que a classificação quinária das ações, inclusive na sua recente formulação proposta por Carlos Alberto Alvaro de Oliveira,[161] que mantém as cinco eficácias; a nosso ver, tem superado o seu maior desafio, que é ter-se revelado útil no dia-dia forense, ao contrário, *v. g.*, da classificação ternária, que simplesmente nega a realidade, pois as eficácias mandamentais e executivas estão escancaradas na legislação e diariamente estampadas nos pedidos e nas decisões judiciais.

---

ele denomina de análise espectral, ou seja, da análise internas das ações e não da análise externa, que via apenas três espécies. A classificação das ações e sentenças em apenas três espécies não levava, como não levou, ao exame rigoroso dos efeitos executivos e mandamentais contidos nas ações e nas sentenças. E o que é pior: deu o mesmo tratamento e efeitos absolutamente diversos [...] É que muitos autores não percebem que é necessário analisar a hierarquia dos efeitos, sem o que a classificação perde em certeza e se reduz a uma simples opinião. Esse critério de hierarquia, de prevalência, foi adotado por Pontes de Miranda no exame das ações declaratórias, condenatórias, constitutivas e mandamentais, estabelecendo com clareza exemplar conceitos que permanecem confusos ainda entre os melhores autores."

[160] Ver também: PONTES DE MIRANDA, 1970, p. 117 *et seq.*

[161] Cf. OLIVEIRA, 2008, passim.

3.4. CLASSIFICAÇÃO BINÁRIA, TERNÁRIA E QUINÁRIA

Por muito tempo, a ciência processual concentrou suas atenções na ação condenatória. Não que as ações declaratórias fossem ignoradas, pois inclusive já existiam no Direito Romano *(actiones praejudiciales)*. Porém, a ação era essencialmente aquela destinada à obtenção de uma prestação, qual seja; a ação condenatória cujo objeto era o adimplemento de uma prestação. Conforme acentua Alfredo Rocco, a supremacia da ação condenatória inclusive corroborou o entendimento da ação como sendo o próprio direito reagindo à violação, de modo que o objetivo do processo afigura-se como sendo a satisfação forçada do direito. Com efeito, especialmente a partir de 1877,[162] quando na Alemanha foi reconhecida em linhas gerais a ação para a verificação do direito, a doutrina passou a dar maior atenção para essa categoria de ação e sentença, que se limitava a declarar a existência ou inexistência de uma relação ou de um fato jurídico.[163]

Assim, em boa parte do século passado eram conhecidas apenas as ações declaratórias e condenatórias.[164] Posteriormente, deve-se a Schrutka Von Rechtenstamm[165] a afirmação de que as ações constitutivas formam uma terceira categoria. Mais tarde, o tratamento das ações, em especial a constitutiva, foi objeto de um amplo estudo de Paul Langheineken,[166] o qual inclusive passou a ser considerado um clássico no assunto.[167]

A partir da classificação segundo o gênero e a espécie, concebiam-se as ações somente como declaratórias e condenatórias, as quais esgotariam todas as espécies possíveis, de modo que as ações constitutivas seriam apenas espécies das ações condenatórias. Porém, depois, a constitutiva passou a ser espécie ao lado das outras.[168]

Todavia, quando Georg Kuttner,[169] em 1914, defendeu a existência das ações mandamentais, a discussão se reacendeu. Segundo Clóvis do Couto e Silva: "O método não era o da classificação pelo gênero e espécie, e, sim, pelo exame da eficácia das ações ou, mais especialmente, da eficácia das sentenças".[170]

---

[162] Trata-se da promulgação *"dell'ordinanza germânica del 1877, che nel § 231 riconosceva, in via generale, la possibilita di azioni di puro accertamento"* (ROCCO, A., 1906, p. 139).

[163] Ibid., p. 138-139.

[164] A respeito dessa época: Ibid., p. 138-146. A propósito, Alfredo Rocco defende a distinção apenas entre sentenças declaratórias e condenatórias (Ibid., p. 148-163).

[165] Grünhut Zeitschrift, Tomo 16, 1889, p. 17 *et seq.* apud COUTO E SILVA, 1988, p. 72.

[166] Der Urteilsanspruch, ein Beitrag zum Lehre von Klagrecht, Leipzig, 1889, p. 200 *et seq. apud* COUTO E SILVA, 1988, p. 72.

[167] Ibid, 1988.

[168] ROCCO, A., 1906, p. 141-144; COUTO E SILVA, op. cit., p. 72-73. Observe-se, a propósito, que Alfredo Rocco destaca que o mérito da elaboração da construção jurídica da ação constitutiva com precisão é de Hellwing (p. 143). Com efeito, apesar de fazer referência a obra de Hellwing, Couto e Silva salienta que foi Schrutka Von Rechtenstamm quem afirmou que as ações constitutivas formavam uma terceira categoria, ao lado das ações declaratórias e condenatórias (Ibid., p. 72).

[169] Die Urteilwirkungen ausserhalb des Zivilprozesses, München, 1914, p. 22 e ss. *apud* Ibid., p. 72-73.

[170] Ibid., p. 73.

Seja como for, a classificação tripartida das ações (declaratória, condenatória e constitutiva) pode ser considerada a classificação tradicional que por longo tempo prevaleceu na doutrina. Esta classificação está vinculada à construção germânica do século passado, especialmente em Adolf Wach.[171] É também encontrada em Chiovenda,[172] Calamandrei,[173] Liebman,[174] Marco Tullio Zanzucchi,[175] Elio Fazzalari,[176] Mauro Bove,[177] Crisanto Mandrioli[178] e tantos outros. Entre nós, a classificação tripartida encontra aceitação em Celso Agrícola Barbi,[179] Alfredo Buzaid,[180] Gabriel José Rodrigues de Rezende Filho,[181] Luiz Machado Guimarães,[182] Moacyr Amaral Santos,[183] Leonardo Greco,[184] Candido Rangel Dinamarco,[185]

---

[171] Cf. PORTO, Sérgio Gilberto. Classificação de ações, sentenças e coisa julgada. *Revista de Processo*, São Paulo, n. 73, p. 37-46, [199?].

[172] Chiovenda classifica as ações de diversas formas: ações reais e pessoais; mobiliárias e imobiliárias; principais e acessórias; ações petitórias, etc. Ademais, segundo o incomparável jurista, a atuação da lei no processo pode assumir três formas: cognição, conservação e execução. Em relação a cognição faz o autor as seguintes considerações e classificação: "A mais plena forma de provimento do juiz é a sentença, que baseada em completo conhecimento da causa, com prévio exame de fundo – bem entendido – de todas as razões das partes, acolhe ou rejeita a demanda, afirmando ou negando a existência da vontade concreta da lei invocada pelo autor. Se a vontade da lei impõe ao réu uma prestação passível de execução, a sentença que acolhe o pedido é de condenação e tem duas funções concomitantes, de declarar o direito e de preparar a execução; se a sentença realiza um dos direitos potestativos que, para ser atuados, requerem o concurso do juiz, é constitutiva; se enfim, se adscreve a declarar pura e simplesmente a vontade da lei, é de mera declaração. Temos, portanto, correspondentemente, estes três primeiros grupos de ações: ações de condenação, ações constitutivas e ações declaratórias." (CHIOVENDA, 2002, p. 52-54).

[173] Saliente-se os ensinamentos de Calamandrei a respeito do tema: Sobre a base do critério do seu conteúdo, as providencias jurisdicionais podem ser classificadas em "A) las providencias de cognición (o declarativas en sentido lato) de la B) providencias de ejecución forzada (o ejecutivas): las primeras producen el efecto de individualizar el mandato y de hacerlo indiscutible; las segundas producen el efecto de modificar el estado de hecho en forma de hacerlo corresponder al mandato individualizado". O autor ainda ensina que em relação as providências de cognição primordial é a declaração de certeza derivada da confrontação entre uma norma jurídica já existente e certos fatos já ocorridos, onde se concentra a chamada aplicação do direito. Em alguns casos a declaração de certeza apenas não basta para esgotar o conteúdo da providência de cognição, ocasião em que se seguirão efeitos ulteriores referindo-se não mais ao passado, mas ao porvir: a) declaração de mera certeza, b) constitutivas, c) de condenação. (CALAMANDREI, 1986, p. 212).

[174] LIEBMAN, 1955, p. 61.

[175] ZANZUCCHI, 1964, p. 122.

[176] FAZZALARI, Elio. Sentenza civile. In: *Enciclopedia del diritto*. Milano: Giuffrè, 1989. v. 41, p. 1245-1272.

[177] BOVE, 2006, p. 8.

[178] MANDRIOLI, 2007, p. 66.

[179] BARBI, 1955, p. 139.

[180] BUZAID, 1986, p. 130.

[181] REZENDE FILHO, 1954, p. 172. Para o jurista, "como a faculdade de pedir aos órgãos jurisdicionais a aplicação da lei no caso concreto, a única classificação racional, segundo Chiovenda, é a fundada na natureza da sentença a que a ação tende" (Ibid., p. 172).

[182] MACHADO GUIMARÃES, 1969, p. 170.

[183] SANTOS, Moacyr Amaral. *Primeiras linhas de direito processual civil*. 15. ed. São Paulo: Saraiva, 1992, v.1, p. 172.

[184] GRECO, Leonardo. *Instituições de processo civil*. Rio de janeiro: Forense, 2009, v. 1, p. 217.

[185] DINAMARCO, 2005, p. 203.

Humberto Theodoro Júnior,[186] José Roberto dos Santos Bedaque,[187] José Carlos Barbosa Moreira,[188] entre tantos outros.

Com efeito, conforme já destacado neste estudo, entre nós, Pontes de Miranda foi quem se dedicou ao tema com mais profundidade, tendo publicado o Tratado das Ações, em que classifica as ações ou sentenças tendo em consideração a eficácia principal.[189] Assim, um dos grandes méritos da tese de Pontes, em brevíssima recapitulação ao que já foi dito, consiste em observar que "não há nenhuma ação, nenhuma sentença, que seja pura".[190] Tratou o autor de demonstrar que as ações ou sentenças se classificam pela eficácia preponderante, uma vez que as eficácias coexistem. Por outro lado, Pontes de Miranda também desenvolveu entre nós a classificação quinária das ações e sentenças, que teve o reconhecimento de importantes juristas.[191] Dentre os gaúchos, destacam-se Araken de Assis, Darci Guimarães Ribeiro,[192] José Maria Rosa Tesheiner, Ovídio A. Baptista da Silva, Sérgio Gilberto Porto, e tantos outros. Com as ressalvas apresentadas nesse estudo, acolhem a classificação quinária também Carlos Alberto Álvaro de Oliveira e Daniel Mitidiero.[193]

Antes de proceder-se apreciação crítica das eficácias, passa-se a breves notas de cunho histórico.

3.4.1. Algumas influências históricas na conformação das eficácias

O propósito desse tópico é destacar que a conformação das eficácias, dentre outras influências ao longo da história, sofreu influência da chamada jurisdição declaratória; do fenômeno que se costuma chamar de pessoalização dos direito reais e da própria ideologia que permeou o Estado liberal clássico. Advirta-se, todavia, que não se pretende fazer um excurso aprofundado do tema,[194] tarefa que foge ao nosso propósito e alcance. Com efeito, considera-se importante ter-se em mente essa referência ainda que seja apenas como perspectiva de análise.

---

[186] THEODORO JÚNIOR. Humberto. *Cumprimento de sentença e a garantia do devido processo legal.* 3. ed. Belo Horizonte: Mandamentos, 2007, p. 242.

[187] BEDAQUE, 2007, p. 521 *et seq.*

[188] BARBOSA MOREIRA, 2004a, passim.

[189] PONTES DE MIRANDA, 1970, p. 117 *et seq.*

[190] Ibid., p. 124.

[191] Ressalvados os debates, tal como mencionado no presente estudo, ainda assim os juristas mencionados utilizam às cinco espécies de ações, sentenças ou tutelas.

[192] RIBEIRO, 2004, p. 186.

[193] Ressalte-se, novamente, que em estudo anterior, por questão de coerência, Daniel Mitidiero, não reconhecendo a ação material condenatória, de cunho processual, sustentou classificação quaternária das ações (f. MITIDIERO; ZANETI JÚNIOR, 2004, p. 106-108).

[194] Para tanto, consulte-se a obra de Ovídio Baptista da Silva, que muito se ocupou do tema, sempre em perspectiva bastante crítica: BAPTISTA DA SILVA, Ovídio Araújo. Reivindicação e sentença condenatória In: *Sentença e coisa julgada*: ensaios e pareceres. 4. ed. Rio de Janeiro: Forense, 2006e, p. 185-230, *passim*; BAPTISTA DA SILVA, 2006c, *passim*; BAPTISTA DA SILVA, 2007, *passim*; BAPTISTA DA SILVA, 2008, *passim.*

Nesse sentido, tome-se como exemplo a tese esposada por Ovídio A. Baptista da Silva, que a partir de uma análise bastante crítica, sustenta que o direito moderno conservou o procedimento da *actio* do Direito Romano, a qual se distinguia dos *interdicta,* reproduzindo a estrutura procedimental que separa cognição e execução. A partir desse arraigado paradigma, vigente até os dias atuais, a jurisdição é vista como atividade de cognição ou *ato de inteligência,* cujo processo acaba sendo meramente declarativo de direitos, além de "absorvido" pelo *procedimento ordinário.* Por isso também não se admite como atividade ontologicamente jurisdicional a emissão de ordens ou a atividade executiva.[195] Em última análise, segundo entende, dessa concepção em grande parte se origina a resistência ao reconhecimento das ações mandamentais e executivas.[196]

Também se destaca a influência dos valores do cristianismo[197] e do direito processual romano-canônico sobre as instituições processuais modernas, que contribuiu à universalização da ação condenatória, em detrimento da executiva.[198]

Da mesma forma, as modificações ocorridas na estrutura da relação jurídica, desde o direito romano, contribuíram de forma decisiva à ampliação do conceito de obrigação e, por consequência, à "relativização" dos direitos absolutos e a correlata universalização das ações e sentenças condenatórias.[199] Além disso, houve aproximação dos direitos reais aos pessoais, na medida em que a *vindicatio*

---

[195] Dentre as inúmeras referências feitas por Ovídio, destaca-se, a título de exemplo (Cf. BAPTISTA DA SILVA, 2007, p. 19), a afirmação de Liebman, segundo a qual "não é função do juiz expedir ordens às partes e sim unicamente declarar qual é a situação existente entre elas segundo o direito vigente" (LIEBMAN, Enrico Tullio. *Processo de execução.* São Paulo: Saraiva, 1946, p. 35).

[196] BAPTISTA DA SILVA. 2007, p. 5-37, *passim.*

[197] Tais como: "moderação".

[198] BAPTISTA DA SILVA. op. cit., p. 73-86. Sobre a pessoalização dos direitos no processo e sobre a sentença condenatória, ver, ainda: MACHADO, 2004, *passim.* A propósito, sobre a universalização da obrigação e da condenação analisada sob a ótica da tutela mandamental, ver: CAMERINI, 2007, p. 94-106. Veja-se, conforme Luigi Montesano "l'esecuzione specifica è sempre e necessariamente tutela di diritti relativi" (cf. MONTESANO, Luigi. *Condanna civile e tutela esecutiva.* 2. ed. Napoli: Jovene, 1965, p. 83).

[199] Assim, no direito romano a relação obrigacional era desprovida de patrimonialidade e predominava o sentido de dever, ao contrário do direito moderno, em que o fator patrimonialidade, compreendido pela responsabilidade, acaba assumindo relevância em relação ao dever como vínculo pessoal, confundindo os direitos reais com os de crédito. Por outro lado, "a ausência de patrimonialidade da primitiva *obligatio* e sua incoercibilidade jurídica explicam a razão da inexistência, em direito romano, de uma execução processual como nós a conhecemos no direito moderno" [...] "Em última análise, a prestação que correspondia ao obrigado, e num sentido mais genérico ao devedor, era uma obrigação de tolerar, ou de sofrer a ação do titular do direito, não como agora uma obrigação positiva de dar ou fazer, que implicasse uma ação positiva do obrigado. Essa transformação da estrutura da relação jurídica exerceu papel relevante para a dilatação do conceito de obrigação e para a correlata universalização das ações e sentenças condenatórias. Particularmente, como elemento decisivo no movimento de "relativização" dos direitos absolutos, operada a partir dos últimos estágios do direito romano e consagrada definitivamente no direito moderno. A transformação da obrigação passiva do devedor que deveria apenas tolerar a atividade do titular do direito, com a inserção de um "dever de restituição", que passaria a gravar também o usurpador, nas violações possessórias em geral, é fator decisivo para compreender a natureza condenatória, por exemplo, que se empresa atualmente à ação reivindicatória" (BAPTISTA DA SILVA, op. cit., p. 41-44).

se aproximou da *actio*. A consequência disso foi o alargamento do conceito de obrigação.[200]

Assim, o direito subjetivo, entendido como poder de vontade exercido contra alguém individualmente, como já se observava em Savigny, para quem o direito subjetivo é exercido "com o consentimento de todos, não contra todos"; acentua o caráter "bilateral" da relação e acaba pessoalizando o direito real, que passa a ser um direito obrigacional com "sujeito passivo total".[201]

A propósito, conforme entende Chiovenda: "quando ao direito a uma prestação deixa de corresponder o estado de fato, por não se haver satisfeito a prestação, diz-se lesado o direito; e da lesão de um direito pode exsurgir um direito a uma nova prestação: daí que as vontades concretas da lei se distingam em originárias e derivadas. Da lesão de um direito absoluto (isto é, da violação da obrigação negativa de não lesar o meu direito) extrai-se um direito novo contra uma determinada pessoa, que é obrigada a satisfazê-lo (por exemplo, restituindo-me o que me pertence) e, caso não possa, a ressarcir o dano".[202]

Assim, da uniformização do direito material numa relação obrigacional de débito-crédito, decorre a utilização da ação condenatória, tanto para os direitos absolutos quanto para os relativos.[203] Melhor precisando, não é que tenha havido uma eliminação da distinção, mas como observa Emilio Betti, o direito moderno aproximou o tratamento dos direitos reais e pessoais,[204] sendo que uma das

---

[200] Nesse sentido, a *actio* dizia respeito apenas às obrigações advindas do direito das obrigações. O direito real era tutelado pela *vindicatio*, sua execução era privada e levada a cabo pelo vencedor com o auxílio do pretor mediante a concessão de um *interdito*, este que não fazia propriamente parte da *iurisdictio*. Com efeito, a *vindicatio* acabou se aproximando da *actio*, a partir do alargamento do conceito de obrigação, uma vez que, da sua fonte originaria que compreendia o contrato ou o delito *(obligatio ex contractu e ex delicto)*, passou a incluir todas as relações jurídicas *(obligationes ex lege)* (Ibid., p. 54-55).

[201] BAPTISTA DA SILVA, 2007, p. 122.

[202] CHIOVENDA, 2002, p. 33-34. Em outra passagem, aduz Chiovenda: "ação e obrigação (e falando de obrigação entende-se todo direito a uma prestação, porquanto, como vimos, todo direito, absoluto ou relativo, se apresenta como obrigação no momento do processo) são, por conseqüência, dois direitos subjetivos distintos. que somente juntos e unidos preenchem plenamente a vontade concreta da lei" (p. 43).

[203] BAPTISTA DA SILVA, op. cit., p. 40. No escólio de Vicenzo Galante, as ações também podem ser dividas em reais e pessoais, uma vez que acompanham os mesmos critérios que distinguem os direitos substanciais a que se referem. Daí a importância da classificação, não apenas para o direito material, mas também para o processo. Em se tratando de direito real, absoluto e *erga omnes*, todos são obrigados a respeitar o exercício de poder sobre a coisa, o qual compete ao titular do direito. No direito pessoal, porquanto relativo, o exercício do direito está relacionado à determinada pessoa obrigada. O critério distintivo está no imediatismo que o sujeito de direito estabelece com o seu objeto (cf. GALANTE, 1907, p. 149-150). Todavia, *v. g.*, Cândido Rangel Dinamarco considera a classificação da ação em reais e pessoais, fruto de uma concepção privatista que adjetiva o processo com elementos do direito civil, ainda que a teoria civilista esteja definitivamente afastada (cf. DINAMARCO, 1987, p. 118).

[204] Conforme ensina Emillio Betti: "a forma criada pela lei para garantir o interesse em um determinado bem faz surgir para o titular, eventualmente, a expectativa, e, para outra pessoa, a obrigação, ali é determinada desde o início, aqui se determina pela primeira vez com a violação do direito: mas, em ambas as categorias de direitos, encontram-se igualmente o elemento da expectativa e o da obrigação" (BETTI, Emilio. *Teoria geral das obrigações*. Campinas: Bookseller, 2005, p. 225).

consequências é a homogeneidade da ação, seja qual for a natureza do direito postulado.[205]

A propósito, Adolfo Di Majo, apesar de reconhecer a distinção entre direitos reais e pessoais, assevera que essa distinção não exerce influência na forma da ação praticável, tendo em vista o princípio da generalidade e a superação do sistema das ações típicas.[206]

Portanto, tendo havido aproximação, e não eliminação, a doutrina moderna ainda distingue os direitos absolutos, que são aqueles que se dirigem a todas as pessoas, tais como os direitos de personalidade e os direitos reais; dos direitos relativos, que são aqueles que se dirigem a determinada pessoa, tais como os direitos de crédito.[207]

Por outro lado, a questão também perpassa pelo Estado liberal clássico, que, tendo como principal finalidade a garantia de liberdade de seus cidadãos, se estruturou a partir de uma rígida divisão dos Poderes Estatais. Nessa mesma época concebia-se que o Estado não deveria fazer distinção entre classes sociais, de modo que sua atuação negativa (e não prestacional) assegurava verdadeira igualdade formal. Nesse contexto, incumbia ao legislativo a elaboração das leis e ao Judiciário a sua mera aplicação. Por consequência disso, tem-se a atividade declaratória da jurisdição, com o absoluto predomínio do processo de conhecimento como sinônimo de atividade jurisdicional, vez que tal atividade restringia-se ao plano normativo. Daí o desenvolvimento da classificação ternária das ações (declaratória, constitutiva e condenatória), as quais operam justamente no plano normativo.[208] Nesse contexto, também se noticia "a resistência aos procedimentos especiais" (os quais, como se sabe, são modelados tendo-se em conta as características do direito material a que visam tutelar), na medida em que esses não se coadunavam com a neutralidade do procedimento ordinário e sempre foram vistos como um resquício da época do imanentismo e incompatíveis com a ação abstrata.[209]

Além disso, a própria normatividade do direito e seu consequente distanciamento do *fato,* levam os juristas a considerar como unicamente existentes no mundo normativo as sentenças declaratórias, condenatórias e constitutivas, de modo que os atos ou fatos que da sentença repercutem, deixam de importar à classificação.[210]

Portanto, entendemos que essa perspectiva contribui ao entendimento de como se chegou a conceber a jurisdição como declaração de direitos, separando julgamento e ordem, culminando com a redução das ações apenas às três espécies

---

[205] BETTI, 2005, p. 225-227.

[206] DI MAJO, Adolf. *La tutela civile dei diritti.* 2. ed. Milano: Giuffrè, 1993, p. 80-81.

[207] PONTES DE MIRANDA, 2000, v. 5, p. 305; LARENZ, 1978, p. 245-269.

[208] MARINONI, 2004, p. 35-39; THEODORO JÚNIOR, 2007, p. 39-40; ARENHART; MARINONI, 2009, p. 19-23.

[209] ARENHART; MARINONI, 2009, p. 24-26.

[210] BAPTISTA DA SILVA, 2007, p. 141, p. 181, *passim.*

que compõem o Processo de Conhecimento (declaratórias, constitutivas e condenatórias), as quais produzem apenas consequências normativas e não fáticas.

Todavia, na medida em que a conformação das eficácias não mais se justifica, a sua concepção deve evoluir, no sentido de acompanhar as novas exigências. Ao que parecem, as exigências da vida moderna, sintetizadas no valor efetividade, que ganha cada vez mais terreno, já estão determinando uma revisão nessa conformação, a julgar-se pelas reformas processuais que vem sendo realizadas.

3.4.2. Apreciação crítica: opção pela classificação quinária

A opção feita no presente estudo pela classificação quinária decorre do fato de que a classificação tripartida se mostra, como anota Araken de Assis, "insuficiente para esgotar a fenomenologia sentencial, que abrange, ainda, a sentença mandamental e a executiva".[211]

Com efeito, antes de adentrarmos na análise individual de cada eficácia, convém apresentar alguns argumentos em favor da classificação quinária e algumas das razões pelas quais não se opta pela classificação ternária.

Iniciando-se pela orientação diversa da adotada nesse estudo, consoante já mencionado, Liebman adota a classificação ternária, sendo que "il criterio distintivo della classificazione à dato dall'effetto caratteristico proprio delle sentenze corrispondenti a ciascuna categoria di azioni".[212]

Com efeito, Barbosa Moreira lembra os intermináveis desacertos doutrinários acerca da conceituação e classificação da sentença condenatória, que por vezes é compreendida pelo conteúdo, por vezes pelos seus efeitos. Quanto ao conteúdo, diz-se que o seu elemento diferencial estaria na ordem (do que não se diferenciariam da mandamental); também refere o critério da aplicação de sanção (caso em que haveria dificuldades em distingui-la da constitutiva). Quanto aos efeitos, a condenação ainda pode ser definida como dotada de aptidão para servir de título executivo (nesse ponto, refere a hipótese, *v. g.*, da perda do sinal pago, caso em que não haveria condenação, pois não haveria o que executar).[213] Enfim, o processualista traz mais perguntas do que respostas. Também questiona a classe das executivas, dentre os diversos motivos, pelo fato de que, tal como as condenatórias, em regra, "o julgado não se torna praticamente eficaz sem uma complementação da atividade jurisdicional".[214] Por outro lado, não vê "critério científico" na distinção que desloca o problema ao campo do direito material.[215] Ainda segun-

---

[211] ASSIS, 2002, p. 91.

[212] LIEBMAN, Enrico 1955, p. 61.

[213] BARBOSA MOREIRA, 2004a, p. 132-136. Ver, ainda: BARBOSA MOREIRA, José Carlos. Reflexões críticas sobre uma teoria da condenação civil. *Revista dos Tribunais*, v. 436, p. 13-19, fev. 1972; BARBOSA MOREIRA, José Carlos. Sentença executiva? *Revista de Processo*, n.114, p. 147-162, mar./abr. 2004b.

[214] BARBOSA MOREIRA, 2004a, p. 138.

[215] BARBOSA MOREIR, 2004b, p. 157-159. Nesse ponto, Ovídio contrapõe Barbosa Moreira, asseverando que a distinção é verificada justamente no plano material (cf. BAPTISTA DA SILVA, 2008, p. 209-210).

do Barbosa Moreira, o critério de classificação deve ser uniforme, não sendo lícito mesclar critérios que levam em consideração conteúdo e efeitos.[216]

As questões apontadas por Barbosa Moreira, que são da maior relevância, também dizem respeito à própria classificação ternária (na verdade, algumas delas). Por outro lado, ao não levar em consideração a situação substancial, juntamente ao processo, e restringir o critério de classificação apenas a um critério puro (não poderia haver combinação de critérios), Barbosa Moreira não vislumbra a classificação quinária. Nesse passo, remetemos o leitor às considerações anteriores sobre os critérios utilizados, principalmente a participação do direito material na distinção das eficácias.

Ao seu turno, Flavio Luiz Yarshell questiona a inclusão das tutelas executiva e mandamental na mesma classificação sistemática das tradicionais, por entender que não seguem o mesmo critério: enquanto a classificação ternária leva em conta o aspecto intrínseco da decisão, a tutela executiva e mandamental contém o dado conceitual no seu aspecto exterior ao provimento, ou no modo como é efetivado.[217] O autor, de resto, entende que a tutela condenatória pode ser realizada na forma "tradicional", pela instauração de um novo processo, ou justamente por meio da tutela executiva ou mandamental, na mesma relação processual,[218] de modo que essas acabam reduzidas, na concepção do processualista, a espécies da tutela condenatória.

A propósito, a crítica de José Roberto dos Santos Bedaque a respeito da classificação quinária é contundente: "Não obstante a excelência dos argumentos e a autoridade de seus defensores, a classificação quinária, além de não contribuir para o aperfeiçoamento científico do direito processual, também do ponto de vista prático não apresenta grande utilidade. Ao contrário, é teoricamente criticável, visto que fundada em critérios heterogêneos. A aplicação dos conceitos concebidos abstratamente acaba gerando dificuldades práticas desnecessárias".[219]

Para Bedaque, no direito material não há diferença ontológica entre condenar mediante atividade sub-rogatória ou mandamento, seja num único processo ou dividindo-se a fase cognitiva e executiva. O processualista coloca em dúvida a classificação fundada na possibilidade de uma eficácia conter, *v. g.*, mandamentalidade e executividade, as quais, portanto, não decorrem "da crise de direito material", de modo que a opção por uma ou por outra está inclusive na discricionariedade do legislador, que poderia adotar a ordem até mesmo para as obrigações de pagar em dinheiro![220]

Os critérios da classificação ternária, ainda com Bedaque, estão na "situação de direito material", mais precisamente, a tutela é vista "a partir dos efeitos

---

[216] BARBOSA MOREIRA, 2004a, p. 141.

[217] YARSHELL, 2006, p. 177-178.

[218] Ibid., p. 192.

[219] BEDAQUE, 2007, p. 519.

[220] Ibid., p. 520-521.

materiais que ela produz".[221] Assim, entende que a tutela condenatória se presta a afastar o inadimplemento de uma obrigação, cuja diversidade reside apenas na forma de coerção.[222] Bedaque questiona expressamente "qual a diferença substancial entre condenar o réu ao pagamento de prestação em dinheiro, reintegrar o autor na posse de imóvel ou ordenar ao réu que cesse a turbação ou não a consume?" Para o jurista, os três casos se identificam pela violação ou ameaça a um interesse juridicamente protegido.[223] Assim, admitindo a atipicidade da tutela, não vê distinção prática entre as tutelas condenatórias, executivas e mandamentais, já que se distinguem apenas "quanto à forma de realização prática da condenação". Por tais razões, põe relevo na importância de se ter os meios predispostos para fazer atuar a tutela, independentemente de quais sejam.[224]

Em que pese a autoridade dos argumentos de José Roberto dos Santos Bedaque, entendemos que não há como se olvidar do conteúdo e dos efeitos das decisões na classificação, além do que a amplitude que o jurista empresa à condenatória acarreta generalização demasiada do conceito. Com isso, não se diferenciam situações absolutamente diversas, inclusive no plano material, ou seja, as hipóteses que levam à condenatória das que impõem a mandamental ou executiva. Basta verificar, *v. g.*, que uma sentença constitutiva também pode decorrer de uma violação a interesse protegido pelo direito (*v. g.*, rescisão de contrato); por outro lado, a obrigação de pagar quantia certa é realizada por meio do procedimento da expropriação, justamente para individualizar o patrimônio do devedor e porque se está agredindo patrimônio alheio. A ordem para pagamento em espécie pode ser utilizada em casos excepcionais, observada a proporcionalidade e adequação da medida ao caso concreto,[225] o que não significa que tais medidas devam ser igualadas. Enfim, a classificação quinária tem o mérito, justamente, de partir do dado da realidade.

Além disso, destaca-se o pensamento de Sérgio Muritiba, o qual propõe um critério de classificação que leve em consideração a perspectiva técnico-processual e a sua adequação à satisfação do direito material. Desse modo, considera que as eficácias são divididas segundo a sua função e estrutura processual, cada qual produzindo efeitos diferenciados. Nesse ponto, *v. g.*, faz-se objeção à doutrina que entende que o critério utilizado na ação executiva não seria o mesmo utilizado na classificação ternária, uma vez que estaria levando em consideração os efeitos da decisão em vez do seu conteúdo. Assim, quanto ao conteúdo, a eficácia executiva em nada se diferenciaria da condenatória. Todavia, mesmo partindo de uma perspectiva processual, é de se considerar que o comando de execução (executo, determino...) ao qual corresponde à eficácia, deve ser concebido como integran-

---

[221] BEDAQUE, 2007, p. 522. Em sentido contrário, *v. g.*, Darci Guimarães Ribeiro entende que os critérios da classificação ternária são processuais, daí a sua insuficiência (cf. RIBEIRO, 2004, p. 186-187).

[222] BEDAQUE, 2007, p. 541.

[223] Ibid., p. 560.

[224] Ibid., p. 568-569.

[225] Ver: MITIDIERO, 2007, p. 95-105.

te do conteúdo do ato jurisdicional, pois justamente por meio desse comando o Juiz expressa a vontade legal de comandar a obtenção do bem por meio de um provimento executivo a ser cumprido direitamente, sem a necessidade da instauração de um processo de execução de título judicial, tampouco procedimento de expropriação.[226] O mesmo pode ser dito em relação à eficácia mandamental, *v. g.*, de modo que o mandamento (ato de mandar, ordenar, determinar) passa a fazer parte do conteúdo do provimento. A eficácia do ponto de vista processual está relacionada à utilização de medidas coercitivas. Do ponto de vista material, tem-se uma pretensão que reclame uma modificação no mundo físico e dependa de um ato de vontade do obrigado. Daí justamente a razão da ordem coercitiva.[227] Portanto, "o juiz insere no conteúdo da sentença aquilo que lhe particulariza quanto à função técnico-processual que habilita".[228] Além disso, Sérgio Muritiba destaca que "não podemos jamais esquecer que as eficácias processuais, apesar de imputadas a certos atos processuais, são em verdade estabelecidas para as situações substanciais".[229]

Ao tratar do tema, Eduardo Talamini lembra que os adeptos da classificação ternária a defendem, pois entendem que o critério da classificação somente deve levar em consideração o conteúdo da sentença, motivo pelo qual ficam fora a eficácia mandamental e a executiva que partem dos efeitos da decisão, o que representa um aspecto exterior. Todavia, Talamini demonstra que tanto a declaração, constituição ou condenação, dizem respeito à "aptidão de produzir determinado efeito", ou seja, essa potencialidade é definidora da eficácia, a qual faz parte do conteúdo da decisão.[230] Em suma, para Talamini: "a classificação que acolhe as eficácias mandamental e executiva *lato sensu* toma por base exatamente o mesmo critério usado para a distinção dos três grupos de sentença usualmente admitidos: conteúdo e eficácia".[231] A propósito, pode-se concluir que Talamini também não dispensa a importância do direito material na classificação da eficácia, embora a considere uma classificação processual, mas que "veiculam as sanções" do direito material.[232]

Nesse sentido, Eduardo Talamini entende que superar a classificação ternária, deixando de utilizar a eficácia condenatória para todas as decisões com "repercus-

---

[226] MURITIBA, 2005, p. 189-193.

[227] Ibid., p. 243-246.

[228] Ibid., p. 197.

[229] Ibid., p. 199.

[230] TALAMINI, 2001, p. 203.

[231] Ibid., p. 204.

[232] Ibid., p. 213. Nesse passo, o jurista questiona o critério utilizado por Marinoni "em que as tutelas declaratória e constitutiva são postas ao lado das tutelas ressarcitória, reintegratória, do adimplemento e inibitória, como espécies do mesmo gênero", por entender que confunde critério e objeto classificado. Ao justificar sua posição, Talamini sustenta que há sanções e há "eficácia dos provimentos que veiculam as sanções" (Ibid., p. 212-213). Ora, com essa assertiva entendemos que Talamini está justamente homenageando as "sanções" do direito material na definição da "eficácia" do provimento, na medida em que esse deverá estar apto a veiculá-la. Isso nada mais é do que reconhecer nexo instrumental do processo para com o direito material.

são física", caso em que a executiva e a mandamental muitas vezes figuram como subespécies da condenatória; não implica apenas admitir a classificação quinária, enquanto postura terminológica e classificatória diversa: faz parte de um movimento no sentido de afastar a ideia de que a sentença condenatória pudesse absorver, com seu esquema tradicional, todas as situações carentes de tutela no mundo físico.[233] Trata-se, em última análise, de uma postura em prol da efetividade.

Darci Guimarães Ribeiro constata que sob a ótica da efetividade do processo, segue-se o caminho inverso utilizado pela doutrina do século XX, agora no sentido da aproximação do direito material ao processo, o que também significa relativizar o binômio: cognição-execução. A classificação ternária mostra-se insuficiente em alcançar essa perspectiva, assim como os novos desafios da vida moderna, razão pela qual preconiza a classificação quinária.[234]

Para concluir, importante destacar que muitos autores adeptos da classificação ternária não negam a existência de execução imediata (executiva) ou de ordem (mandamental), apenas não lhe conferem o *status* classificatório ao lado da declaratória, constitutiva e condenatória. Significa dizer que a rigor não negam tais eficácias. Todavia, como bem observa Talamini, colocar todas as eficácias, lado a lado, mais do que uma questão meramente terminológica ou classificatória, importa dar a devida relevância aos modernos valores e anseios do processo, inclusive a tão preconizada efetividade.

Passa-se a referir cada uma das modalidades de eficácia (declaratória, constitutiva, condenatória, mandamental e executiva), desde já se advertindo o leitor que será feita referência à ação, sentença, tutela ou demanda, indistintamente, para esse efeito. Advirta-se, outrossim, que tendo em vista o propósito desse trabalho, o qual consiste, principalmente, em abordar a diversidade de pontos de vista; as definições e demais considerações sobre cada uma das eficácias em particular, necessariamente não estão atreladas aos critérios aos quais manifestamos nossa preferência.

3.4.2.1. Eficácia declaratória

A ação declaratória tem por fim a obtenção de uma sentença que simplesmente declare a existência ou a não existência de uma determinada relação jurídica.[235] Segundo James Goldschmidt: "A ação declaratória tem por objetivo obter a declaração da existência ou inexistência de uma relação jurídica ou da autenticidade ou falsidade de um documento".[236]

No escólio de Adolf Wach, a ação declaratória tem por objeto a relação jurídica, não enquanto um direito abstrato e objetivo, mas como um direito subjetivo,

---

[233] TALAMINI, 2001, p. 208
[234] RIBEIRO, 2004, p. 186-187.
[235] BAPTISTA DA SILVA, 1996, p. 133; LOPES, 1991, p. 48-49.
[236] GOLDSCHMIDT, 2003, p. 141.

concreto, relacionado a determinada pessoa.[237] Por outro lado, o interesse à declaração não se contenta apenas com o mero interesse em segurança jurídica. Exige a necessidade de proteção jurídica, decorrente de uma ameaça efetiva ou violação de direito subjetivo.[238] Além disso, distingue-se da condenatória, pelo fundamento de proteção do direito, que na ação condenatória está relacionado à satisfação por violação, sendo que na declaratória o fundamento da proteção é mais amplo. De resto, ambas as ações são independentes.[239]

Piero Calamandrei explica que a declaração de mera certeza tem unicamente o efeito de declarar e proclamar como irrevogável a existência de um preceito primário até o momento então incerto. A situação jurídica permanece a mesma no sentido de que o juiz com seu pronunciamento não faz outra coisa senão pôr em evidência o que já existia no mundo do direito. Apenas se elimina a falta de certeza.[240]

A propósito, Mortara, a despeito de sua concepção monista do ordenamento, também reconhece a sentença declaratória como uma noção universalmente aceita, a partir da qual se declara direito preexistente, com efeitos *ex tunc*.[241] Do mesmo modo, a ação declaratória, como processo de mera declaração de certeza, é também explicada por Francesco Carnelutti, para quem esta ocorre quando "la existencia de la relación declarada por el juez es independiente de esa su declaración".[242] Neste caso, o processo opera não sobre a existência da situação, mas sobre sua certeza, uma vez que a declaração do juiz "convierte la norma jurídica em precepto relativo al caso deducido en el proceso".[243] A declaração de certeza pode pedir tanto quem pretende quanto quem discute sua existência.[244]

Entre nós, Pontes de Miranda ensina que "ação declarativa é ação a respeito do ser ou não da relação jurídica". E prossegue o jurista: "só se pede que se torne claro (de-clare), que se ilumine o recanto do mundo jurídico para ver se é, ou se não é, a relação jurídica de que se trata. O enunciado é só enunciado de existência".[245]

É importante lembrar, ainda, duas importantes observações feitas por Araken de Assis, no sentido de que a declaração também abrange fatos, tanto que sejam

---

[237] WACH, 1962, p. 95-96.

[238] Ibid., p. 102-112.

[239] Ibid., p. 71-88.

[240] CALAMANDREI, 1986, 213.

[241] Observe-se a ponderação de Mortara: "È nozione universalmente bene accetta che la sentenza dichiara o accerta il diritto preesistente; ed è fuori di dubbio che l'effetto della sentenza risale ed opera al tempo in cui si ritiene che abbia avuto vita il diritto in essa dichiarato. Tutto ciò è necessità dell'ordine giuridico, ma è al tempo stesso convenzione e pura presunzione" (MORTARA, 1923, p. 543-544).

[242] CARNELUTTI, 1973, p. 70.

[243] Ibid., p. 70.

[244] Ibid., p. 70.

[245] PONTES DE MIRANDA, 1970, p. 118.

controvertidos e que a demanda improcedente declara a inexistência de ação material.[246]

Para Tesheiner, na ação declaratória, a causa de pedir "é o fato de que decorre a existência do direito subjetivo cuja declaração se pede", ou, no caso da declaratória negativa, "é o fato jurídico cuja existência se nega".[247] A prolação da sentença declaratória satisfaz o destinatário da prestação jurisdicional, sem necessidade de atos ulteriores.[248]

3.4.2.2. Eficácia constitutiva

A eficácia constitutiva foi incorporada ao sistema, não sem restrições. Alfredo Rocco, *v. g.*, vendo o problema sob o ângulo das sentenças, questiona a categoria das sentenças constitutivas, pois se aquelas criassem relações jurídicas, negariam a autonomia da função jurisdicional.[249] Por essa razão, entende que as sentenças constitutivas não se diferenciam das sentenças declaratórias no tocante à função jurisdicional que exercem. A diferença, portanto, estaria no objeto da decisão, ou, em outras palavras, na relação jurídica que vem alegada como existente, a qual necessita da intervenção jurisdicional.[250] Nesse passo, a propósito, Tesheiner observa que Alfredo Rocco, em verdade, se viu diante de um dilema, porquanto não aceitava a categoria dos direitos formativos. Desse modo, diante do vínculo que tais direitos estabelecem com as sentenças constitutivas, ou aceitava a sua existência ou negava a categoria constitutiva das sentenças.[251]

No entanto, hoje universalmente aceita, a ação constitutiva tem por objetivo obter a constituição, modificação ou extinção de uma relação de direito por sentença judicial.[252] Elio Fazzalari chega a dizer que mesmo as sentenças de "accertamento" ou de condenação também são de natureza constitutiva "nel senso che incide nella sfera sostanziale dei litiganti creando una nuova situazione".[253] Essa situação poderá ou não ter conteúdo igual à situação substancial preexistente ao processo.[254]

Piero Calamandrei ensina que em se tratando de ação constitutiva, a declaração de certeza jurídica que se refere ao passado vem acompanhada de uma

---

[246] ASSIS, 2002, p. 94.

[247] TESHEINER, José Maria Rosa. *Eficácia da sentença e coisa julgada no processo civil*. São Paulo: Revista dos Tribunais, 2001, p. 48-49.

[248] ANDOLINA, 1983, p. 3 *et seq.*

[249] ROCCO, A., 1906, p. 148.

[250] Ibid., p. 149-155.

[251] TESHEINER, José Maria Rosa. Estados jurídicos fundamentais. Ônus e direito formativo. O problema da classificação das sentenças por seus efeitos. *Revista da Consultoria Geral do Estado*, Porto Alegre, n. 14, p. 41-80, 1976, p. 68-69.

[252] GOLDSCHMIDT, 2003, p. 147.

[253] FAZZALARI, 1989, p. 1245-1272, p. 1251.

[254] Ibid., p. 1.245-1272, p. 1251.

modificação jurídica que se refere ao futuro. O juiz não se limita a declarar. No mesmo momento da declaração atua a modificação solicitada. A modificação é precisamente a constituição da modificação jurídica, para qual a declaração de certeza jurídica serve de premissa. Nessas providências se verifica a fusão, num ato formalmente único, de dois momentos funcionalmente diversos, ou seja, a declaração de certeza do preceito que ordena a modificação e a execução dessa modificação.[255]

Como lembra Araken de Assis, contudo, a eficácia da sentença constitutiva pode produzir efeitos *ex nunc* ou *ex tunc,* ou seja, "em se tratando de ação desconstitutiva implica retorno ao estado anterior, apanhando, na retroprojeção, toda a eficácia do ato ou do negócio jurídico".[256]

Para Francesco Carnelutti, o processo de declaração de certeza constitutiva ocorre quando "la existencia de la relación jurídica judicialmente declarada depende de la declaración judicial, la cual, por tanto, forma un fallo constitutivo de ella".[257] O autor cita o exemplo de que no processo de nulidade de um contrato há mera declaração de certeza, uma vez que a validade ou nulidade do contrato existe exatamente igual antes ou depois do juízo. No processo de separação conjugal, a declaração de certeza é constitutiva porque a modificação do regime matrimonial ocorre justamente em juízo.

O titular da ação constitutiva age para a constituição a que tem direito.[258] Como ressalta Pontes de Miranda: "A constitutividade muda em algum ponto, por mínio que seja, o mundo jurídico".[259]

Ao tratar da hipótese de que as sentenças poderiam ser reduzidas em declaratórias ou constitutivas, Tesheiner lembra o pensamento de diversos processualistas para os quais a "sentença de condenação tem natureza constitutiva porquanto cria, para o vencedor, o direito de obter a atuação de seu crédito mediante ulterior execução forçada"[260] (tese defendida por Hellwig, Léon Mazeaud, entre outros). Porém, é o próprio Tesheiner quem ensina que "o que justifica a existência de outras categorias de sentenças, além das declaratórias e constitutivas, é a circunstância de haver sentenças (constitutivas) incompletas, no sentido de que, para a satisfação do autor, se exige ato ulterior: o adimplemento da obrigação ou a execução ou o cumprimento da ordem (mandamento) contido na sentença".[261]

---

[255] CALAMANDREI, 1986, 215.

[256] ASSIS, 2002, p. 94.

[257] CARNELUTTI, 1973, p. 71.

[258] PONTES DE MIRANDA, 1970, p. 120.

[259] Ibid., p. 203.

[260] TESHEINER, 2009, p. 103.

[261] Ibid., p. 104.

DIREITO, AÇÃO E TUTELA JURISDICIONAL

As ações constitutivas, portanto, "são ações cujas sentenças de procedência exaurem a atividade jurisdicional, tornando impossível ou desnecessária qualquer atividade subsequente tendente à realização de seu próprio enunciado".[262]

3.4.2.3. Eficácia condenatória

Em tempos de efetividade, a eficácia condenatória apresenta pouco prestígio, eis que representa o trunfo do conhecimento e da segurança. De qualquer sorte, é preciso reconhecer, sua importância histórica é indiscutível.[263] Conforme já mencionado neste trabalho, não foi sem motivo que a sentença condenatória se universalizou. A questão é que atualmente não mais corresponde às exigências da sociedade de massas, carente de um processo efetivo, motivo pelo qual já há quem sustente inclusive sua exclusão do sistema.[264]

Conforme ressalta James Goldschmidt: "a ação condenatória persegue a obtenção de uma sentença que condene o demandado a realizar determinada prestação a favor do demandante e, em alguns casos, exclusivamente a permitir a execução forçada".[265]

Ao estabelecer a relação entre sentença e execução, Alfredo Rocco explica a categoria da sentença condenatória, a qual, segundo afirma, é aquela que contém uma ordem de satisfação, pois necessita de sua realização forçada. Por essa razão, constitui-se em título executivo.[266]

Segundo Degenkolb, não é possível uma distinção conceitual entre sentença declaratória e sentença condenatória, pois ambas não oferecem diversidade substancial. Todavia, como mostra Alfredo Rocco, quanto aos efeitos, enquanto a sentença declaratória torna certa a relação jurídica, a sentença condenatória constitui título executivo para a realização forçada da relação reconhecida. Todavia, tal distinção revela a diversidade de efeitos, e não a diversidade da natureza das sentenças. Seja como for, esse é o modo seguro onde se pode encarar a distinção. A precisa e individualizada cominação de execução forçada, em caso de inobservância, confere relevância à sentença condenatória, ainda que, como diz Alfredo Rocco, opiniões contrárias entendam que se trata de uma inútil duplicação do comando já contido na declaração.[267]

Piero Calamandrei ensina que nas providências de condenação, a declaração de certeza do preceito vem acompanhada de um *plus* que se dirige para o futuro. A condenação contém em si, além da declaração de certeza, a formulação de uma

---

[262] BAPTISTA DA SILVA, 1996, p. 151.

[263] Observe-se que para a classificação ternária, tal como adotado até recentemente pelo CPC pátrio, a tutela específica é prestada por meio da sentença condenatória: *v. g.*, MONTESANO, 1965, p. 80 *et seq.*

[264] ANDOLINA, 1983, p. 3 *et seq.*; MACHADO, 2004, p. 111 *et seq.*

[265] GOLDSCHMIDT, 2003, p. 135.

[266] ROCCO, A., 1906, p. 130-131.

[267] Ibid., p. 157-162.

nova ordem que autoriza aos órgãos executivos o cumprimento de uma providencia ulterior. O efeito da condenação não é somente declarar certo o preceito primário, mas também é abrir caminho para uma execução forçada.[268]

Para Francesco Carnelutti, a condenação é um "doppio accertamento: di ciò che è stato e di ciò che doveva essere".[269] Tem-se processo de condenação quando: "la relación declarada, en vez de ser una obligación, es una responsabilidad".[270] Consiste a responsabilidade na sujeição ao poder de aplicar a sanção. A condenação se resolve na aplicação imperativa de uma sanção e, portanto, na conversão em preceito específico da norma que estatui aquele poder e aquela sujeição correspondente. Enquanto declara a responsabilidade do obrigado, a condenação agrava a ameaça em que se resolve a sanção e, portanto, o constrange ao cumprimento, sob pena de execução forçada.[271]

Nas palavras de Pontes de Miranda: "a ação de condenação supõe que aquele ou aqueles, a quem ela se dirige, tenham obrado contra direito, que tenham causado dano e mereçam, por isso, ser condenados".[272]

A noção de sentença condenatória, em última análise, está relacionada com a disposição para preparar a execução.[273] Quando a declaração não objetiva apenas a vantagem de maneira imediata, relacionada à certeza jurídica, mas também a atuação posterior da vontade da lei, diz-se que a sentença é de condenação.[274] Liebman explica que "quando um imperativo jurídico deixa de conseguir do obrigado a conduta exigida, sua energia consumou-se, mas esse fato por si não basta a que as forças de reação encerradas no ordenamento jurídico estejam prontas a operar: deverá ainda o órgão a isso destinado pô-las em vigor, ou seja, aplicar a sanção. Isso, e não outras coisa, é a condenação".[275]

Portanto, a doutrina clássica, de um modo geral, identifica a sentença condenatória pela idoneidade para constituir título executivo. Trata-se de uma correlação normal, mas que não é perfeita e sempre segura.[276]

Como anota Araken de Assis, a eficácia condenatória é a mais enigmática aos estudiosos do processo, gerando divergências intensas. Tem sido compreendida mais por seus efeitos, "devidamente balanceados, ou seja, uma certa dose de eficácia executiva capaz de ensejar, em etapa ulterior, a ação executória, e tão ra-

---

[268] CALAMANDREI, 1986, 214.

[269] CARNELUTTI, 1958, p. 58.

[270] Ibid., p. 71.

[271] Idem.

[272] PONTES DE MIRANDA, 1970, p. 121.

[273] ANDOLINA, 1983, p. 6 *et seq*; MONTESANO, 1965, p. 5 *et seq*

[274] LIEBMAN, Enrico Tullio. *Embargos do executado*. Tradução J. Guimarães Menegale. 2. ed. São Paulo: Saraiva, 1952, p. 122.

[275] Ibid., p. 125-126.

[276] PISANI, Andrea Proto. L'effettività dei mezzi di tutela giurisdizionale con particolare riferimento all'attuazione della sentenza di condanna. *Rivista di Diritto Processuale*, Padova, n. 3, p. 620-634, 1975, p. 620.

refeita que não autorize a transformação física de modo automático e subseqüente ao provimento, tal como na ação de força executiva".[277]

É a mesma conclusão de Ovídio, para quem a sentença condenatória tem sido definida mais por seus efeitos e, nesse sentido, "constitui o título executivo que irá servir de fundamento ao processo executório posterior".[278]

Com razão Tesheiner, portanto, quando afirma que "ao pedir a condenação do réu, não pede o autor outra coisa senão que o juiz lhe atribua o poder de executá-lo".[279] Em outras palavras, "a sentença condenatória supõe prestação devida pelo réu e cominação de execução".[280] Por essa razão, inclusive, Eduardo Talamini ressalta que a sentença condenatória é identificada a partir de sua função processual, uma vez que é sentença que constitui título executivo que autoriza a execução.[281]

A propósito, na perspectiva de sua classificação quinária, sustenta Pontes de Miranda que "as categorias ações reais, ações pessoais, pertencem ao direito material".[282] Com efeito, é indispensável que o processo tenha presente a distinção entre os direitos reais e obrigacionais ao estabelecer as tutelas advindas dessas diferentes ações.[283] O juízo executivo dirige-se à obtenção da coisa; o juízo condenatório tem origem numa prestação obrigacional.[284] Daí por que os direitos absolutos, porquanto criam dever geral de abstenção, não podem ser eficazmente tutelados pela sentença condenatória.[285]

Assim, em tempos atuais, principalmente após as recentes reformas processuais, a tutela condenatória mantém-se, sobretudo, em relação às obrigações de pagar quantia certa, o que, diga-se de passagem, é o seu campo de atuação material por excelência.[286] Esse é o posicionamento de Carlos Alberto Alvaro de Oliveira, para quem a tutela condenatória "é própria e exclusiva" à satisfação das obrigações pecuniárias. Prevalece, no caso, a norma principal da segurança, uma

---

[277] ASSIS, 2002, p. 96-99.

[278] BAPTISTA DA SILVA, 1996, p. 143.

[279] TESHEINER, 2009, p. 105.

[280] TESHEINER, 2001, p. 51.

[281] TALAMINI, 2001, p. 188-189.

[282] PONTES DE MIRANDA, 1970, p. 92.

[283] BAPTISTA DA SILVA, 2007, p. 159.

[284] BAPTISTA DA SILVA, 2008, p. 203. Mesmo a ação de despejo, *v. g.*, pressupõe a eliminação do vínculo locatício para tornar a posse injusta. O mesmo ocorre nas ações de depósito, comodato, em que se elimina o vínculo, de modo que a ação se dirige à obtenção da *res* (Ibid., p. 204).

[285] MURITIBA, 2005, p. 69.

[286] Ibid., p. 216. Saliente-se, todavia, que o citado autor admite exceção à regra, como a possibilidade de utilização de tutela executiva na hipótese do dinheiro ser encontrado *in natura* no patrimônio do executado ou a utilização da tutela mandamental para evitar a prática de ato ilícito, impondo medida coercitiva (p. 217-218). A nós parece que mesmo a obtenção de dinheiro na esfera do devedor por ocasião da expropriação não descaracteriza esse procedimento próprio da condenação. Ao contrário, o dinheiro está em primeiro lugar na ordem de preferência da penhora (art.655 do CPC). A utilização da tutela mandamental, ao seu turno, será sempre um meio de coação que se soma e, diga-se de passagem, deve ser utilizado com muita cautela, mas não substitui a condenação.

vez que se está atingindo bens que não pertencem ao exequente.[287] A aplicação de *astreinte* como medida coercitiva e complementar somente poderá ser utilizada em casos excepcionais, que assim recomendarem.[288]

3.4.2.4. Eficácia mandamental

Para James Goldschmidt: "A ação mandamental encaminha-se a obter um mandado dirigido a outro órgão do Estado, por meio da sentença judicial".[289]

Não se pode deixar de referir Barbosa Moreira, o qual explica a origem da sentença mandamental na obra de 1914 de Georg Kuttner (depois o já mencionado Goldschmidt veio a tratar do tema,[290] entre outros) e o reflorescimento da sentença mandamental, "nesta margem do atlântico", ocasião em que Pontes de Miranda desenvolve o instituto entre nós com contornos bem diferentes.[291]

Conforme Pontes de Miranda: "a ação mandamental prende-se a atos que o juiz ou outra autoridade deve mandar que se pratique. O juiz expede o mandado, porque o autor tem pretensão ao mandamento e, exercendo a pretensão à tutela jurídica, propôs a ação mandamental".[292]

Ao tratar da "essencialidade do mandado",[293] Pontes de Miranda traça, ainda, as seguintes notas distintivas em relação à eficácia mandamental: "Na ação mandamental, pede-se que o juiz mande, não só que declare (pensamento puro, enunciado de existência), nem que condene (enunciado de fato e de valor); tampouco se espera que o juiz por tal maneira fusione o seu pensamento e o seu ato que dessa fusão nasça a eficácia constitutiva. Por isso mesmo, não se pode pedir que dispense o 'mandado'. Na ação executiva, quer-se mais: quer-se o ato do juiz, fazendo, não o que deveria ser feito pelo juiz como juiz, sem o que a parte deveria ter feito. No mandado, o ato é ato que só o juiz pode praticar, por sua estatalidade. Na execução, há mandados – no correr do processo; mas a soluça final é ato da parte (solver o débito). Ou do juiz, forçando".[294]

Ovídio explica com clareza a ação mandamental, valendo a pena reprisar na íntegra:

---

[287] OLIVEIRA, 2008, p. 171-172.

[288] Ibid., p. 174-175.

[289] GOLDSCHMIDT, 2003, p. 151.

[290] Todavia, James Goldschmidt chegou à conclusão de que as ações mandamentais são o gênero, e as condenatórias, a espécie, pois a essência dessas consiste numa ordem de execução forçada endereçada aos órgãos que a devem realizar, de modo que manteve a classificação ternária, porém entre: declaratória, constitutiva e mandamental (COUTO E SILVA, 1988).

[291] BARBOSA MOREIRA, 1999, p. 29-44.

[292] PONTES DE MIRANDA, 1970, p. 122.

[293] A propósito, observa Tesheiner que para melhor entender-se a classe das sentenças mandamentais em Pontes de Miranda é preciso ter-se em conta o seu conceito de ato jurídico mandamental, que consiste no ato em que o manifestante da vontade impõe ou proíbe; em última análise, "mandamental é o ato que cria dever" (Cf. TESHEINER, 1976, p. 71).

[294] PONTES DE MIRANDA, op. cit., p. 211.

DIREITO, AÇÃO E TUTELA JURISDICIONAL

A atividade subseqüente a sentença de condenação, a que se da o nome da execução forçada, contudo, corresponde sempre a uma atividade privada que devera ser realizada pelo demandado e que, ante a omissão deste, é executada pelo juiz. Trata-se, pois, como a doutrina unanimemente reconhece, de atividade transformadora da realidade, de execução contra o obrigado.

Entretanto, essa transformação do mundo dos fatos que a atividade jurisdicional pode provocar nem sempre corresponde a uma atividade privada, e nem sempre é realizada contra o obrigado. O direito moderno conhece, como aliás conhecia o direito romano, inumeráveis hipóteses de atividade jurisdicional nas quais o juiz, ao invés de condenar, emite uma ordem para que se faça ou se deixe de fazer alguma coisa, ordem essa que se origina da própria estatalidade da função jurisdicional e nada tem a ver com a atividade privada do demandado. Tal o resultado, por exemplo, de uma ação de mandado de segurança, ou de uma ação de manutenção de posse. Nestes casos, diversamente do que ocorreria nas hipóteses em que o demandado, condenado a fazer ou não fazer alguma coisa, não o fizesse e como conseqüência de sua omissão ficasse sujeito a indenizar perdas e danos – o resultado da insubmissão ao comando jurisdicional, o não cumprimento da ordem contida na sentença jamais conduzirá ao sucedâneo do ressarcimento por perdas e danos. Aqui a conseqüência será a responsabilidade criminal por desobediência, ou outra sanção de natureza publicística, tal como ocorrerá nos casos de não cumprimento da ordem judicial contida na sentença de mandado de segurança que pode determinar a responsabilidade penal da autoridade desobediente, ou a própria intervenção federal, como prevê a Constituição. As conseqüências fundamentalmente diversas previstas para os casos em que o condenado a fazer alguma coisa, como seria o caso de condenar-se o pintor a executar a pintura a que se obrigara; e as hipóteses em que o juiz determine que uma outra autoridade ou mesmo um particular faça ou deixe de fazer alguma coisa, em razão do império contido na jurisdição, tal como ocorre no exemplo da ordem contida na sentença de acolhimento do mandado de segurança, definem a diferença entre a sentença condenatória e sentença mandamental e entre execução forçada e mandamento, como resultado da atividade jurisdicional.

O resultado de tantas ações executivas como das ações mandamentais é uma transformação da realidade. A distinção entre ambas, porém é nítida: o ato executivo originalmente ato privado que o juiz executa substituindo-se ao demandado; o que se ordena em virtude de uma sentença mandamental é ato essencialmente estatal que não poderia ser praticado originariamente pelos particulares, fora ou antes do surgimento do Estado.[295]

Com efeito, também se entende que a eficácia mandamental pode consistir em ordem, não só em face de autoridade, mas também perante particulares.[296] Na verdade, a essência da eficácia mandamental repousa no conteúdo da ação, e não na qualidade do sujeito passivo da ordem.[297]

Segundo Talamini, a eficácia mandamental se diferencia da executiva, pois essa não vincula uma ordem para o réu, mas enseja uma "atuação executiva", ou seja, independe da participação do acionado.[298]

---

[295] BAPTISTA DA SILVA, 2006, p. 78-79.

[296] TALAMINI, 2001, p. 191.

[297] ASSIS, 2002, p. 101.

[298] TALAMINI, op. cit., p. 192.

No escólio de Carlos Alberto, a tutela mandamental encontra campo propício nos direitos absolutos em razão do dever negativo de abstenção que surge.[299] Por outro lado, assevera Fabio Cardoso Machado que a categoria, "além de resgatar a dignidade da função jurisdicional, permite ao juiz dispor de uma técnica altamente eficiente e capaz de produzir resultados antes mesmo que se pudesse iniciar um procedimento executivo".[300]

A tutela mandamental está compreendida na disciplina dos artigos 461 do CPC e 84 do CDC.[301] Pode ser utilizada nas obrigações de fazer e não fazer de natureza infungível, mas também fungível. Tem como função atuar sobre a vontade do próprio demandando, coagindo-o a cumprir a ordem determinada. A tutela inibitória praticamente tem na eficácia mandamental o seu correlato processual.[302] Também pode ser bem empregada nas obrigações de dar (art. 461-A do CPC), como medida de coerção.[303]

A propósito, Sérgio Muritiba, divergindo de Ovídio, entende que a eficácia mandamental pressupõe a imposição de multa (mando, sob pena de...), não se satisfazendo com a simples "ordem".[304] Com efeito, acompanhando a posição de Ovídio, v. g., Talamini destaca que a essência da sentença mandamental é a emissão de ordem, que pode ou não ser acompanhada de imposição de multa, valendo registrar que, por outro lado, nem sempre a imposição de multa por descumprimento significa decisão mandamental. O que caracteriza a decisão mandamental é a "força coercitiva" derivada da previsão de que o seu descumprimento acarreta afronta à autoridade, independentemente se o caráter da repressão for penal, administrativo ou apenas processual.[305]

Conforme já mencionado, o mandamento (ato de mandar, ordenar, determinar) faz parte do conteúdo do provimento. A eficácia do ponto de vista processual está relacionada à utilização de medidas coercitivas. Do ponto de vista material, tem-se uma pretensão que reclame uma modificação no mundo físico e dependa de um ato de vontade do obrigado. Daí justamente a razão da ordem coercitiva.[306]

Conforme entende Carlos Alberto Alvaro de Oliveira, a tutela mandamental "encontra seu específico campo de aplicação quando se trata de agir sobre a vontade da parte demandada e não sobre seu patrimônio; distingue-se, assim, por esse aspecto essencial, tanto da tutela condenatória quanto da tutela executiva lato sensu".[307] A tutela mandamental privilegia a norma principal da efetividade

---

[299] OLIVEIRA, 2006c, p. 52.

[300] MACHADO, 2004, p. 269-271.

[301] MURITIBA, 2005, p. 219; TALAMINI, 2001, p. 227-229, referindo-se ao art. 461 do CPC; BAPTISTA DA SILVA, 2002, p. 159-167; CAMERINI, 2007, p. 144-158.

[302] MURITIBA, op. cit., p.250-253.

[303] Ibid., p. 254-255.

[304] Ibid., p. 243-244, nota 56.

[305] TALAMINI, op. cit., p. 191-192.

[306] MURITIBA, op. cit., p. 243-246.

[307] OLIVEIRA, 2008, p. 183.

e encontra substrato material, sobretudo, nas obrigações e deveres de fazer e não fazer, conforme previsão do art. 461 do CPC, privilegiando-se a força do negócio jurídico, sob a ótica do direito material. Utiliza-se a técnica da multa como mecanismo de coerção ao cumprimento da ordem.[308]

Com efeito, Barbosa Moreira considera arbitrária a imputação de conteúdo mandamental a decisão oriunda do art. 461 do CPC, pois, segundo afirma, não se sabe se a emissão da ordem é obrigatória ou fica ao critério do juiz.[309]

3.4.2.5. Eficácia executiva

Conforme ensina Pontes de Miranda: "A ação executiva é aquela pela qual se passa para a esfera jurídica de alguém o que nela devia estar, e não está. Segue-se até onde está o bem e retira-se de lá o bem *(ex-sequor, ex secutio)*".[310] [...] "a sentença favorável nas ações executivas retira valor que está no patrimônio do demandado, ou dos demandados, e põe-no no patrimônio do demandante. Pode ser pessoal ou real. A ação de despejo é pessoal; a ação executiva pignoratícia, a hipotecária e as possessórias são reais".[311]

José Maria Rosa Tesheiner sintetiza, aduzindo que são executivas "as que visam 'repor' no patrimônio do autor algo 'seu', como a ação reivindicatória".[312] Da mesma forma, Araken de Assis entende que:

> a força executiva promove intercâmbio patrimonial, ou seja, retira determinado valor do patrimônio do obrigado e põe-no patrimônio do credor. Ela é imediata (eficácia) quando a incursão na esfera jurídica do réu mira valor identificado *(corpus certum)*, que lá se encontra de maneira já reconhecida como legítima no pronunciamento judicial, e, portanto, dispensa novo processo; e diferida (efeito), quando a penetração atinge a esfera patrimonial e jurídica legítima do executado, o que acarreta a necessidade de controlar de modo pleno a atuação do meio executório. Nesta última hipótese, a prévia condenação, ou a posse de documento a ela equiparado, *ex vi legis*, funciona como o bilhete de ingresso a nova relação processual.[313]

Conforme demonstra Francesco Carnelutti: "Es evidente, pues, que ya en tema de ejecución la tutela del interés del acreedor é incomparablemente menos intensa que la tutela del interés del dominus; por eso la posición del deudor tie-

---

[308] OLIVEIRA, 2008, p. 183-189.

[309] BARBOSA MOREIRA, 2004a, p. 136. No mesmo sentido: BEDAQUE, 2007, p. 516.

[310] PONTES DE MIRANDA, 1970, p. 122.

[311] Ibid., p. 212; ASSIS, 2007. p. 87.

[312] TESHEINER, 2001, p. 55.

[313] ASSIS, 2002, p. 101. No mesmo sentido: ASSIS, Araken de. *Manual da execução*. 11. ed. São Paulo: Revista dos Tribunais, 2007, p. 87. Complementa Araken, em seu *Manual*: "em outras palavras: "na ação que nasce com força executiva (eficácia imediata), o ato de cumprimento recairá sobre bem que integra o patrimônio do vencedor (*v. g.*, na ação de despejo e posse, senão o domínio mesmo, pertence ao locador); na ação que nasce com simples efeito executivo (eficácia mediata ou diferida), o ato executivo recairá sobre bem integrante do patrimônio do vencido" (Ibid., p. 87).

ne mucho menos definidos los contornos de su obligación que la del non dominus".[314]

Não há dúvida, pois, da "tutela diferenciada do direito real sobre o direito obrigacional".[315] Daí a distinção estabelecida entre as sentenças executivas e condenatórias.[316] Observe-se, a propósito, o exemplo de Pontes de Miranda:

> Quem reivindica, em ação, pede que se apanhe e retire a coisa, que está contrariamente a direito, na esfera jurídica do demandado, e se lhe entregue. (nas ações de condenação e executiva por créditos, não se dá o mesmo: os bens estão na esfera jurídica do demandado, acorde com o direito; porque o demandado deve, há a condenação dele e a execução, que é retirada de bem, que está numa esfera jurídica, para outra, a fim de se satisfazer o crédito; portanto, modifica-se a linha discriminativa das duas esferas).[317]

Resta evidente, pois, que o direito material deve balizar o processo, motivo pelo qual os direitos reais merecem proteção via ação executiva, independentemente do disposto pelo direito processual. Todavia, não há razão para não conferir-se a mesma tutela executiva quando se exige a restituição da coisa em razão de desconstituição de relação obrigacional.[318]

Disso se depreende que as ações executivas não estão unicamente vinculadas aos direitos reais, tanto que a ação de despejo é um exemplo de ação executiva. Nesses casos, de qualquer sorte, o fundamento reside no fato de que a sentença desconstitui a relação obrigacional, de modo que após a sua prolação o contrato encontra-se resolvido. Aliás, o propósito se mantém, pois nesses casos, a eficácia executiva igualmente atinge patrimônio previamente individualizado pertencente ao autor, injustamente na posse do réu.[319]

Indo além, Marinoni, para quem "a tutela ressarcitória pelo equivalente tem relação com os valores do Estado liberal clássico",[320] entende que a diversidade de tratamento conforme se trate de direitos reais ou obrigacionais não faz sentido na sociedade contemporânea, na medida em que "o credor de uma obrigação não tem apenas direito sobre o patrimônio do devedor, mas sim direito à prestação

---

[314] CARNELUTTI, 1952, p. 394.

[315] ASSIS, 2002, p. 102.

[316] Observe-se, a propósito, a seguinte afirmação de Luiz Guilherme Marinoni que corrobora a assertiva: "Ademais, quando para a realização do direito basta retirar algo que está ilegitimamente no patrimônio do demandado, ou mesmo viabilizar o acesso do autor à coisa que, segundo a sentença, legitimamente lhe pertence, também não é preciso exigir nada do réu e, assim, não há cabimento em pensar em condenação à entrega de coisa. Diante disso, a importância da distinção entre coerção direta e sub-rogação está na necessidade de inserir no sistema dos arts. 461 e 461-A do CPC e 84 do CDC a diferença entre as sentenças que são executivas em razão do que existe no plano do direito material e sentenças que dispensam a ação de execução por uma questão de política processual, relacionada apenas com a necessidade de se dar maior poder de execução ao juiz" (MARINONI, 2004, p. 133-134).

[317] PONTES DE MIRANDA, Francisco Cavalcanti. *Tratado de direito privado*. 4. ed. São Paulo: Revista dos Tribunais, 1977, v. 14, p. 18-19.

[318] MARINONI, 2004, p. 487.

[319] Ibid., referindo-se ao entendimento de Ovídio.

[320] MARINONI, 2006a, p. 198.

por ele prometida".[321] Sustenta, com base nos artigos 461, 461-A do CPC e 84 do CDC, que o direito de ação não compreende apenas o direito a uma sentença de mérito, eis que o seu exercício não se exaure com a sentença, de modo que o autor postula uma prestação jurisdicional efetiva. Assim, as sentenças proferidas a partir de tais dispositivos são "dotadas de executividade intrínseca", viabilizando a execução independentemente da ação de execução, ao contrário da sentença condenatória.[322]

Esse posicionamento revela, em certa medida, indiferença do processo relativamente à origem material do pedido. Andreas Von Tuhr, a propósito, comunga desse entendimento ao afirmar que no processo judicial as pretensões não se distinguem pela sua causa constitutiva, mas por seu conteúdo: a lei processual oferece diversos meios de coerção de acordo com o conteúdo das pretensões, sem preocupar-se com suas causas (crédito, direito real, etc.). Os conteúdos possíveis são os seguintes: pagamento em dinheiro, entrega de coisa móvel e imóvel, execução de um ato fungível ou infungível, abstenção, manifestação de uma declaração de vontade.[323]

No entanto, deve-se ter presente que os direitos de crédito se verificam quando o devedor fica obrigado a efetuar uma prestação em favor do credor. Por detrás do devedor está a responsabilidade geral do seu patrimônio, ou, eventualmente, a responsabilidade especial de coisas determinadas, como os direitos de garantia.[324] Nos direitos de crédito,

> el objeto de la prestación del deudor puede ser una caso de la cual al acreedor deba procurar la propiedad u otro derecho. Con esto, sin embargo, el acreedor no tiene todavía, como en el caso de los derechos reales, un señorío personal sobre la cosa, sino que bajo el aspecto jurídico su relación con la cosa es mediata, por intermedio del deudor [...].[325]

Segundo entende Sérgio Muritiba, todas as prestações que não sejam pecuniárias devem ser enquadradas na tutela executiva, pois a única atividade jurisdicional que justifica a condenação é a necessidade de controlar a localização de bens na esfera patrimonial do devedor e sua conversão em dinheiro mediante a técnica expropriatória, a qual é cercada de cuidados justamente tendo em conta esse fato. Não se justifica, outrossim, em tempos atuais, a adoção da condenação para realizar prestações outras cujo objeto possa ser facilmente individualizado.[326] Por essa razão, enquadra na eficácia executiva as tutelas não apenas relacionadas ao desapossamento, mas aquelas decorrentes dos arts. 273, 461 do CPC e do

---

[321] MARINONI, 2006a, p. 223.

[322] Ibid., p. 230-232; No mesmo sentido: MURITIBA, 2005, p. 204-218.

[323] TUHR, 1946, p. 325.

[324] Ibid., p. 177.

[325] Ibid., p. 181.

[326] MURITIBA, 2005, p. 168-169.

art. 84 do CDC.[327] Sustenta, assim, que diante da atipicidade dos meios executórios, desde que surjam situações que recomendem a utilização da eficácia executiva é possível tal escolha, de modo a honrar o valor efetividade, sem prejuízo do dever de observar-se o princípio da adequação, circunstância que de certa forma inclusive relativiza o princípio da congruência.[328]

Pode-se fazer o seguinte resumo da eficácia executiva: (a) a essência da eficácia executiva reside na transferência da *res* da esfera patrimonial do réu para o autor; (b) a coisa deve estar na esfera patrimonial do réu de forma ilegítima; (c) referida coisa pode estar relacionada a um direito real ou pessoal; (d) a eficácia executiva se realiza de maneira imediata após a conclusão do próprio processo de conhecimento; (e) a ação executiva está compreendida no processo de conhecimento.[329]

Na esteira de Carlos Alberto de Oliveira: "a tutela executiva *lato sensu* age sobre o patrimônio e não sobre a vontade do obrigado e é adequada às obrigações de dar coisa e ao dever de restituir coisa".[330] Foi adotada explicitamente pelo art. 461-A do CPC, prevalecendo à norma principal da efetividade, uma vez que a atividade jurisdicional atinge o próprio patrimônio do autor.[331]

Na ação executiva há cognição plena, razão pela qual a coisa litigiosa é resolvida, fazendo coisa julgada material. Porém, a eficácia se caracteriza pela imediata obtenção do bem na esfera patrimonial do executado, como ato imediato à sentença.[332] Ainda assim, todavia, depende da prática de atos materiais, do mesmo modo que na ação condenatória e mandamental.[333]

3.5. AS EFICÁCIAS DAS AÇÕES, SENTENÇAS, TUTELAS OU DE-MANDAS E A PERSPECTIVA DO PROCESSO SINCRÉTICO

O movimento de constitucionalização do processo e demanda por efetividade, basicamente, impulsionaram diversas reformas legislativas, ainda em curso. Com efeito, se de um lado o valor efetividade tem ganhado cada vez maior relevo, de outro lado, tem se identificado à chamada crise no processo de execução.[334]

---

[327] MURITIBA, 2005, p. 174; BAPTISTA DA SILVA, 2002, p. 159-167. A propósito, Talamini também entende que o art. 461 poderá ensejar tutela executiva (TALAMINI, 2001, p. 229-231).

[328] MURITIBA, op. cit., p. 186-187.

[329] Cf. Ibid., p. 159, cuja síntese obedece à doutrina de Pontes de Miranda.

[330] OLIVEIRA, 2008, p. 191.

[331] Ibid., p. 191-

[332] MURITIBA, 2005, p. 185.

[333] ASSIS, 2007, p. 88.

[334] Segundo Teresa Arruda Alvim Wambier: "Como se sabe, fala-se hoje da crise do processo de execução. Existe, paralelamente, tendência a que se incluam, cada vez mais nos ordenamentos jurídicos, instrumentos que levam à efetiva satisfação do credor independentemente do processo de execução. É o que ocorre, *v. g.*, com as ações tratadas nos arts. 461 e 461-A do CPC, que há pouco mencionamos. Em face dessa situação, parece que as sentenças executivas latu sensu devem, paulatinamente, deixar de ser exceções, a ponto de se justificar que, doutrinariamente, se as admitiam como formando uma categoria à parte de sentenças" (WAMBIER, 2007, p. 93-94).

Nesse sentido, não obstante o reconhecimento da distinção entre atividade cognitiva e atividade executiva (e também cautelar), tem-se sustentado como falsa a rígida tripartição das funções em estruturas autônomas e separadas.[335]

Na verdade, a quebra do sistema tradicional arraigado na autonomia dos processos de conhecimento e de execução foi se delineando e acentuando-se na medida em que o legislador se viu compelido a criar sucessivas ações de acertamento com a presença de medidas liminares de caráter satisfativo. Avançou-se, ainda mais, quando em sucessivas reformas do Código de Processo Civil, instituiu-se a imediata exequibilidade das obrigações de fazer e não fazer (art. 461, CPC), assim como para entrega de coisas (461-A).[336]

Ao tratar das reformas processuais, Athos Gusmão Carneiro defendeu, entre diversas outras mudanças, a chamada ação sincrética; no sentido de reunir no mesmo processo a atividade cognitiva e executiva,[337] o que se verifica, por exemplo, no art. 475-J do CPC.

Destarte, o entendimento adotado acerca dos critérios e da própria classificação das eficácias influencia no reconhecimento da eficiência ou não de uma determinada alteração legislativa, assim como na opção de quais outras poderiam ser tomadas. Em outras palavras, diga-se desde já, quem está atento ao fato de que a eficácia condenatória e a eficácia executiva têm sua principal distinção na disciplina do direito material, logo saberá que tal modificação legislativa, embora simplifique o procedimento, não resolve um problema mais relacionado à responsabilidade patrimonial.

Nessa perspectiva, impõe-se uma breve abordagem do problema relativo ao processo sincrético. Assim, há quem sustente, por exemplo, "que um dos maiores entraves para a efetividade da tutela executiva está na exigência da formação de uma nova relação processual posterior à cognição já realizada, ou seja, a forma como se apresenta a execução de sentença condenatória, relativa à obrigação de soma em dinheiro, contribui para a crise do processo de execução, merecendo, por isso mesmo, ser abandonada".[338] A propósito, segundo Talamini, o fato da sentença condenatória exigir a instauração de outro processo para a concretização dos atos materiais, tornava-a incompleta e insuficiente.[339]

---

[335] ASSIS, 2006, p. 6. Sobre a relativização da dicotomia entre processo de conhecimento e processo de execução, sem negar a utilidade da distinção: WATANABE, 2000, p. 47-52. Ainda: YARSHELL, 2006, p. 191.

[336] THEODORO JÚNIOR, 2005, p. 46.

[337] CARNEIRO, Athos Gusmão. Nova execução. aonde vamos? vamos melhorar. *Revista de Processo*, São Paulo, n. 123, p. 115-122, [199?].

[338] MARTINS, Sandro Gilbert. *A defesa do executado por meio de ações autônomas.* 2. ed. São Paulo: Revista dos Tribunais, 2005, p. 46-47.

[339] TALAMINI, 2001, p. 189. Veja-se, a propósito, que em determinada passagem da obra, Talamini argumenta que o fato de prescindir ou não de processo autônomo de execução não é o que diferencia a eficácia condenatória da executiva *latu sensu*. A diferença está em que a execução decorrente da sentença condenatória submete-se a um procedimento cujas formas são relativamente fixas, enquanto sentença na ação executiva *latu sensu* não se subordina a modelos predefinidos (Ibid, p. 194). Todavia, em outra passagem da obra (referindo-se ao critério defendido por Ovídio de que será executiva quando retira patrimônio do credor que esteja na esfera jurídica do

Antes da reforma que introduziu o art. 475-J do CPC ou o denominado "processo sincrético", falava-se que as ações executivas e mandamentais já importavam relativização do binômio cognição-execução, pois reuniam num mesmo processo ambas as atividades. Agora, com o processo sincrético, a relativização torna-se ainda mais evidente, na medida em que tais atividades estão compreendidas no mesmo processo. Isso, no entanto, não afasta as distinções ontológicas e funcionais inerentes a atividade cognitiva e executiva.[340]

Como ressalta Araken de Assis:

> uma ação não exibe a força executiva, ensejando a execução in simultâneo processo (*v. g.*, o despejo, a teor do art. 60 da Lei 8.245/91), por força das idiossincrasias do legislador ou do beneplácito da técnica processual, mas em decorrência da estrutura e da função do direito material posto em causa. Nas ações executivas, a exemplo do que sucede com a pretensão do dono de reaver a coisa que é sua, a do depositante em reaver a coisa depositada, a do locador em reaver a posse do bem alugado, o provimento já individualiza o bem a ser atingido pelo meio executório, definindo-o previamente, e, por isso, diz-se que há efeito executivo imediato; nas ações condenatórias, a exemplo da pretensão de alguém em obter reparação civil pelo dano sofrido por ação ou omissão imputáveis a outrem, inexiste semelhante individualização, recaindo a atividade executiva sobre o seu patrimônio (art. 391 do CC).[341]

Diga-se de passagem, ao tratar do atual modelo processual, referido como "misto" ou "processo sincrético", Barbosa Moreira refere que "raiaria pelo absurdo" imaginar-se o fim da execução. Acrescenta o autor referindo-se a lei: "o que ela aboliu, dentro de certos limites, foi a necessidade de instaurar-se novo processo, formalmente diferenciado, após o julgamento da causa para dar efetividade a sentença".[342]

Por ironia do destino, ressuscitaram-se "velhas discussões" acerca das "classificações da ação", que para alguns nem tinham mais razão de ser. Apenas para citar um exemplo, Humberto Theodoro Júnior, tendo em vista o novo processo sincrético, apresenta "tentativa de reclassificação das ações"; sustentando que com a nova sistemática a regra é que as decisões serão cumpridas no mesmo processo, inclusive a condenatória. Desse modo, a executividade e a mandamentalidade tornaram-se força natural e não excepcional das sentenças condenatórias (advirta-se que o autor é adepto da classificação tripartite das ações de cognição).[343]

---

devedor, ou seja; com base na distinção entre ações reais e pessoais), assevera: "Não há de ser esse o elemento identificador da eficácia executiva – mas sim o de determinar providências de sujeitação independentemente de novo processo" (Ibid., p. 196). E mais adiante, retorna à primeira posição: "Não se discorda da constatação de que a simples junção da fase cognitiva com a estrutura executiva típica não é suficiente para transformar a sentença condenatória em executiva" (Ibid., p.199). Como se vê, embora se possa dizer que para Talamini não basta que a execução seja feita no mesmo processo para caracterizar a eficácia executiva *latu sensu,* sua posição parece não ter ficado absolutamente clara.

[340] WATANABE, 2000, p. 47-49

[341] ASSIS, 2006, p. 12; no mesmo sentido: ASSIS, 2007, p. 88.

[342] BARBOSA MOREIRA, José Carlos. Cumprimento e execução de sentença: necessidade de esclarecimentos conceituais. *Revista Dialética de Direito Processual,* São Paulo, n. 42, p. 56-67, set-2006, p. 56.

[343] THEODORO JÚNIOR, 2005, p. 51. Ver: THEODORO JÚNIOR, 2007, p. 249-251.

De outro lado, Barbosa Moreira, também ao tratar da questão relacionada aos reflexos que as reformas do CPC poderiam causar à classificação das sentenças, assevera que: "não vemos razão para atribuir conseqüências apocalípticas è circunstância de levar-se a cabo no mesmo processo ou em processo formalmente diferenciado essa atividade complementar – nem, adite-se *latere* – para proscrever, em relação a tal ou qual caso, o *nomen iuris* que tradicionalmente se lhe tem aplicado, no Brasil e alhures: execução".[344]

Desse modo, nas palavras de Teresa Arruda Alvim Wambier:

A sentença referida no art. 475-J do CPC (inserido pela Lei 11.232/2005), segundo nosso entendimento, não se insere no rol de sentenças executivas citado acima. Na hipótese de se tratar de sentença que determine o pagamento de quantia, seu cumprimento, a teor do que dispõe o art. 475-J, do CPC, depende, ainda, do necessário requerimento do credor, após o que poderão ter início as atividades executivas. Assim, embora unificadas procedimentalmente as ações de conhecimento condenatórias e de execução, a sentença mantém aspecto peculiar que a caracteriza como condenatória: o de depender, para a realização dos atos executivos, de requerimento, realizado posteriormente ao seu proferimento, pelo credor.[345]

Apesar de entender que em determinadas situações é possível atribuir "verdadeira força executiva à sentença que acolhe pretensão obrigacional", Eduardo Talamini concorda que a simples junção do processo de conhecimento à estrutura executiva "não é suficiente para transformar a sentença condenatória em executiva".[346]

Em perspectiva um pouco diferente, com a qual desde já manifestamos nossa concordância, é a conclusão de Araken de Assis, para quem:

em suma, nesta delicada matéria, extremamente conturbada por divergências doutrinárias, o critério essencial repousa na satisfação obtida através de sentença pelo autor. Se o bem da vida, concretamente, se obtém mediante ato posterior ao enunciado do comando sentencial, quiçá da indiscutibilidade deste, e se transfere para a esfera jurídica do credor já individualizado pelo provimento, a força da ação é, preponderantemente executiva. Os limites de toda execução ou "cumprimento", uma vez situados seus domínios naturais, derivam dos bens da vida nele alcançáveis, de um lado; e, de outro, dos meios predispostos para atingir tal desiderato.[347]

Não é por outra razão que Francesco Carnelutti refere que: "Es evidente, pues, que ya en tema de ejecución la tutela del interés del acreedor é incomparablemente menos intensa que la tutela del interés del dominus; por eso la posición

---

[344] BARBOSA MOREIRA, 2006, p. 68.

[345] WAMBIER, 2007, p. 94.

[346] TALAMINI, 2001, p. 199. No mesmo sentido: José Roberto dos Santos Bedaque, o qual, aliás, é adepto da teoria ternária e, portanto, não reconhece a classe das executivas (cf. BEDAQUE, 2007, p. 560).

[347] ASSIS, 2006, p. 13.

del deudor tiene mucho menos definidos los contornos de su obligación que la del non dominus".[348]

Daniel Mitidiero, tratando das técnicas processuais para tutela das obrigações de pagar quantia, afirma que aquelas devem atender aos ditames da efetividade e adequação, preconizadas pelo direito constitucional pátrio. Em vista disso, adverte que a imposição ou não de *astreinte* visando forçar ao pagamento, deve ser sopesada em concreto, por meio de uma decisão motivada que aponte a adequação, necessidade e proporcionalidade da medida. Ao desenvolver sua argumentação, Daniel Mitidiero observa que "as formas de tutela jurisdicional não são organizadas de modo arbitrário pelo legislador. Nem poderiam sê-lo. São pensadas em função de valores".[349]

Assim, em se tratando de obrigação de pagar quantia, a Lei disciplina o cumprimento de sentença por execução forçada, levando em conta que se está agredindo patrimônio alheio. Busca-se patrimônio que se encontra legalmente na esfera do executado para expropriação. Nessa hipótese, o executado tem amplos meios para discutir a lisura do processo executivo, eis que prepondera "o valor segurança em detrimento do valor efetividade".[350]

Quando se trata, por exemplo, de execução de sentença executiva para a tutela de obrigação de entrega de coisa, ressalta Mitidiero; "em que se admite *a priori* multa coercitiva (art. 461-A, § 3º, CPC)", a situação é absolutamente distinta. Isso porque "a situação no plano do direito material é diferente: busca-se um bem que está, na esfera jurídica do executado, de maneira contrária ao direito. Toca ao órgão jurisdicional, portanto, apenas apreendê-lo ou autorizar a imissão na posse do mesmo (art. 461-A, § 2º, CPC). O bem já está desde logo individualizado. Prepondera, nesse caso, o valor efetividade do processo".[351]

Convém referir, ainda, a análise de Mitidiero, no sentido de que a distinção de tratamento, operada no plano legislativo, atende ao postulado normativo da igualdade, pois justamente trata duas situações distintas, distintamente. Na primeira hipótese, prepondera o valor segurança, pois o patrimônio agredido pertence ao executado e está legalmente na sua esfera jurídica, de modo que é recomendável conferir-lhe maior amplitude e oportunidade de discussão. Na segunda hipótese, o patrimônio já está individualizado e está ilegalmente na esfera jurídica do executado, razão pela qual prepondera o valor efetividade.[352]

Ora, a abordagem de Daniel Mitidiero corresponde à ontológica distinção entre ação condenatória, primeiro caso, e ação executiva, segundo caso. Em última análise, a ação, sentença, tutela ou demanda não será condenatória ou execu-

---

[348] CARNELUTTI, Francesco. *Estúdios de derecho procesal*. Tradução Santiago Sentis Melendo. Buenos Aires: Ediciones Jurídicas Europa-América, 1952, v.1, v.2, p. 394.

[349] MITIDIERO, 2007, p. 95-105.

[350] Ibid., p. 101.

[351] Ibid., p. 102.

[352] Ibid., p. 102.

tiva unicamente em função das normas processuais relacionadas aos processos de conhecimento e execução (ou em razão da união formal da fase do conhecimento e execução em processo formalmente único); mas, sobretudo, em razão da disciplina do direito subjacente posto em causa.[353]

Ovídio assevera que "a exigência de uma segunda demanda não é característica essencial para a distinção entre sentenças executivas e condenatórias", destacando justamente que a execução pode compreender apenas uma "fase" do processo de conhecimento, como voltamos a ter agora em razão da alteração promovida pela Lei 11.232 de 22 de dezembro de 2005. Nesse caso, a essência dos provimentos permanece a mesma, apenas o procedimento se altera.[354]

Conforme ensina Liebman: "os dois estágios da cognição e da execução mantêm-se, todavia, formalmente autônomos, pois, com a petição inicial só se pleiteia uma sentença, e não a execução".[355]

Portanto, como se disse, aqueles que entendem que a classificação das eficácias ocorre no plano puramente processual (e neste são perfeitamente manipuláveis), provavelmente poderão ficar mais entusiasmados com o "processo sincrético", do que aqueles que entendem, por exemplo, que a eficácia se classifica e o seu modo de atuação depende, sobremaneira, da relação de direito material posta em causa.

Importante frisar que não se trata de estar de acordo ou não com as reformas, pois elas são boas e estão no rumo certo; mas apenas de medir a expectativa que se pode ter delas e saber o que é preciso ainda ser feito.

As reformas processuais, não obstante sua profundidade, eis que chegam realmente a modificar as estruturas do processo civil, encontram limitação, em termos de efetividade da prestação jurisdicional, no próprio regramento do direito

---

[353] Em sentido um pouco diverso do proposto, o entendimento de Fábio Cardoso Machado, o qual inclusive reconhece a categoria da ação material, mas que entende que "a única distinção possível entre sentenças condenatórias e sentenças executivas está, assim, na dose de eficácia executiva, que será numa insuficiente e noutra suficiente para produzir a execução no mesmo processo". Portanto, para o processualista, a distinção entre ambas reside exatamente no aspecto formal da dualidade dos processos. No entanto, Fabio Cardoso Machado reconhece, a partir da distinção entre ações pessoais e ações reais, que na primeira hipótese há necessidade do procedimento expropriatório com a individualização do bem e na segunda hipótese a execução recai diretamente sobre determinado bem, bastando tomá-lo e entregá-lo ao demandante. Em vista disso, apesar de classificar ambas as eficácias como executivas, admite que nas ações pessoas a força executiva se afigura menor do que no caso das ações reais, em que a força executiva é mais evidente. Conclui aduzindo que não lhe parece que uma menor dose de executividade (no caso das ações pessoais) seja suficiente para a manutenção da sentença condenatória na hipótese do processo sincrético (cf. MACHADO, 2004, p. 184-191).

[354] BAPTISTA DA SILVA, 2008, p. 199-202; 235. É de se registrar, todavia, a assertiva de Fábio Cardoso Machado no sentido que "a integralidade conceitual da condenação não admite conviver com a possibilidade de execução imediata, como fase terminal de um só processo". Esse entendimento, afirma o processualista, é fruto de uma ciência generalizante em que se o processo de conhecimento se encerra com a sentença nas ações declaratórias e constitutivas deverá assim o fazer também em relação às condenatórias para manter a uniformidade. Com efeito, em outra passagem da obra, afirma: "a nosso ver, a sentença condenatória não sobrevive sem a separação das fases de conhecimento e execução em dois processos autônomos" (MACHADO, 2004, p. 80-86 e 178). Essa posição, todavia, parece não levar em consideração a distinção ontológica entre a função do conhecimento e a função executiva, a qual será mantida independentemente do processo sincrético ou não.

[355] LIEBMAN, 1952, p. 115, nota 320.

material posto em causa. Daí a importância de relacionar-se a eficácia das ações, sentenças, tutelas ou demandas à relação jurídica de direito material.

3.6. AS EFICÁCIAS DAS AÇÕES, SENTENÇAS, TUTELAS OU DE-MANDAS E A EFETIVIDADE DO PROCESSO

Nesse momento, impõe-se acrescentar breves considerações em relação ao direito fundamental à efetividade, já analisado anteriormente,[356] relacionando-o com a disciplina das eficácias das ações, sentenças tutelas ou demandas, encaminhando assim a conclusão do presente estudo.

Na medida em que "efetividade significa capacidade de produzir efeitos no plano material",[357] não há dúvida de que no processo "o resultado deve ser adequado ao direito material trazido à consideração do juiz, e à eficácia material correspondente".[358] Significa dizer que para assegurar as posições jurídicas de vantagem é preciso que o sistema contenha um ato estatal que assegure ao titular à possibilidade da respectiva fruição.[359] Conforme observa Adolfo Di Majo: "l'esigenza di tutela può considerarsi implicitamente riconosciuta nello stesso principio di effettività che caratterizza um determinato ordinamento".[360] Não há dúvida, portanto, de que a tutela jurisdicional e a exigência de efetividade do processo são ideias indissociáveis.

A despeito da exigência de efetividade, durante largo período verificou-se o predomínio da condenação, fruto de uma visão normativa do direito e da ideologia de uma época, umbilicalmente relacionada à dicotomia cognição-execução, a qual não tem mais lugar nos dias de hoje, senão a atividade que lhe é própria, relativa às obrigações de pagar em dinheiro. Assim, *v. g.*, o demandado também era "condenado" a dar coisa certa ou incerta, a fazer ou não fazer, além do que se partia do pressuposto de que todas as tutelas poderiam ser resolvidas à base do ressarcimento.[361] Atualmente, como dito, essa visão revela-se absolutamente ultrapassada[362] e as recentes reformas processuais são sintomáticas desse entendimento.

---

[356] Ver item 1.5.

[357] BEDAQUE, 2007, p. 518.

[358] OLIVEIRA, 2008, p. 17.

[359] YARSHELL, 2006, p. 148.

[360] DI MAJO, 1993, p. 1-4.

[361] MURITIBA, 2005, p. 79.

[362] Saliente-se, todavia, que essas preocupações não são novas, tampouco privilégio brasileiro. Veja-se um exemplo peninsular, já do ano de 1975, em Andrea Proto Pisani, sob o prisma da efetividade e da classificação ternária, referindo-se ao livro terceiro do Código de Processo Civil italiano, consigna que o procedimento de execução forçada visa assegurar a execução da sentença condenatória de pagamento em espécie, de cumprimento de obrigação de dar, de fazer fungível ou de não fazer. Assim, uma série de obrigações, as quais necessitam satisfação coercitiva, não são suscetíveis de execução forçada, quais sejam; as obrigações de fazer materialmente ou juridicamente infungíveis. A propósito Proto Pisani conclui seu texto salientando: (a) que não existe correlação necessária entre sentença de condenação e execução forçada, no sentido de que as sentenças condenatórias podem abranger as obrigações insuscetíveis de execução indireta; (b) a necessidade da sentença condenatória com a finalidade de cessação de um comportamento ilegal ou o adimplemento de obrigação de fazer ou não fazer de

Não há dúvida de que a fase autonomista do processo corresponde a uma fase de grandes conquistas, bastando citar a construção do conceito de ação, a inserção do processo no direito público, o desenvolvimento do papel do juiz na instrução. Todavia, se trouxe esses benefícios, também foi responsável pelo isolamento do direito material, apesar desse movimento já estar sendo revertido pela legislação e pela doutrina.[363] Daí a necessidade de alteração do modelo metodológico, decorrência das exigências políticas, econômicas e sociais, cuja tônica deixou de ser o valor segurança e passou a ser o valor efetividade.

Se tutela efetiva implica eficácia dos provimentos,[364] essa eficácia também é geradora da efetividade.[365] Tratam-se de categorias que se retroalimentam. Nesse sentido, na prática, viabiliza-se a efetividade do processo por meio das técnicas processuais e da aderência do processo ao direito material. Assim, a técnica pode ser compreendida como o "conjunto de meios e procedimentos para garantir a realização das finalidades gerais ou particulares do direito".[366] Carnelutti, a propósito, associa a palavra técnica a uma síntese entre ciência e prática.[367]

Nesse passo, é Carlos Alberto Alvaro de Oliveira quem adverte que não se pode confundir "formas de tutela jurisdicional", correspondentes ao exercício do próprio Direito, com as técnicas empregadas para a melhoria da própria tutela. Justamente por essa razão, o direito não implica uma técnica, mas uma "estrutura complexa", compreendida por normas, valor, costumes, entre outros.[368] Se bem que para Marinoni "a sentença e os meios de execução são apenas técnicas para a efetiva prestação de tutela jurisdicional dos direitos (exemplos de tutelas são: inibitória, ressarcitória na forma específica, etc.)".[369] Seja como for, volvendo-se à perspectiva de Carlos Alberto, tem-se que "a cada tutela material (ressarcitória,

---

caráter continuado e (c) a presença no ordenamento jurídico italiano da previsão de uma medida coercitiva geral, por meio da qual se pode assegurar a atuação da sentença condenatória de obrigação insuscetível de execução indireta. Conclui, ainda, com as seguintes recomendações: (a) oportunidade de disciplinar-se explicitamente a figura da inibitória de caráter geral; (b) necessidade de disciplinarem-se, em caráter geral, medidas coercitivas eficazes, diferenciadas segundo o interesse cuja tutela se requer; (c) tipificar-se o conteúdo da sentença condenatória referente a obrigações não suscetíveis de execução indireta; (d) predispor-se procedimentos sumários e idôneos em assegurar a tutela preventiva de situações de vantagem de conteúdo não patrimonial; (e) utilização da tutela constitutiva para assegurar a execução de obrigação jurídica de fazer; (f) adequar-se a legislação penal ao novo rol de direitos Constitucionais e (g) atuação de um eficaz sistema de assistência judiciária gratuita aos necessitados (PISANI, 1975, p. 632-634).

[363] Basta ressaltar os inúmeros estudos que vem sendo publicados preconizando o aprimoramento das relações entre direito material e processo.

[364] Conforme observa Carlos Alberto Alvaro de Oliveira: "a tutela jurisdicional efetiva gerará, por sua vez, eficácia e efeitos próprios destinados a substituir a eficácia e os efeitos prometidos pelo direito material e, num segundo momento, a restabelecê-los" (OLIVEIRA, 2008, p. 14).

[365] Note-se que a efetividade, em certa medida, não deixa de ser uma conseqüência da eficácia. Conforme ensina Barbosa Moreira, eficácia pode ser entendida como uma "qualidade do ato, enquanto gerador de efeitos" (BARBOSA MOREIRA, 1985, passim).

[366] OLIVEIRA, op. cit., p. 78.

[367] CARNELUTTI, 1946, p. 5.

[368] OLIVEIRA, op. cit., p. 91-92.

[369] MARINONI, 2006a, p. 203.

restitutória, de remoção do ilícito, etc.) deve corresponder, no plano processual, de modo concreto, uma tutela jurisdicional adequada (eficácia e efeitos processuais ou jurisdicionais), regida pelas normas próprias deste plano (declaratória, constitutiva, condenatória, mandamental, executiva *lato sensu*)".[370]

Ressalvadas as particularidades de pensamento de cada processualista, a ideia aqui é ressaltar a importância da eficácia das ações, sentenças, tutelas ou demandas, em relação à efetividade do processo. Araken de Assis sintetiza bem a ideia ao dizer que a manutenção da classificação das eficácias da sentença se impõe como exigência de efetividade do processo, eis que garante a correspondência entre o direito material e a tutela jurisdicional prestada pelo Estado.[371]

Todavia, não se pode negar que as novas técnicas introduzidas, em certa medida, abrem mão da tipicidade dos meios executivos dispostos a serem utilizados após a condenação, os quais, como assinala Marinoni, importam em prévia definição dos meios executivos, de modo a controlar a atividade do juiz e evitar o arbítrio.[372] Diante da insuficiência do processo civil em prestar tutela específica[373] e do verdadeiro esgotamento da tutela condenatória,[374] as recentes reformas processuais ainda em curso se impunham.

Não se pode esquecer, outrossim, que em atenção ao procedimento adequado, corolário do direito fundamental à efetividade, justifica-se a diferenciação dos procedimentos, ou os procedimentos especiais, com vistas a promover o acesso à justiça e a conformação da técnica às peculiaridades do direito posto em causa (*v. g.*, ação de reintegração de posse).[375]

Todavia, é corrente o pensamento de que a concretização do direito de ação adequada exige uma maior flexibilidade no sistema, cuja técnica legislativa impõe a realização de normas abertas, como observa Marinoni a respeito dos artigos 83, 84 do CDC e 273 e 461 do CPC.[376] As normas dos artigos 83 e 84 do CDC inclusive viabilizam a tutela dos direitos difusos, coletivos e individuais homogêneos.[377]

Na verdade, da ação abstrata e do procedimento ordinário, praticamente indiferente ao direito material, passou-se aos procedimentos especiais, que não obstante conformados de acordo com as peculiaridades substanciais que visam a atender, não ostentam a desejada flexibilidade. Desse modo, com as recentes reformas processuais (*v. g.*, art. 461 do CPC), chegou-se finalmente a uma solução em que não se fica indiferente ao direito material (uniformidade procedimental),

---

[370] OLIVEIRA, 2008, p. 12.

[371] ASSIS, 2002, p. 89.

[372] MARINONI, 2004, p. 41-44.

[373] Ibid., p. 75 *et seq.*

[374] Ibid., p. 113 *et seq.*

[375] ARENHART; MARINONI, 2009, p. 27-29.

[376] MARINONI, 2006a, p. 242.

[377] Ibid., p. 237; ARENHART; MARINONI, op. cit., p. 293 *et seq.*

mas também não se incorre no casuísmo dos procedimentos especiais. Assim, "as normas abertas permitem a construção da ação e do procedimento adequados à tutela do direito material no caso concreto".[378]

No entanto, é preciso lutar-se pela efetividade de forma consciente, pena de cair-se no outro extremo. Carlos Alberto ensina que as técnicas coercitivas[379] podem estar relacionadas à execução direta por "expropriação" ou "em forma específica". Também podem visar constranger o devedor a adimplir voluntariamente a obrigação por meio da ameaça ou imposição de *astreintes,* prisão civil, *contempt of court,* etc. Mas adverte que tais técnicas devem respeitar os princípios Constitucionais da segurança e efetividade, sob pena de inconstitucionalidade.[380]

Portanto, quando se fala em efetividade, pensar nas balizas que o direito material confere à conformação da eficácia da ação, sentença, tutela ou demanda, significa uma maior possibilidade de satisfação da pretensão, como maior segurança, na medida em que se evita o arbítrio no processo.[381] Como diz Carlos Alberto Alvaro de Oliveira: "o resultado favorável deve conduzir à plena satisfação do direito em litígio", respeitado o equilíbrio entre efetividade e segurança jurídica.[382]

Por derradeiro, como já tivemos a oportunidade de sinalar em outra ocasião[383], a importância de compreender-se o campo de atuação de cada uma das eficácias e seus limites, decorre não apenas da necessidade da sua correta utilização, mas também da necessidade de ter-se um correto diagnóstico e prognóstico dos problemas que envolvem a efetividade do processo. Nesse sentido, muitas das questões relacionadas à efetividade encontram solução, não em "manipulação" das eficácias ou reformas procedimentais do Código de Processo Civil, mas no direito material ou até mesmo em outras vertentes do Direito, do Estado ou da Sociedade. Para melhor explicitar a ideia, convém assinalar que a busca da efetividade da prestação jurisdicional também necessita, *v. g.,* da revisão de um sistema que protege demasiadamente o devedor (revisão das regras sobre responsabilidade patrimonial, penhorabilidade de bens, sigilo bancário, fiscal, etc.); do aprimoramento da administração da justiça; do aprimoramento do sistema registral e cartorial brasileiro; da revisão do papel do Estado e sua posição de maior li-

---

[378] ARENHART; MARINONI, 2009, p. 40-41.

[379] A questão, na Itália, também foi tratada por Federico Carpi, que refere movimento de revisitação da sentença civil, da sua clássica tripartição e, em especial, trata dos problemas relacionados à eficácia condenatória, referida como insuficiente para a execução de obrigações não patrimoniais. Nessa hipótese, a abstração e generalidade da execução forçada, cuja disciplina é unitária, não se coadunam com a tutela pretendida, ante a necessidade de adequação à situação substancial e de reconhecimento dos limites da tutela ressarcitória. Todavia, uma vez que a efetividade do processo deve operar para todos, sem distinção objetiva e subjetiva, ressalta a possibilidade de aplicação de medidas coercitivas também para garantir a execução pecuniária (CARPI, Federico. Note in tema di tecniche di attuazione dei diritti. *Rivista Trimestrale di Diritto e Procedura Civile*, Milano, p. 110-122, 1988, passim).

[380] OLIVEIRA, 2008, p. 78-80.

[381] Manifestamos a preocupação de um equilíbrio entre direito e processo quando abordamos a relação entre ambos: item 1.3.

[382] OLIVEIRA, op. cit., p. 18.

[383] ABREU, 2008, p. 87-109.

tigante, verdadeira causa do abarrotamento da justiça, entre outros fatores. Apesar de todas essas questões não constituírem novidade e, em certa medida, também estarem na ordem do dia, não se pode deixar de referi-las, pois o campo de atuação das eficácias existe, mas devem ser reconhecidas as suas limitações.

Outra perspectiva de solução, de suma importância e que não se poderia deixar ao menos de referir, é o aprimoramento dos processos coletivos, cuja utilização é de extrema racionalidade, respeitado o seu campo de atuação, os quais somam à solução do problema da efetividade, cuja análise desborda o objeto desse estudo, ainda que intimamente relacionado ao mesmo.

Conclusão

O presente estudo teve como objetivo geral tratar das relações entre processo o direito material, na perspectiva da ação e da classificação das eficácias, considerando-se, ainda, uma tendência de questionamento ao racionalismo científico.

Destarte, primeiramente, investigou-se a concepção do ordenamento jurídico, em seguida, a natureza jurídica, a finalidade, a justiça e a efetividade do processo, na perspectiva das suas relações com o direito material e com o intuito de estabelecer alguns dos pressupostos para os próximos passos do estudo. No segundo capítulo, tratou-se do problema das relações entre processo e direito material, na perspectiva da ação e das teorias da ação, seus desdobramentos e questionamentos. No terceiro Capítulo, a questão foi tratada na ótica da prestação jurisdicional, mais precisamente a partir da classificação das eficácias das ações, sentenças, tutelas ou demandas, para então definirem-se os critérios de classificação e o âmbito de atuação de cada uma das cinco eficácias (declaratória, constitutiva, condenatória, mandamental e executiva), culminando com a abordagem do processo sincrético e a relação entre as eficácias e a efetividade.

Ao longo desse trabalho, todavia, elaborou-se apreciação critica conforme os temas foram sendo desenvolvidos, em que constam as conclusões das respectivas questões tratadas. Em razão disso, não é o caso aqui de repetir as apreciações já realizadas, que ora ficam ratificadas. Impõe-se a título de conclusão, com efeito, sintetizar as questões da seguinte forma:[384]

1. Foram feitas breves considerações sobre o racionalismo científico, em que no Direito se observa, entre outros, à tentativa de construção de uma ciência jurídica exata, dotada de regras abstratas e universais, que acabou separando o direito do fato. Essa fase também se relaciona ao período das codificações e à fase "autonomista" do Direito Processual. Com efeito, foi noticiada a atual tendência de superação desse modelo. Uma das direções é o reconhecimento de que o Direito é um fenômeno complexo, que não pode ser reduzido ou simplificado, tampouco seus ramos devem ser tratados isoladamente. Daí também a preocupação com o fortalecimento das relações entre o processo e o direito material, para que o próprio ordenamento jurídico atinja as suas finalidades.

---

[384] Advirta-se que os pontos a seguir relacionados dizem respeito apenas às principais conclusões do estudo e não representam todas as teses, polêmicas ou categorias que foram tratadas ao longo do trabalho.

2. Tratou-se da concepção unitária e dualista do ordenamento jurídico, tendo-se optado pela teoria dualista, em razão da inegável distinção entre a função legislativa e a judicante, assim como a visível existência e incidência do direito material, independentemente do processo.

2.2. É preciso, todavia, relativizar o binômio: monismo-dualismo, reconhecendo-se que o monismo explica especialmente a sujeição da certeza do direito à função jurisdicional e a criação da norma por meio da respectiva aplicação e interpretação do Direito. Tal relativização vai ao encontro da própria ideia de unidade da ciência e aproximação do direito material ao processo, com vistas à efetividade da prestação jurisdicional.

3. A partir das principais teorias da natureza jurídica do processo, é possível compreendê-lo como relação jurídica, associada à ideia de procedimento em contraditório, atendendo-se, dessa forma, à complexidade do fenômeno e sua conformação constitucional.

4. O processo encontra-se permeado pelo direito material. As relações se estabelecem de diversas formas, dentre as quais por meio da ação, sentença, tutela e demanda. A relação entre as eficácias dos planos também diz respeito à relação entre processo e direito material.

5. O processo tem como finalidade a realização do direito objetivo, a pacificação social e a efetiva realização do direito material, com vistas a alcançar a justiça do caso concreto.

6. A finalidade da obtenção de justiça ao caso concreto está relacionada à conformação do processo para a obtenção da verdade dentre as versões apresentadas e a realização efetiva do direito material reconhecido. Trata-se, todavia, da legitimação pelo procedimento como critério de aferição da justiça da decisão.

6.1. Com efeito, a busca de justiça por meio do processo contém forte carga de utopia. Será sempre um parâmetro de procedimento e de interpretação, jamais uma realização palpável, eis que o processo jamais encontrará o direito material com perfeição.

7. O direito fundamental a efetividade, que atualmente vem preponderando sobre o valor segurança, constitui um direito fundamental que pode ser resumido, em apertada síntese, na aptidão do processo para prestar uma tutela jurisdicional adequada, em tempo razoável.

8. Resta aceita no trabalho a ideia de que o direito subjetivo é um *status* correspondente ao dever do sujeito passivo; a pretensão corresponde à possibilidade de exigência de satisfação do direito subjetivo (*v. g.* crédito vencido), mas que depende de sua concordância; e a ação material importa um agir para a satisfação, prescindindo-se de qualquer ato do sujeito passivo. As categorias da pretensão e da ação material revelam-se úteis em explicar, respectivamente, a possibilidade de exigência e o agir para satisfação, independentemente da vontade do obrigado.

Conquanto vedada a autotulela, a ação material é exercida por meio de sua afirmação em juízo.

9. As diversas teorias da ação apresentadas no estudo não explicam o fenômeno de forma completa. Com efeito, observadas em seu conjunto, tendem a se completar. Assim, *v. g.*, a teoria concreta explica o direito à decisão favorável para quem tem razão; a teoria abstrata explica a ação processual para todos; a teoria eclética as aproxima e a teoria dualista de Pontes de Miranda, em certa medida, aproveita a todos os conceitos e sistematiza-os. Daí a constatação de que a compreensão do fenômeno da ação se faz pela análise do conjunto das teorias, tendo em vista a peculiar construção do instituto, e não pela adoção de uma ou de outra, diversamente do que ocorre com outros institutos do universo jurídico e do processo.

10. A ação também pode ser compreendida como uma "posição subjetiva complexa de evolução progressiva", entendida a partir de uma série de poderes, faculdades, direitos, deveres e ônus atribuídos ao autor, desde o início da demanda até a realização fática da decisão final. A ênfase na tutela jurisdicional representa uma evolução em relação às teorias da ação, no sentido de complementá-las, trazendo novos elementos.

11. A palavra ação designa fenômenos diversos, tais como uma categoria do direito material (ação material), do direito processual (ação processual) ou o próprio direito de invocar a tutela jurisdicional (direito de ação). Daí a sua importância nas relações entre direito e processo.

12. A tutela jurídica, em seu sentido mais amplo, compreende a "defesa ou proteção do patrimônio jurídico" e existe independentemente do resultado do processo.

13. A constitucionalização do direito ao acesso à jurisdição (art. 5º, inciso XXXV, da Constituição Federal) estabelece uma série de garantia, aos jurisdicionados, considerando-se os deveres prestacionais do Estado, impondo a realização de um processo justo e efetivo.

14. As eficácias que tradicionalmente tem como objeto às ações ou sentenças, em razão da moderna conformação do processo, também podem abranger as tutelas ou demandas.

15. O critério de classificação das eficácias está situado no ambiente processual, com forte influência do direito material, conforme concepção doutrinária dominante.

16. É possível interpretar a teoria de Carlos Alberto Alvaro de Oliveira de modo a compatibilizá-la com a teoria quinária de Pontes de Miranda, uma vez que em ambas as teorias a definição da eficácia da ação, sentença, tutela ou demanda consulta o direito material, o que na teoria de Carlos Alberto ocorre quando se perquire a finalidade da tutela.

17. A teoria quinária de Pontes de Miranda pode ser aproveitada independentemente da questão particular relacionada à adoção ou não do conceito de ação material. O critério de classificação adotado é coerente e válido, eis que envolve (a) um objeto bem definido: *classificação da eficácia da ação ou sentença* (ou ainda tutela ou demanda, se quisermos fazer a devida adaptação) e (b) um elemento homogêneo ou elemento constante, que é justamente a *preponderância da eficácia*. Define-se, portanto, a eficácia pela força, ou, *v. g.*, a eficácia declaratória pela força declaratória. A eficácia preponderante é identificada segundo um critério de hierarquia, baseado em dados da realidade, os quais conjugam o direito material e o processo, pois não existe eficácia pura, *v. g.*, a declaratória é composta também de todas as outras eficácias.

18. A conformação das eficácias, dentre outras influências ao longo da história, sofreu influência da chamada jurisdição declaratória, do fenômeno que se costuma chamar de pessoalização dos direito reais e da própria ideologia que permeou o Estado liberal clássico.

19. A classificação quinária das ações, ainda que possam variar os critérios para se chegar às cinco eficácias, tem se revelado útil no dia a dia forense, ao contrário da classificação ternária, a qual não compreende a realidade do fenômeno por inteiro. Além disso, adotar-se a classificação quinária, em que a eficácia mandamental e executiva são colocadas ao lado da declaratória, constitutiva e condenatória, para além de uma questão meramente terminológica ou classificatória, significa dar a devida relevância aos modelos, valores e anseios do processo, inclusive a tão preconizada efetividade.

20. O processo sincrético não transforma uma sentença condenatória, destinada precipuamente ao pagamento de quantia em pecúnia, em executiva, eis que a condenatória pressupõe a necessidade de obtenção, individualização e expropriação do patrimônio do devedor, a partir do princípio da responsabilidade patrimonial.

21. Ainda que se reconheça a margem de atuação do juiz no tocante à determinação das eficácias da ação, sentença, tutela ou demanda, tais eficácias também encontram balizas no direito material, justamente para uma maior satisfação da pretensão requerida, equilibrando-se o valor efetividade e o valor segurança, evitando-se assim o arbítrio. Por outro lado, a compreensão das eficácias é fundamental ao diagnostico e prognostico dos problemas que envolvem a efetividade e ao encaminhamento das respectivas soluções.

22. Enfim, procurou-se demonstrar que o processualista deve posicionar-se sobre a concepção que tem de sua Ciência, do ordenamento jurídico, do processo e sua finalidade, para então compreender de que forma e com quais objetivos o processo se relaciona com o direito material, com vistas ao estreitamento dessa relação. Muitas das questões que se consideram superadas, em verdade, ainda encontram-se em aberto. Destarte, o problema da ação e da classificação das eficácias das ações, sentenças, tutelas ou demandas, em que até os dias de hoje impera

o desacerto, afigura-se importante ponto de contato entre o processo e o direito material, pois diz respeito à própria entrega da prestação jurisdicional, sem prejuízo das diversas outras possibilidades de abordagem do tema, como, *v. g.*, o estudo do objeto do processo.

23. O estabelecimento das imbricadas relações entre o processo e o direito material, sem prejuízo do reconhecimento da autonomia de cada ramo do Direito, deve homenagear a unidade da ciência e a complexidade do fenômeno jurídico.

Referências

ABREU, Leonardo Santana de. Recentes reformas do código de processo civil: a classificação da eficácia das ações e sentenças na perspectiva reformista. *Revista Jurídica*, v. 56, n. 363, p. 87-109, jan. 2008.

ALEXY, Robert. *Teoria de los derechos fundamentales*. Tradução Ernesto Garzón Valdés. Madrid: Centro de Estudios Constitucionales, 1997.

ALLORIO, Enrico. Las ideas directrices del proceso en la síntesis de un escritor sudamericano. In: *Problemas de derecho procesal*. Tradução Santiago Sentis Melendo. Buenos Aires: Ejea, 1963. v. 1.

AMARAL, Francisco. Racionalidade e sistema no direito civil brasileiro. *Revista de Informação Legislativa*, Brasília, v. 121, 1994.

AMARAL, Guilherme Rizzo. A Polêmica em torno da "ação de direito material". In: AMARAL, Guilherme Rizzo; MACHADO, Fábio Cardoso (org.). *Polêmica sobre a ação*: a tutela jurisdicional na perspectiva das relações entre direito e processo. Porto Alegre: Livraria do Advogado, 2006.

——; MACHADO, Fábio Cardoso (org.). *Polêmica sobre a ação*: a tutela jurisdicional na perspectiva das relações entre direito e processo. Porto Alegre: Livraria do Advogado, 2006.

ANDOLINA, Italo. Cognizione ed esecuzione forzata nel sistema della tutela giursidizionale. Milano: Giufrè, 1983.

ARAZI, Roland. *Elementos de derecho procesal*. 2. ed. Buenos Aires: Astrea, 1991.

ARENHART, Sérgio Cruz. *A verdade substancial*. Gênesis: Curitiba, p. 685-695, 1996.v. 3.

——. MARINONI, Luiz Guilherme. *Curso de processo civil*: processo de conhecimento. 8. ed. São Paulo: Revista dos Tribunais, 2010. v. 2.

——. *Curso de processo civil*: procedimentos especiais. São Paulo: Revista dos Tribunais, 2009. v. 5.

ASSIS, Araken de. *Cumprimento de sentença*. Rio de Janeiro: Forense, 2006.

——. *Cumulação de ações*. 4. ed. São Paulo: Revista dos Tribunais, 2002.

——. *Doutrina e prática do processo civil contemporâneo*. São Paulo: Revista dos Tribunais, 2001.

——. *Manual da execução*. 11. ed. São Paulo: Revista dos Tribunais, 2007.

ATTARDI, Aldo. *Diritto processuale civile*. 3. ed. Padova: Cedam, 1999. v. 1.

ÁVILA, Humberto. *A teoria dos princípios da definição à aplicação dos princípios jurídicos*. 7. ed. São Paulo: Malheiros, 2007.

BAPTISTA DA SILVA, Ovídio Araújo. Direito material e processo. AMARAL, Guilherme Rizzo; MACHADO, Fábio Cardoso (org.). *Polêmica sobre a ação*: a tutela jurisdicional na perspectiva das relações entre direito e processo. Porto Alegre: Livraria do Advogado, 2006a. p. 55-81.

——. Ação condenatória como categoria processual In: *Da sentença liminar à nulidade da sentença*. Rio de Janeiro: Forense, 2002a.

——. *Curso de processo civil*: processo de conhecimento. 3. ed. Porto Alegre: Fabris, 1996. v. 1.

——. Direito subjetivo, pretensão de direito material e ação. In: Polêmica sobre a ação, a tutela jurisdicional na perspectiva das relações entre direito e processo. In: AMARAL, Guilherme Rizzo; MACHADO, Fábio Cardoso (org.). *Polêmica sobre a ação*: a tutela jurisdicional na perspectiva das relações entre direito e processo. Porto Alegre: Livraria do Advogado, 2006b. p. 15-39.

——. Jurisdição e execução na tradição romano-canônica. 3. ed. Rio de Janeiro: Forense, 2007.

——. *Jurisdição, direito material e processo.* Rio de Janeiro: Forense, 2008.

——. *Processo e ideologia.* o paradigma racionalista. 2. ed. Rio de Janeiro: Forense, 2006c.

——. Reivindicação e sentença condenatória In: *Sentença e coisa julgada: ensaios e pareceres.* 4. ed. Rio de Janeiro: Forense, 2006.

——. *Da sentença liminar à nulidade da sentença.* Rio de Janeiro: Forense, 2002b.

——. Direito subjetivo, pretensão de direito material e ação. *Revista Ajuris,* Porto Alegre, n. 29, p. 99-126, 1983.

——. *Sentença e coisa julgada:* ensaios e pareceres. 4. ed. Rio de Janeiro: Forense, 2006d.

BARBI, Celso Agrícola. *A ação declaratória no processo civil brasileiro.* Belo Horizonte: José Bushatsky, 1955.

BARBOSA MOREIRA, José Carlos. A sentença mandamental da Alemanha ao Brasil. *Revista de Direito Renovar,* Rio de Janeiro, n. 14, p. 29-44, 1999.

——. Ainda e sempre a coisa julgada. In: *Direito processual civil: ensaios e pareceres.* Rio de Janeiro: Borsoi, 1971. p. 133-146.

——. Conteúdo e efeitos da sentença: variações sobre o tema. *Revista Ajuris,* Porto Alegre, n. 35, p. 204-212, nov. 1985.

——. Cumprimento e execução de sentença: necessidade de esclarecimentos conceituais. *Revista Dialética de Direito Processual,* São Paulo, n. 42, p. 56-67, set. 2006.

——. Notas sobre o problema da efetividade do processo. In: *Temas de direito processual:* São Paulo: Saraiva, 2000. p. 27-42.

——. Questões velhas e novas em matéria de classificação das sentenças. In: *Temas de direito processual civil.* oitava série. São Paulo: Saraiva, 2004a.

——. Reflexões críticas sobre uma teoria da condenação civil. *Revista dos Tribunais,* v. 436, p. 13-19, fev. 1972.

——. Sentença executiva? *Revista de Processo,* n.114, p. 147-162, mar./abr. 2004b.

BEDAQUE, José Roberto dos Santos. *Direito e processo:* influência do direito material sobre o processo. 4. ed. São Paulo: Malheiros, 2006.

——. *Efetividade do processo e técnica processual.* 2. ed. São Paulo: Malheiros, 2007.

——. *Poderes instrutórios do Juiz.* São Paulo: Revista dos Tribunais, 1991.

——. *Tutela cautelar e tutela antecipada:* tutelas sumárias e de urgência. 3. ed. São Paulo: Malheiros, 2003.

BETTI, Emilio. Ragione e azione. *Rivista di Diritto Processuale Civile,* Pádua, v. 9, p. 205-237, 1932.

——. *Teoria geral das obrigações.* Campinas: Bookseller, 2005.

BIDART, Adolfo Gelsi. Limites actuales entre jurisdicción y administración. *Revista de Processo,* São Paulo, n. 13, p. 109-115, 1979.

BOBBIO, Norberto. *Teoria da norma jurídica.* 4. ed. Bauru: EDIPRO, 2008.

——. *Teoria do ordenamento jurídico.* 10. ed. Brasília: UNB, 1999.

BOVE, Mauro. *Lineamenti di diritto processuale civile.* 2. ed. Torino: Giappichelli, 2006.

BRUGI, Biagio. Azione (Storia). In: *Nuovo digesto italiano.* Torino: UTET, 1937.

BULOW, Oskar. *Teoria das exceções e dos pressupostos processuais.* 2. ed. Campinas: LZN, 2005.

BUZAID, Alfredo. *A ação declaratória no direito brasileiro.* 2. ed. São Paulo: Saraiva, 1986.

CALAMANDREI, Piero. *Estudos de direito processual civil na Itália.* São Paulo: Campinas, 2003.

——. *Instituciones de derecho procesal civil.* Tradução Santiago Sentis Melendo. Buenos Aires: Ejea, 1986. v. 1.

CALMON DE PASSOS, José Joaquim. *A ação no direito processual civil brasileiro.* Salvador: Progresso, [197?].

——. Em torno das condições da ação: a possibilidade jurídica. *Revista de Direito Processual Civil,* São Paulo, v. 2, n. 4, 1961.

CAMERINI, Fabrizio. *Teoria geral da tutela mandamental:* conceituação e aplicação. São Paulo: Quartier Latin, 2007.

CANARIS, Claus–Wilhelm. *Pensamento sistemático e conceito de sistema na ciência do direito.* Tradução Menezes Cordeiro. 3. ed. Lisboa: [s.n.], 2002.

CAPOGRASSI, Giuseppe. Giudizio, processo. *Scienza, Verità:.* Rivista di diritto processuale, Padova, v. 5, parte I, p. 1-22, 1950.

CAPPELLETTI, Mauro. Tradução Athos Gusmão Carneiro.A ideologia no processo civil. *Revista de Jurisprudência do TJERS*, Porto Alegre, v. 3, n. 3, [199?].

——. *Proceso, ideologias, sociedad.* Tradução Santiago Sentis Melendo. Buenos Aires: Ejea, 1974.

CARNEIRO, Athos Gusmão. Nova execução. aonde vamos? vamos melhorar. *Revista de Processo*, São Paulo, n. 123, p. 115-122, [199?].

CARNELUTTI, Francesco. *Arte do direito.* Tradução Ricaardo Rodrigues Gama. Campinas: Bookseller, 2003.

——. *Como nasce o direito.* Tradução Hiltomar Martins Oliveira. 4. ed. Belo Horizonte: Líder, 2005a.

——. *Diritto e processo.* Napoli: Morano, 1958.

——. *Estudios de derecho procesal.* Tradução Santiago Sentis Melendo. Buenos Aires: Ediciones Jurídicas Europa-América, 1952. v. 1. v. 2.

——. *Instituciones del proceso civil.* Tradução Santiago Sentis Melendo. Buenos Aires: Ejea, 1973. v. 1.

——. *Metodologia do direito.* Tradução Ricardo Rodrigues Gama. Campinas: Russell, 2005b.

——. Saggio de una teoria integrale dell'azione. *Rivista di Diritto Processuale Civile*, Padova, p. 5-18, jan./mar. 1946.

——. *Sistema de direito processual civil.* Tradução Hiltomar Martins Oliveira. 2. ed. São Paulo: Lemos & Cruz, 2004. v. 2.

CARPI, Federico. Note in tema di tecniche di attuazione dei diritti. *Rivista Trimestrale di Diritto e Procedura Civile*, Milano, p. 110-122, 1988.

CASTANHEIRA NEVES, Antônio. *Metodologia jurídica:* problemas fundamentais. Coimbra: Coimbra, 1993.

CHIOVENDA, Giuseppe. *A ação no sistema dos direitos.* Tradução Hiltomar Martins Oliveira. Belo Horizonte: Líder, 2003.

——. *Instituições de direito processual civil.* Tradução Paolo Capitanio. 3. ed. Campinas: Bookseller, 2002. v. 1.

——. *Principios de derecho procesal civil.* Tradução José Casais. Madrid: Reus, 2000. v. 1.

CINTRA, Antônio Carlos de Araújo Lopes; GRINOVER, Ada Pelegrini; DINAMARCO, Cândido Rangel. *Teoria geral do processo.* 9. ed. São Paulo: Malheiros, 1993.

COMOGLIO, Luigi Paolo. Note riepilogative su azione e forme di tutela nell'otica della domanda giudiziale. *Rivista di Diritto Processuale*, Padova, parte III, 1993.

COUTO E SILVA, Clóvis do. *A obrigação como processo.* Porto Alegre: Emma, 1964.

——. A teoria das ações em Pontes de Miranda. *Revista Ajuris*, Porto Alegre, n. 43, p. 69-78, 1988.

COUTURE, Eduardo J. *Fundamentos del derecho procesal civil.* 3. ed. Buenos Aires: Depalma, 1993.

——. *Introdução ao estudo do processo civil.* Tradução Mozart Victor Russomano. 3. ed. Rio de Janeiro: Forense, 2004.

DAVID, René. *Os grandes sistemas de direito contemporâneo.* Tradução Hermínio A Carvalho. 3. ed. São Paulo: Martins Fontes, 1996.

DERRIDA, Jacques. *Força de lei.* São Paulo: Martins Fontes, 2007.

DESCARTES, René. *Discurso do método.* Tradução Ciro Mioranza. São Paulo: Escala, [19?]

DI MAJO, Adolf. *La tutela civile dei diritti.* 2. ed. Milano: Giuffrè, 1993.

DINAMARCO, Cândido Rangel. *A instrumentalidade do processo.* 11. ed. São Paulo: Malheiros, 2003.

——. *Capítulos de sentença.* 4. ed. São Paulo: Malheiros, 2009.

——. Conceito de Mérito em processo civil. *Revista de Processo*, São Paulo, v. 9, n.34, p. 20-46, abr./jun., 1984.

——. *Fundamentos do processo civil moderno.* 2. ed. São Paulo: Revista dos Tribunais, 1987.

——. *Instituições de direito processual civil.* 5. ed. São Paulo: Malheiros, 2005. v. 3.

——. Prefácio. In: BEDAQUE, José Roberto dos Santos. *Direito e processo.* influência do direito material sobre o processo. 4. ed. São Paulo: Malheiros, 2006.

DWORKIN, Ronald. *O império do direito.* São Paulo: Martins Fontes, 2007.

FAIRÉN GUILLÉN, Victor. *Estudios de derecho procesal.* Madrid: Editorial Revista de Derecho Privado, 1955.

FAZZALARI, Elio. *Instituições de direito processual.* Tradução Elaine Nassif. Campinas: Bookseller, 2006.

——. La dottrina processualistica italiana: dall'azione al processo (1864-1994). *Revista di Diritto Processuale*, Padova, v. 49, parte II, p. 911-925, 1994.

——. *Note in tema di diritto e processo.* Milano: Giuffrè, 1957.

——. Procedimento (Teoria Generale) In: *Enciclopedia del diritto.* Milano: Giuffrè, 1986. v. 35.

DIREITO, AÇÃO E TUTELA JURISDICIONAL

——. Sentenza civile. In: *Enciclopedia del diritto*. Milano: Giuffrè, 1989. p. 1245-1272.

FREIRE, Rodrigo da Cunha Lima. *Condições da ação:* enfoque sobre o interesse em agir. 3. ed. São Paulo: Revista dos Tribunais, 2005.

FREITAS, Juarez; *A interpretação sistemática do direito*. 4. ed. São Paulo: Malheiros, 2004.

GADAMER, Hans-Georg. *Verdade e método*. Tradução Flávio Paulo Meurer. 8. ed. Petrópolis: Vozes, 2007. v. 1.

GALANTE, Vincenzo. *Diritto processuale civile*. Napoli: Lorenzo Alvano, 1907.

GOLDSHIMIDT, James. *Direito processual civil*. Tradução Lisa Pary Scarpa. Campinas: Bookseller, 2003. v. 1.

——. *Princípios gerais do processo civil*. Belo Horizonte: Líder, 2002.

——. *Teoria geral do processo*. Tradução Leandro Farina. São Paulo: Fórum, 2006.

GRECO, Leonardo. *Instituições de processo civil*. Rio de Janeiro: Forense, 2009. v. 1.

GRINOVER, Ada Pellegrini. *As garantias constitucionais do direito de ação*. São Paulo: Revista dos Tribunais, 1973.

GUASP, Jaime. *Concepto y método de derecho procesal*. Madrid: Civitas, 1997.

GUASTINI, Riccardo. *Das fontes às normas*. Tradução Edson Bini. São Paulo: Quartier Latin, 2005.

——. *Distinguiendo:* estudios de teoría y metateoría del derecho. Barcelona: Editorial Gedisa, 1999.

GUERRA FILHO, Willis Santiago. Jurisdição voluntaria estudada pela teoria geral do processo. *Revista de Processo*, São Paulo, n. 69, p. 31-62, jan./mar. 1993.

HART, Herbert. *O conceito de direito*. Tradução A. Ribeiro Mendes. Lisboa: Fundação Calqueste Gulbenkian, 1986.

HENNING, Fernando Alberto Corrêa. *Ação concreta:* relendo Wach e Chiovenda. Porto Alegre: Fabris, 2000.

HERVADA, Javier. *O que é o direito? A moderna resposta do realismo jurídico:* uma introdução ao direito. Tradução Sandra Marta Dolinsky. São Paulo: Martins Fontes, 2006.

JHERING, Rudolf Von. *A luta pelo direito*. Rio de Janeiro: Forense, 1968.

KELSEN, Hans. *O que é justiça?* São Paulo: Marins Fontes, 1997.

——. *Teoria pura do direito*. Tradução João Baptista Machado. São Paulo: Martins Fontes, 1996.

KNIJNIK, Danilo. *A exceção de pré-executividade*. Rio de Janeiro: Forense, 2001.

LACERDA, Galeno. *Despacho saneador*. 3. ed. Porto Alegre: Fabris, 1990.

——. Ensaio de uma teoria eclética da ação. *Revista Jurídica*, v. 5, n. 29, p. 11-15, set./out. 1957.

——. *Teoria geral do processo*. Rio de Janeiro: Forense, 2008.

LARENZ, Karl. *Derecho civil:* parte general. Tradução Miguel Izquierdo. Madrid: Editoriales de Derecho Reunidas, 1978.

——. *Metodología de la ciencia del derecho*. Barcelona: Ariel, 2001.

LEAL, Rosemiro Pereira. *Teoria geral do processo*. 8. ed. Rio de Janeiro: Forense, 2009.

LIEBMAN, Enrico Tullio. *Corso di diritto processuale civile*. Milano: Giuffrè, 1952.

——. *Embargos do executado*. Tradução J. Guimarães Menegale. 2. ed. São Paulo: Saraiva, 1952.

——. *Estudos sobre o processo civil brasileiro*. São Paulo: Saraiva, 1947.

——. L'azione nella teoria del processo civile. *Revista Trimestrale di Diritto e Procedura Civile*, Milano, v. 4, p. 47-71, 1950.

——. *Manual de direito processual civil*. Tradução Cândido Rangel Dinamarco. Rio de Janeiro: Forense, 1984.

——. *Manuale di diritto processuale civile*. Milano: Giuffrè, 1955. v. 1.

——. *Processo de execução*. São Paulo: Saraiva, 1946.

——. Storiografia giuridica manipolata. *Rivista di Diritto Processuale*, v. 29, p. 100-123, 1974.

LOPES, João Batista. *Ação declaratória*. 3. ed. São Paulo: Revista dos Tribunais, 1991.

——. Função social e efetividade do processo civil. *Revista Dialética de Direito Processual*, São Paulo, n. 13, p. 29-34, abr. 2004.

MACHADO GUIMARÃES, Luiz. *Estudos de direito processual civil*. Rio de Janeiro: EJU, 1969.

MACHADO, Fábio Cardoso. "Ação" e ações: sobre a renovada polêmica em torno da ação de direito material. In: MITIDIERO, Daniel. A Polêmica sobre a teoria a teoria dualista da ação (ação de direito material – "ação" processual): uma resposta a Guilherme Rizzo Amaral. In: AMARAL, Guilherme Rizzo; MACHADO, Fábio Cardoso (org.). *Polêmica sobre a ação*: a tutela jurisdicional na perspectiva das relações entre direito e processo. Porto Alegre: Livraria do Advogado, 2006. p. 139-164.

——. *Jurisdição, condenação, e tutela jurisdicional.* Rio de Janeiro: Lumen Juris, 2004.

MANDRIOLI, Crisanto. *Diritto processuale civile.* Torino: Giappichelli, 2007. v. 1.

MARINONI, Luiz Guilherme. Da ação abstrata e uniforme à ação adequada à tutela dos direitos. In: AMARAL, Guilherme Rizzo; MACHADO, Fábio Cardoso (org.). *Polêmica sobre a ação*: a tutela jurisdicional na perspectiva das relações entre direito e processo. Porto Alegre: Livraria do Advogado, 2006a.

——. *Técnica processual e tutela dos direitos.* São Paulo: Revista dos Tribunais, 2004.

——. *Teoria geral do processo.* São Paulo: Revista dos Tribunais, 2006b. v. 1.

MARTINS, Sandro Gilbert. *A defesa do executado por meio de ações autônomas.* 2. ed. São Paulo: Revista dos Tribunais, 2005.

MEDINA, José Miguel Garcia. *Execução.* São Paulo: Revista dos Tribunais, 2008.

MELLO, Marcos Bernardes de. *Teoria do fato jurídico:* plano da eficácia. 5. ed. São Paulo: Saraiva, 2009.

——. *Teoria do fato jurídico:* plano da existência. 15. ed. São Paulo: Saraiva, 2008.

MESQUITA, José Ignacio Botelho de. *Da ação civil.* São Paulo: Revista dos Tribunais, 1975.

——. *Teses, estudos e pareceres de processo civil.* São Paulo: Revista dos Tribunais, 2005. v. 1: Direito de ação partes e terceiros processo e política.

MICHELI, Gian Antonio. Giurisdizione e azioni :premesse critiche allo studio dell'azione nel processo civile. *Rivista di Diritto Processuale*, Padova, v. 11, abr./jun. 1956.

MITIDIERO, Daniel. *Colaboração no processo civil:* pressupostos sociais, lógicos e éticos. São Paulo: Revista dos Tribunais, 2009.

——. *Elementos para uma teoria contemporânea do processo civil brasileiro.* Porto Alegre: Livraria do Advogado, 2005.

——. A polêmica sobre a teoria a teoria dualista da ação (ação de direito material – "ação" processual): uma resposta a Guilherme Rizzo Amaral. In: AMARAL, Guilherme Rizzo; MACHADO, Fábio Cardoso (org.). *Polêmica sobre a ação*: a tutela jurisdicional na perspectiva das relações entre direito e processo. Porto Alegre: Livraria do Advogado, 2006.

——. *Processo civil e estado constitucional.* Porto Alegre: Livraria do Advogado, 2007.

MITIDIERO, Daniel; ZANETI JÚNIOR, Hermes. *Introdução ao estudo do processo civil:* primeiras linhas de um paradigma emergente. Porto Alegre: Fabris, 2004.

MONTEIRO, João. *Teoria do processo civil.* 6. ed. Rio de Janeiro: Borsoi, 1956. v. 1.

MONTESANO, Luigi. *Condanna civile e tutela esecutiva.* 2. ed. Napoli: Jovene, 1965.

MORIN, Edgar. *Ciência com consciência.* 8. ed. Rio de Janeiro: Bertrand Brasil, 2005.

——. *Introdução ao pensamento complexo.* Porto Alegre: Sulina, 2006.

MORTARA, Lodovico. *Commentario del codice e delle leggi di procedura civile.* 2. ed. Milano: Vallardi, 1923. v. 1.

MURITIBA, Sergio. *Ação executiva latu sensu e ação mandamental.* São Paulo: Revista dos Tribunais, 2005.

MUTHER, Theodor. Sobre la doctrina de la "actio" romana, del derecho de accionar actual, de la "litiscontestatio" y de la sucesión singular en las obligaciones. In: *Polemica sobre la "actio".* Tradução Tomás A. Banzhaf. Buenos Aires: Ejea, 1974.

NOGUEIRA, Pedro Henrique Pedrosa. *Teoria da ação de direito material.* Salvador: Jus Podivm, 2008.

OLIVECRONA, Karl. *El derecho como hecho.* Tradução Gerónimo Cortés Funes. Buenos Aires: Depalma, 1959.

OLIVEIRA, Carlos Alberto Alvaro de. *Alienação da coisa litigiosa.* 2ed. Rio de Janeiro: Forense, 1986.

——. Direito material, processo e tutela jurisdicional. In: AMARAL, Guilherme Rizzo; MACHADO, Fábio Cardoso (org.). *Polêmica sobre a ação*: a tutela jurisdicional na perspectiva das relações entre direito e processo. Porto Alegre: Livraria do Advogado, 2006a. p. 285-319.

——. *Do formalismo no processo civil.* São Paulo: Saraiva, 1997.

——. Efetividade da tutela jurisdicional. In: AMARAL, Guilherme Rizzo; MACHADO, Fábio Cardoso (org.). *Polêmica sobre a ação*: a tutela jurisdicional na perspectiva das relações entre direito e processo. Porto Alegre: Livraria do Advogado, 2006b. p. 83-109.

——. Efetividade e processo de conhecimento. *Revista da Faculdade de Direito da Universidade Federal do Rio Grande do Sul*, Porto Alegre, v. 6, 1999.

——. O formalismo-valorativo no confronto com o formalismo excessivo. *Revista de Processo*, São Paulo, n. 137, p. 7-31, jul. 2006b.

——. O problema da eficácia da sentença. In: AMARAL, Guilherme Rizzo; MACHADO, Fábio Cardoso (org.). *Polêmica sobre a ação*: a tutela jurisdicional na perspectiva das relações entre direito e processo. Porto Alegre: Livraria do Advogado, 2006c.

——. *Teoria e prática da tutela jurisdicional*. Rio de Janeiro: Forense, 2008.

OLIVEIRA, Carlos Alberto Alvaro de; MITIDIERO, Daniel. *Curso de processo civil*. São Paulo: Atlas, 2010. v. 1.

ORESTANO, Riccardo. L'azione in generale. In: *Enciclopedia del diritto*. Milano: Giuffrè, 1959. v. 4.

PAULA BAPTISTA, Francisco de. *Compedio de theoria e pratica do processo civil comparado com o comercial e de herme-nêutica jurídica*. São Paulo: Saraiva, 1935.

PEKELIS, Alessandro. Azione. In: *Nuovo digesto italiano*. Torino: UTET, 1937.

PEREIRA, Caio Mário da Silva. *Instituições de direito civil*. 3. ed. Rio de Janeiro: Forense, 1992. v. 1.

PINHO, Humberto Dalla Bernardina de. *Teoria geral do processo civil contemporâneo*. 2. ed. Rio de Janeiro: Lumen Juris, 2009.

PINTAÚDE, Gabriel. Tutela jurisdicional: no confronto doutrinário entre Carlos Alberto de Oliveira e Ovídio Baptista da Silva e no pensamento do Flávio Luiz Yarshell. In: AMARAL, Guilherme Rizzo; MACHADO, Fábio Cardoso (org.). *Polêmica sobre a ação:* a tutela jurisdicional na perspectiva das relações entre direito e processo. Porto Alegre: Livraria do Advogado, 2006. p. 253-284.

PISANI, Andrea Proto. L'effettività dei mezzi di tutela giurisdizionale con particolare riferimento all'attuazione della sentenza di condanna. *Rivista di Diritto Processuale*, Padova, n. 3, p. 620-634, 1975.

——. *Lezioni di diritto processuale civile*. 5. ed. Napoli: Jovene, 2006.

PONTES DE MIRANDA. Francisco Cavalcanti. *Tratado das ações*. São Paulo: Revista dos Tribunais, 1970. v. 1.

——. ——. São Paulo: Revista dos Tribunais, 1978. v. 7.

——. *Tratado de direito privado*. 4. ed. São Paulo: Revista dos Tribunais, 1977. v. 14.

——. ——. Campinas: Bookseller, 2000. v.1, v. 5.

PORTO, Sérgio Gilberto. Classificação de ações, sentenças e coisa julgada. *Revista de Processo*, São Paulo, n. 73, p. 37-46, [199?].

PUGLIESE, Giovanni. Introducción. In: *Polemica sobre la "actio"*. Buenos Aires: Ejea, 1974a.

——. *Polemica sobre la "actio": introduccion*. Tradução Tomás A. Banzhaf. Buenos Aires: Ejea, 1974b.

RAMOS MÉNDEZ, Francisco. *Derecho y proceso*. Barcelona: Bosch, 1979.

RAWLS, John. *Uma teoria da justiça*. Tradução Jussara Simões. 3. ed. São Paulo: Martins Fontes, 2008.

REALE, Miguel. *Filosofia do direito*. 20. ed. São Paulo: Saraiva, 2002.

REDENTI, Enrico. *Derecho procesal civil*. Tradução Santiago Sentis Melendo. Buenos Aires: Ejea, 1957. v. 1.

——; VELLANI, Mario. *Lineamenti di diritto processuale civile*. Milano: Giuffrè, 2005.

REZENDE FILHO, Gabriel José Rodrigues de. *Curso de direito processual civil*. 4. ed. São Paulo: Saraiva, 1954. v. 1.

RIBEIRO, Darci Guimarães. *La pretensión procesal y la tutela judicial efectiva*: hacia una teoría procesal del derecho. Barcelona: Bosch, 2004.

ROCCO, Alfredo. *La sentenza civile*: studi. Torino: Fratelli Bocca, 1906.

ROCCO, Ugo. Trattato di diritto processuale civile. Torino: UTET, 1957. v. 1.

ROSS, Alf. *Sobre el derecho y la justicia*. Tradução Genaro R. Carrió. 3. ed. Buenos Aires: EUDEBA, 1974.

SANTOS, Andres de la Oliva. *Sobre el derecho a la tutela jurisdiccional*. Barcelona: Bosch, 1980.

SANTOS, Boaventura de Sousa. *Um discurso sobre as ciências*. 4. ed. São Paulo: Cortez, 2006.

SANTOS, José Roberto dos. *Direito e processo*: influência do direito material sobre o processo. 4. ed. São Paulo: Malheiros, 2006.

SANTOS, Moacyr Amaral. *Primeiras linhas de direito processual civil*. 15. ed. São Paulo: Saraiva, 1992. v. 1.

SARLET, Ingo Wolfgang. *A eficácia dos direitos fundamentais*. 8. ed. Porto Alegre: Livraria do Advogado, 2007.

SATTA, Salvatore. *Diritto processuale civile*. 7ed. Padova: Cedam, 1967.

SCIALOJA, Vittorio. *Procedimiento civil romano*. Tradução Santiago Sentis Melendo. Buenos Aires: Ejea, 1954.

SENTIS MELENDO, Santiago. *Estudios de derecho procesal*. Buenos Aires: Ejea, 1967, v. 2.

TALAMINI, Eduardo. *Tutela relativa aos deveres de fazer e de não fazer:* CPC, art. 461; CDC, art. 84. São Paulo: Revista dos Tribunais, 2001. p. 186-211.

TARZIA, Giuseppe. *Lineamenti del processo civile di cognizione*. 3. ed. Milano: Giuffrè, 2007.

TAVORMINA, Valerio. In tema di condanna, accertamento ed efficacia esecutiva. *Rivista di Diritto Civil*e, Padova, n.35, 1979.

TELLES, José Homem Corrêa. *Doutrina das acções*. Rio de Janeiro: B. L. Garnier, 1880.

TESHEINER, José Maria Rosa. *Ação de direito material*. Disponível em <http://www.tex.pro.br/wwwroot/03de2004/acaode-direitomaterial.htm> [2009?] Acesso em: 2009.

——. Ação e direito subjetivo. *Revista de Direito Processual Civil*, Curitiba, v. 24, p. 297-311, jun. 2002.

——. Eficácia da sentença e coisa julgada no processo civil. São Paulo: Revista dos Tribunais, 2001.

——. Elementos para uma teoria geral do processo. Disponível em: <http://www.tex.pro.br/livroelementos>. Disponível em: 2009.

——. Estados jurídicos fundamentais. Ônus e direito formativo. O problema da classificação das sentenças por seus efeitos. *Revista da Consultoria Geral do Estado*, Porto Alegre, n. 14, p. 41-80, 1976.

——. Reflexões politicamente incorretas sobre direito e processo. *Revista da Ajuris,* Porto Alegre, v. 35, n. 110, p. 187-193, jun. 2008.

——. Situações subjetivas e processo. *Revista Nacional de Direito e Jurisprudência*, Ribeirão Preto, n. 37, p. 54-58, jan. 2003.

THEODORO JÚNIOR, Humberto. Novos rumos do direito processual civil: efetividade da jurisdição e classificação das ações – ação executiva *lato sensu* – tutela de urgência. *Revista Dialética de Direito Processual*, São Paulo, n.26, p. 20-63, maio 2005.

——. *Cumprimento de sentença e a garantia do devido processo legal*. 3. ed. Belo Horizonte: Mandamentos, 2007.

TUHR, Andreas Von. *Teoria general del derecho civil aleman*. Tradução Tito Ravà. Buenos Aires: Depalma, 1946. v. 1.

VÉSCOVI, Enrique. *Teoria general del proceso*. Bogotá: Temis, 1984.

VILANOVA, Lourival. *Casualidade e relação no direito*. São Paulo: Saraiva, 1989.

WACH, Adolf. *Manual de derecho procesal civil*. Buenos Aires: Ejea, 1977. v. 1.

WACH, Alfred. *La pretensión de declaración*. Buenos Aires: Ejea, 1962.

WAMBIER, Teresa Arruda Alvim. *Nulidades do processo e da sentença*. 6. ed. São Paulo: Revista dos Tribunais, 2007.

WATANABE, Kazuo. *Da cognição no processo civil*. 2. ed. Campinas: Bookseller, 2000.

WINDSCHEID, Bernard. La "actio" del derecho civil romano, desde el punto de vista del derecho actual. In: *Polemica sobre la "actio"*. Tradução Tomás A. Banzhaf. Buenos Aires: Ejea, 1974b.

——. La actio. Replica al Dr. Theodor Muther, in *Polemica sobre la "actio"*. Tradução Tomás A. Banzhaf. Buenos Aires: Ejea, 1974a.

YARSHELL, Flávio Luiz. *Tutela jurisdicional*. 2. ed. São Paulo: DJP, 2006.

ZANETI JUNIOR, Hermes. A teoria circular dos planos (direito material e direito processual). In: AMARAL, Guilherme Rizzo; MACHADO, Fábio Cardoso (org.). *Polêmica sobre a ação:* a tutela jurisdicional na perspectiva das relações entre direito e processo. Porto Alegre: Livraria do Advogado, 2006. p. 165-196.

ZANZUCCHI, Marco Tullio. *Diritto processuale civile*. 6. ed. Milano: Giuffrè, 1964. v. 1.

Impressão:
Evangraf
Rua Waldomiro Schapke, 77 - POA/RS
Fone: (51) 3336.2466 - (51) 3336.0422
E-mail: evangraf.adm@terra.com.br